U0140557

《史记》选本丛书　主编　曹强　凌朝栋

史记钞

（汉）司马迁　著

（清）高　嵣　选评

凌璐丝　校点

商务印书馆
创于1897　The Commercial Press

图书在版编目（CIP）数据

史记钞／（汉）司马迁著；（清）高嶋选评；凌璐
丝校点．—北京：商务印书馆，2023
（《史记》选本丛书）
ISBN 978-7-100-22056-9

I. ①史… Ⅱ. ①司… ②高… ③凌… Ⅲ. ①《史
记》—研究 Ⅳ. ① K204.2

中国国家版本馆 CIP 数据核字（2023）第 036740 号

《史记》选本丛书

史记钞

（汉）司马迁　著

（清）高　嶋　选评

凌璐丝　校点

商 务 印 书 馆 出 版
（北京王府井大街36号　邮政编码 100710）
商 务 印 书 馆 发 行
三河市尚艺印装有限公司印刷
ISBN　978－7－100－22056－9

2023 年 12 月第 1 版　　　开本 640×960　1/16
2023 年 12 月第 1 次印刷　　印张 24 1/4

定价：128.00 元

陕西省重点扶持学科渭南师范学院中国语言文学学科建设项目
陕西省哲学社会科学研究基地 —— 中国司马迁与史记研究院项目
渭南师范学院特色优势学科建设项目

《史记》选本丛书

写在"《史记》选本丛书"（第二辑）出版前

2013—2014 年出版了 8 种《史记》选本后，我们再次组织渭南师范学院中国司马迁与史记研究院的同志做进一步搜集整理。前 8 种为第一辑，再后整理的为第二辑。第二辑将于 2016—2017 年出版。

随着对一个个选本的了解、研究和整理，我们越来越强烈地感受到，古今中外对《史记》多有注疏、解读和编选，尤其是一些著名学者、历史学家、文学家的《史记》选文，具有较强的文学审美功能和思想文化意义，彰显了《史记》作为重要文化典籍的社会影响力。

正是这种广泛而深远的社会影响力的感召，司马迁故里的渭南师范学院的专家学者，长期以来一直致力于司马迁与《史记》研究。研究团队以过去的司马迁与史记研究所、现在的中国司马迁与史记研究院为平台，出版学术论文、专著，促进了学术研究，为区域经济、社会发展建言献策，备受好评。关于《史记》选本的搜集整理，形成了"《史记》选本丛书"系列。如前所述，第一辑 8 册丛书已于 2013—2014 年由商务印书馆陆续出版。从出版后的反响看，所整理的《史记》选本，影响较大、学术价值高，发挥了良好的阅读、研究和参考价值。在丛书的整理过程中，以忠实原作、方便读者阅读为主要原则，考虑到当代读者的阅读习惯与需要，改竖排版为横排版，改繁体字为简化字。在点校整理时，还对各《史记》选本所折射的思想文化精神进行研究提炼，在书首简介中做扼要陈述，以便广大读者阅读掌握。丛书集研究与普及作用于一体的做法，使得丛书选本既可作为《史记》初学者的入门之书，又可作为《史记》研究者的参考之书，还是一般古典文化爱好者的优选读本。

第一辑丛书第一次印本已告售罄，其中《史记七篇读法》《史记选》《史记精华》等均进行多次印刷。《史记选》被广州市教育局列入广州市中小学校园经典阅读推荐书目。著名历史学家、思想史家张岂之先生为丛书第一辑作序。南京大学文学院博士生导师徐有富教授撰文《别开生面的〈史记〉文献整理工作》，给予该套丛书很高的评价，认为"别开生面，颇能拓宽与深化《史记》文献整理与研究的领域"，徐有富教授的重要观点被《高等文科学报文摘》转摘；曹强、张瑞芳、雷炳锋、师帅、张虹等学者先后在《博览群书》《渭南师范学院学报》"司马迁与《史记》研究"栏目（教育部名栏建设工程项目）等发表评论文章，认为该套丛书为推动司马迁与《史记》的研究和普及工作做出积极贡献。陕西师范大学张新科教授承担的国家社科基金重大招标项目"中外《史记》文学研究资料整理与研究"（13&ZD111）也吸纳了中国司马迁与史记研究院学者的研究成果。

正因为前期整理的"《史记》选本丛书"引起学界广泛的关注，司马迁与《史记》研究界对《史记》选本有更多的期待，因此，我们渭南师范学院及中国司马迁与史记研究院精心推出选本第二辑（共14册）。这次推出的有唐、宋、明、清及民国时期的选本，均为中国历史上具有代表性的选本，如《史记治要》《文章正宗》《古文翼》《史记综芬》等。同时，也包括美国、日本、韩国和我国台湾地区《史记》精品选本，如日本《史记十传纂评》、美国《史记选评》（*Records of the Grand Historian*）、韩国《史记英选》等。相信这些《史记》选本的出版，能为司马迁与《史记》研究的普及发挥作用，为读者呈现一幅更为悠远广阔的《史记》文化传播的风景。

　　对《史记》选本的搜集、整理工作，我们还将继续。欢迎读者指出我们的疏漏错谬，并提出宝贵意见和建议，我们将更加认真、努力、严谨地做好后续工作。

曹　强

凌朝栋

2016 年 8 月 31 日

于渭南师范学院中国司马迁与史记研究院

"《史记》选本丛书"序言

张岂之

西汉史学家、文学家、思想家司马迁（前 145 或前 135—前 87？）所撰纪传体作品《史记》被誉为"史家之绝唱，无韵之离骚"，揭示了《史记》的历史学和文学价值，实际上，《史记》也具有重要的思想文化价值。多元性是《史记》这部经典文献的根本属性，这促使人们可以从多个角度对《史记》及《史记》学史展开广泛而深入的研究。

中国史记研究会和陕西省司马迁研究会等研究团体及学人对《史记》进行了多方面的研究，成果丰硕；《史记》及其传播影响，也引起海外学者的重视，产生了一系列的作品。这些都是中华文明传承和弘扬中可喜可贺的现象。

在历史上，《史记》产生后，历朝历代对《史记》多有注疏、索隐、编选的工作，这些工作进一步增进了《史记》作为文化典籍的影响力。特别是《史记》选文，虽然大多从文学作品角度着手，但因为选本背后隐藏着一定的历史、文学、审美及思想文化观念，某种意义上选本不仅具有文学审美的功能，也具有思想文化的功能，更可以作为把握选文者思想观念的史料之一。《史记》及《史记》选本在历史编纂学、散文史以及思想文化史上都占有重要的地位。

司马迁故里云集着一批从事《史记》及《史记》学研究的学者和研究团队。渭南师范学院《史记》研究团队就承担着国家社科基金研究项目，成员多年来一直从事《史记》选本的调研与整理工作，并在此基础上尝试探讨《史记》一百三十篇中被广泛认可的文学精华、编选原则与学术价值。

近年来，《史记》选本有的已被整理，如南宋吕祖谦撰《史记详节》（完颜绍元整理，上海古籍出版社 2007 年版）、清人姚苧田编选《史记菁华录》（王兴康整理，上海古籍出版社 2007 年版），但还有相当一部分没有被整理，也不方便读者检索阅览。

渭南师范学院《史记》研究者们尝试编选"《史记》选本丛书"，用以弥补这个不足，努力为《史记》研究做些扎实细致的基础工作。他们近多年兢兢业业，四处奔波，搜集和校点整理《史记》选本文献，为推动《史记》研究的深化和细化做出了贡献。

这套"《史记》选本丛书"主要包括：明代凌稚隆《史记纂》（马雅琴教授整理）、茅坤《史记抄》（王晓红副教授整理），清代王又朴《史记七篇读法》（凌朝栋教授整理）、汤谐《史记半解》（韦爱萍教授整理）、储欣《史记选》（凌朝栋教授整理），民国时期王有宗《分段详注评点史记菁华录》（高军强讲师与凌朝栋教授整理）、中华书局 1933 年版《史记精华》（王麦巧副教授整理）、周宇澄《广注史记精华》（梁建邦教授、张晶讲师整理）。

凌稚隆《史记纂》，编刻于明万历年间。全书分为二十四卷，从《史记》中选文一百零二篇，附《报任少卿书》一篇。此书最大的特色是：采用节选加评点的形式，撷取《史记》精华；所选篇章节奏鲜明，条理清晰，内容集中，首尾照应，与天头批注、正文批点的形式相辅相成；编选者学习、研究《史记》，知人论世，折射出不凡的见解；全书兼容并包，博览众采，资料丰富。整理底本为凌稚隆《史记纂》二十四卷，明万历己卯本。

茅坤《史记抄》共九十一卷，明万历三年自刻。编选者从《史记》中选文九十八篇进行评点。此书最大的特点是：每篇作品皆施圈点和批评；用心独到，评论扼要，且多发明。编选者的评论，代表了明代学者评价《史记》的总倾向，诸如赞赏、推崇《史记》文章的审美价值，高度评价《史记》写人的艺术价值，肯定《史记》以风神取胜的艺术风格等。整理底本为茅坤《史记抄》九十一卷，明万历乙亥本，参校北图《史记抄》九十一卷、首一卷，《四库存目丛书》影印明万历三年自刻本。

王又朴《史记七篇读法》共二卷，从《史记》中选录《项羽本纪》《外戚世家》《萧相国世家》《曹相国世家》《淮阴侯列传》《李将军列传》《魏其武安侯列传》等七篇。此书最大的特色在于：编选者既有对阅读方法的提示，又有对所选篇目艺术风格的鉴赏；提出了"一气读"、"分段细读"的阅读技巧；深入分析了司马迁写人的高超技艺及所蕴含的深刻用意。整理底本为王又朴选评《史记读法》（又名《史记七篇读法》）诗礼堂藏版，1754年刊本，清华大学图书馆藏书。

汤谐《史记半解》，对《史记》中的六十八篇文章进行了注解。编选者深谙太史公用意，主要从叙事、人物形象刻画、细节、段落、语言等方面探讨《史记》文法笔力，为后人做了很好的导读；评析言论精辟老到，妙趣横生，引人深思，注重文脉，语言简洁明了，充满诗情画意，给读者留下深刻的印象。整理底本为汤谐《史记半解》（不分卷），清康熙慎余堂1713年刻本。

储欣《史记选》，从《史记》中选录作品五十七篇。此选本最大的特色是：所选篇目以记载秦以后历史人物为主；重视选取《史记》中的书、表；编选者对于精彩部分用不同的符号加以圈点，并有大量的精彩评点。用语长短不一，恰到好处，或指出词句作用，或评点章法布局，或揭示史公深意，或探讨前后关联等；所选篇章末多有评语，盛赞史公文章精彩处，与文中评语形成照应。整理底本为储欣《史记选》六卷，乾隆癸巳（1773）同文堂梓行刻本，每页十行，每行十五字，有原版书。

王有宗《分段详注评点史记菁华录》，完成于1924年。此版本优胜之处在于：大部分选文前均加"解题"部分，有助于读者对正文的理解；对所选篇章进行分段，便于读者较清楚地了解选文的层次；通过注释，疏通了文字注音、词义等障碍，以方便阅读。整理底本为王有宗《分段详注评点史记菁华录》六册，浙江达文印书馆1924年版，有原书。

《史记精华》是中华书局1914年辑校的《史记》选本。全书共选录《史记》一百零二篇。这些篇目的取舍原则为历史性、思想性、文学性。此书收录了多家评点，侧重对人物、历史事件、文章艺术手法、思想倾向等进行详尽的评论和说明；对同一人物、历史事件的点评，则以文采、语言、思想为主要内容，尽可能为读者提供精华性的评语。中华书局《史记精华》，1914年第一版，本次整理依据1937年版，西北大学图书馆藏书影印版，参校1933年版。

周宇澄《广注史记精华》，是民国时期出版的《史记》读本中重要的一部。全书共选录《史记》本纪、表、世家、列传中三十二篇文章，分为三十四个题目。此选本最大的特点是：选取《史记》中文学色彩浓烈，偏重于人物、事件和描写精彩的篇章；对所选文章进行"划分段落，将难字注以音义，其有典故疑义者，一律注释，使读者一目了然"；注释详尽，有很强的可读性；编选者根据自己的理解进行了明晰的段落划分和断句，体现了编选者对《史记》的理解和思想观点。整理底本选用周宇澄《广注史记精华》，世界书局1943年版。

这些选本，均是影响较大、流传较广的《史记》选本，内容丰富，各具特色，具有较高的学术研究和参考价值。

在整理过程中，整理者尽可能搜集多种版本，认真选择工作底本，并主要参考中华书局1982年版点校本《史记》进行整理，包括段落划分与标点，文字出入较大者则予以注释。忠实原作、方便当代读者阅读是整理者坚持的主要原则，比如改竖排版为横排版、繁体字为简化字，便考虑到读者的阅读习惯与需要。选本评点中的总评、评注、行批、夹批等，则尽量标注在原作相应的位置，以尽可能反映底本的原貌。底本中明显的错字，则采用加"按"的形式标明。难能可贵的是，整理者在点校整理的同时，还对《史记》选本所折射的思想文化精神进行了研读，并在简介中做了扼要论述。

当然，古籍的点校整理是一项科学严谨、费时费力的工作，而且往往难以避免讹误乖错，在这方面，欢迎读者朋友在阅读中对该丛书的版本甄别以及具体点校整理工作，提出积极的合理化建议，以不断推陈出新，力臻完善。

该研究团队原本设想还要进一步选编和整理日本、韩国、美国等学者的《史记》选本，我们愿意乐观其成。希望"《史记》选本丛书"的编校整理工作为进一步系统研究司马迁的思想学术、《史记》及《史记》学做出积极贡献，为推介和弘扬中华优秀传统文化增砖添瓦。

是为序。

2013 年 3 月

于西北大学中国思想文化研究所

前　言

《史记钞》是清代乾隆年间著名学者高嵣所选编汇评的重要《史记》选本，在自己评论的基础上，汇集了宋、明、清三代诸多前贤学者的评论内容观点，可谓丰富多彩，资料翔实。

高嵣，字梅亭，直隶顺德府南和县人，根据《南和县志》录《高嵣墓表》所言："公生于雍正甲寅（1734），卒于乾隆庚戌（1790），年五十七。"乾隆庚辰（1760）举人，三十二年（1767）委署沁源县，三十七年（1772）题署沁邑。而《史记钞》序作者落款是乾隆五十三年（1788），则其编撰完成最迟也在这一年。

高嵣著述丰富，有《高梅亭读书丛钞》传世，清乾隆五十三年广郡永邑培元堂杨氏刊本。该书主要是对历代经、史、子、集的名篇佳作重新筛选，加以编排，并圈点集评，形成了诸如《左传钞》《公羊传钞》《穀梁传钞》《国语钞》《国策钞》《史记钞》《前汉书钞》《后汉书钞》《蜀汉文钞》《唐宋八家钞》《归余钞》《嘉懿集初钞》《论文集钞》《明文钞》《国朝文钞》等。高嵣编选评点《史记钞》之前，东晋葛洪、明代茅坤等人都有同名的《史记钞》，而葛洪《史记钞》已经亡佚，茅坤《史记钞》的影响较大而简略。全书分为四卷，卷一：本纪4篇（包括3篇正文和1篇赞），表序7篇，书序3篇；卷二：世家16篇（包括5篇正文、10篇赞和1篇序），书2篇；卷三和卷四：列传45篇（包括22篇正文、21篇赞和2篇序）。可以说诸体皆备，选录全面。

该书选文特点，一是偏重文学的特点。高嵣编选《史记》篇目重在文学，有助于学习古文，如其《史记钞杂说》所云："兹钞为时文蓄根柢，制艺溯渊源，乃录文，非录史也。"二是把握时代比例。所选录的篇目内容，涉及秦汉以前的较少，涉及秦汉以后的内容较为丰富，以免与其他诸如《左传钞》《国语钞》《国策钞》等钞本内容重复。三是选录传统经典篇目。入选文章，堪为经典，正如高嵣在其《史记钞杂说》所关注："诸表序及伯夷、屈原、游侠、货殖等传，俱属龙门得意之笔，尤当熟读。"还有对《项羽本纪》《封禅书》《平准书》等入选的篇目进行了段落层次的划分，对于详细解读这些精彩篇章颇有助益。四是选文推崇司马迁的才气文章。正如高嵣在序言中所云："可知龙门此书，论史为千古之良史，论文亦千古之至文也。""盖子长以天纵逸才，适遭奇祸，发愤著书，借排宕驰骋之能，一抒磊落郁塞之概。"

其评点方式多样，并且重视篇章结构的梳理。细致梳理文章结构、划分段落层次，从而使读者在复杂多变的历史事件里理清思路，把握文章的局部与整体脉络关系。主要有七种评点方式：第一，进行全书总评。这一点主要表现在《史记钞序》和《史记钞杂说》里，如《史记钞序》评价《史记》："固史家之开山，乃纂修之鼻祖也。"《史记钞杂说》云："网罗千载，囊括百家。六经以来，最为巨制。"第二，采用眉批评点。按照该书体例，其批评内容置于书眉之上，评价的范围相对较大，涉及某一个段落或事件，甚或概括某一层次的大意。第三，采用旁批评点。置于精彩文字的旁侧，用画龙点睛的文字，对《史记》正文进行简要评点，加深对文意的理解。第四，采用夹注评点。主要是插在文句中的注释和说明性的文字，有地名、字的注音等。如《六国年表序》中"作西畤"主要是注音和引申解释，【夹注】音止，西畤，县名。又畤，止也，神之所依止也。再如《高祖功臣侯者年表序》中进一步解释"户益息，萧、曹、绛、灌之属或至四万"，【夹注】萧何封酂八千户，曹参封平阳万六百户，周勃封绛八千一百户，灌婴封颍阴五千户，其后或多至四万。第五，底划线方式评点。该书对编选者认为较为重要的文字，在其下标注底划线（横线或曲线）。第六，划分层次评点。编选者对较为长的选文进行层次划分，便于读者把握选文结构，并简要概括文章内容或评点较为精彩的文字。该书共有四篇选文包含有划分层次的评点：《项羽本纪》《封禅书》《平准书》《货殖列传》。第七，引用名家总评。这部分内容多放置在整个选文的结尾，引用其他选本名家的批评文字，进一步作为自己认同的观点来总评选文。所选为名家如储欣、蒲启龙、吴齐贤等学者的评点文字。所有这些评点方法，有助于我们阅读和理解选文。

另外，需要说明的是，我们整理时，为了保持原书版本的基本面貌，对于有些文字有差别或者有差错的内容，我们在相应的页码下面添加了按语说明。所选版本以国家图书馆出版社"《史记》研究文献辑刊"为底本，该书现藏华东师范大学图书馆。个别地方一是文字欠清晰，可能文字编校时不一定准确；二是参考中华书局《史记》繁、简字体版，文字有时异同；三是本人水平所限，还请各位学者、读者多提宝贵意见。

凌璐丝

凡　例

1. 原书底本为清乾隆五十三年（1788）刻本影印版，原为繁体竖排版，为方便读者阅读，此次整理改为简体横排版。

2. 选文内容分为四卷，共七十七篇，基本维持原貌，段落层次的划分参考中华书局通行本加以处理，并按照现代符号标准进行标点。

3. 本书有些标记符号在字库中没有找到，只能由其他符号代替，按照原书《史记纂》标识符号说明，不同符号表示不同的含义：原书选文中凡精华标识为"〇"，整理时改为底划线（直线），如："一人敌，不足学，学万人敌。"原书选文中凡纲领处标识为"、"，整理时改为底划线（曲线），如："项氏世世将家，有名于楚。今欲举大事，将非其人，不可。"但这些标识符号表达意思与《史记纂》标识符号意思不尽相同。

4. 本书每篇选文中编选者评语或者注释类型较多，但并未标识类型名称，在整理时根据其所作文中的位置和评点注释方式，大致区分为：眉批、旁批、夹注、总评等。眉批标识为【眉批】，其后为小号楷体字评语，如："【眉批】提出项梁为项羽先驱，作附传观。"旁批标识为【旁批】，其后为小号楷体字评语，如："于是项梁乃教籍兵法，籍大喜，略知其意，又不肯竟学。【旁批】传神，顿住。"夹注标识为【夹注】，如："秦始皇帝游会稽。【夹注】山在浙江绍兴府城东南。渡浙江，【夹注】杭州府城东。"总评标识为【总评】，其后评语为仿宋字体。如："【总评】储同人曰：《尚书》独载尧以来，故百家之言举可疑，《春秋》《国语》，发明《帝德》《帝系》，故可信。见一部《史记》，无非尊六经而绌百家。……"

5. 对于选文评语中模糊不清的文字，我们无法辨认，用方块墨丁"■"代替，如："曰：'使后世为人臣者无效丁公！'【旁批】作反■陡往高绝。"

目　录

史记钞序

　　《史记》一书，易编年之体，创而为纪传书表，厥后作者代相传述。虽立名微异而体裁不改，固史家之开山，乃纂修之鼻祖也。至其善序事理辨而不华，质而不俚。刘向、扬雄皆称其有良史材，谓之"实录"，诚足前追左史，后逸班书，蔚宗承祚而下更无能为役矣。独是孟坚尝讥其疏略抵牾，是非颇谬于圣人，及所纂《汉书》，武帝以前，多仍迁史旧文。则虽摘其议之疵，而不能不服其文之工。可知龙门此书，论史为千古之良史，论文亦千古之至文也。盖子长以天纵逸才，适遭奇祸。发愤著书，借排宕驰骋之能，一抒磊落郁塞之概。苏子由称其"疏荡有奇气，气充乎中而溢乎其貌"。郑夹漈谓："六经以后，唯有此作。"固极文章之伟观，余推心倾倒者，不可胜数，末学复何庸再赘一词。若夫得力所由，来观其自序，谓十岁诵古文，二十而南游江淮，北涉汝泗，上会稽，探禹穴，知非徒服习者勤也，抑亦遍历名山大川，有以发其磅礴之气，而助其汹涛之势也乎。

乾隆五十三年七月下
浣和阳高塘

史记钞杂说①

一、《史记》上自黄帝，下迄天汉，【夹注】武帝年号。作十二本纪、十表、八书、三十世家、七十列传，共一百三十篇。网罗千载，囊括百家。六经以来，最为巨制。然周秦以前，类皆取裁经文《左传》，及《国语》《国策》等书，如夏殷本纪，多录《尚书》；周本纪多录《国语》；吴世家多录《左传》；刺客豫让、聂政、荆轲等传，皆录《国策》。余似此者甚多，故凡多录经文者，学人诵习已久，多录《左传》《国语》《国策》者，已钞入前编，概不登入。以此秦之前只十之一二，秦以后得十之八九也。至范雎蔡泽列传，所载节次关目，较《国策》倍为清晰，因不录《国策》而录《史记》，此中颇加裁择。

二、《史记》为廿一史之冠冕，其中兴废治乱之故，皆学者所当留意。故曰"经经而纬史，兹钞为时文蓄根柢，制艺溯渊源，乃录文，非录史也。故以叙次工绘，议论宏阔，有篇法结构，可为文家取资者，方入钞，余则姑从割爱"。

三、太史公论赞，抑扬跌宕，乃绝世风神，唐昌黎、宋庐陵，心慕手追，得其神似，俱称大家，学者诚能极力揣摩，稍能濡染，便可跨越流俗，故于世家、列传或不录，而仍录其赞语，最足益人神智，增文姿态。至诸表序及伯夷、屈原、游侠、货殖等传，俱属龙门得意之笔，尤当熟读。

四、读古人书，当窥全豹。一篇中或加删节，不无因陋就简之

---

① 原文每自然段前均用"一"标记，整理时改为"一、二、三、四、五、六"来标记，为层次更加清晰，便于阅读。

讥，然取便诵读，亦玩其篇法可无碍也。至文与赋究属两体，如《怀沙》《鹏鸟》《上林》《大人》等赋，《离骚》《文选》，别有成书，概不登入。

五、《钞》中《项羽本纪》，《封禅》《平准》二书，篇幅太长，读者每兴望洋之叹，兹略划其界限，断为数截，以清层次，非敢为割裂也。其三篇中，《项羽本纪》，乃太史公用全副精神写出，才情法度，种种卓绝，然规迹尚易寻求。至《封禅》《平准》两篇，结撰高古，头绪错综，骤难望之初学。登之以俟深造自得者。

六、是钞本为论文计，尝见储越渔《史记》序云："其科段关锁，合离断绩，草蛇灰线，宛转关生，可以定时文之结构也。其叙次剪裁，明肃简整，行若游龙，止如勒马，可以长时文之笔力也。其写照传神，须眉欲活，抑扬唱叹，余味曲包，可以增时文之声色态度也。"数语最得读《史记》法，每心爱之，兹录入，并以语凡读古文者，皆依此法，亦不独《史记》为然。

卷一

五帝三代世系图

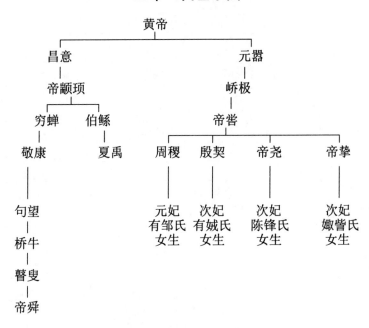

按：世代荒远，纪传互异，疑信参半。《汉书·律历志》云：颛顼五代而生鲧，盖以鲧与舜同时。而舜为颛顼六世孙，鲧为颛顼之子，不应代系殊悬如此。然尧契稷为黄帝四世孙，舜乃黄帝八世孙，既可同时，则鲧与舜同时，亦或理所有也。又杨升菴引罗泌云：尝见刘耽所书《吕梁碑字序》：虞舜之祖，自幕至瞽叟凡五世，不言出自黄帝，可以洗二女同姓尊卑为婚之疑。然婚姻之礼，百世不通，定自周公。尧与舜为疏远族属，当时或有其事，亦不必曲为讳也。兹姑依《史记》所载，聊为绘此图以便省阅。

一 五帝本纪

【夹注】柯维骐曰：五帝之名，见于《孔子家语》及《大戴礼》，其说有二：其一，孔子答季康子，以伏羲配木，神农配火，黄帝配土，少昊配金，颛顼配水，此言数圣人革命改号，取法于五行之帝，非五帝之定名也；其一则孔子所答宰予五帝德：曰黄帝、曰颛顼、曰帝喾、曰尧、曰舜，太史公所述《五帝纪》是也。厥后皇甫谧作《帝王代纪》，苏子由作《古史》，郑樵作《通志》，并祖孔安国，以伏羲、神农、黄帝为三皇，少昊、颛顼、帝喾、尧、舜为五帝。五峰双湖胡氏，又主秦博士天皇地皇人皇之议，而以伏羲、神农、黄帝、尧、舜为五帝，道原刘氏遂以为定论。窃谓皆不如太史公之说为有证耳。何义门曰：冯钝吟云，黄帝始制文字，宜始于黄帝也。《礼》有《五帝德》，《书》有《二典》，史公据以为书。

【眉批】第一层总括生平，见神灵由于天授。黄帝者，【夹注】号有熊。《左传》亦号帝鸿氏。少典之子，【夹注】少典，诸侯国号，非人名。姓公孙，名曰轩辕。【夹注】黄帝生于寿邱，长于姬水，因以为姓。居轩辕之邱，因以为名，又以为号。是本姓公孙，长于姬水，因改姓姬。生而神灵，弱而能言，【夹注】弱，谓幼弱时。【旁批】平排五句，笔力兀寨。幼而徇齐，【夹注】才智周遍，且辩给也。长而敦敏，成而聪明。【夹注】成，谓年二十。冠，成人也。

【眉批】第二层摘叙征伐事，阪泉、涿鹿两师，为诸侯归服之本。轩辕之时，神农氏世衰。【夹注】神农氏，后代道德衰薄，非指炎帝身也。诸侯相侵伐，暴虐百姓，而神农氏弗能征。【旁批】提句，伏阪泉之战。于是轩辕乃习用干戈，【夹注】《世本》云：挥作弓，夷牟作矢。挥、夷牟，黄帝之臣，则弓矢之始也。若乃伏羲造干戈以饬武，则干戈之始也。以征不享，诸侯咸来宾从。而蚩尤【夹注】诸侯号。最为暴，【旁批】提句伏涿鹿之战。莫能伐。炎帝欲侵陵诸侯，诸侯咸归轩辕。轩辕乃修德振兵，治五气，【夹注】五行之气。艺五种，【夹注】黍稷菽麦稻。抚万民，度四方，教熊罴貔貅䝙虎，【夹注】言教士卒习战，以猛兽之名名之，用威敌也。以与炎帝战于阪泉【夹注】在上谷。之野。三战，然后得其志。【旁批】完伐神农氏事。蚩尤作乱，不用帝命。于是黄帝乃征师诸侯，与蚩尤战于涿鹿【夹注】在涿郡。之野，遂禽杀蚩尤。【旁批】完伐蚩尤事。而诸侯咸尊轩辕为天子，代神农氏，是为黄帝。【旁批】一束。

【眉批】第三层总括一生治绩，写神圣文武奇踪。天下有不顺者，黄帝从而征之，平者去之，【旁批】接上起下。披山通道，未尝宁居。东至于海，登丸山，及岱宗。【旁批】又排列，以东西南北作眼。西至于空峒，【夹注】在陇右。登鸡头。【夹注】在陇右。南至于江，登熊、湘。【夹注】熊山在商州，湘山在岳州。北逐荤粥，【夹注】匈奴别名，唐虞以上曰山戎、曰熏粥，夏曰淳维，殷曰鬼方，周曰猃狁，汉曰匈奴。合符釜山，【夹注】合诸侯符瑞，而朝于釜山也。而邑于涿鹿之阿。迁徙往来无常处，以师兵为营卫。【旁批】总四方而定邑，偏又以迁徙出奇。官名皆以云命，为云师。【夹注】受命有云瑞，故以云纪事。置左右大监，监于万国。万国和，而鬼神山川封禅与为多焉。【旁批】长句宕甚。获宝鼎，迎日推筴。【夹注】筴，数也。迎，数之也。日月朔望，未来而推之，故曰迎日。举风后、力牧、常先、大鸿以治民。顺天地之纪，幽明之占，死生之说，存亡之难。【旁批】四句一排。时播百谷草木，【旁批】五句又作一排。淳化鸟兽虫蛾，【夹注】古蚁字，又音豸，《尔雅》曰：有足曰虫，无足曰豸。旁罗日月星辰水波土石金玉，【夹注】旁罗，乃测天度之器，如今之日晷地罗也。劳勤心力耳目，节用水火材物。有土德之瑞，故号黄帝。【旁批】又一束。

【眉批】第四层拖叙身后事，贯通下文。黄帝二十五子，其得姓者十四人。黄帝居轩辕之丘，【夹注】在河南开封府新郑县。而娶于西陵【夹注】国名。之女，是为嫘祖。嫘祖为黄帝正妃，生二子，其后皆有天下：【旁批】先总提一句，直贯后文。其一曰元嚣，【旁批】（凌按：本为玄嚣，因避讳而为元嚣）元嚣伏帝喾纪。是为青阳，【夹注】《索隐》曰：元嚣，帝喾之祖。按：元嚣青阳，即少昊也，今此纪下云元嚣不得在帝位，则太史公意青阳非少昊明矣。而此又云元嚣，是为青阳，当是误也。青阳降居江水；其二曰昌意，【旁批】昌意渡颛顼纪。降居若水。【夹注】降，下也。言帝子为诸侯，降居江水，江水若水，皆在蜀，即所封国也。昌意娶蜀山氏女，曰昌仆，生高阳，高阳有圣德焉。黄帝崩，【夹注】在位百年而崩，年百一十一岁。葬桥山。【夹注】按诸史所载，谓黄帝采铜铸鼎，鼎成帝崩。夫谓鼎成骑龙升天，盖本方士之说，太史公纪之《封禅书》，以见汉武之惑，此云崩且葬，所以祛后世之疑也。其孙昌意之子高阳立，是为帝颛顼也。【夹注】风后、力牧，二臣名，黄帝得风后于海隅以为相，得力牧于大泽以为将，常先大鸿，注不见，想亦帝臣也。

　　【眉批】颛顼纪从略，然包罗已尽。帝颛顼高阳者，【夹注】都帝邱。黄帝之孙而昌意之子也。【旁批】跟上。静渊以有谋，疏通而知事；养才以任地，载时以象天，依鬼神【夹注】山川之神。以制义，治气以教化，絜诚以祭祀。【旁批】叠六以字，中插一而字作变势。北至于幽陵，【夹注】幽州。南至于交趾。西至于流沙。东至于蟠木。【夹注】东海中有山焉，名曰度索，上有大桃树，屈蟠三千里。【旁批】南北东西，应前。动静之物，【夹注】动，谓鸟兽之类；静，谓草木之类。大小之神，【夹注】大，谓五岳四渎；小，谓丘陵坟衍。日月所照，莫不砥属。【夹注】砥，平也，四远皆平而来服属。帝颛顼生子曰穷蝉。【夹注】帝舜之高祖。【旁批】伏帝舜。颛顼崩，【夹注】在位七十八年，年九十八。而元嚣之孙高辛立，是为帝喾。【旁批】遥接渡下。

　　【眉批】帝喾纪亦略，前后序世系加详法又变。帝喾高辛者，【夹注】少昊之前，天下之号象其德，颛顼以来，天下之号因其名。黄帝之曾孙也。高辛父曰峤极，【夹注】帝尧之祖。峤极父曰元嚣，元嚣父曰黄帝。自元嚣与峤极皆不得在位，至高辛即帝位。【夹注】都亳，今河南偃师是。【旁批】低序世系，又一法。高辛于颛顼为族子。高辛生而神灵，自言其名。【夹注】帝喾高辛，姬姓也，其母生见其神异，自言其名，曰夋龅龇乱有德，年十五而佐颛顼，三十登位。【旁批】回应颛顼。普施利物，不于其身。聪以知远，明以察微。顺天之义，知民之急。仁而威，惠而信，修身而天下服。取地之财而节用之，抚教万民而利诲之，历日月而迎送之，明鬼神而敬事之。其色郁郁，【夹注】犹穆穆也。【旁批】四语奇俊。其德嶷嶷。【夹注】高也。其动也时，其服也士。【夹注】言其公且廉也。帝喾溉【夹注】既。执中而偏天下，日月所照，风雨所至，莫不从服。帝喾娶陈锋氏女，【夹注】喾有四妃，元妃有邰氏女曰姜源，生后稷，次妃有娀氏女曰简狄，生禼，次妃陈锋氏女曰庆都，生放勋，次妃娵訾氏女曰常仪，生帝挚也。生放勋。【夹注】帝尧陶唐氏，祁姓也，母庆都，十四月生尧。娶娵訾氏女，生挚。帝喾崩，【夹注】在位七十年，年百五岁。杨曰，娵訾辰名，盖古之天官，因以为氏。而挚代立。帝挚立不善，崩。【夹注】帝挚之母，于四人中班最在下，而挚于兄弟最长，得登帝位，封异母弟放勋为唐侯。挚在位九年，政微弱，而唐侯德盛，侯归之，挚服其义，乃率群臣造唐而致禅。乃封挚于高辛，今定州唐县也。而弟放勋立，是为帝尧。【夹注】按有娀氏曰简狄生禼，禼即契也。【旁批】渡下。

　　【眉批】帝尧独不重序世系，法变。内多用《尚书》文，从节。帝尧者，放勋。其仁如天，其知如神。就之如日，望之如云。富而不骄，贵而不舒。【夹注】犹慢也。黄收纯【夹注】读绢。衣，【夹注】收，冕名，其色黄，故曰黄收，纯衣，士之祭服。彤车乘白马。能明驯【夹注】顺也。德，【夹注】节。尧知子丹朱之不肖，不足授天下，于是乃权授舜。授舜，则天下得其利而丹朱病；授丹朱，则天下病而丹朱得其利。尧曰："终不以天下之病而利一人。"而卒授舜以天下，【夹注】节。是为帝舜。

　　【眉批】虞舜纪详世系，亦用倒序遥接。虞舜者，名曰重华。重华父曰瞽叟，瞽叟父曰桥牛，桥牛父曰句望，句望父曰敬康，敬康父曰穷蝉，穷蝉父曰帝颛顼，颛顼父曰昌意；以至舜七世矣。【旁批】倒追。【眉批】穷蝉直追至昌意，以应黄帝纪。内多引《尚书》文，亦从节。自从穷蝉以至帝舜，皆微为庶人。【旁批】又顺序一笔作总括。舜父瞽叟盲，而舜母死，瞽叟更娶妻而生象，象傲。瞽叟爱后妻子，常欲杀舜，舜避逃；及有小过则受罪。顺事父及后母与弟，日以笃谨匪有懈。舜，冀州之人也。舜耕历山，【夹注】蒲州府南，即禹贡雷首山。【旁批】顿住。另起点一句，先注明历山雷泽之地。渔雷泽，【夹注】雷首山下，据《括地志》，在山东曹州。陶河滨，【夹注】今东昌府馆陶县陶邱。作什器于寿邱，【夹注】在兖州府东门，《索隐》曰，什器，什数也，盖人家常用之器非一，故以什为数，犹今云什物也。就时于负夏。【夹注】负夏，卫地，今东昌府夏津县，就时，犹逐时，若言乘时射利也。舜父瞽叟顽，母嚣，弟象傲，皆欲杀舜。【旁批】间接。舜顺适，不失子道，兄弟孝慈。欲杀，不可得，即求，尝在侧。【旁批】杀舜事作两层写。舜年二十以孝闻。三十而帝尧问可用者，四岳咸荐虞舜，曰可。于是尧乃以二女妻舜以观其内，使九男与处以观其外。舜居妫汭，内行弥谨。尧二女不敢以贵骄事舜亲戚，甚有妇道。尧九男皆益笃。舜耕历山，历山之人皆让畔，渔雷泽，雷泽上人皆让居陶河滨。河滨器皆不苦窳。一年而所居成聚，【夹注】谓村落也。【旁批】三皆字成，字俱作，叠句相应。二年成邑，三年成都。【夹注】节。舜年二十以孝闻，年三十尧举之，年五十摄行天子事，年五十八尧崩，年六十一代尧践帝位。【夹注】舜所都，或言蒲阪，或言平阳，或言潘，潘今上谷也。

　　【眉批】又将年岁总序，裁完舜事。践帝位三十九年，南巡狩，崩于苍梧之野，葬于江南九疑，是为零陵。【夹注】周尧佐曰，按舜年九十三，自谓倦于勤，而命禹居摄。岂有百有九岁之后，其衰已甚，而又南涉大江，深入蛮夷之地哉？为此说者惑于书陟方乃死之文耳。今按《韩子》，谓《竹书纪》，帝王之殁曰陟，师古云，古谓掘土为坑曰方。是时舜年以老，故垂殁之际，先定其圹，而后乃死。然其定圹，盖亦不过谓吾死之后，可葬某处，非若后世择选风水，预为寿葬者也。要之舜都蒲阪，距鸣条二百余里，《孟子》云卒于鸣条者得之。

【眉批】舜之明德，孝弟为大，故又接践帝位后补完。舜之践天位，载天子旗，往朝父瞽叟，夔夔唯谨，如子道。封弟象为诸侯。舜子商均亦不肖，舜乃豫荐禹子天。十七年而崩，三年丧毕。禹亦乃让舜子，如舜让尧子。诸侯归之，然后践天子位。【旁批】省法。

【眉批】从禹有天下后，收完尧舜两段。尧子丹朱，舜子商均，<u>皆有疆土，以奉先祀。服其服礼乐如之。以客见天子，天子弗臣，示不敢专也。</u>自黄帝至舜、禹，皆同姓，而异其国号，以章明德。

【眉批】总收五帝，又后起三代。故黄帝为有熊，帝颛顼为高阳，帝喾为高辛，帝尧为陶唐，帝舜为有虞，帝禹为夏，后而别氏，姓姒。契为商，姓子氏，弃为周，姓姬氏。

【眉批】首段言《尚书》可据，而百家及帝《德》《系》，恐不足信。故尧舜以前，皆可弗论，是开。

太史公曰：学者多称五帝，尚矣。【夹注】久远也。<u>然《尚书》独载尧以来；</u>【夹注】谓《尚书》乃独载自尧始，不及黄帝。【旁批】大疑。而百家言黄帝，【夹注】举黄帝，以该颛顼帝喾。其文不雅驯，【夹注】言涉神怪，非典雅之训。荐【夹注】同搢。绅先生难言之。孔子所传宰予问《五帝德》及《帝系姓》，【夹注】皆《大戴礼》文及《家语》篇名。【旁批】一抑此层撇去，挈孔子定所宗先用掉笔。儒者或不传。【夹注】虽称传自孔子，而儒者皆疑非圣人之言，或不传以为实，以上见未可征信。【旁批】再抑此层，伏后。

【眉批】二段言就所涉历，考其风教，时与古文相征合，则《帝德》《帝系》等书，未可尽非，是合。<u>余尝西至空峒，</u>【夹注】山名。黄帝问道广成子处。【旁批】忽纵。北过涿鹿，【夹注】黄帝所都。<u>东渐于海，南浮江淮矣，</u>【旁批】宕开体势，以访古博所征。至长老皆各往往称黄帝、尧、舜之处，<u>风教固殊焉，总之不离古文者近是。</u>【夹注】古文，上承《帝德》《帝系》，下起《春秋》《国语》，言足迹所经，与长老所述，皆不离于古文所载，是亦可取以考证。【旁批】忽擒，大信。

【眉批】二段乃纪赞归宿处，以好学深思，为持论之本，以择言尤雅为折衷之资。予观《春秋》《国语》，其发明《五帝德》《帝系姓》章矣，<u>顾弟弗深考，</u>【夹注】弟同第，但也，言人但弗深考耳。【旁批】应前，一开。<u>其所表见皆不虚。</u>【夹注】所见与长老之言，不可谓虚。【旁批】一合。<u>《书》缺有间矣，</u>【夹注】书，即指《尚书》，谓缺亡其间多矣。【旁批】再开。<u>其轶乃时时见于他说。</u>【夹注】轶，遗漏之事。他说，指《帝德》《帝系》《春秋》《国语》。【旁批】再合。<u>非好学深思，心知其意，固难为浅见寡闻道也。</u>【旁批】总断是读书论世法。予并论次，<u>择其言，尤雅者，</u>【旁批】应不雅驯。故著为本纪书首。

【总评】储同人曰：《尚书》独载尧以来，故百家之言举可疑，《春秋》《国语》，发明《帝德》《帝系》，故可信。见一部《史记》，无非尊六经而绌百家。

孔子删《书》断自唐虞，征信之实也。其前三帝，散见群书，文多不经，择之不可不慎。然《帝德》《帝系》，传自孔子，而《春秋》《国语》，多发明《帝德》《帝系》之旨。况四方风教，又与古文相合，皆可兼采折衷，以求符孔子删《书》之意也。所信圣人，所尊《尚书》，所择尤雅，百家之言举可废矣。其行文<u>转折顿宕极开合擒纵之势，</u>尤雅绝调。

二　项羽本纪

【眉批】提出项梁为项羽先驱，作附传观。项籍者，下相【夹注】今江南宿迁。人也，字羽。【夹注】字子羽。初起时，年二十四，【旁批】纪年。其季父项梁。【旁批】提项梁，起前五段之事。梁父即楚将项燕，为秦将王翦所戮者也。项氏世世为楚将，封于项，故姓项氏。【旁批】揭世系，伏立义帝缘起，并弑义帝罪案。

【眉批】先写羽，一人敌、万人敌两语，气概不凡。项籍少时学书不成，【夹注】句。去；【夹注】句。学剑又不成，项梁怒之。籍曰："书，【夹注】句。足以记名姓而已，剑，【夹注】句。一人敌，不足学，学万人敌。"于是项梁乃教籍兵法，籍大喜，略知其意，又不肯竟学。【旁批】传神，顿住。

【眉批】次写梁，贤士大夫出其下，宾客子弟知其能，梁心大用。项梁尝有栎阳逮。【夹注】有罪相连及，为栎阳县所逮录。乃请蕲【夹注】县名，属沛国。狱掾【夹注】狱吏。曹咎书抵栎阳，【旁批】伏。狱掾司马欣【旁批】伏。以故事得已。项梁杀人，与籍避仇于吴中。【夹注】今苏州。【旁批】伏起事之地。吴中贤士大夫皆出项梁下。每吴中有大繇【夹注】通徭。役及丧，项梁常为主办，阴以兵法部勒宾客及子弟，以是知其能。【夹注】以是知宾客子弟之能。【旁批】顿住。

【眉批】又写羽，以此奇籍、皆已惮籍，两层才志俱见。秦始皇帝游会稽。【夹注】山在浙江绍兴府城东南。渡浙江，【夹注】杭州府城东。梁与籍俱观；籍曰："彼可取而代之。"【旁批】粗莽，一语已现全体。梁掩其口曰：勿妄言，族矣，梁以此奇籍。籍长八尺余，力能扛鼎，才气过人，虽吴中子弟皆已惮籍矣。【旁批】顿住。

第一截，表其世系志略也，头角初露，便已神采焕发，盖世之气，俱见一斑。

羽是篇主，梁本附传，而初时皆以梁用羽，故一路夹写，然所主自见。

【眉批】提陈涉，志首难之人。秦二世元年七月，陈涉等起大泽中。【夹注】今江南丰县。【旁批】以秦纪年，提陈涉时势明晰。【眉批】起事吴中，写得机变，得八千人，始事眉目。其九月，会稽【夹注】今苏州府，秦为会稽郡治。守通【夹注】殷通。【旁批】跟避仇吴中来。谓梁曰："江西皆反，此亦亡秦之时也。【旁批】亡秦一击。吾闻先即制人，后则为人所制。吾欲发兵，使公及桓楚将。"是时，桓楚亡在泽中。【旁批】伏。梁曰："桓楚亡，人莫知其处，独籍知之耳。"梁乃出，诫籍，持剑居外待。梁复入，与守坐曰："请召籍，使受命召桓楚。"守曰："诺。"梁召籍入，须臾，梁眴。【夹注】动目也。籍曰："可行矣！"于是籍遂拔剑斩守头，项梁持守头，佩其印绶。门下大惊，扰乱。籍所击杀数十百人，一府中皆慑伏，莫敢起。梁乃召故所知豪吏，谕以所为起大事。遂举吴中兵，使人收下县。【夹注】收所下之县。【旁批】点眼。得精兵八千人。【旁批】八千人三字首尾相应。梁部署吴中豪杰为校尉、候、司马，有一人不得用，自言于梁。梁曰："前时某丧，使公主某事不能办，以此不任用公。"众乃皆服。【旁批】应前为兵法部勒生色，为知其能点实。于是梁为会稽守，籍为裨将【夹注】副将。徇【夹注】略也。下县。广陵人召平，于是为陈王徇广陵。【夹注】今扬州府。【眉批】召平与项梁合，引兵击秦，写得迅疾。渡江而西，始事眉目。未能下，闻陈王败走，秦兵又且至，乃渡江。矫陈王命，拜梁为楚王上柱国。【夹注】二世二年正月。曰："江东已定。及引兵击西秦。"项梁乃以八千人渡江而西。【旁批】西字，分明东西，二字前后眉目。

第二截，叙起事缘始也，斩会稽守一事，庸人不能为，帝王不肯为，真英雄局面。渡江而西句，开出眉目，以后东西二字于卒忙中略一拨醒，使楚汉大势了如指掌。

【眉批】陈婴与项梁合。闻陈婴已下东阳,【夹注】在江南盱眙县。使使与连和俱西。【旁批】西字一。陈婴者,故东阳令史。【夹注】县吏。居县中,素信谨,称为长者,东阳少年杀其令,相聚数千人,欲置长,无适【夹注】的。用,乃请陈婴,婴谢不能,遂强立婴为长,县中从者得二万人。少年欲立婴便为王。异军苍头特起,【夹注】苍头特起,言与众异也,苍头,谓士卒皂巾,若赤眉青领以相别也。【眉批】婴母深识,可作附传观。陈婴母谓婴曰:"<u>自我为汝家妇未尝闻汝先古之有贵者,今暴得大名</u>,不祥。<u>不如有所属</u>,<u>事成</u>,<u>犹得封侯;事败</u>,<u>易以亡非世所指名也。</u>"婴乃不敢为王。谓其军吏曰:"<u>项氏世世将家,有名于楚。今欲举大事</u>,<u>将非其人</u>,<u>不可。我倚名族。亡秦必矣。</u>"【旁批】借婴口为项氏世世楚将作提携。【旁批】逗亡秦。于是众从其言,以兵属项梁,项梁渡淮。黥布、蒲将军,<u>亦以兵属焉</u>。【夹注】布本姓英,后以罪被黥,故改黥,以应相者之言。蒲将军当另是一人,服虔以为郎,黥布恐非。【旁批】简笔。【眉批】黥布、蒲将军与项梁合。<u>凡六七万人</u>,军下邳。【夹注】今江南邳州。【旁批】前八千人,今六七万。

　　当是时,秦嘉【夹注】广陵人。【眉批】秦嘉军降项梁。已立景驹【夹注】楚族为楚王,军彭城,【夹注】今徐州府东。欲距项梁,项梁谓军吏曰:"陈王【夹注】涉。先首事,战不利,未闻所在,今秦嘉倍陈王而【眉批】此渡后初用兵也,败秦嘉。拔襄城,鸡石之败,乃偏将小挫,不减威势也,秦将章邯至。立景驹,逆无道。"乃进兵击秦嘉,秦嘉军败走,追之至胡陵。【夹注】今江南山阳。嘉还战一日,嘉死,军降。景驹走,死梁地。<u>项梁已并秦嘉军</u>,军胡陵。<u>将引军而西</u>。【旁批】西字二。章邯【夹注】秦将。军至栗,【夹注】县名,在沛。项梁使别将朱鸡石、余樊君与战,余樊君死,朱鸡石军败,亡走胡陵。【夹注】项梁军胡陵也。项梁乃引兵入薛,诛鸡石。【旁批】申军纪。项梁前使项羽别攻襄城,【夹注】今河南许州。襄城坚守不下,已拔,皆坑之,还报项梁。项梁闻陈王定【夹注】确辞。死。【旁批】遥接未闻所在。名诸别将会薛计事，<u>此时沛公亦起沛</u>【夹注】今江南沛县。往焉。【眉批】了陈涉。此时沛公起沛往句，刘项合矣，是大关键。

第三截，叙合并各军以见兵势渐盛也。陈婴以兵属，黥布以兵属，并秦嘉军，得沛公来，初渡后便已大势云集矣。沛公起沛句，是特笔，<u>以后刘项合盛衰从此起根</u>。

【眉批】提出范增，作附传。居巢【夹注】今江南巢县。人范增，<u>年七十</u>，素居家，好奇计。往说项梁曰："陈胜【夹注】涉名。败固当，夫秦灭六国，楚最无罪。自怀王入秦不反，楚人怜之至今。故楚南公【夹注】楚人，善言阴阳。曰：'楚虽三户，【夹注】此言微少，或曰三户，地名。【旁批】逗亡秦必楚。亡秦必楚'也。今陈胜首事，不立楚后而自立，其势不长，今君起江东，<u>楚蜂起之将</u>，皆争附君者，<u>以君世世楚将，为能复立楚之后也</u>。"于是项梁然其言，乃求楚怀王孙心。【夹注】名心。【旁批】项氏世世楚将，又作一提。民间为人牧羊，立以为楚怀王，【夹注】时二世二年六月。从民所望也。【夹注】以祖谥为号者，顺民望也。【旁批】孙冒祖号，生袭死谥，一时草草可笑。陈婴为楚上柱国，封五县，与怀王都盱台，【夹注】今县作眙。项梁自号为武信君。【眉批】点立楚怀王，得正名之意，亦写范增高识。

第四截，叙复立楚后以见名分得正也。观立义帝以后，羽势日盛一日；杀义帝以后，羽势日衰一日。范增此议，<u>不独正名顺义</u>，<u>实藉以收合人心</u>，为得势第一要着，<u>亦纪中大纲领处</u>。【眉批】苏东坡云：项氏之兴也，以立怀王；而诸侯叛之也，以弑义帝。

【眉批】田荣起齐。居数月，引兵攻亢父。【夹注】任城。与齐田荣司马龙且军救东阿，大破秦军于东阿，田荣即引兵归。【旁批】破秦一。逐其王假【夹注】田假。假亡走楚。【旁批】带叙齐事。假相田角亡走赵，【夹注】王歇。角弟田间故齐将。【眉批】别叙二田始末，为后张本。居赵不敢归，田荣立田儋子市为齐王。项梁已破东阿下军。【旁批】间接。遂追秦军。数使使趣【夹注】促。齐兵，欲与俱西。【旁批】西字三。田荣曰：楚杀田假，赵杀田角、田间，乃发兵。项梁曰：田假为与国之王，穷来从我，不忍杀之，赵亦不杀田角、田间，以市于齐，齐遂不肯发兵助楚。【眉批】伏齐楚相仇之案。项梁使沛公及项羽别攻城阳，屠之。西破秦军濮阳【夹注】今山东濮州。东。【旁批】西字四，破秦二。秦兵收入濮阳。沛公、项羽，乃攻定陶，【夹注】属山东曹州府。定陶未下。去西略地至雍邱。【夹注】今河南杞县。【旁批】西字五。大破秦军，斩李由。【夹注】李斯子。【旁批】破秦三。还攻外黄，【夹注】亦在杞县。外黄未下。【夹注】时项羽尚在外黄未去。【旁批】未了。【眉批】屡叙破秦，为项梁之骄起根，即为项梁之败反跌。项梁起东阿西。【旁批】间接东阿事。比至定陶，再破秦军。【旁批】破秦四。项羽等又斩李由，益轻秦，有骄色。【旁批】又点一句是梁心事，伏败根。宋义【夹注】故楚令尹。乃谏项梁曰："战胜而将骄卒惰者败。今卒少惰矣，秦兵日益，臣为君畏之。"项梁弗听。乃使宋义使于齐。【眉批】插叙宋义，藉其言结项梁之案，亦为河北军一段作伏。道遇齐使者高陵君显，曰："公将见武信君【夹注】即项梁。乎？"【旁批】伏。曰："然。"曰："臣论武信君军必败，公徐行则免死，疾行则及祸。"秦果悉兵益章邯，击楚军，大破之定陶，项梁死。【旁批】应秦兵日益。【眉批】完项梁事。

第五截，叙定陶之败以了项梁事也。以屡胜跌出一败，益轻秦，有骄色，六字，定项梁之案。

【眉批】梁已死，将沛公项羽并挈以立篇柱。沛公项羽去外黄，攻陈留。【夹注】即今陈留县。【旁批】接外黄未下。陈留坚守，不能下。沛公项羽相与谋曰："今项梁军破，士卒恐。"乃与吕臣军俱引兵而东。吕臣军彭城东，【旁批】东字分明，一路向西，因败暂引而东。项羽军彭城西，沛公军砀。【夹注】今江南砀山县。【旁批】顿住。项破定陶来。章邯已破项梁军，则以为楚地兵不足忧，乃渡河击赵，大破之。【眉批】章邯去楚击赵，引出楚军救赵。当此时，赵歇为王，陈馀为将，【夹注】徐闻公曰：陈馀将兵在外，未入巨鹿城，此语误。【旁批】又约叙赵事。张耳为相，【眉批】提出赵歇、陈馀、张耳，伏后事。皆走入巨鹿城。【夹注】今直隶巨鹿县。【旁批】先出巨鹿二字。章邯令王离、涉间【夹注】涉姓，间名，秦将。围巨鹿。章邯军其南，筑甬道而输之粟。【夹注】恐敌抄辎重，故筑墙垣，如街道也。陈馀为将，将卒数万人，而军巨鹿之北，此所谓河北之军也。【旁批】揭得清。楚兵已破于定陶，怀王恐。从盱台之彭城，并项羽吕臣军。自将之。【旁批】间接定陶，引起义帝并军。以吕臣为司徒，以其父吕青为令尹，以沛公为砀郡长，封为武安侯，将砀郡兵。【旁批】顿住。初，宋义所遇齐使者高陵君显在楚军，【旁批】遥接宋义事，又暗接章邯击赵，渡人救赵之师。【眉批】拾起宋义，只为项羽作衬势。见楚王曰："宋义论武信君之军必败。居数日，军果败。兵未战而先见败征，此可谓知兵矣。"王召宋义与计事，而大说之，因置以为上将军；项羽为鲁公、为次将。【旁批】鲁公二字伏此。范增为末将，救赵。诸别将皆属宋义，号为卿子冠军。【夹注】卿子，时人相褒尊之辞，上将，故言冠军。【眉批】揭出救赵，引巨鹿之战，自是项羽北救赵，沛公西略秦，其势遂分。然皆怀王所使，须参阅高帝纪。

第六截，叙河北之军以起项羽事也。秦军击赵，楚军救赵，乃巨鹿之战缘起。却以宋义为上将军，而以项羽为次将，先作一抑以为反跌势。储同人曰：定陶一败，梁以此终。巨鹿一战，羽以此始。此段接梁之败局，开羽之胜局。重叙击赵之势，正以大救赵之功，此史法也。

【眉批】下叙斩宋义事。行至安阳，【夹注】当即今之安阳县。留四十六日不进。【旁批】罪状。项羽曰："吾闻秦军围赵王巨鹿，疾引兵渡河。【夹注】漳河，今河南安阳直隶磁州交界。楚击其外，赵应其内，破秦军必矣。"宋义曰："不然，夫搏牛之虻，不可以破虮虱。【夹注】言欲破秦，不可以救赵挫其锋。今秦攻赵，战胜则兵罢，我承其敝；不胜，则我引兵鼓行而西，必举秦矣。【眉批】写出宋义骄恣。故不如先斗秦赵。夫披坚执锐，<u>义不如公</u>；坐而运策，<u>公不如义</u>。"【旁批】口角尖利。因下令军中曰："猛如虎、狠如羊、贪如狼，强不可使者，皆斩之。"【旁批】舌锋射羽使人不堪。乃遣其子宋襄相齐，身送之至无盐，【夹注】在山东东平州。<u>饮酒高会</u>，<u>天寒大雨</u>，<u>士卒冻饥</u>。【旁批】罪状。项羽曰："将戮力而攻秦，久留不行。今岁饥民贫，士卒食芋菽。军无见粮，乃饮酒高会，不引兵渡河。【旁批】项羽不答宋义，而言于高会之下，益一腔怨气，前犹耐得住，至此忍不过也。因赵食与赵并力攻秦。【旁批】兵法。乃曰：'承其敝'，<u>夫以秦之强，攻新造之赵，其势必举赵，赵举而秦强</u>，何敝之承！且国兵新破，王坐不安席。【旁批】议论透彻。扫境内而专属于将军，国家安危，在此一举。今不恤士卒而徇其私，【夹注】谓使其子相齐。非社稷之臣。"【眉批】析宋义之言极明透，斩宋义之头极爽快，此盖世之气，未战前先声已足夺人矣。项羽晨朝上将军宋义，<u>即其帐中斩宋义头</u>。【旁批】观此，则知羽屈矣。快活。出令军中曰："宋义与齐谋反楚，楚王阴令羽诛之。"【旁批】与前令军中对。【眉批】了宋义。<u>当是时，诸将皆慑服，莫敢枝梧</u>。【夹注】梧音悟，枝梧，犹枝捍。【旁批】与前莫敢起同抬起项羽。皆曰："首立楚者将军家也，今将军诛乱，乃相与共立羽为假上将军。"【夹注】未得怀王命也。使人追宋义子，及之齐杀之。使桓楚报命于怀王。<u>怀王因使项羽为上将军</u>。【夹注】二世三年十一月。【旁批】桓楚知此乃见，羽始得势。当阳君蒲将军，皆属项羽。【旁批】黥布。【眉批】并了其子。<u>项羽已杀卿子冠军，威震楚国，名闻诸侯</u>。【旁批】又提一句有威势。乃遣当阳君、蒲将军将卒二万渡河，【夹注】漳河。救巨鹿。【眉批】下叙战巨鹿事。战少利，陈馀复请兵。项羽乃悉引兵渡河，<u>皆沉船破斧甑，烧庐舍，持三日粮</u>。以示士卒必死无一还。<u>心于是至</u>。【夹注】句。【旁批】进师之日，便已气胜。则围王离。与秦军遇九战绝其甬道，大破之，杀苏角，【夹注】秦将。虏王离。【夹注】王翦之孙。涉间不降楚，自烧杀。当是时楚兵冠诸侯，诸侯军救巨鹿。下者十余壁莫敢纵兵。【旁批】忽截住，再提起摹写。一层。及楚击秦，诸将皆从壁上观。【旁批】二层。楚战士无不一以当十，楚兵呼声动天。【旁批】三层。诸侯军无不人人惴恐。【旁批】四层。于是已破秦军。【旁批】五层。项羽召见诸侯，将入辕门，无不膝行而前。【旁批】六层。莫敢仰视项羽。【旁批】与前两莫敢应。由是始为诸侯上将军，诸侯皆属焉。【旁批】七层作束。【眉批】写战只以九字括之，全从四面描写，故尔生动尽致。妙在以当是时三字提起，以下一面写楚军，一面写诸侯，分作数层，顿挫淋漓，神色飞动。

第七截，巨鹿之战，为项羽胜势正文，初渡时为项梁用。定陶后为宋义屈。至此劫杀宋义，为上将军。翻转前势，一路扬起，及引兵渡河，大破秦军，诸侯皆属，乃出场后有声有色第一事。怀王遣沛公，并羽军，置宋义，尚能有为。自此项羽日强怀王失势，后日徙义帝于长沙，杀义帝于江中，已伏于此。老泉论项羽，宜急引军趋秦，以据咸阳，制天下。乃渡河救赵，至使沛公先入关，此为失势。又曰：兆垓下之死者，巨鹿之战也，不知前此权在怀王，军属宋义，项羽救赵，沛公略秦，皆怀王遣之。羽愿与沛公西入关，而怀王不许也。议论虽辟，尚未彻彼时之情事耳，阅高帝纪自悉。

章邯军棘原，【夹注】在顺德府南。项羽军漳南，【夹注】漳水之南在顺德府平乡县。相持未战。【旁批】略顿住。【眉批】跟上战巨鹿来。秦军数却，二世使人让章邯，章邯恐，使长史欣请事，至咸阳。【夹注】秦都，今陕西咸阳县。留司马门三日。【夹注】宫垣之内，兵卫所在，四面皆有司马，主武事。赵高不见，有不信之心。长史欣恐，远走其军，不敢出故道。赵高果使人追之，不及。欣至军，报曰："赵高用事于中下无可为者，今战能胜，高必疾妒吾功。战不能胜，不免于死。【旁批】元振居中临淮，不至千古败亡如出一辙。愿将军熟计之。"陈馀亦遗章邯书曰："白起为秦将，南征鄢郢，北坑马服。攻城略地，不可胜计，而竟赐死。【旁批】章邯惧诛，即接陈馀一书情事适凑。蒙恬为秦将，北逐戎人，开榆中之地数千里，竟斩阳周。何者？功多秦不能封，因以法诛之。【眉批】陈馀劝章邯书，切中情事，气味疏古。今将军为秦将三岁矣，所亡失以十万数。而诸侯并起，滋益多，彼赵高素谀日久。今事急，恐二世诛之，故欲以此法诛将军以塞责，使人更代将军以脱其祸。夫将军居外久，多内郤有功亦诛，无功亦诛。【旁批】意与长史欣暗合。且天之亡秦，无愚智皆知之。今将军内不能直谏，外为亡国将，孤特独立，而欲常存，岂不哀哉！将军何不还兵与诸侯为从，【夹注】关东诸侯。约兵攻秦。【旁批】约从攻秦是书眼。分王其地，南面称孤，此孰与身伏鈇质，妻子为僇乎？"章邯狐疑。阴使候始成【夹注】候，军候，官名，始成其名也。使项羽，欲约，约未成。【旁批】又一顿。项羽使蒲将军日夜引兵渡三户，【夹注】地名在邺西。军漳南。【旁批】方约而更急战，妙得兵机。与秦战，再破之。项羽悉引兵击秦军汙水上，大破之。章邯使人见项羽欲约。项羽召军吏谋曰："粮少，欲听其约。"军吏皆曰："善。"项羽乃与期洹水【夹注】在大名府魏县。南殷墟上。【夹注】二世三年七月。已盟。章邯见项羽而流涕为言赵高。【旁批】即司马欣陈馀云云。项羽乃立章邯为雍王，置楚军中。使长史欣为上将军。将秦军为前行。【旁批】得势。【眉批】章邯降楚，秦军前行，长驱直进，势如破竹矣。到新安。【夹注】今河南府新安县。诸侯吏卒异时故繇使屯戍过秦中，秦中吏卒遇之多无状。及秦军降诸侯，诸侯吏卒乘胜多奴虏使之，轻折辱秦吏卒。秦吏卒多窃言曰："章将军等诈吾属降诸侯，今能入关破秦，大善；即不能，诸侯虏吾属而东，秦必尽诛吾父母妻子。"诸侯微闻其计，以告项羽。项羽乃召黥布、蒲将军计曰："秦吏卒尚众，其心不服，至关中不听，事必危，不如击杀之。而独与章邯、长史欣、都尉翳入秦。"于是楚军夜击坑秦卒二十余万人新安城南，行略定秦地。

【旁批】势盛与高。【眉批】夹叙坑秦卒一段，著羽之暴也。

　　第八截，章邯已降，乃项羽入秦正文，由北而南，自东而西，至此略定秦地。一路顺流而下，初不料至函谷，有兵守关不得入云云也。以此上了击秦之案，并为下文畜反激之势。至此楚秦事毕局。以下刘项事起端。巨鹿之战，声情激越，是史公着力摹写处，此段疏疏散散，文势漫衍，乃为天下鸿门之会聚势也。

　　【眉批】此段转局，为刘项决胜发端。突接有兵守关，不得入，沛公已破咸阳二句，如顺水安澜，忽然逆浪湍激，文势改观。函谷关【夹注】在河南灵宝县。有兵守关，不得入。又闻沛公已破咸阳，项羽大怒。使当阳君等击关，项羽遂入，至于戏西。【夹注】戏水在西安府临潼县东。【旁批】文势事势俱若从天而降，羽此时十分怒九分丧气矣。沛公军霸上，【夹注】霸水之上，在西安府城东。未得与项羽相见。【旁批】伏谢项王案。沛公左司马曹无伤，使人言于项羽曰："沛公欲王关中，使子婴为相，珍宝尽有之。"项羽大怒，曰："旦日飨士卒，为击破沛公军。"【旁批】一险。当是时，项羽兵四十万，在新丰鸿门，【夹注】在戏西。【旁批】提掇分明，笔力千钧。沛公兵十万，在霸上。范增说项羽曰："沛公居山东时，贪于财货，好美姬。今入关，财物无所取，妇女无所幸，此其志不在小。吾令人望其气，皆为龙虎，成五采，此天子气也。【旁批】照出刘氏当王。急击勿失。"【旁批】又一险。【眉批】鸿门霸上，揭明有法。项羽大怒，曹无伤使言，范增又请击，为沛公作危急势，亦反激鸿门之会。楚左尹项伯者，项羽季父也。【夹注】名缠，字伯后，封射阳侯。【旁批】刘氏救星。素善留侯张良，张良是时从沛公。项伯乃夜驰之沛公军，私见张良，具告以事。【眉批】此段借项伯引起鸿门之会。项氏泄机，刘氏计歇，胜败昭然矣。欲呼张良与俱去，曰："毋从俱死也。"【旁批】好朋友。张良曰："臣为韩王送沛公，沛公今事有急，亡去不义，不可不语。"【旁批】此时良尚未为沛公臣耳，不忍负之，惜何如哉。良乃入，具告沛公。沛公大惊曰："为之奈何？"张良曰："谁为大王为此计者？"曰："鲰生说我曰：【旁批】一边惊慌，一边埋怨，写得十分危急。'距关，毋内【夹注】纳。诸侯，秦地可尽王也。'故听之。"良曰："料大王士卒足以当项王乎？"沛公默然，【旁批】传神。曰："固不如也，且为之奈何？"【旁批】两奈何，传神。张良曰："请往谓项伯，言沛公不敢背项王也。"沛公曰："君安与项伯有故？"【旁批】一句骇倖都有。张良曰："秦时与臣游，项伯杀人，臣活之。今事有急，故幸来告良。"沛公曰："孰与君少长？"【旁批】机敏过人。良曰：长于臣。沛公曰：君为我呼入，吾得兄事之。【旁批】写其惊慌之状。【眉批】极意亲附项伯，著沛公机警处。张良出要项伯，项伯即入见沛公。沛公奉卮酒为寿，约为婚姻。曰："吾入关，秋毫不敢有所近，籍吏民，封府库，而待将军。所以遣将守关者，备他盗之出入与非常也。日夜望将军至，岂敢反乎。愿伯具言臣之不敢倍德也。"【旁批】解说语急遽而辩调亦响亮。项伯许诺。谓沛公曰："旦日不可不蚤自来谢项王。"沛公曰："诺。"于是项伯复夜去，至军中，具以沛公言报项王。【旁批】解着妙甚，项王怒沛公不为己下耳，一自谢而项王已无恶于沛公矣。因言曰："沛公不先破关中，公岂敢入乎？今人有大功而击之，不义也。不如因善遇之。"项王许诺。【旁批】气已消矣。【眉批】词意婉转下，人看沛公能屈处。沛公旦日从百余骑来见项王。至鸿门。谢曰："臣与将军戮力而攻秦，将军战河北，臣战河南，然不自意能先入关破秦，得复见将军于此。【旁批】情软语。今者有小人之言，令将军与臣有郤。"项王曰："此沛公左司马曹无伤言之，不然，籍何以至此。"【旁批】足见粗直。【眉批】此段叙鸿门之会，乃刘项相抵之起势也，摹绘精细，一一写生。项王即日因留沛公与饮。项王、项伯东向坐，亚父南向坐。【旁批】叙次如画。亚父者，范增也。【夹注】尊敬之次父，犹管仲为仲父。【旁批】注一语出色。沛公北向坐，张良西向侍。范增数目项王，举所佩玉玦以示之者三，项王默然不应。【旁批】一结。范增起，出召项庄，【夹注】项羽从弟。谓曰："君王为人不忍，若入前为寿，寿毕，请以剑舞因击沛公于坐，杀之。不者，若属皆且为所虏。"【眉批】笔写范增。庄则入为寿，寿毕。曰："君王与沛公饮，军中无以为乐，请以剑舞。"项王曰："诺。"项庄拔剑起舞，项伯亦拔剑起舞，常以身翼蔽沛公。庄不得击。【旁批】对舞乃属一边人，天使项伯然耶，一结。于是张良至军门，见樊哙。樊哙曰："今日之事何如？"良曰："甚急，今者项庄拔剑舞，其意常在沛公也。"【旁批】传神。哙曰："此迫矣，臣请入，与之同命。"【旁批】血性语传神。哙即带剑拥盾入军门，交戟之卫士欲止不内。樊哙侧其盾以撞士仆地，哙遂入。披帷西向立。【夹注】向项王，立良后也。瞋目视项王。头发上指，目眦尽裂。【旁批】神情生色。【眉批】巨鹿战写项羽，鸿门会写樊哙。项王按剑而跽曰："客何为者？"【夹注】按剑而跽，言操剑按膝上，屈膝以承剑，非长跽也。张良曰："沛公之参乘樊哙者也。"【夹注】句有色。项王曰："壮士！赐之卮酒。"则与斗卮酒。哙拜谢，起，立而饮之。项王曰："赐之彘肩。"则与一生彘肩。樊哙覆其盾于地，加彘肩上，拔剑切而啖之。项王曰："壮士，能复饮乎？"樊哙曰："臣死且不避，卮酒安足辞！【旁批】发■不测。秦王有虎狼之心，杀人如不能举，刑人如恐不胜，天下皆叛之。怀王与诸将约，曰：'先破秦入咸阳者王之。'今沛公先破秦入咸阳，毫毛不敢有所近，封闭宫室，还军霸上，以待大王来。【旁批】词命生色。故遣将守关者，备他盗出入与非常也，劳苦而功高如此，未有封侯之赏，而听细说，欲诛有功之人，此亡秦之续耳，窃为大王不取也。"项王未有以应，曰："坐。"樊哙从良坐。【旁批】传神，一结。【眉批】举怀王约，于文为复举而加详，于对羽则该耳，而摄气。坐须臾，沛公起如厕，因招樊哙出。沛公已出，【旁批】疾如兔脱，四字有神。项王使都尉陈平召沛公。沛公曰："今者出未辞也，为之奈何？"樊哙曰："大行不顾细谨，大礼不辞小让。如今人方为刀俎，我为鱼肉，何辞为？"【旁批】哙粗得好。于是遂去。乃令张良留谢。良问曰："大王来操何？"【旁批】良细得好。曰："我持白璧一双，欲献项王，玉斗一双，欲与亚父，会其怒，不敢献，公为我献之。"张良曰："谨诺。"当是时，项王军在鸿门下，<u>沛公军在霸上，相去四十里。</u>【旁批】重提以清间行之捷。沛公则置车骑，脱身独骑。与樊哙、夏侯婴、靳强、纪信等四人，持剑盾步走，从郦山下道芷阳间行。【夹注】从微道而行。沛公谓张良曰："从此道至吾军不过二十里耳，度我至军中，公乃入。"沛公已去，【旁批】复四字出险矣。间至军中。张良入谢曰："沛公不胜桮杓，不能辞，谨使臣良奉白璧一双，再拜献大王足下。玉斗一双，再拜奉大将军足下。"【旁批】礼以示暇。项王曰："沛公安在？"良曰："<u>闻大王有意督过之，脱身独去，已至军矣。</u>"【旁批】妙不避讳。项王则受璧，<u>置之坐上，亚父受玉斗，置之地，</u>拔剑撞而破之，曰："唉！【夹注】音嘻，叹恨发声之辞。<u>竖子不足与谋，夺项王天下者，必沛公也，</u>【旁批】一语明透前后关键。吾属今为之虏矣。"【眉批】又写范增。沛公至军，<u>立诛杀曹无伤。</u>

　　第九截，<u>入函关矣，略秦事毕。</u>乃一军鸿门，一军霸上，<u>又为刘项相抵开局也。</u>鸿门之会，外则项强而刘弱，实则项羽粗直，步步在刘笼络中耳。钟伯敬曰："鸿门一会，其中间人数，如沛公、张良、项羽、项伯、亚父、樊哙、项庄，七八九人，或出或入，或语或嘿，或惊或怒，或刚或柔，或缓或急，点缀提掇，插合照应，莫不入神，真化工手也，后有作者不能及矣。"

　　居数日，<u>项羽引兵西屠咸阳，杀秦降王子婴，烧秦宫室，火三月不灭，</u>【旁批】西字分明。<u>收其货宝妇女而东。</u>【旁批】东字分明。人或说项王曰："关中阻山河四塞，【夹注】东函谷、南武关、西散关、北萧关。地肥饶，可都以霸。"项王见秦宫室皆以烧残破，<u>又心怀思欲东归，</u>曰："富贵不归故乡，如衣绣夜行，谁知之者！"【旁批】稚子心情。说者曰："人言楚人沐猴【夹注】猴名。而冠耳，果然。"【夹注】言猕猴不任久着冠带，以喻楚人性躁暴。项王闻之，烹说者。【眉批】此段结项羽入关之局，引羽分封及东归之案。项王使人致命怀王，怀王曰："如约。"乃尊怀王为义帝。【旁批】外示虚体。项王欲自王。【旁批】内挟私心。先王诸将相，【旁批】总提。谓曰："天下初发难时，假立诸侯后以伐秦，然身披坚执锐，首事暴露于野，三年，灭秦定天下者，皆将相诸军与籍之力也。义帝虽无功，故当分其地而王之。"诸将皆曰："善。"【旁批】二语已下心种。【眉批】以下叙分封，先之以义帝，示虚礼也，系接欲自王三字，探本志也，随纪其命众之词，挈纲领也。乃分天下，立诸将为侯王。项王、范增疑沛公之有天下业已讲解，【夹注】讲，和也。【旁批】又总提二句，写项羽心事，四句四层，添出范增其主谋也。【眉批】继之以疑沛公有天下，阴谋立为汉王，钩心事也，然独郑重其词者，为汉家得号之始，大书特书也。又恶负约，恐诸侯叛之。乃阴谋曰："巴【夹注】今重庆府。蜀【夹注】今成都府。道险，秦之迁人皆居蜀。"乃曰："巴蜀亦关中地也。故立沛公为汉王，【夹注】以正月立。【旁批】得号之始。王巴蜀中，【夹注】今陕西汉中府。都南郑。"【夹注】今汉中府南郑县。【旁批】两乃曰写阴谋心口商度之词。而三分关中王。秦降将以距塞汉王。【旁批】提下贴钩心事。项王乃立章邯为雍王，王咸阳以西，都废邱。【夹注】西安府兴平县。长史欣者，故为栎阳狱掾，尝有德于项梁；【旁批】欣、翳作两层叙，揭出私恩。都尉董翳者，本劝章邯降楚。故立司马欣为塞王，【夹注】在长安东，名桃林塞。王咸阳以东至河，都栎阳；【夹注】在临潼县。【眉批】次即统举三秦在羽为县者，志拒汉也。立董翳为翟王，王上郡，都高奴。【夹注】今陕西鄜州。徙魏王豹为西魏王，王河东，都平阳。瑕邱申阳者，【夹注】姓瑕丘，字申阳。瓒曰：瑕邱公申阳，是瑕邱县名。张耳嬖臣也，先下河南郡，迎楚河上，故立申阳为河南王，都雒阳。韩王成因故都，都阳翟。赵将司马卬定河内，数有功，故立卬为殷王，王河内，都朝歌。徙赵王歇为代王。赵相张耳素贤，又从入关，故立耳为常山王，王赵地，都襄国。当阳君黥布为楚将，常冠军，故立布为九江王，都六。【夹

注】今江南六安州。**鄱君吴芮率百越佐诸侯,**【夹注】吴芮为鄱令, 故号曰鄱君。**又从入关,** 故立芮为衡山王, 都邾。义帝柱国共敖将兵击南郡, 功多, 因立敖为临江王, 都江陵。**徙燕王韩广为辽东王。**【夹注】都无终。**燕将臧荼从楚救赵, 因从入关, 故立荼为燕王,** 都蓟。**徙齐王田市为胶东王。**【夹注】都即墨。**齐将田都从共救赵, 因从入关, 故立都为齐王,** 都临菑。【夹注】古通淄。故秦所灭齐王建孙田安, 项羽方渡河救赵, 田安下济北数城, **引其兵降项羽,** 故立安为济北王, 都博阳。【夹注】在济北。田荣者, **数负项梁, 又不肯将兵从楚击秦,**【旁批】伏后反齐。以故不封。成安君陈馀弃将印去, **不从入关,**【旁批】伏后反赵。然素闻其贤, 有功于赵, 闻其在南皮, **故因环封三县。**番【夹注】即鄱。君将梅鋗功多, **故封十万户侯。项王自立为西楚霸王,** 王九郡, 都彭城。【眉批】自魏王豹至梅鋗, 或徙或固, 或立或不封, 逞心易置, 自我作古也。自豹至鋗, 凡十有七人, 其后废杀叛乱, 皆在其中, 鞭长莫制, 寻致倒戈, 此举直同儿戏。前从河北入关时, 诸将有定他地者, 有从攻者。忙迫中未暇夹叙, 就今得封时, 各个明著其由。此又文家补叙法也。其诸将之名, 有已见前文者, 有未见者, 趁此详列而出之, 亦补点法也。【眉批】田荣不封, 陈馀只封三县, 内中更漏一彭越, 遂为楚三怨, 项氏之祸始此。【眉批】终之以自立, 应欲自王。【眉批】此截分封, 公私轻重, 只在虚字过接处摹写, 极错综, 极整齐, 笔笔传神。

第十截, **入咸阳矣, 霸业已成。**然弃关东归, 裂地滥封, **即为项羽失势根由也。**是时政由羽出, 私心爱憎, 任意废置。**已伏滋怨树敌之端,** 自是着着走入败局中矣。

汉之元年四月, 诸侯罢戏下, 各就国。【夹注】本注:戏同麾。《索隐》曰:按上文云:项羽入至戏西鸿门, 沛公还军霸上, 是羽初停军于戏水下, 今言诸侯罢戏下, 何须假借文字以为旌麾之下乎?【旁批】承分封后总契一笔。【眉批】自此以汉纪年, 史家特识。**项王出之国, 使人徙义帝,**【夹注】先都彭城。曰："古之帝者地方千里，必居上游。"【夹注】居水之上流。【旁批】义帝封地至此补出。乃使使徙义帝长沙郴县。【夹注】今湖南郴州。趣义帝行，其群臣稍稍背叛之，乃阴令衡山、【夹注】吴芮。【旁批】特叙罪状。临江王【夹注】柱国共敖。击杀之江中。韩王成无军功，项王不使之国，与俱至彭城，废以为侯，已又杀之。【旁批】带叙亦罪状。【眉批】首段揭项羽罪案，弑义帝、杀韩王，悖而且暴，为失人心第一事。臧荼之国，因逐韩广之辽东，广弗听，荼击杀广无终，并王其地。【眉批】次段叙诸侯叛乱，皆楚失势之征，臧荼并燕。

田荣【夹注】不封者。【旁批】一敌。闻项羽徙齐王市胶东，而立齐将田都为齐王，乃大怒，不肯遣齐王之胶东，因以齐反，【眉批】田荣反齐。迎击田都。田都走楚。齐王市畏项王，乃亡之胶东就国。田荣怒，追击杀之即墨。荣因自立为齐王，而西杀击济北王田安，并王三齐。【夹注】右即墨，中临淄，左平陆，谓之三齐。荣与彭越【夹注】在梁地，楚不封。【旁批】二敌。将军印，令反梁地。陈馀【夹注】封三县者。【旁批】三敌。阴使张同、夏说说齐王田荣曰："项羽为天下宰，不平。【旁批】断定前案。今尽王故王于丑地，而王其群臣诸将善地，逐其故主，赵王乃北居代，馀以为不可。闻大王起兵，且不听不义，原大王资馀兵，请以击常山，【夹注】张耳。以复赵王，请以国为扞蔽。"齐王许之，因遣兵之赵。陈馀悉发三县兵，与齐并力击常山，大破之。张耳走归汉。陈馀迎故赵王歇于代，反之赵。赵王因立陈馀为代王。【眉批】彭越反梁，陈馀反赵。齐、赵，梁所据地势，最扼楚之要害。楚失之以树敌，汉即因之以敝楚矣。

是时，汉还定三秦。项羽闻汉王皆已并关中，且东，齐、赵叛之，大怒。【旁批】陡接此句特笔。入项羽又总契一笔。【眉批】三段揭出汉楚大势，汉定三秦，已同根本。楚牵齐赵，自见疲惫，得失判然矣。乃以故吴令郑昌为韩王，以距汉。令萧公角等击彭越。【夹注】梁在楚汉之间，苏林曰：萧令也，时令皆称公。彭越败萧公角等。汉使张良徇韩，乃遗项王书曰：【旁批】此书以安慰之。"汉王失职，欲得关中，如约即止，不敢东。"又以齐、梁反书遗项王曰：【旁批】此书以激怒之。"齐欲与赵并灭楚。"楚以此故无西意，而北击齐。【旁批】汉得力在此。征兵九江王布。【旁批】趁便插一事。【眉批】楚之南蔽，莫如九江，不善结之，亦失势之征。布称疾不往，使将将数千人行。项王由此怨布也。【旁批】又树一敌伏后。汉之二年冬，【夹注】时仍以十月为岁首。项羽遂北至城阳，【旁批】叙北击齐事应前。田荣亦将兵会战。田荣不胜，走至平原，平原民杀之。【旁批】了田荣。遂北烧夷齐城郭室屋，【旁批】罪状。皆坑田荣降卒，系虏其老弱妇女。徇齐至北海，多所残灭。齐人相聚而叛之。于是田荣弟田横【旁批】又拖一事。收齐亡卒得数万人，反城阳。项王因留，连战未能下。【旁批】就此一边勒住。【眉批】于烧夷残灭著其暴，于留连不下见其疲。

第十一截，乃楚汉兴亡所由伏也。楚有三怨树之敌，兵牵于北矣；汉定三秦立之基，势将且东矣。自是楚疲而汉乘之，实有因利乘便之妙。胜败较然，不必俟垓下之战也。杀义帝一事，尤是项王罪状。高帝本纪中，载为义帝发丧事，比类以观，楚亡汉兴不亦宜哉。

春，汉王部五诸侯兵，【夹注】常山、河南，韩、魏，殷地也。【旁批】接汉王事起有势。凡五十六万人，东伐楚。【旁批】东字分明。项王闻之，即令诸将击齐，而自以精兵三万人南从鲁出胡陵。【旁批】南字与前截北击相应。四月，汉皆已入彭城，收其货宝美人，【旁批】汉骤胜楚。日置酒高会。项王乃西从萧，晨击汉军而东，至彭城，【旁批】西从东至，晨击，日中入水走，序次如画。日中，大破汉军。汉军皆走，相随入谷、泗水，【夹注】二水皆在彭城。杀汉卒十余万人。汉卒皆南走山，楚又追击至灵璧东睢水上。【夹注】在彭城城南。汉军却，为楚所挤，【旁批】楚大败汉。多杀，汉卒十余万人皆入睢水，睢水为之不流。围汉王三匝。【旁批】极写项王声势之盛。于是大风从西北而起，折木发屋，扬沙石，窈冥昼晦，逢迎楚军。【旁批】汉得天助，羽曰：天亡我，非战罪，此是也。逢迎二字，写得风雨有意。楚军大乱，坏散，而汉王乃得与数十骑遁去，【旁批】极写汉王窘迫之状。欲过沛，收家室而西；【旁批】西字与东伐楚相应。楚亦使人追之沛，取汉王家；家皆亡，不与汉王相见。汉王道逢得孝惠、【夹注】太子。鲁元，【夹注】公主。乃载行。楚骑追汉王，汉王急，推堕孝惠、鲁元车下，【旁批】又写汉王一家流离之状。滕公常下收载之。【夹注】滕公为太仆驭车。如是者三。曰："虽急不可以驱，奈何弃之？"于是遂得脱。求太公、吕后不相遇。审食【夹注】异。其【夹注】基。从太公、吕后间行，求汉王，反遇楚军。楚军遂与归，报项王，项王常置军中。【旁批】顿住伏后。

是时吕后兄周吕侯【夹注】名泽，周吕，封名。为汉将兵居下邑，【夹注】在梁，今河南夏邑县。汉王间往从之，稍稍收其士卒。至荥阳，【夹注】今开封府荥阳县。【旁批】汉以荥阳为停顿。诸败军皆会，萧何亦发关中老弱未傅，悉诣荥阳，【夹注】古者二十而傅，三年耕，有一年储，故二十三而后役之。【旁批】汉势复起。复大振。楚起于彭城，常乘胜逐北，与汉战荥阳南京、【夹注】县。索【夹注】亭。间，汉败楚，【夹注】徐闿公曰：按此总叙汉兵败后，稍能自振，不必一时事也。楚以故不能过荥阳而西。【旁批】汉得力在此。西字分明。

项王之救彭城，追汉王至荥阳，田横亦得收齐，立田荣子广为齐王。【旁批】带插齐事，接连战未下，结田氏案。汉王之败彭城，诸侯皆复与楚而背汉。汉军荥阳，筑甬道属之河，以取敖仓粟。【夹注】秦时置仓于敖山，名敖仓云。在开封府河阴县。【旁批】就汉因粮于荥阳勒住。汉之三年，项王数侵夺汉甬道，汉王食乏，恐，请和，割荥阳以西为汉。

项王欲听之。历阳侯范增曰："汉易与耳，今释弗取，后必悔之。"项王乃与范增急围荥阳。汉王患之，【旁批】势迫。乃用陈平计间项王。项王使者来，为太牢具，举欲进之。见使者，详惊愕曰："吾以为亚父使者，乃反项王使者。"更持去，以恶食食项王使者。【旁批】两使者句调轻捷。使者归报项王，项王乃疑范增与汉有私，【旁批】大失着。稍夺之权。范增大怒，曰："天下事大定矣，君王自为之。原赐骸骨归卒伍。"项王许之。行未至彭城，疽发背而死。【旁批】可惜。【眉批】次段仍在汉军荥阳之时，完范增附传，亦为项王标出失着。【眉批】了范增。【夹注】时汉王在围中。

汉将纪信说汉王曰：【旁批】间接急围荥阳。"事已急矣，请为王诳楚为王，王可以间出。"于是汉王夜出女子荥阳东门，被甲二千人，楚兵四面击之。纪信乘黄屋车，【夹注】天子车以黄缯为盖裹。傅左纛，曰："城中食尽，汉王降。"楚军皆呼万岁。汉王亦与数十骑从城西门出，走成皋。【夹注】在荥阳西今汜水县。【旁批】中有九江王后补叙。项王见纪信，问："汉王安在？"信曰："汉王已出矣。"项王烧杀纪信。【眉批】三段以汉王出荥阳起，保成皋止，于汉又退一步也。而恰插入汉得九江王，应前楚怨布，亦为楚失汉得之征。【眉批】纪信死即附传。

汉王使御史大夫周苛、枞公、魏豹守荥阳。周苛、枞公谋曰："反国之王，【夹注】谓魏豹。难与守城。"乃共杀魏豹。楚下荥阳城，生得周苛。项王谓周苛曰："为我将，我以公为上将军，封三万户。"周苛骂曰："若不趣降汉，汉今虏若，若非汉敌也。"项王怒，烹周苛，并杀枞公。【眉批】周苛、枞公死即附传。

汉王之出荥阳，【旁批】间接补叙鸿门后走成皋前事。南走宛、叶，得九江王布，行收兵，复入保成皋。【夹注】即前走成皋事。【旁批】勒住。汉之四年，项王进兵围成皋。汉王逃，独与滕公出成皋北门，【夹注】名玉门。【旁批】亦是着数。渡河走修武，从张耳、韩信军。诸将稍稍得出成皋，从汉王。楚遂拔成皋，欲西。汉使兵距之巩，【旁批】汉得力在此。令其不得西。【旁批】西字分明。【眉批】四段楚拔成皋而复失之，汉走成皋而复取之。句句是楚失汉得之征，而以不能西、久相持二句标出大关目。

　　是时，<u>彭越渡河击楚东阿，杀楚将军薛公。</u>【旁批】夹叙彭越，遥接前萧公角事。<u>项王乃自东击彭越。</u>【旁批】楚自西而东疲矣。汉王得淮阴侯兵，欲渡河南。郑忠说汉王，乃止壁河内。使刘贾将兵佐彭越，<u>烧楚积聚。</u>【旁批】并法。项王东击破之，走彭越。<u>汉王则引兵渡河，复取成皋，</u>【旁批】汉王走而复还，乘其虚也。军广武，<u>就敖仓食。</u>【夹注】广武，山名，河阴县敖仓之西。【旁批】汉食裕。项王已定东海【夹注】句。来西，与汉俱临广武而军，相守数月。【旁批】楚自东复西又疲矣。

　　当此时，<u>彭越数反梁地，绝楚粮食，</u>【旁批】彭越反梁总括一句。楚粮少。项王患之。为高俎，置太公其上，【旁批】楚穷而劫。告汉王曰："今不急下，吾烹太公。"汉王曰："吾与项羽俱北面受命怀王，曰'约为兄弟'，<u>吾翁即若翁，</u>【旁批】汉忍而谲。必欲烹而翁，则幸分我一杯羹。"项王怒，欲杀之。项伯曰："天下事未可知，且为天下者不顾家，虽杀之无益，只益祸耳。"【旁批】项伯竟是内间，盖楚之曹无伤也。项王从之。

　　<u>楚汉久相持未决，</u>【旁批】接数月前后战争以久相持三字，插之有断制。丁壮苦军旅，老弱罢转漕。项王谓汉王曰："天下匈匈数岁者，<u>徒以吾两人耳，原与汉王挑战决雌雄，毋徒苦天下之民父子为也。"</u>汉王笑谢曰："<u>吾宁斗智，不能斗力。"</u>【夹注】挑身独战，不复须众也。【旁批】汉深沉。项王令壮士出挑战。汉有善骑射者楼烦【夹注】楼烦，胡也，楚挑战三合，楼烦辄射杀之。项王大怒，乃自被甲持戟挑战。【旁批】楚轻躁。楼烦欲射之，项王瞋目叱之，楼烦目<u>不敢视，手不敢发，</u>遂走还入壁，<u>不敢复出。</u>【旁批】三不敢，写得项王生色。汉王使人间问之，乃项王也。<u>汉王大惊。</u>于是项王乃即汉王相与临广武间而语。汉王数之，项王怒，欲一战。汉王不听，项王伏弩射中汉王。汉王伤，<u>走入成皋。</u>【旁批】勒住。【眉批】此截据外面看来，楚强汉弱，而节节恰

标出楚失汉得之故，大势较然，固不在一时负负之迹也，高文妙手。

　　第十二截，正叙楚汉交战事，以相持未决标出眼目，且作停顿之势。然汉虽屡败，而势已向东；楚虽负强，而势不得西。且汉得助于黥布，而楚被挠于彭越。汉就敖仓，而楚绝粮食，节节立胜败底案。至项王信间而不用范增一节，尤为失人之征。

　　项王闻淮阴侯已举河北，破齐、赵，且欲击楚，【旁批】提淮阴侯为垓下引脉。乃使龙且【夹注】疽。往击之。淮阴侯与战，骑将灌婴击之，大破楚军，杀龙且。韩信因自立为齐王。项王闻龙且军破，则恐，使盱台人武涉往说淮阴侯。淮阴侯弗听。是时，彭越复反，【夹注】还也。下梁地，绝楚粮。【旁批】又遥接彭越，亦为垓下引脉。项王乃谓海春侯大司马曹咎等曰："谨守成皋，【夹注】时汉王在成皋，令拒守也。则汉欲挑战，慎勿与战，毋令得东而已。【旁批】东字分明。我十五日必诛彭越，定梁地，复从将军。"乃东，【旁批】自西而东疲矣。行击陈留、外黄。【眉批】首段叙项王往击彭越事，越在梁，尤逼于楚，故项王以成皋委司马，而自东往击之，然汉遂破围东出矣。

　　外黄不下。数日，已降，项王怒，悉令男子年十五已上诣城东，欲坑之。外黄令舍人儿，年十三，【旁批】带表舍人儿。往说项王曰："彭越强劫外黄，外黄恐，故且降，待大王。大王至，又皆坑之，百姓岂有归心？从此以东，梁地十余城皆恐，莫肯下矣。"项王然其言，乃赦外黄当坑者。东至睢阳，闻之皆争下项王。【旁批】截住。

　　汉果数挑楚军战，楚军不出。使人辱之，【旁批】间接。五六日，大司马怒，渡兵汜【夹注】似。水。【夹注】在成皋东。士卒半渡，汉击之，大破楚军，尽得楚国【夹注】楚军中。货赂。大司马咎、长史翳、塞王欣皆自刭汜水上。大司马咎者，故蕲狱掾，【旁批】又应前。长史欣亦故栎阳狱吏，两人尝有德于项梁，是以项王信任之。当是时，项王在睢阳，闻海春侯军败，则引兵还。【旁批】又接睢阳事，自东复西又疲矣。汉军方围钟离眜于荥阳东，项王至，汉军畏楚，尽走险阻。【眉批】二段叙汉破楚军事，汉王成皋之围已解。而项王一身，既击梁，又战汉，忽东忽西，牵引疲乏，败形已著。

　　是时，汉兵盛食多，项王兵罢【夹注】疲。食绝。【旁批】二句将汉楚大势提掇分明。汉遣陆贾说项王，请太公，项王弗听。汉王复使侯公往说项王，项王乃与汉约，中分天下，割鸿沟以西者为汉，鸿沟而东者为楚。项王许之，【夹注】鸿沟在河阴县，即荥阳东南。即归汉王父母妻子。【旁批】结楚质之案。军皆呼万岁。汉王乃封侯公为平国君。【夹注】项王已急欲东归矣。特反复其说以坚之，非陆生不能，而侯生能也。匿弗肯复见。曰："此天下辩士，所居倾国，故号为平国君。"项王已约，乃引兵解而东归。汉欲西归，【旁批】楚东而汉不西，东西二字揭眼。张良、陈平说曰："汉有天下大半，而诸侯皆附之。【旁批】汉从张、陈楚疑范增得失可见。楚兵罢食尽，此天亡楚之时也，不如因其机【夹注】一作饥。而遂取之。【旁批】天亡二字引起。今释弗击，此所谓'养虎自遗患'也。"汉王听之。【眉批】三段叙楚汉连兵，平而复起。楚无意于汉，而汉不释于楚。东西二字，标出眼目，已为垓下引势矣。

　　第十三截，为垓下引脉，首提韩信彭越，皆击楚之人也。汉兵盛食多，项兵罢食绝，二句又标出眼目。楚东而汉不西，兴亡定于此矣。

　　汉五年，汉王乃追项王至阳夏南，止军，与淮阴侯韩信、建成侯彭越，期会而击楚军。【旁批】特提信、越是时为齐王、梁王，两侯字乃史公追叙。至固陵，【夹注】今河南固始县。而信、越之兵不会。【旁批】略顿。楚击汉军，大破之。汉王复入壁，深堑而自守。【旁批】渐近垓下，又纵一笔，为项羽生色。谓张子房曰："诸侯不从约，为之奈何？"对曰："楚兵且破，信、越未有分地，其不至固宜。君王能与共分天下，今可立致也。即不能，事未可知也。君王能自陈以东傅海，尽与韩信；睢阳以北至谷城，以与彭越：使各自为战，则楚易败也。"【旁批】弄信、越于股掌。汉王曰："善。"于是乃发使者告韩信、彭越曰："并力击楚。楚破，自陈以东傅海与齐王，睢阳以北至谷城与彭相国。"使者至，韩信、彭越皆报曰："请今进兵。"【旁批】其应如响，与不会对。韩信乃从齐往，刘贾军从寿春【夹注】今江南凤阳府寿州。并行，屠城父，【夹注】亳州。至垓下。【夹注】在凤阳府灵璧县。【旁批】点垓下。大司马周殷叛楚，【旁批】黥布诱之归汉。以舒【夹注】今庐江县。屠六，举九江兵，【旁批】合黥布兵。随刘贾、彭越皆会垓下，诣项王。【旁批】会垓下作勒。【眉批】两提垓下，见四路军马毕集，气势汹涌。

　　项王军壁垓下，兵少食尽，汉军及诸侯兵围之数重。【旁批】又提楚势，总括一句极写汉军之盛。夜闻汉军四面皆楚歌，【夹注】楚人之歌。项王乃大惊曰："汉皆已得楚乎？是何楚人之多也！"项王则夜起，饮帐中。有美人名虞，常幸从；骏马名骓，常骑之。【旁批】添叙美人骏马者，似闲情却最是关情处。于是项王乃悲歌慷慨，自为诗曰："力拔山兮气盖世，时不利兮骓不逝。骓不逝兮可奈何，虞兮虞兮奈若何！"【旁批】自歌自作，像赞千古绝调。可奈何，奈若何两句，愤极。虞兮虞兮四字，痛极。歌数阕，美人和之。【夹注】歌曰：汉兵已略地，四方楚歌声。大王意气尽，贱妾何聊生？项王泣数行下，左右皆泣，莫能仰视。【旁批】泣下、皆泣，情景凄绝。【眉批】次段叙垓下之围，淋漓惋怆，可泣可歌。战阵中忽写汉军歌、楚王歌，笔墨改观，掩映生情。帐中夜饮，美人骏马，慷慨歌诗，和之泣下，逐层细写，凄酸不堪卒读。

　　于是项王乃上马骑，【夹注】凡单乘曰骑。【旁批】以下着眼人数细写。麾下壮士骑从者八百余人，【旁批】一层。【眉批】八百余，忽百余，忽二十八骑，与前之八千人，及后之无一人，俱相照应。直夜溃围南出，驰走。平明，汉军乃觉之，令骑将灌婴以五千骑追之。【旁批】与项王骑数对映。项王渡淮，骑能属者百余人耳。【旁批】二层。项王至阴陵，【夹注】在江南和州城西北。迷失道，问一田父，田父绐【夹注】绐，欺也，欺令左去。

曰"左"。左，乃陷大泽中。以故汉追及之。项王乃复引兵而东，至东城，【夹注】凤阳府定远县东南。乃有二十八骑。【旁批】三层。汉骑追者数千人。项王自度不得脱。谓其骑曰："吾起兵至今八岁矣，【旁批】夹叙自道数语，不独声情慨慷，并使一生梗概，通身剔透，藉作总收。身七十余战，所当者破，所击者服，未尝败北，遂霸有天下。然今卒困于此，此天之亡我，非战之罪也。【旁批】呼句有声色。今日固决死，原为诸君决战，必三胜之，【旁批】为诸君溃围，斩将，刈旗，【夹注】此三胜也。令诸君知天亡我，非战之罪也。"【旁批】叠句尤顿挫生动。乃分其骑以为四队，四向。【旁批】以下又就二十八骑细写，以实其非战之罪。汉军围之数重。项王谓其骑曰："吾为公取彼一将。"令四面骑驰下，期山东为三处。【夹注】期遇山东分为三处。于是项王大呼驰下，汉军皆披靡，遂斩汉一将。【旁批】一层。是时，赤泉侯【夹注】杨喜此时未封。为骑将，追项王，项王瞋目而叱之，赤泉侯人马俱惊，辟易数里【旁批】二层。与其骑会为三处。汉军不知项王所在，乃分军为三，复围之。项王乃驰，复斩汉一都尉，杀数十百人，【旁批】三层。复聚其骑，亡其两骑耳。【旁批】二十八骑中。乃谓其骑曰："何如？"【旁批】二字如生。骑皆伏曰："如大王言。"【旁批】虚住。【眉批】于败局写出胜概，叠浪层澜，字字为项王生色。

于是项王乃欲东渡乌江。【夹注】在和州城北。乌江亭长，权【夹注】蚁。船待，【夹注】权，附也，附船着岸也。谓项王曰："江东虽小，地方千里，众数十万人，亦足王也。愿大王急渡。今独臣有船，汉军至，无以渡。"项王笑曰："天之亡我，我何渡为！【旁批】应前，气概。且籍与江东子弟八千人渡江而西，【旁批】收应篇首东西二字，大结局。今无一人还，纵江东父兄怜而王我，我何面目见之？纵彼不言，籍独不愧于心乎？"乃谓亭长曰："吾知公长者。吾骑此马五岁，所当无敌，尝一日行千里，不忍杀之，以赐公。"【夹注】自此以前，追兵未至也，故得与亭长共语。自此以后，又复接战矣。【旁批】真堪托生死英雄，性情如是。【眉批】三段叙乌江结局，我何渡为，吾为若德，仍不失英雄本色。【眉批】大呼应，令人不堪回首。乃令骑皆下马步行，持短兵接战。独籍所杀汉军数百人。项王身亦被十余创。顾见汉骑司马吕马童，曰："若非吾故人乎？"马童面之，【夹注】面，不正视也。指王翳曰："此项王也。"项王乃曰："吾闻汉购我头千金，邑万户，吾为若德。"【夹注】令若德我以为功也。【旁批】从容。乃自刎而死。王翳取其头，余骑相蹂践争项王，相杀者数十人。最其后，郎中骑杨喜，骑司马吕马童，郎中吕胜、杨武各得其一体。五人共会其体，皆是。故分其地为五：【夹注】购悬万户之地。【旁批】分体、分地可为三叹。封吕马童为中水侯，封王翳为杜衍侯，封杨喜为赤泉侯，封杨武为吴防侯，封吕胜为涅阳侯。

项王已死，【夹注】汉五年之十二月也，项王以始皇十五年己巳岁生，死时年三十一。楚地皆降汉，独鲁不下。【旁批】从鲁事生出一波，应前鲁公初封，并绕楚怀一层，照应细密。汉乃引天下兵欲屠之，为其守礼义，为主死节，乃持项王头视鲁，鲁父兄乃降。始，楚怀王初封项籍为鲁公，及其死，鲁最后下，故以鲁公礼葬项王谷城。【夹注】在山东东阿县，《述征记》：项羽墓在谷城西北三里半许。【旁批】礼葬毕。汉王为发哀，泣之而去。【旁批】值得汉祖一泣者，此一人耳。诸项氏枝属，汉王皆不诛。【旁批】帝王之度。乃封项伯为射阳侯。桃侯、【夹注】名襄，其子舍为丞相。【旁批】收项伯又引出三侯作陪。平皋侯、【夹注】名佗。玄武侯【夹注】诸侯表中不见。皆项氏，赐姓刘氏。【旁批】以刘结项。【眉批】末段身后余波，以汉纪楚，仍以刘结项，篇法完密。【眉批】巨鹿战写其震赫处，曰莫敢仰视，令人神耸。垓下围写其悲怆处，曰莫能仰视。令人泪下，对照而观，描画曲尽。

第十四截，结项羽之案，并藉以回映篇首，收拾通局也。慷慨悲壮，神色飞动。声情逼现，真千古绝调也。巨鹿之战于胜事中写得生色。垓下之围于败局中写得生色。廿一史纪传中第一篇文字。

太史公曰：吾闻之周生【夹注】汉时儒者。曰"舜目盖重瞳子"，又闻项羽亦重瞳子。【旁批】从闲处点缀，从缺处补写是史公论赞所长。【眉批】就其成霸，撮举纪中前半篇作扬。羽岂其苗裔邪？何兴之暴也！【旁批】扬之一层。夫秦失其政，陈涉首难，豪杰蜂起，相与并争，不可胜数。然羽非有尺寸，乘势起陇亩之中，三年遂将五诸侯灭秦，【夹注】此时山东六国而齐、赵、韩、魏、燕五国并起，从伐秦，故云五诸侯。分裂天下，而封王侯，政由羽出，号为"霸王"，位虽不终，近古以来未尝有也。【旁批】扬之二层。及羽背关怀楚，【夹注】背关、背约，不王高祖于关中。怀楚，谓思东归而都彭城。【旁批】矫放义帝，为第一失有识。【眉批】就其兴亡，撮举纪中后半篇作抑。放逐义帝而自立，怨王侯叛己，难矣。【旁批】抑之三层。自矜功伐，奋其私智而不师古，谓霸王之业，欲以力征经营天下，五年【夹注】谓高帝元年至五年。卒亡其国，身死东城，尚不觉寤而不自责，过矣。【夹注】抑之四层。乃引"天亡我，非用兵之罪也"，岂不谬哉！【夹注】前扬后抑，无限惋惜，无限感慨，极顿挫跌宕之致。【旁批】抑之五层。

【总评】储同人曰：太史公以怜才好奇自伤之意，发为斯文。忽壮快，忽哀凉，忽喑哑叱咤，忽儿女子呜咽。使千载以下，读其文，无不怜其人，位虽不终，羽无恨矣。通篇以东西二字作眼目。冗忙中略一拨醒，使读者于楚汉大势，如指诸掌。

浦二田曰：分作两局，前半击秦，后半拒汉。击者我往，及锋也，故进而锐；拒者彼来，多备也，虽胜亦疲。依季父吴中为托始，渡江而西为事始。战巨鹿为取威，入咸阳为成霸。自是秦毕而刘乘之。则又会鸿门而为局开，弃关裂封为势去。拒荥阳成皋为老师，失齐、梁、九江为资敌，自是楚亡而汉受之，前后秩如。

三　高祖本纪 照储选本节录

高祖，沛丰邑中阳里人，姓刘氏，字季。父曰太公，母曰刘媪。其先刘媪尝息大泽之陂，梦与神遇。【旁批】神异一。【眉批】始异。是时雷电晦冥，太公往视，见蛟龙于其上。已而有身，遂产高祖。

高祖为人，隆准【夹注】鼻也。而龙颜，美须髯，左股有七十二黑子。仁而爱人，喜施，意豁如也。常有大度，不事家人生产作业。仪状与德器并提。【眉批】品概。及壮，试为吏，为泗水亭长，廷中吏无所不狎侮。好酒及色。以狎侮写大度，以酒色写大度。常从王媪、武负贳【夹注】赊也。酒醉卧，武负、王媪见其上常有龙，怪之。【旁批】神异二。高祖每酤留饮，酒雠【夹注】售也。数倍。及见怪，岁竟，此两家常折券弃责。【夹注】弃不责也。

高祖常繇咸阳，纵观，观秦皇帝，喟然太息曰："嗟乎，大丈夫当如此也！"【旁批】一句写出气概。

单父【夹注】县名。人吕公，善沛令，避仇从之客，因家沛焉。沛中豪杰吏闻令有重客，皆往贺。萧何为主吏，主进，【夹注】主赋敛礼钱也。令诸大夫曰："进不满千钱，坐之堂下。"高祖为亭长，素易诸吏，【旁批】应无不狎侮。乃绐为谒曰"贺钱万"，实不持一钱。写狎侮如见。谒入，吕公大惊，起，迎之门。吕公者，好相人，【旁批】即注分明。【眉批】吕公相。见高祖状貌，因重敬之，引入坐。萧何曰："刘季固多大言，少成事。"高祖因狎侮诸客，遂坐上坐，无所诎。酒阑，吕公因目固留高祖。高祖竟酒，后。吕公曰："臣少好相人，相人多矣，无如季相，原季自爱。臣有息女，原为季箕帚妾。"酒罢，吕媪怒吕公曰：【旁批】怒谓吕公。"公始常欲奇此女，与贵人。沛令善公，求之不与，何自妄许与刘季？"吕公曰："此非儿女子所知也。"卒与刘季。<u>吕公女乃吕后也，</u><u>生孝惠帝、鲁元公主。</u>【旁批】倒插之笔。

　　高祖为亭长时，常告归之田。吕后与两子【旁批】女亦称子，即孝惠、鲁元公主。居田中耨，有一老父过请饮，吕后因铺之。老父相吕后曰："夫人天下贵人。"【眉批】老父相。令相两子，见孝惠，曰："夫人所以贵者，乃此男也。"相鲁元，亦皆贵。老父已去，高祖适从旁舍来，吕后具言客有过，相我子母皆大贵。高祖问，曰："未远。"乃追及，问老父。老父曰："乡者夫人婴儿皆似君，君相贵不可言。"高祖乃谢曰："诚如父言，不改（敢）忘德。"<u>及高祖贵，</u><u>遂不知老父处。</u>【旁批】倒插，神异三。

　　高祖为亭长，乃以竹皮为冠，【旁批】插入闲事作波。令求盗之薛治之，【夹注】应劭曰：以竹始生皮作冠，今鹊尾冠。求盗者，旧时亭有两卒，其一为亭父，掌开闭扫除；一为求盗，掌逐捕盗贼。薛，鲁国县也，有作冠师故往治之。时时冠之，<u>及贵常冠，</u><u>所谓"刘氏冠"乃是也。</u>

　　高祖以亭长为县送徒郦山，徒多道亡。【眉批】纵徒。自度比至皆亡之，到丰西泽中，止饮，夜乃解纵所送徒。曰："公等皆去，<u>吾亦从此逝矣！</u>"【旁批】二句写得磊落豪迈。徒中壮士愿从者十余人。高祖被酒，夜径泽中，令一人行前。行前者还报曰："前有大蛇当径，愿还。"<u>高祖醉，</u>曰："<u>壮士行，</u><u>何畏！</u>"<u>乃前，</u><u>拔剑击斩蛇。</u><u>蛇遂分为两，</u><u>径开。</u>【旁批】着一醉字神奇满纸。【眉批】斩蛇。行数里，醉，因卧。后人来至蛇所，有一老妪夜哭。【旁批】神异四。人问何哭，妪曰："人杀吾子，故哭之。"人曰："妪子何为见杀？"妪曰："<u>吾子，</u><u>白帝子也，</u><u>化为蛇，</u><u>当道，</u><u>今为赤帝子斩之，</u><u>故哭。</u>"人乃以妪为不诚，欲告之，妪因忽不见。后人至，高祖觉。后人告高祖，<u>高祖乃心独喜，</u><u>自负。</u><u>诸从者日益畏之。</u>

　　秦始皇帝常曰"东南有天子气"，【旁批】神异五。于是因东游以厌之。高祖即自疑，亡匿，隐于芒、砀山泽岩石之间。吕后与人俱求，常得之。高祖怪问之。吕后曰："季所居上常有云气，故从往常得季。"高祖心喜。沛中子弟或闻之，多欲附者矣。【旁批】写神异处，作两层形容。

　　秦二世元年秋，陈胜等起蕲，至陈而王，号为"张楚"。诸郡县皆多杀其长吏以应陈涉。沛令恐，欲以沛应涉。掾、主吏萧何、曹参乃曰："君为秦吏，今欲背之，率沛子弟，恐不听。愿君召诸亡在外者，可得数百人，因劫众，众不敢不听。"乃令樊哙召刘季。刘季之众已数十百人矣。

　　于是樊哙从刘季来。沛令后悔，恐其有变，乃闭城城守，欲诛萧、曹。萧、曹恐，逾城保刘季。刘季乃书帛射城上，谓沛父老曰："天下苦秦久矣。今父老虽为沛令守，诸侯并起，今屠沛。沛今共诛令，择子弟可立者立之，以应诸侯，则家室完。不然，父子俱屠，无为也。"父老乃率子弟共杀沛令，开城门迎刘季，欲以为沛令。刘季曰："天下方扰，诸侯并起，今置将不善，一败涂地。吾非敢自爱，恐能薄，不能完父兄子弟。此大事，原更相推择可者。"【旁批】婉而庄。萧、曹等皆文吏，自爱，恐事不就，后秦种族其家，尽让刘季。诸父老皆曰："平生所闻刘季诸珍怪，当贵，且卜筮之，莫如刘季最吉。"【旁批】结诸神异。于是刘季数让。众莫敢为，乃立季为沛公。祠黄帝，祭蚩尤于沛庭，而衅鼓旗，帜皆赤。由所杀蛇白帝子，杀者赤帝子，故尚赤。

　　十二年十月，高祖已击布军会甀，布走，令别将追之。

　　高祖还归，过沛，留。置酒沛宫，悉召故人父老子弟纵酒，发沛中儿得百二十人，教之歌。酒酣，高祖击筑，自为歌诗曰："大风起兮云飞扬，威加海内兮归故乡，安得猛士兮守四方！"令儿皆和习之。高祖乃起舞，慷慨伤怀，泣数行下。【旁批】写过沛一段情致动人。【旁批】气概千古。谓沛父兄曰："游子悲故乡。吾虽都关中，万岁后吾魂魄犹乐思沛。且朕自沛公以诛暴逆，遂有天下，其以沛为朕汤沐邑，复其民，世世无有所与。"沛父兄诸母故人日乐饮极欢，道旧故为笑乐。十余日，高祖欲去，沛父兄固请留高祖。高祖曰："吾人众多，父兄不能给。"乃去。沛中空县皆之邑西献。【夹注】献牛酒。高祖复留止，张【夹注】张，帷帐也。饮三日。沛父兄皆顿首曰："沛幸得复，丰未复，唯陛下哀怜之。"高祖曰："丰吾所生长，极不忘耳，吾特为其以雍齿故反我为魏。"沛父兄固请，乃并复丰，比沛。

太史公曰：夏之政忠。忠之敝，小人以野【夹注】少礼节也，故殷人承之以敬。敬之敝，小人以鬼，【夹注】多威仪，如事鬼神。故周人承之以文。文之敝，小人以僿，【夹注】一作薄，苟习文法，无悃诚也。故救僿莫若以忠。【夹注】复反始。三王之道若循环，终而复始。周秦之间，可谓文敝矣。秦政不改，反酷刑法，岂不缪乎？故汉兴，承敝易变，使人不倦，得天统矣。朝以十月。车服黄屋左纛。葬长陵。

【总评】储同人曰：起事前零星碎叙，史笔写生。过沛一节，尤是着色描画，精神鼓舞。

四　孝景本纪赞

太史公曰：汉兴，孝文施大德，天下怀安，至孝景，不复忧异姓，而晁错刻削诸侯，遂使七国俱起，【夹注】吴王濞、楚王戊、赵王遂、胶西王卬、济南王辟光、菑川王贤、胶东王雄渠，皆汉同姓封国。合从而西向，<u>以诸侯太盛，</u><u>而错为之不以渐也。</u>【旁批】高帝封国，过制与孝景君臣处置失宜俱见。及主父偃言之，而诸侯以弱，卒以安。【夹注】主父偃上言：令天子下推恩之令，令诸侯各得分邑其子弟。<u>安危之机，</u><u>岂不以谋哉？</u>【旁批】高简深远。

【总评】着语不多，理势俱彻。笔意亦顿宕有势。

五　三代世表序

【眉批】前借孔子《春秋》《尚书》，对举作引，详字是宾，慎字是主。太史公曰：五帝、三代之记，尚矣。【旁批】唱起。自殷以前诸侯不可得而谱，【夹注】谱，布也，列其事也。【旁批】转承。周以来乃颇可著。孔子因史文次《春秋》，【旁批】引次《春秋》是宾。纪元年，正时日月，盖其详哉。【旁批】详字一顿。至于序《尚书》则略，【旁批】引序《尚书》为主。无年月；或颇有，然多阙，不可录。故疑则传疑，盖其慎也。【旁批】慎字一顿。

【眉批】后说此表宗孔子序《尚书》之意。于五帝及殷以前，虽谱其世系，而不详其年月，盖亦慎而阙疑也。余读谍记，【夹注】谍，音牒，记系谥之书也。下云稽历谱、谍，谓历代之谱谍也。【旁批】入题一开。黄帝以来皆有年数。稽其历谱谍终始五德之传，【夹注】谓帝王之更王，以金木水火土，五德传次相承，终而复始也。古文咸不同，乖异。【旁批】收转作合。夫子之弗论次其年月，岂虚哉！【旁批】缚应。于是以《五帝系【旁批】点题。谍》《尚书》集世纪黄帝以来讫共和为《世表》。【夹注】《索隐》曰：按《大戴礼》有《五帝德》及《帝系篇》，盖太史公取此二篇之谍，及《尚书集》，而纪黄帝以来为系表也。又云：按此表依《帝系》及《系本》，其实叙五帝三代，而篇唯名三代系表者，以三代代系长远，宜以名篇，且三代皆出自五帝，故叙三代，要从五帝而起首也。

【总评】杨升庵曰：殷以前不可谱，周以来颇可著。二句为一篇之纲，详慎二字关键。孔子次《春秋》，记元年正时日月，以颇可著而详也。其序《尚书》，略年月，以不可详而慎也。此言远者不可详，而近者不可略也。黄帝以来远矣！历谱虽有年数，然乖异不同，此夫子所以不次其年月，慎而阙其疑也。

　　百余言耳，却有曲折，有波澜，善画山水者，咫尺而具万里之势，吾于此文亦云。

六 十二诸侯年表序

【夹注】表春秋时列国也。鲁、齐、晋、秦、楚、宋、卫、陈、蔡、曹、郑、燕为十二。

【眉批】首段提厉王说起，著周之始衰，以引诸侯盛强之因。太史公读《春秋历谱谍》，至周厉王，未尝不废书而叹也。【旁批】十二诸侯之势基于厉王。曰：呜呼，师挚见之矣！【夹注】郑康成曰：周道衰微，郑卫之音作，正乐废而失节。鲁太师挚识《关雎》之声，音理其乱也。纣为象箸而箕子唏。周道缺，诗人本之衽席，《关雎》作。仁义陵迟，《鹿鸣》刺焉。【夹注】汉杜钦等以《关雎》诸篇，为陈盛刺衰之作，非谓二诗作于衰周。及至厉王，以恶闻其过，公卿惧诛而祸作，厉王遂奔于彘，乱自京师始，【旁批】封齐、晋、秦、楚。而共和行政焉。【夹注】周本纪：王在彘，召公、周公行政号曰共和。按二公皆周召之后，为二相，以太子靖幼，相与和协，共理国事，号曰共和。【旁批】点出表首。

【眉批】次段揭出诸侯恣行，遂成春秋之世，约举五伯以概其余。是后或力政，强乘弱，兴师不请天子。然挟王室之义，以讨伐为会盟主，政由五伯，诸侯恣行，淫侈不轨，贼臣篡子滋起矣。【旁批】即政由五伯提出另演。齐、晋、秦、楚其在成周微甚，封或百里或五十里。晋阻三河，齐负东海，楚介江淮，秦因雍州之固，四海迭兴，更为伯主，文武所褒大封，皆威而服焉。

【眉批】三段推崇孔子作《春秋》，是年表正宗，递到《左氏春秋》，是年表底本。是以孔子明王道，【旁批】接入无痕，明王道所以正，伯功也。干七十余君，莫能用，故西观周室，论史记旧闻，兴于鲁而次《春秋》，上记隐，下至哀之获麟，约其辞文，去其烦重，【夹注】去其重复之文。以制义法，王道备，人事浃。七十子之徒口受其传指，为有所刺讥褒

讳挹损之文辞不可以书见也。【旁批】圣人苦心。鲁君子左邱明惧弟子
人人异端，各安其意，失其真，【旁批】贤人苦心。故因孔子史记具论
其语，成《左氏春秋》。

【眉批】四段续缀杂著六种，即所称驰说聘辞而寡要著，亦藉为参考之资。
铎椒为楚威王传，【旁批】连类及之。为王不能尽观《春秋》，采取成
败，卒四十章，为《铎氏微》。【夹注】《春秋》有微婉之辞也。赵孝成
王时，其相虞卿上采《春秋》，下观近势，亦著八篇，为《虞氏春
秋》。吕不韦者，秦庄襄王相，亦上观尚古，删拾《春秋》，集六国
时事，以为八览、六论、十二纪，为《吕氏春秋》。及如荀卿、孟
子、公孙固、韩非之徒，各往往捃【夹注】俱运切。摭《春秋》之文以
著书，不可胜纪。【夹注】捃摭，谓拾取之也。《索隐》曰：荀况、孟轲、韩
非，皆著书，自称子。宋有公孙固，无所述，此固盖齐人，韩固传诗者也。汉相
张苍历谱五德，【夹注】张苍著终始五德传。上大夫董仲舒推《春秋》义，
颇著文焉。【夹注】作《春秋繁露》是也。徐闿公曰：惟董生所作，推明《春
秋》之旨。其余虽沿其名，自别记事，不属《春秋》也。

【眉批】五段揭出作表本旨，为通篇归宿，标举孔子《春秋》作主脑。太
史公曰：儒者断其义，驰说者骋其辞，不务综其终始；【旁批】应诸氏
《春秋》，历人取其年月，【旁批】应历谱谍。数家【夹注】谓阴阳术数之家。
隆于神运，谱谍独记世谥，其辞略，欲一观诸要难。于是谱十二诸
侯，【旁批】出题。自共和讫孔子，【旁批】主脑。表见《春秋》、《国语》
学者所讥盛衰大指著于篇，为成学治古文者要删焉。

【总评】储同人曰：京师乱而十二国分，侯伯衰而六国盛，春
秋战国之势，具见于两表矣。

浦二田曰：迤逦而下，原委虚实，宗主旁流，缕缕如指上罗
纹，丰神正在古拙处。

七　六国年表序

【夹注】表战国之年也，魏、韩、赵、楚、燕、齐为六国，并秦号曰七雄，而表不以秦年为准，故不以秦列其中。

【眉批】首段历记秦之兴，从先世说起，储云：继周者，秦也。故表六国而独系秦。太史公读《秦记》，【夹注】即秦国之史记也。【旁批】秦不在六国之列提，秦记，表之所本也。至犬戎败幽王，周东徙洛邑，秦襄公始封为诸侯，作西畤【夹注】音止，西畤，县名。又畤，止也，神之所依止也。【旁批】得封之始。用事上帝，僭端见矣。【旁批】正论。《礼》曰："天子祭天地，诸侯祭其域内名山大川。"今秦杂戎翟之俗，【旁批】论西畤。先暴戾，后仁义，位在藩臣而胪【夹注】陈也。于郊祀，君子惧焉。及文公逾陇，攘夷狄，尊陈宝，【夹注】文公获若石于陈仓北阪城。祠之，其神来，若雌雄，其声若殷，云野鸡夜鸣，以一牢祠之，曰陈宝。若石，言宝如石，云语辞，今宝鸡县名本此。营岐雍之间，而穆公修政，【旁批】渐盛之初。东竟至河，则与齐桓、晋文中国侯伯侔矣。是后【旁批】串渡引六国之线。陪臣执政，【旁批】借径串入。大夫世禄，六卿擅晋权，【旁批】插六国无痕。征伐会盟，威重于诸侯。

【眉批】次段是论六国正面，举韩、赵、魏、齐，以该燕楚，缘四国尤以逆节起也。及田常杀简公而相齐国，诸侯晏然弗讨，海内争于战功矣。三国终之卒分晋，田和亦灭齐而有之，六国之盛自此始。【旁批】总点六国。务在强兵并敌，谋诈用而从衡短长之说起。矫称蜂出，誓盟不信，虽置质剖符犹不能约束也。【旁批】总序六国事完。秦始小国僻远，闲接秦事。诸夏宾【夹注】作摈字解。之，比于戎翟，至献公之后常雄诸侯。

【眉批】三段论秦并天下之故。以形便天助两意往复，议论警辟，笔阵奇纵。论秦之德义不如鲁卫之暴戾者，【旁批】又借六国檄说。量秦之兵不如三晋之强也，然卒并天下，非必险固便形执利也，盖若天所助焉。【旁批】顿住。或曰"东方物所始生，西方物之成熟"。【旁批】忽出奇峰。夫作事者必于东南，收功实者常于西北。故禹兴于西羌，【夹注】孟子称禹生石纽，西夷人也。《正义》曰：禹生四川茂州汶川县。汤起于亳，周之王也以丰镐伐殷，秦之帝用雍州兴，汉之兴自蜀汉。【旁批】储云：此即险固形势之说，与天助意相俯仰，而笔阵奇肆不可提接。

【眉批】四段著所以本秦纪作六国表之故。秦既得意，又特提，又插叙。烧天下《诗》《书》，诸侯史记尤甚，为其有所刺讥也。《诗》《书》所以复见者，多藏人家，而史记独藏周室，以故灭。惜哉，惜哉！独有《秦记》，又不载日月，其文略不具。然战国之权变亦有可颇采者，何必上古。【旁批】顿住。

【眉批】五段更端起议。浦曰：题后又出议论。秦以后所与秦异者，诛杀耳。法大率本秦也。非特汉与秦近，杂用秦法而已，议论创别。秦取天下多暴，又提起。然世异变，成功大。【夹注】以言人君制法当随时代之异，而变易其政，则其成功大。【旁批】此数句烧史记之故。传曰"法后王"，何也？以其近己而俗变相类，议卑而易行也。学者牵于所闻，见秦在帝位日浅，【旁批】此是踵秦史之故。不察其终始，因举而笑之，不敢道，此与以耳食无异。悲夫！余于是因《秦记》，踵《春秋》之后，【旁批】又点明《春秋》联上二篇。起周元王，【夹注】此表起周元王元年，《春秋》迄元王八年。表六国时事，【旁批】点题。讫二世，凡二百七十年，著诸所闻兴坏之端。后有君子，以览观焉。

【总评】储同人曰：风雨合离，波潮上下。

浦二田曰：六国中秦不侪其列。而表顾见《秦记》而成者。所以题在此论在彼。论秦未有予之者，独此文抑之意短，扬之意长。毋以拘方之解解之。

　　因《秦纪》以表六国，故中间将六国略为安顿，前后俱从秦发论，须看其离合接卸之妙。

八　秦楚之际月表序

【夹注】张晏曰：时天下未定，参错变易，不可以年纪，故别其月。

【眉批】首段虚起立案。先从陈、项及汉，三平见侧，归功本朝；后以亟字为立论之根，以受命伏末段之脉。太史公读秦【夹注】二世。楚【夹注】项氏。之际，曰：初作难，发于陈涉；【夹注】名胜，以二世元年七月反，二年十二月为章邯所杀。【旁批】一层。虐戾灭秦，自项氏；【旁批】二层。拨乱诛暴，平定海内，卒践帝祚，成于汉家。【旁批】三层。五年之间，号令三嬗。【夹注】同禅，陈涉、项氏、汉祖。自生民以来，未始有受命若斯之亟也。【旁批】总承上三层。以亟字束住。

【眉批】次段举古反形数十年，十余世，百余载，见帝王以德，霸者以力。俱不能即得一统，以衬汉践帝祚之易也。难字与亟字应照合上段，可作对偶看。昔虞、夏之兴，【旁批】一层。积善累功数十年，德洽百姓，摄行政事，考之于天，【夹注】即孟子所谓天与之也。然后在位。汤、武之王，【旁批】二层。乃由契、后稷修仁行义十余世，不期而会孟津八百诸侯，犹以为未可，【夹注】二句单言武王、皋武以见汤耳。其后乃放弑。秦起襄公，【旁批】三层。章【夹注】显大也。于文、缪，献、孝之后，稍以蚕食六国，百有余载，至始皇乃能并冠带之伦。以德若彼，【夹注】虞夏汤武。用力如此，【夹注】指秦。盖一统若斯之难也。【旁批】以难字束住。

【眉批】末端推原汉受命所以亟之故，借秦事对勘托出，而归本与圣德天命。赞颂杨休，尊崇本朝，有体有法，此为一篇结穴。秦既称帝，患兵革不休，以有诸侯也，于是无尺土之封，堕坏名城，销锋镝，【夹注】销锋镝之金，铸金人十二于咸阳。鉏【夹注】诛也。豪杰，维【夹注】计度也。万世之安。然王迹之兴，【旁批】转到汉家。起于闾巷，合从讨伐，轶于三代，乡秦之禁，适足以资贤者为驱除难耳。【夹注】贤者，即高祖也。

秦销兵不封建，适足资助贤者，代驱除患难耳。【旁批】秦所以失，即汉所以得，所谓败者胜者之基也。论秦事以推原受命之亟是，通篇结断处却渡接无痕。故愤发其所为天下雄，【夹注】指高祖。安在无土不王。【夹注】白虎通曰：圣人无土不王，使舜不遭尧，当如夫子、老子于关里。【旁批】咏叹作结。此乃传之所谓大圣乎？岂非天哉，岂非天哉！【旁批】有圣德，有天命。非大圣孰能当此受命而帝者乎？【旁批】纵应受命。

【总评】汉成帝业，乃月表后事。文略题事而颂本朝。先得著作之体，前正起，中反形，后推原，顿挫跌宕，千古绝调。

九　汉兴以来诸侯年表序

【夹注】应劭曰：虽名为王，其实如古之诸侯。

【眉批】首段原本周封。为监古法式，后指到形势弱而王室微。揭出通篇大旨。太史公曰：殷以前尚矣。周封五等：公，侯，伯，子，男。然封伯禽、康叔于鲁、卫，地各四百里，【旁批】二项以褒德勤劳，故独厚之。亲亲之义，褒有德也；太公于齐，兼五侯地，尊勤劳也。武王、成、康所封数百，而同姓五十五，【旁批】以下杀之，故王室势尊。地上不过百里，下三十里，以辅卫王室。管、蔡、康叔、曹、郑，或过或损。厉、幽之后，王室缺，侯伯强国兴焉，天子微，弗能正。【旁批】后则诸侯强，而皇室微。非德不纯，【夹注】善也。形势弱也。【旁批】形势立案，带德字意显。以周立案。

【眉批】次段是汉初制度，见诸侯势强，天子势弱。叙次如掌上罗纹。汉兴，序二等，【夹注】汉封功臣，大者王，小者侯。【旁批】入题。高祖末年，非刘氏而王者，若【夹注】及也。无功上所不置【夹注】一作非有功上所置。而侯者，天下共诛之。高祖子弟同姓为王者九国，【夹注】齐、楚、荆、淮南、燕、赵、梁、代、淮阳。《索隐》曰：九国不数吴，盖以荆绝，乃封吴故也。仍以淮阳为九，今按下文所列，有十国者，以长沙异姓，故言九国也。【旁批】总著初封之数。唯独长沙异姓，而功臣侯者百有余人。自雁门、太原以东至辽阳，为燕代国；【旁批】胪列地界，见形势过盛。东北一带。常山以南，大行左转，【旁批】东边一带。度河、济，阿、甄以东【夹注】何日甄疑作鄄。薄海，为齐、赵国；自陈以西，南至九疑，【旁批】东南一带。东带江、淮、谷、泗，【夹注】谷水在沛。薄会稽，为梁、楚、淮南、长沙国：皆外接于胡、越。【旁批】总承。而内地北距山以东尽诸侯地，大者或五六郡，连城数十，置百官宫观，僭于天子。【旁批】诸侯封广一层。此则诸侯势强，天子势弱。汉独有三河、东郡、颍川、南阳，【旁批】天子势狭一层。自江陵以西至蜀，北自云中至陇西，与内史。【夹注】京兆也。凡十五郡，而公主列侯颇食邑其中。何者？天下初定，骨肉同姓少，故广强庶孽，以镇抚四海，用承卫天子也。【旁批】工于朕意就国，初广封一束。笔力庄重。序次如指上罗纹。

【眉批】末段是汉武帝近事，见诸侯势弱，天子势强，与上段两两相对。汉定百年之间，亲属益疏，诸侯或骄奢，忕【夹注】忕，犹狃，言狃于邪谋。邪臣计谋为淫乱，【旁批】此层著诸侯国除之也。大者叛逆，小者不轨于法，以危其命，殒身亡国。天子观于上古，庄甚。然后加惠，使诸侯得推恩分子弟国邑，【旁批】此层归重天子，监古分地，以推操之意。故齐分为七，【夹注】城阳、济北、济南、菑川、胶西、胶东是分为七。赵分为六，【夹注】河间、广川、中山、常山、清河。梁分为五，【夹注】济阳、济川、济东，山阳也。淮南分三，【夹注】庐江、衡山。及天子支庶子为王，王子支庶为侯，百有余焉。吴楚时，前后诸侯或以适削地，是以燕、代无北边郡，【夹注】如淳曰：长沙之南，更置郡。燕代以北，更置缘边郡，其所有饶利兵马器械，三国皆失之也。正义曰：景帝时，汉境北至燕代，燕代之北，未列为郡。吴长沙之国，南至岭南，岭南越未平，亦无边郡。【旁批】对外接戎、越。吴、淮南、长沙无南边郡，齐、赵、梁、楚支郡名山陂海咸纳于汉，【旁批】封尽诸侯。诸侯稍微，大国不过十余城，小侯不过数十里，【旁批】诸侯势杀一层。上足以奉贡职，下足以供养祭祀，以蕃辅京师。【旁批】此则诸侯势弱，天子势强。而汉郡八九十，形错诸侯间，【旁批】天子势尊一层。犬牙相临，【夹注】错，谓交错相衔如犬牙。秉其阨塞地利，强本干，弱枝叶之势也，尊卑明而万事各得其所矣。【旁批】束句严正。臣迁谨记高祖【旁批】点题。以来至太初诸侯，谱其下益损之时，令时世得览。形势虽强，要之以仁义为本。【旁批】明应形势，暗幹德字。

【总评】储同人曰：汉家形势强弱，摹写各极工妙。其于转弱为强处，尤着精神，盖吴楚七国之后，以侵削诸侯为得计，故史公写之不遗余力也。此事必参看孟坚所著诸侯王表，然后得失利害之际，可得而议云。气古、法古、笔古，十表序中此为第一。

浦二田曰：此当作《封建论》观，故以归势天子为主不杂，入国恩除赞话头，与下篇用意各路。拈德字、仁义字，笔能补斡无疵。

十 高祖功臣侯者年表序

【眉批】首段泛论作引，末二句见初终不一。亦属自然之势，但未如汉之太促耳。太史公曰：古者人臣功有五品，以德立宗庙定社稷曰勋，【旁批】援据以功得封名例起。以言曰劳，用力曰功，明其等曰伐【夹注】同阀，积日曰阅。封爵之誓曰：【旁批】述誓词一层。"使【夹注】《汉书》有黄字。河如带，泰山如厉。国以永宁，【旁批】用字对后耗字。爰及苗裔。"【夹注】带，衣带。厉，砥石，言使河如带之细，山若砺之薄，国犹未绝，盖欲传祚无穷也。始未尝不欲固其根本，而枝叶稍陵夷衰微也。【旁批】自古已然，尚不太甚。题前垫起一层。

余读高祖侯功臣，【旁批】入题。察其首封，所以失之者，曰：异哉所闻！【夹注】言今异于古。【旁批】初合总括，开出波澜。【眉批】数句落题，作一总挈。【眉批】次段援征古事，推所以绵世久远之故，昂所闻也。三段叙入今事，揭所以陨亡不永之故，即异哉所闻也。网亦少密句，言外微意，当世之禁，句立言大指。《书》曰"协和万国"，【夹注】乃尧以前所封者。迁于夏商，或数千岁。盖周封八百，幽厉之后，见于《春秋》。《尚书》有唐虞之侯伯，【夹注】如虞思陈胡公为舜之后，英六位皋陶之后。历三代，千有余岁，自全以蕃【夹注】同藩。卫天子，岂非笃于仁义，奉上法哉？【夹注】笃仁义，奉上法，乃所以得尊宠。【旁批】所以能又一顿。

【眉批】末段言今古参会不必相袭。而得失互形，皆可自镜，言外寄感慨言中寓警诫。一篇归宿。结尾还题。汉兴，功臣受封者百有余人。【旁批】一顿。天下初定，故【夹注】作旧字解。大城名都散亡，户口可得而数者十二三，【夹注】言十分才二三在耳。是以大侯不过万家，【旁批】始衰。小者五六百户。【夹注】户口少，故封地大。后数世，民咸归乡里，户益息，萧、曹、绛、灌之属，或至四万，【夹注】萧何封酂八千户，曹参封平阳万六百户，周勃封绛八千一百户，灌婴封颍阴五千户，其后或多至四万。
【旁批】后盛。小侯自倍，【夹注】倍其初封时户数。富厚如之。【夹注】富
厚亦倍于前。子孙骄溢，【旁批】由盛而骄。忘其先，淫嬖。【夹注】作僻。
至太初【夹注】武帝年号。百年之间，见侯五，【夹注】见在为侯者，仅五
人。【旁批】封百余人。余皆坐法陨命亡国，【旁批】因骄而亡。耗矣。【夹
注】尽也，因盛而衰。罔【夹注】同网，禁令也。【旁批】三句，每句一转。亦
少密焉，然皆身无兢兢于当世之禁云。【夹注】骄溢淫僻，乃所以致废
辱。【旁批】插此句妙。所以不永一束。居今【夹注】谓汉。之世，志古之
道，【夹注】夏商周。【旁批】护顶上两段。所以自镜也，【夹注】考镜得失。
未必尽同。【夹注】时势变迁不必今尽同于古。帝王者各殊礼而异务，要
以成功为统纪，岂可绲乎？【夹注】绲绛而合之也，言从古帝王，原各不同，
要以成一代之功为纪纲，岂可和而强同之乎？【旁批】总论古今，就待功臣说，
回护得法，吞吐尽致。观所以得尊宠【夹注】笃仁义，奉上法之故。及所以
废辱，【夹注】骄溢淫僻之故。亦当世得失之林也，何必旧闻？【夹注】功
臣表不可以不作。【旁批】鉴观得失就功臣自处说，宠辱有故，观戒无穷乐异哉句。
于是谨其终始，【夹注】谨者，详其年月功罪。表其文，颇有所不尽本末；
著其明，疑者阙之。后有君子，欲推而列之，得以览焉。

　　【总评】今古相形，得失互勘，回护有法，劝戒无穷。其用笔
低回曲折，自是千古绝调。汉待功臣最薄。然其骄溢淫僻，实有
自取灭亡之道。使能如三代时，笃仁义，奉上法，何至坐法亡国
哉？至汉待功臣之薄处，只以网亦少密。及帝王殊礼异物等句，见
古今不必尽同，于言外微微逗入，而仍以得失之故，劝戒功臣为正
指，可为微而彰矣。异哉所闻，何必旧闻二句首尾相呼应，此就国
家报功之典言，与诸侯年表，用意各别。

十一　建元以来侯者年表序

【眉批】前案，言武帝所以封功臣之故；后议，援古证今，言武帝不得不征伐之故，即不得不封功臣之故也。太史公曰：匈奴绝和亲，【旁批】一事。攻当路塞；闽越擅伐，东瓯请降。【旁批】二事。二夷交侵，【夹注】指匈奴闽越。当盛汉之隆，以此知功臣受封侔于祖考矣。【旁批】提。何者？自《诗》《书》称三代"戎狄是膺，荆荼是征"，【旁批】先引《诗》《书》。齐桓越燕伐山戎，【旁批】又引前代事。武灵王以区区赵服单于，秦缪用百里霸西戎，吴楚之君以诸侯役百越。况乃以中国一统，明天子在上，兼文武，席卷四海，内辑亿万之众，【旁批】入题只一二虚字使许多感慨，用笔之妙不可言传。岂以晏然不为连境征伐哉！【旁批】收束。自是后，遂出师北讨强胡，南诛劲越，将卒以次封矣。

【总评】储同人曰：武帝穷兵四夷，海内虚耗。然其推陷廓清之功，不可没也。以解说为颂扬，写得有声有色。

十二　礼书序 依归震川选本

【眉批】叶水心曰：自春秋以来，儒者论礼乐，何可胜数？虽无谬于道，而实知其意，可以措之于治者，绝少。孔子曰：安上治民，莫善于礼。移风易俗，莫善于乐。若夫淫鄙暴漫，化道迁改，和亲安乐，久而成性，则虽汤武功成之乐，孔子犹以为有憾于其间，而况于郑声乎？迁乃谓秦尊君抑臣，朝廷济济，方以太初之初为典常，而郑卫之音，所从来久人情所感，远俗则怀，何其离于道而易于言乎？太史公曰：洋洋美德乎！宰制万物，役使群众，岂人力也哉？【旁批】虚作一喟，何等郑重！余至大行礼官，【夹注】大行，秦官，主礼仪，汉景帝改曰：大鸿胪。观三代损益，乃知缘人情而制礼，依人性而作仪，其所由来尚矣。

人道经纬万端，规矩无所不贯，诱进以仁义，束缚以刑罚，故德厚者位尊，禄重者宠荣，所以总一海内而整齐万民也。人体安驾乘，为之金舆错衡以繁其饰；目好五色，为之黼黻文章以表其能；耳乐钟磬，为之调谐八音以荡其心；口甘五味，为之庶羞酸咸以致其美；情好珍善，为之琢磨圭璧以通其意。故大路越席，皮弁布裳，朱弦洞越，大羹元酒，所以防其淫侈，救其凋敝。是以君臣朝廷尊卑贵贱之序，下及黎庶车舆衣服宫室饮食嫁娶丧祭之分，事有宜适，物有节文。【旁批】一束。仲尼曰："禘自既灌而往者，吾不欲观之矣。"

周衰，礼废乐坏，大小相逾，管仲之家，兼备三归。循法守正者，见侮于世，奢溢僭差者，谓之显荣。自子夏，门人之高弟也，犹云"出见纷华盛丽而说，入闻夫子之道而乐，二者心战，未能自决"，而况中庸以下，渐渍于失教，被服于成俗乎？孔子曰"必也正名"，于卫所居不合。仲尼没后，受业之徒沈湮而不举，或适齐、楚，或入河海，岂不痛哉！【旁批】再束。

至秦有天下，悉内六国礼仪，采择其善，虽不合圣制，其尊君抑臣，朝廷济济，依古以来。【夹注】秦采择六国礼仪，尊君抑臣，朝廷济济，依古以来，典法行之。至于高祖，光有四海，叔孙通颇有所增益减损，大抵皆袭秦故。自天子称号下至佐僚及宫室官名，少所变改。孝文即位，有司议欲定仪礼，孝文好道家之学，以为繁礼饰貌，无益于治，躬化谓何耳，故罢去之。【夹注】孝文本纪云：上身衣弋绨，所幸慎夫人，令衣不曳地，帷帐不得文绣。治霸陵，皆以瓦器，是躬化节俭，谓何嫌耳，不须繁礼节貌也。孝景时，御史大夫晁错明于世务刑名，数干谏孝景曰："诸侯藩辅，臣子一例，古今之制也。今大国专治异政，不禀京师，恐不可传后。"孝景用其计，而六国畔逆，【夹注】吴、楚、赵、菑川、济南、胶西，谓六国也。以错首名，天子诛错以解难。【夹注】事在袁盎语中。是后官者养交安禄而已，莫敢复议。【旁批】三束。

今上即位，招致儒术之士，令共定仪，十余年不就。或言古者太平，万民和喜，瑞应辨至，乃采风俗，定制作。上闻之，制诏御史曰："盖受命而王，各有所由兴，殊路而同归，谓因民而作，追俗为制也。议者咸称太古，百姓何望？汉亦一家之事，典法不传，谓子孙何？【旁批】说得阔大自古地步，英主本色。化隆者闳博，治浅者褊狭，可不勉与！"乃以太初之元改正朔，【夹注】初用夏正，以正月为岁首，改为太初。易服色，封泰山，定宗庙百官之仪，以为典常，垂之于后云。

【总评】唐荆川曰：叙礼制兴废，有典有则。中间叹恨褒贬之意，令人读之慨然。

按《礼书》《乐书》诸篇，《史记音义》疑为褚先生所补，今删去荀卿《礼论》及《小戴礼乐记》之文，存者不多，自属史公之作。其间当有脱简，而褚先生以荀卿《礼记》之文补之也。

十三　乐书序 依归震川选本

【眉批】首段总冒：乐本于和，而和必以敬为本。兹言虞周作乐，先之以劝几勤止，自属探本之论。太史公曰：余每读《虞书》，至于君臣相敕，维是几安，而股肱不良，万事堕坏，未尝不流涕也。【旁批】寄慨深远。成王作《颂》，推己惩艾，悲彼家难，【夹注】家难，谓文王囚羑里，武王伐纣。可不谓战战恐惧，善守善终哉？君子不为约则修德，满则弃礼，佚能思初，安能惟始，沐浴膏泽而歌咏勤苦，非大德谁能如斯！传曰"治定功成，礼乐乃兴"。海内人道益深，其德益至，所乐者益异。满而不损则溢，盈而不持则倾。凡作乐者，所以节乐。君子以谦退为礼，以减损为乐，乐其如此也。【旁批】论精。以为州异国殊，情习不同，故博采风俗，协比声律，以补短移化，助流政教。天子躬于明堂临观，而万民咸荡涤邪秽，斟酌饱满，以饰厥性。故云《雅》《颂》之音理而民正，嘄【夹注】叫。噭【夹注】击。之声兴而士奋，郑卫之曲动而心淫。及其调和谐合，鸟兽尽感，而况怀五常，含好恶，自然之势也？

【眉批】次段历叙古乐沦亡，于秦尤甚。治道亏缺而郑音兴起，封君世辟，名显邻州，争以相高。自仲尼不能与齐优遂容于鲁，【夹注】齐人归女乐而孔子行，言不能连容于鲁而去也。虽退正乐以诱世，作五章以刺时，【夹注】孔子嗤季桓公，作歌引《诗》曰：彼妇之口，可以出走；彼妇之谒，可以败死。优哉游哉，维以卒岁！此是五章之刺也。犹莫之化。陵迟以至六国，流沔沈佚，遂往不返，卒于丧身灭宗，并国于秦。

秦二世尤以为娱。丞相李斯进谏曰："放弃诗书，极意声色，祖伊所以惧也；【夹注】祖伊谏纣，纣不听。轻积细过，恣心长夜，纣所以亡也。"赵高曰："五帝、三王乐各殊名，示不相袭。上自朝廷，下至人民，得以接欢喜，【旁批】确说诚论。合殷勤，非此和说不通，解泽不流，亦各一世之化，度时之乐，何必华山之駼耳而后行远乎？"二世然之。

【眉批】三段又只以外饰事，依秘点级，借汲黯之言，作一中流砥柱。高祖过沛诗《三侯之章》，令小儿歌之。【夹注】过沛诗，即为《风歌》也。沛诗有三兮，故云"三侯"。高祖崩，令沛得以四时歌鹢宗庙。孝惠、孝文、孝景无所增更，于乐府习常肄旧而已。

至今上即位，作十九章，【夹注】按《礼乐志》：安世房中乐，有十九章。令侍中李延年次序其声，拜为协律都尉。通一经之士不能独知其辞，皆集会五经家，相与共讲习读之，乃能通知其意，多尔雅之文。

汉家常以正月上辛祠太一甘泉，以昏时夜祠，到明而终。常有流星经于祠坛上。使僮男僮女七十人俱歌。春歌《青阳》，夏歌《朱明》，【夹注】春曰《青阳》，夏曰《朱明》。秋歌《西暤》，【夹注】西方，少暤也。冬歌《玄冥》。【夹注】玄冥，水官也。世多有，故不论。

又尝得神马渥洼水中，【夹注】李斐曰：南阳新野，有暴利长，当武帝时遭刑，屯田敦煌，界人数于此水旁见群野马，中有奇异者，与凡马异，来饮此水旁，利长先为土人持勒靽于水旁，后马玩习久之，代土人持勒靽，收得其马献之，欲神异此马，云从水中出。苏林曰：洼音窐，曲之窐也。窐，即窊也。复次以为太一【夹注】北极太星。之歌。曲曰："太一贡兮天马下，沾赤汗兮沫流赭。【夹注】大宛马，汗血，霑，淋也，流沫如赭。骋容与兮跇万里，【夹注】跇音逝，谓超踰也。今安匹兮龙为友。"后伐大宛得千里马，马名蒲梢，【夹注】大宛旧有天马种，蹋石汗血，汗从前肩肘出，赤如血，号一日千里。次作以为歌。歌诗曰："天马来兮从西极，经万里兮归有德。承灵威兮降外国，涉流沙兮四夷服。"中尉汲黯进曰："凡王者作乐，上以承祖宗，下以化兆民。今陛下得马，诗以为歌，协于宗庙，先帝百姓岂能知其音邪？"上默然不说。丞相公孙弘曰："黯诽谤圣制，当族。"【旁批】住得陡绝。

【眉批】此后序也，议论能抉本原。茅鹿门云：太史公于礼乐之旨，原不十分见透，然其深者亦尽微妙矣。太史公曰：夫上古明王举乐者，非以娱心自乐，快意恣欲，将欲为治也。正教者皆始于音，音正而行正。故音乐者，所以动荡血脉，通流精神而和正心也。故宫动脾而和正圣，商动肺而和正义，角动肝而和正仁，征动心而和正礼，羽动肾而和正智。故乐所以内辅正心而外异贵贱也；上以事宗庙，下以变化黎庶也。琴长八尺一寸，正度也。弦大者为宫，而居中央，君也。商张右傍，其余大小相次，不失其次序，则君臣之位正矣。故闻宫音，使人温舒而广大；闻商音，使人方正而好义；闻角音，使人恻隐而爱人；闻征音，使人乐善而好施；闻羽音，使人整齐而好礼。夫礼由外入，乐自内出。故君子不可须臾离礼，须臾离礼则暴慢之行穷外；不可须臾离乐，须臾离乐则奸邪之行穷内。故乐音者，君子之所养义也。夫古者，天子诸侯听钟磬未尝离于庭，卿大夫听琴瑟之音未尝离于前，所以养行义而防淫佚也。夫淫佚生于无礼，故圣王使人耳闻《雅》《颂》之音，目视威仪之礼，足行恭敬之容，口言仁义之道。故君子终日言而邪辟无由入也。

【总评】礼、乐、律、历诸篇，均非太史公绝作，然亦时露宝光，足供把玩。

十四　律书序 依归震川选本

【眉批】首段从律组合兵事，先作一提。王者制事立法，物度轨则，一禀于六律，六律为万事根本焉。【夹注】律历志云：夫推历生律制器，规圆矩方，权重衡平，准绳嘉量，探跡索隐，钩深致远，莫不用焉。【旁批】先总括。其于兵械尤所重，【旁批】次侧入其事。故云"望敌知吉凶，闻声效胜负"，百王不易之道也。

【眉批】二段言兵亦圣人所不废，历引古用兵之得者。武王伐纣，吹律听声，【夹注】《索隐》曰：其事当有所出，今未详。推孟春以至于季冬，杀气相并，而音尚宫。【夹注】兵书云：夫战太师吹律合，商则战胜，军事张强，角则军扰，多变失志，宫则军和，主卒同心。徵则将急鼓怒，军事劳。羽则兵弱少，威马。同声相从，物之自然，何足怪哉？

兵者，圣人所以讨强暴，平乱世，夷险阻，救危殆。自含血戴角之兽见犯则校，而况于人怀好恶喜怒之气？喜则爱心生，怒则毒螫加，情性之理也。

【眉批】三段历叙古用兵之失者。昔黄帝有涿鹿之战，以定火灾；颛顼有共工之陈，以平水害；成汤有南巢之伐，以殄夏乱。递兴递废，胜者用事，所受于天也。

自是之后，名士迭兴，晋用咎【夹注】咎季，或云胥臣。犯，【夹注】狐偃。而齐用王子，【夹注】子成父。吴用孙武，申明军约，赏罚必信，卒伯诸侯，兼列邦土，虽不及三代之诰誓，然身宠君尊，当世显扬，可不谓荣焉？岂与世儒【旁批】跌字。闇于大较，【夹注】大法。不权轻重，猥云德化，不当用兵，大窘辱失守，小乃侵犯削弱，遂执不移等哉！故教笞不可废于家，刑罚不可捐于国，诛伐不可偃于天下，用之有巧拙，行之有逆顺耳。【旁批】束。

夏桀、殷纣手搏豺狼，足追四马，<u>勇非微也</u>；百战克胜，诸侯慑服，<u>权非轻也</u>。秦二世宿军无用之地，连兵于边陲，<u>力非弱也</u>；结怨匈奴，结【夹注】结者，所碍。祸于越，<u>势非寡也</u>。<u>及其威尽势极，闾巷之人为敌国</u>，<u>咎生穷武之不知足</u>，<u>甘得之心不息也</u>。【旁批】束。

【眉批】四段接入本朝，以高帝作引，称美文帝之不肯议军，观后赞语自见。<u>高祖有天下，三边外畔</u>；大国之王虽称蕃辅，臣节未尽。会高祖厌苦军事，亦有萧、张之谋，<u>故偃武一休息</u>，<u>羁縻不备</u>。【旁批】高祖用兵最多，偏写其偃武休息，以与武帝作对照。

【眉批】结尾将不用兵组合律上一篇作意归宿处。<u>历至孝文即位</u>，【旁批】接入文帝为主。将军陈武等议曰："南越、朝鲜自全秦时内属为臣子，后且拥兵阻阨，选蠕观望。高祖时天下新定，人民小安，未可复兴兵。今陛下仁惠抚百姓，恩泽加海内，宜及士民乐用，征讨逆党，以一封疆。"孝文曰："<u>朕能任衣冠，念不到此</u>。会吕氏之乱，功臣宗室共不羞耻，误居正位，常战战栗栗，恐事之不终。<u>且兵凶器，虽克所原，动亦耗病，谓百姓远方何</u>？又先帝知劳民不可烦，故不以为意。朕岂自谓能？今匈奴内侵，军吏无功，边民父子荷兵日久，朕常为动心伤痛，无日忘之。今未能销距，原且坚边设候，结和通使，休宁北陲，为功多矣。<u>且无议军</u>。"【旁批】峭。<u>故百姓无内外之繇</u>，<u>得息肩于田亩</u>，<u>天下殷富</u>，<u>粟至十余钱</u>，<u>鸣鸡吠狗</u>，<u>烟火万里</u>，<u>可谓和乐者乎</u>。【旁批】归入本书。

太史公曰：文帝时，会天下新去汤火，人民乐业，因其欲然，能不扰乱，故百姓遂安。<u>自年六七十翁亦未尝至市井，游敖嬉戏如小儿状</u>。<u>孔子所称有德君子者邪</u>！

【总评】茅鹿门曰：天地之化，声与气合，故古之太史能吹律听声，以占军兵，而史迁固采之以附律书，发明六律之学，圣人之微妙存焉，非特当时畴人弟子所习而已也。

储同人曰：从律转落兵事，历引高、文不用兵之利，戛然便住，而穷兵之失，自隐跃言外，神味无尽，笔力苍老奇肆，非史公不办。

卷二

十五　封禅书

【夹注】泰山上筑土为坛，以祭天，报天之功，故曰封。泰山下小山上，除地为禅，报地之功，故曰禅。

【眉批】首段提封禅二字，总冒通篇。转折处数虚字最用意。杨升庵曰：此书以命字、德字、符瑞字为关键。自古受命帝王，曷尝不封禅？【旁批】句妙。盖有无其应而用事者矣，【旁批】此语便有微意。未有睹符瑞见而不臻乎泰山者也。【眉批】符瑞二字，妖妄之本。虽受命而功不至，至梁父矣而德不洽，洽矣而日有不暇给，是以即事用希。【旁批】德字着眼。传曰："三年不为礼，礼必废；三年不为乐，乐必坏。"每世之隆，则封禅答焉，【旁批】答字妙。及衰而息。厥旷远者千有余载，近者数百载，故其仪阙然堙灭，其详不可得而记闻云。

【眉批】次段举虞则借证巡狩，巡狩主太山，封禅亦必主太山，故以附合其说也。有巡狩一证，而孝武之巡郡县，至荥阳幸缑氏等，皆矫托焉。《尚书》曰：舜在璇玑玉衡，以齐七政。【旁批】《尚书》曰三字妙，据妙起若曰：此则可典要者也。遂类于上帝，禋于六宗，望山川，遍群神。【旁批】此言帝王受命而封禅。辑五瑞，择吉月日，见四岳诸牧，还瑞。岁二月，东巡狩，至于岱宗。岱宗，泰山也。【旁批】封禅硬证。柴，望秩于山川。遂觐东后。东后者，诸侯也。【旁批】此言巡狩以附会封禅之始。合时月正日，同律度量衡，修五礼，五玉三帛二牲一死贽。五月，巡狩至南岳。南岳，衡山也。八月，巡狩至西岳。西岳，华山也。十一月，巡狩至北岳。北岳，恒山也。皆如岱宗之礼。中岳，嵩高也。五载一巡狩。禹遵之。

【眉批】三段夏商之间，但撮举神巫怪事，为方怪发端，提出德字压之，然此段特敷衍以备时代耳，不与虞周一例。后十四世，【旁批】纪世。至帝孔甲，淫德好神，神渎，二龙去之。【夹注】《国语》：二龙漦于夏庭是也。【旁批】插入神怪生根。其后二世，汤伐桀，欲迁夏社，不可，作夏社。后八世，至帝太戊，有桑穀生于廷，一暮大拱，惧。伊陟曰："妖不胜德。"太戊修德，桑穀死。伊陟赞巫咸，巫咸之兴自此始。【夹注】《尚书》：于伊陟赞于巫咸注云：赞，告也。巫咸，臣名，今以为巫觋。然楚词亦以巫咸主神，盖太史以巫咸是殷臣，以巫接神事，太戊使禳桑穀之灾，所以书有伊陟赞巫咸，故云巫咸之兴自此始。【旁批】插入巫觋生根。后十四世，帝武丁得傅说为相，殷复兴焉，称高宗。有雉登鼎耳雊，武丁惧。祖己曰："修德。"武丁从之，位以永宁。【旁批】此言禨祥，以附会符瑞之始。后五世，帝武乙慢神而震死。【夹注】当射天、巡猎于河渭震死。后三世，帝纣淫乱，武王伐之。由此观之，始未尝不肃祗，后稍怠慢也。【旁批】虞夏商作一束。

　　【眉批】四段举周则借证郊社，郊社祭天地，封禅亦必祭天地，故以附合其说也。有郊社一援，而孝武之郊官時帝太一，后土汾脽等皆矫托焉。《周官》曰，冬日至，祀天于南郊，【旁批】照类帝禋宗。迎长日之至；夏日至，祭地祇。皆用乐舞，而神乃可得而礼也。天子祭天下名山大川，【旁批】照柴望山川。五岳视三公，四渎视诸侯，诸侯祭其疆内名山大川。四渎者，江、淮、河、济也。天子曰明堂、辟雍，诸侯曰泮宫。

　　周公既相成王，郊祀后稷以配天，宗祀文王于明堂以配上帝。自禹兴而修社祀，后稷稼穑，故有稷祠，郊社所从来尚矣。【旁批】就周作一束。

　　第一截，开首揭出封禅二字领局，以下历引虞夏商作证，为后文生根也。浦二田曰：封禅为孝武作也。举一封禅，而渎祀、求仙、符命、鬼怪、边功、役作、巡幸，一齐揽入。盖符命为封禅根，因求仙为封禅归趣，其余则皆依类牵合，以辅成之者。是以篇名封禅，而篇首单提，虞周立根，为孝武宾中宾夏商，则带叙带伏。

　　【眉批】由周入秦作一组，乃典礼渎祀，转关分路处。自周克殷后十四世，世益衰，礼乐废，诸侯恣行，而幽王为犬戎所败，周东徙雒邑。秦襄公攻戎救周，始列为诸侯。

【眉批】秦襄公作西畤一。秦襄公既侯，居西垂，自以为主少皞之神，作西畤，【夹注】畤，止也，言神灵之所依止也。【旁批】此作坛畤之始，秦事一。祠白帝，其牲用骝驹黄牛羝羊各一云。

【眉批】秦文公作鄜畤二。其后十六年，【旁批】纪年。秦文公东猎汧渭之间，卜居之而吉。文公梦黄蛇自天下属地，其口止于鄜衍。【夹注】鄜音孚，地名，山阪曰衍。文公问史敦，敦曰："此上帝之征，君其祠之。"于是作鄜畤，【旁批】秦事二。用三牲郊祭白帝焉。

【眉批】插入一段不经之谈，撇落秦地，正将划出所谓封禅在泰山，不在此地也。牵引皇帝起头，开后无数皇帝事。自未作鄜畤也，而雍旁故有吴阳武畤，雍东有好畤，皆废无祠。【旁批】忽追前一笔开出波澜。或曰："自古以雍州积高，神明之隩，故立畤郊上帝，诸神祠皆聚云。盖黄帝时尝用事，虽晚周亦郊焉。"其语不经见，缙绅者不道。【旁批】撇去。

【眉批】秦文公作陈宝三。作鄜畤后九年，【旁批】间接与未作鄜畤句应。文公获若石云于陈仓北阪城，祠之。【夹注】质如石，石鸡也。其神或岁不至，或岁数来，来也常以夜，光辉若流星，从东南来，集于祠城，则若雄鸡，其声殷云，【夹注】殷云二字连读，状其声也。【旁批】描写。野鸡夜雊。以一牢祠，命曰陈宝。【夹注】陈仓县有宝夫人祠，或一岁二岁，与叶君合，叶神来时，天为之殷殷雷鸣，雄为雊，在长安正西五百里，韦昭曰：在陈仓县，宝而祠之，故曰陈宝。【旁批】秦事三。

【眉批】秦德公作伏祠四。作鄜畤后七十八年，秦德公既立，卜居雍，"后子孙饮马于河"，遂都雍。雍之诸祠自此兴。用三百牢于鄜畤。作伏祠。【旁批】秦事四。磔狗邑四门，以御蛊菑。【夹注】磔禳也，厉鬼为蛊，杀犬于邑之四门，以磔禳也。

【眉批】秦宣公作密畤五。德公立二年卒。其后六年，秦宣公作密畤于渭南，祭青帝。【旁批】秦事五。

【眉批】入秦缪公，叙出禨祥，曰上天，又已开升仙之说矣。其后十四年，秦缪公立，病卧五日不寤；寤，乃言梦见上帝，【旁批】禨祥。上帝命缪公平晋乱。史书而记藏之府。而后世皆曰秦缪公上天。【旁批】其说谬悠只作虚勒。

【眉批】前后皆叙秦事，此忽插齐桓一段，盖藉以钩引始皇也，齐近泰山封禅之事，齐桓寔启其说，因借桓缪同时，牵连及之，以作通体原题。秦缪公即位九年，齐桓公既霸，【旁批】仍即秦串入齐事有线索。会诸侯于葵丘，而欲封禅。【旁批】封禅二字从此起。管仲曰："古者封泰山禅梁父者，七十二家，而夷吾所记者，十有二焉。昔无怀氏封泰山，禅云云；虙羲封泰山，禅云云；神农封泰山，禅云云；炎帝封泰山，禅云云；黄帝封泰山，禅亭亭；【夹注】山名。颛顼封泰山，禅云云；帝俈封泰山，禅云云；尧封泰山，禅云云；舜封泰山，禅云云；禹封泰山，禅会稽；汤封泰山，禅云云；周成王封泰山，禅社首；【夹注】山名。皆受命然后得封禅。"【旁批】应受命。

【眉批】齐桓铺张，注意武功。桓公曰："寡人北伐山戎，过孤竹；西伐大夏，涉流沙，束马悬车，上卑耳之山；南伐至召陵，登熊耳山以望江汉。兵车之会三，而乘车之会六，九合诸侯，一匡天下，诸侯莫违我。昔三代受命，亦何以异乎？"

【眉批】管仲谏止，藉口符命。于是管仲睹桓公不可穷以辞，【旁批】史笔。因设之以事，曰："古之封禅，鄗上之黍，北里之禾，【夹注】鄗上、北里，皆地名。所以为盛；江淮之间，一茅三脊，【夹注】所谓灵茅。所以为藉也。东海致比目之鱼，西海致比翼之鸟，然后物有不召而自至者，十有五焉。今凤皇麒麟不来，嘉谷不生，而蓬蒿藜莠茂，鸱枭数至，而欲封禅，毋乃不可乎？"【旁批】武功盛矣，符瑞绌焉，封禅因是遂止，就齐事随引随撇。于是桓公乃止。【旁批】犹智于汉武。是岁，秦缪公内晋君夷吾。【旁批】间接转议缪公。其后三置晋国之君，【旁批】缴应平晋乱。平其乱。缪公立三十九年而卒。【旁批】上天者亦未甚灵长，微词。

【眉批】又忽接入孔子之论，更见识断，盖此处紧接原题，特奉圣言以夺之，曰略言，曰难言，而束以讥之一语，作者之微词寓矣。其后百有余年，而孔子论述六艺，传略言，【旁批】又突接奇。易姓而王，封泰山禅乎梁父者，七十余王矣，其俎豆之礼不章，盖难言之。或问禘之说，孔子曰："不知。知禘之说其于天下也，视其掌。"诗云：纣在位，文王受命，政不及泰山。武王克殷二年，天下未宁而崩。爰周德之洽维成王，成王之封禅则近之矣。【旁批】皆作约略疑词。及后陪臣执政，季氏旅于泰山，仲尼讥之。

【眉批】忽转出方士一流，起后新垣平李少君等，却紧接圣人说卜正如魔佛同生，以著邪正异路。是时【旁批】联络。苌弘以方事周灵王，【旁批】方怪之始。诸侯莫朝周，周力少，苌弘乃明鬼神事，设射狸首。【夹注】狸一名不来。【旁批】便有国将亡听于神之意。狸首者，诸侯之不来者。依物怪欲以致诸侯。诸侯不从，而晋人执杀苌弘。周人之言方怪者自苌弘。【旁批】伏后方士。

【眉批】秦灵公作上畤六，下畤七。其后百余年，【旁批】遥接秦事。秦灵公作吴阳【夹注】地名。上畤，【旁批】秦事六。祭黄帝；作下畤，【旁批】秦事七。祭炎帝。

【眉批】此段仍接秦事叙，并天下，已暗落始皇。后四十八年，周太史儋见秦献公曰："秦始与周合，合而离，五百岁当复合，【夹注】周平王封襄公，始列为诸侯，是乃为别，至昭王五十二年，西周君臣献邑，凡五百一十六年，是为合，此言五百年，举全数也。【旁批】数语见秦，将并周，眼注始皇。合十七年而霸王出焉。"【夹注】自昭王灭周之后，至始皇元年，诛嫪毐，正一十七年，孟康云，谓周封秦为别，秦并周为合，此襄公为霸，始皇为王。正义曰：秦周俱黄帝后，至非子末别封，是合也；非子末年，周封为附庸，邑之秦，是离也；从非子邑秦后，二十九君，至秦孝公二年，五百岁，周显王致文武胙于秦孝公，复与之亲，是复合也。从秦孝公三年至十九年，周显王致伯于秦孝公，是霸出也；至惠王称王，王者出焉。五百岁者，非子生秦侯已下二十八君，至孝公二年，合四百八十六年，兼非子邑秦之后十四年，则成五百岁矣。与前说不同存乔。【眉批】秦献公作畦時入。栎阳雨金，【旁批】符瑞。秦献公自以为得金瑞，故作畦時栎阳而祀白帝。【夹注】汉注在陇西，西县人先祠山下，形如种韭畦，畦各一土封。【旁批】秦事八。其后百二十岁而秦灭周，周之九鼎入于秦。或曰宋太丘社亡，【夹注】尔雅曰"古陵太丘"。郭璞云"宋有太丘社"以社名此地名。【旁批】没鼎传疑为汉封伏线。而鼎没于泗水彭城下。其后百一十五年，而秦并天下。

　　第二截，详叙秦先世渎祀之事也，为始皇作引，其事渐幻，其说渐谬矣，中间突插齐桓一段，借点封禅名目，又接入孔子一段，借断封禅事理，错综入妙。始皇为孝武正宾，此从秦之先世叙起，亦宾中之宾。储同人曰，由典礼而入禨祥，由禨祥而入符瑞，由符瑞而入方怪，由方怪而入神仙，以后节节相生，种种入化。

　　【眉批】落始皇用特笔，提宾中主。秦始皇既并天下而帝，【旁批】提一句着起精神。或曰："黄帝得土德，黄龙地螾【夹注】同蚓，蚯蚓也。见。【夹注】黄帝土德，故地见其神蚓，大五六围，长十余丈。【旁批】从符命叙起，以符命乃封禅之因也。

　　【眉批】此段正叙秦皇封禅事，先述符命，次述封禅，笔笔与汉武对照。夏得木德，青龙止于郊，草木畅茂。殷得金德，银自山溢。周得火德，有赤乌之符。【夹注】《尚书·中候》及《吕氏春秋》皆云：有火自天，止于王屋，流为赤乌，五至以数俱来。今秦变周，水德之时。昔秦文公出猎，获黑龙，此其水德之瑞。"于是秦更命河曰"德水"，以冬十月为年首，色上黑，度以六为名，【夹注】水成数六，故以方六寸为符，六尺为步。音上大吕，事统上法。【夹注】水阴，阴主刑杀，故尚法。

　　即帝位三年，东巡郡县，祠驺峄山，颂秦功业。【眉批】帝入巡狩。

于是征从齐鲁之儒生博士七十人，至乎泰山下。【旁批】于是二字接出封禅作提。诸儒生或议曰："古者【旁批】点醒。封禅为蒲车，恶伤山之土石草木；扫地而祭，席用菹【夹注】同祖，藉也。稭，【夹注】稭，禾稿也。《说文》云：藉、茅，藉也。言其易遵也。"始皇闻此议各乖异，难施用，由此绌儒生。而遂除车道，上自泰山阳至巅，立石颂秦始皇德，明其得封也。从阴道下，禅于梁父。其礼颇采太祝之祀雍上帝所用，而封藏皆秘之，【旁批】微词。世不得而记也。始皇之上泰山，中阪遇暴风雨，休于大树下。诸儒生既绌，不得与用于封事之礼，闻始皇遇风雨，则讥之。

【眉批】以下叙求仙事，先用八神仙人羡门总提一句。于是始皇遂东游海上，【旁批】于是二字接出求仙作提。行礼祠名山大川及八神，求仙人羡门之属。八神将自古而有之，或曰太公以来作之。齐所以为齐，以天齐也。其祀绝莫知起时。【旁批】撇一层。

【眉批】此段先详列八神名目，以渎祀夹叙于禅与仙之间，盖八神方位，并在齐境，齐近泰山，又近渤海，适与封禅求仙相辉映也。八神【旁批】以下注八神：一曰天，主祠天齐。天齐渊水，居临菑南郊山下者。二曰地，主祠泰山梁父。盖天好阴，祠之必于高山之下，小山之上，命曰"畤"；地贵阳，祭之必于泽中圜丘云。【夹注】山上曰阴，泽中曰阳，形家之说如此。三曰兵，主祠蚩尤。蚩尤在东平陆监乡，齐之西境也。四曰阴，主祠三山。五曰阳，主祠之罘。六曰月，主祠之莱山。皆在齐北，并勃海。七曰日，主祠成山。成山斗入海，最居齐东北隅，以迎日出云。八曰四时，主祠琅邪。琅邪在齐东方，盖岁之所始。皆各用一牢具祠，而巫祝所损益，珪币杂异焉。【旁批】结八神。

【眉批】此段原出仙人羡门来历，乃方士进用之始，盖为求仙张本也。自齐威、宣之时，【旁批】以下注仙人羡门。驺子之徒论著终始五德之运，及秦帝而齐人奏之，故始皇采用之。【旁批】入此为仙道，原始前项苌宏后开许多燕齐之士。而宋毋忌、正伯侨、充尚、羡门子高【夹注】皆慕古人名，效神仙者。最后皆燕人，为方仙道，形解销化，依于鬼神之事。【旁批】所以与封禅合。驺衍以阴阳主运【夹注】主运、邹子书篇名。显于诸侯，而燕齐海上之方士传其术不能通，【旁批】呼方士作钩勒，于是起头。然则怪迂阿谀苟合之徒自此兴，不可胜数也。

【眉批】此段再将仙境悬空摹拟一番，见其荒诞不经，以世主莫不甘心一句掉合，以见其妄且愚也。自威、宣、燕昭使人入海求蓬莱、方丈、瀛洲。此三神山者，其傅在勃海中，去人不远；患且至，则船风引而去。盖尝有至者，诸仙人及不死之药皆在焉。其物禽兽尽白，而黄金银为宫阙。未至，望之如云；及到，三神山反居水下。临之，风辄引去，终莫能至云。世主莫不甘心焉。【夹注】谓心甘美也。【旁批】写三神山恍惚变幻，似有似无，既云：不邅又风引去，既云：望之又及在水下，既云：有至者，又曰：终莫能至，句句皆微词。

【眉批】此段正叙秦皇求仙事，即藉求仙结封禅之案，篇末结曰：其效可睹矣，此亦当云尔。又带入巡狩。及至秦始皇并天下，至海上，【旁批】遥接。则方士言之不可胜数。始皇自以为至海上而恐不及矣，使人乃赍童男女入海求之。船交海中，皆以风为解，【夹注】皆自解说遇风，不至也。曰未能至，望见之焉。【旁批】似从方士口中托出。其明年，始皇复游海上，至琅邪，过恒山，从上党归。【旁批】叙出四层见求仙之勤。后三年，游碣石，考入海方士，【夹注】考校其虚实。从上郡归。后五年，始皇南至湘山，遂登会稽，并海上，冀遇海中三神山之奇药。不得，还至沙丘崩。【夹注】在邢州平乡东北三十里。【旁批】求仙结案。

二世元年，东巡碣石，并海南，历泰山，至会稽，皆礼祠之，【旁批】二世事纳入始皇中。而刻勒始皇所立石书旁，以章始皇之功德。其秋，诸侯畔，秦三年而二世弑死。始皇封禅之后十二岁，秦亡。【旁批】封禅结案。诸儒生疾秦焚诗书，诛僇文学，百姓怨其法，天下畔之，皆讹曰："始皇上泰山，为暴风雨所击，不得封禅。"【旁批】亦自讹得妙。此岂所谓无其德而用事者邪？【旁批】应篇首再抑，以让孝武得体。

第三截，列叙始皇封禅事，乃孝武之正宾也，符命、巡狩、求仙、渎祀、方士，一齐搅入，极之勒石颂功德，二世踵行，铺张扬厉，结以沙丘崩，秦亡，曰：无其德而用事，其旨微矣。

昔三代之君，【旁批】仍从古说起。皆在河洛之间，故嵩高为中岳，而四岳各如其方，四渎咸在山东。至秦称帝，都咸阳，则五岳、四渎皆并在东方。

自五帝以至秦，轶兴轶衰，名山大川或在诸侯，或在天子，其礼损益世殊，不可胜记。【眉批】撇去古朝。

及秦并天下，【旁批】单扼始皇。【眉批】以下单就秦皇，补详群祀，缘前始皇文中，专注封禅，止述近太山之八神，余俱未及也，且山川帝時，同类太山，正堪为封禅烘托耳，有合有分，转接提束，叙法极整齐，极错综。令祠官所常奉天地名山大川鬼神可得而序也。【旁批】先作一总提。于是自殽以东，【旁批】殽以东一提。名山五，大川祠二。曰太室。太室，嵩高也。恒山，泰山，会稽，湘山。【夹注】在长沙。水曰济，曰淮。春以脯酒为岁祠，因泮冻，【夹注】解冻。秋涸冻，【夹注】涸竭也，同冱，凝也，春则解，秋则凝。冬塞祷祠。【夹注】塞谓报神福也。其牲用牛犊各一牢具，珪币各异。自华以西，【旁批】华以西一提。名山七，名川四。曰华山，薄山。薄山者，襄山也。【夹注】与中条山相连，一名雷首山，以州县分之，当在蒲州。岳山，岐山，【夹注】武功县有大壺山，又有岳山岐山，在今岐山县。吴岳，【夹注】在汧。鸿冢，渎山。渎山，蜀之汶山也。【夹注】在四川汶阳郡，一名渎山。水曰河，祠临晋；【夹注】临晋有河水祠。沔祠汉中；【夹注】沔水出武都沮县，东南注汉，所谓汉水故祠在汉中。湫渊，祠朝那；【夹注】湫谷水源出宁州安定县。江水祠蜀。【夹注】江出岷山，江渎祠在益州成都县南八里，秦并天下，江水祠蜀。亦春秋泮涸祷塞，如东方名山川；【旁批】回顾一句。而牲牛犊牢具、珪币各异。而四大冢鸿、岐、吴、岳，皆有尝禾。【夹注】以新谷祭。【旁批】此下因近都，故抽叙之。陈宝节来祠。【夹注】陈宝神应节而来。其河加有尝醪。此皆在雍州之域，近天子之都，故加车一乘，駵驹四。灞、产、长水、沣、涝、泾、渭皆非大川，以近咸阳，尽得比山川祠，而无诸加。【夹注】五车駵之属。汧、洛【夹注】汧水，源出陇州汧源县西南汧山，东入渭；洛水，源出庆州洛源县白于山，南流入渭，又云：洛水，商州洛南县西冢岭山，东北流入河，按有三洛水，未知祠何者。二渊，【夹注】二川源在庆州华地县西，子午岭东，二川合，因名也。鸣泽，【夹注】在涿郡道县，《括地志》云：鸣泽在幽州范阳县西十五里，按道县在易州漆水县北一里。蒲山、岳鞬山之属，为小山川，亦皆岁祷塞泮涸祠，礼不必同。而雍有日、月、参、辰、南北斗、荧惑、太白、岁星、填星、二十八宿、风伯、雨师、四海、九臣、【夹注】自此以下至天渊玉女，凡二十六小神不说。【旁批】此非山川，因在雍，故连及之。十四臣、【夹注】九臣，十四臣，并不见其名数所出，故昔贤皆不论也。诸布、诸严、诸逑之属，百有余祠。西亦有数十祠。于湖有周天子祠。于下邽有天神。沣、滈有昭明、天子辟池。社、亳【夹注】二邑名。有三社主之祠、寿星祠；【夹注】寿星盖南极老人星，见则天下理安，故祠之以祈福寿。而雍菅庙亦有杜主。杜主，故周之右将军，【夹注】杜陵，故杜伯国，有杜主祠四，《墨子》云：周宣王杀杜伯不以罪，后宣王田于圃，见杜伯执弓矢射，宣王伏弢而死，故祠之。其在秦中，最小鬼之神者。【旁批】括一句束上。各以岁时奉祠。唯雍四畤上帝为尊，其光景动人民唯陈宝。【旁批】四畤陈宝抽出，另叙再作一提。故雍四畤，春以为岁祷，因泮冻，秋涸冻，冬塞祠，五月尝驹，及四仲之月祠若月祠，陈宝节来一祠。春夏用骍，秋冬用駵。畤驹四匹，木禺龙栾车一驷，木禺车马一驷，各如其帝色。黄犊羔各四，珪币各有数，皆生瘗埋，无俎豆之具。三年一郊。秦以冬十月为岁首，故常以十月上宿郊见，【夹注】宿，犹斋戒也。【旁批】因帝時又及效，亦以在雍故。通权火，【夹注】权火，烽火也，欲令光明远照，通祀所。拜于咸阳之旁，而衣上白，其用如经祠云。【夹注】经，常也。西畤、畦畤，祠如其故，上不亲往。诸此祠皆太祝常主，以岁时奉祠之。至如他名山川诸鬼及八神之属，上过则祠，去则已。郡县远方神祠者，民各自奉祠，不领于天子之祝官。【旁批】此又推及远方，以不亲不领等语淡过。祝官有秘祝，即有灾祥，辄祝祠移过于下。【夹注】谓有灾祥，辄令祝官祠祭，移其咎恶于众官及百姓。【旁批】勤到移过，亦抑秦让汉法。

　　第四截，补叙秦山川鬼神诸祠，于中腰作一束峡，以为入汉地也，盖秦当三代以后，汉代之前，故就秦加一关键一笔两头与篇末总束一段，相配成章法。

　　【眉批】高祖事两端。首段述赤帝子，亦以符命开端，先为封禅作灰线。汉兴，高祖之微时，尝杀大蛇。有物曰：【夹注】空中有语。"蛇，白帝子也，而杀者赤帝子。"高祖初起，祷丰枌榆社。【夹注】枌，白榆也；枌榆，乡名，高祖里社。徇沛为沛公，则祠蚩尤，衅鼓旗。遂以十月至灞上，与诸侯平咸阳，立为汉王。因以十月为年首，而色上赤。

　　二年，东击项籍而还，入关，问："故秦时上帝祠何帝也？"对曰："四帝，有白、青、黄、赤帝之祠。"高祖曰："吾闻天有五帝，而有四，何也？"莫知其说。于是高祖曰："吾知之矣，乃待我而具五也。"【旁批】亦符命一类语。乃立黑帝祠，命曰北畤。有司进祠，上不亲往。悉召故秦祝官，复置太祝、太宰，如其故仪礼。因令县为公社。【夹注】犹官社。

　　【眉批】次段列叙群祀，仍秦为多，至增置诸祀，虽雅俗不论，而半有关民社，却不言对释也。下诏曰："吾甚重祠而敬祭。今上帝之祭及山川诸神当祠者，各以其时礼祠之如故。"后四岁，天下已定，诏御史，令丰谨治枌榆社，常以四时春以羊彘祠之。令祝官立蚩尤之祠于长安。

长安置祠祝官、女巫。其梁巫，祠天、地、天社、天水、房中、堂上之属；【夹注】《礼乐志》有《安世房中歌》，皆谓祭时房中堂上，歌先祖之功德也。【旁批】巫有梁、晋、秦、荆之分，寔皆用之长安者。晋巫，祠五帝、东君、云中、司命、巫社、巫祠、族人、先炊之属；【夹注】东君，日也；云中，云也；司命，文昌四星也；先炊，古炊母之神也。秦巫，祠社主、巫保、族累之属；【夹注】社主，即上文三社之主；巫保、族累，二神名。荆巫，祠堂下、巫先、司命、施糜之属；【夹注】巫，掌神之位次者也。范氏世仕于晋，故祠祝有晋巫；范会支庶留秦为刘氏，故有秦巫；刘氏随魏都大梁，故有梁巫；后徙丰，丰属荆，故有荆巫。巫先，谓古巫之先有灵者，盖巫咸之类也；施糜，谓主施糜粥之神。九天巫，祠九天：【夹注】《孝武本纪》云：立九天庙于甘泉。《三辅故事》云：胡巫事九天于神明台。皆以岁时祠宫中。其河巫祠河于临晋，而南山巫祠南山秦中。秦中者，二世皇帝。各有时。【旁批】总一句。其后二岁，或曰周兴而邑邰，立后稷之祠，至今血食天下。于是高祖制诏御史："其令郡国县立灵星祠，常以岁时祠以牛。"【夹注】灵星，农神。龙星左角曰天田，则农祥也，见而祭。高祖十年春，有司请令县常以春月及腊祠社稷以羊豕，民里社各自财以祠。【旁批】皆关民事者。制曰："可。"

　　【眉批】文帝事三段。首段除移过，官不领，礼如故，勿祈福，又揭出民安年登，叙来独高世主。其后十八年，孝文帝即位。【旁批】括过孝惠。即位十三年，下诏曰："今秘祝移过于下，朕甚不取。自今除之。"始名山大川在诸侯，【旁批】此与封禅正反相对。诸侯祝各自奉祠，天子官不领。及齐、淮南国废，令太祝尽以岁时致礼如故。是岁，制曰："朕即位十三年于今，赖宗庙之灵，社稷之福，方内艾安，民人靡疾。间者比年登，朕之不德，何以飨此？皆上帝诸神之赐也。盖闻古者飨其德，必报其功，欲有增诸神祠。【旁批】此非增祀，乃增加礼数仪物也。有司议增雍五畤，路车各一乘，驾被具；【夹注】驾船被马之节皆具。西時畦時禺车各一乘，禺马四匹，驾被具；其河、湫、汉水【夹注】河湫，黄河及湫泉。加玉各二；及诸祠，各增广坛场，珪币俎豆以差加之。而祝厘者归福于朕，百姓不与焉。自今祝致敬，毋有所祈。"【旁批】亦与求仙不侔。

【眉批】次段公孙臣上书，符命之说来矣。谀臣进，则君德衰。叙孝文禁止祈祝，便紧接符命之说，罪佞也，亦为封禅引线。鲁人公孙臣上书曰："始秦得水德，今汉受之，推终始传，则汉当土德，土德之应，黄龙见。宜改正朔，易服色，色上黄。"是时丞相张苍好律历，以为汉乃水德之始，故河决金堤，【夹注】在东郡界。【旁批】纽河决为符更可笑。其符也。【夹注】谓河决，乃水德之符应也。年始冬十月，色外黑内赤，与德相应。如公孙臣言，非也。罢之。【夹注】五德之运，公孙臣以秦为正，故土、张苍以秦为闰，故水。

后三岁，黄龙见成纪。【夹注】文帝十五年春。成纪，秦州县也。【旁批】谀臣与而黄龙应唐之兴废宋之天书，皆仿佛此意。文帝乃召公孙臣，拜为博士，与诸生草改历服色事。其夏，下诏曰："异物之神见于成纪，无害于民，岁以有年。朕祈郊上帝诸神，礼官议，无讳以劳朕。"【夹注】勿以劳朕而讳其礼也，倒句。有司皆曰"古者天子夏亲郊，祀上帝于郊，故曰郊"。于是夏四月，文帝始郊见雍五畤祠，衣皆上赤。

【眉批】三段新垣平见上，方怪之徒进矣。谀臣用，而方士来，为文成五利先声。附会符瑞，谋议封禅。其明年，赵人新垣平以望气见上，言："长安东北有神气，成五采，若人冠绕焉。【旁批】此后叠下四言字，见方士以口舌愚弄人主，无所不至。或曰东北神明之舍，西方神明之墓也。【夹注】神明，日也。日出东方，舍谓阳谷；日没于西，墓谓北（蒙）谷也。天瑞下，宜立祠上帝，以合符应。"【旁批】纽组合符应。于是作渭阳五帝庙，同宇，帝一殿，面各五门，各如其帝色。祠所用及仪亦如雍五畤。【夹注】宇，谓上同下异；礼所谓"复庙重屋"也。五帝庙，一宇五殿也。按：

一宇之内而设五帝，各依其方，帝别为一殿，而门各如帝色也。

【眉批】见方士易惑主听如此。为孝武引端，而终以诛平急事，使祠官致礼不往焉。孝文亦讫不封禅也。逗封禅。夏四月，文帝亲拜霸渭之会，以郊见渭阳五帝。五帝庙南临渭，北穿蒲池沟水，权火举而祠，若光辉然属天焉。于是贵平上大夫，赐累千金。而使博士诸生刺六经中作王制，【夹注】刺，谓采取之也。刘向《七录》云：文帝所造书，有本制兵制服制篇。谋议巡狩封禅事。【旁批】入汉以来，逗封禅二字反；自孝文始，方士易惑主听如此。文帝出长门，若见五人于道北，遂因其直北立五帝坛，祠以五牢具。

其明年，新垣平使人持玉杯，上书阙下献之。平言上曰："阙下有宝玉气来者。"已视之，果有献玉杯者，刻曰："人主延寿。"【旁批】浸浸乎神仙矣。平又言"臣候日再中"。【夹注】晋灼云："淮南子云'鲁阳公与韩构，战酣日暮，援戈麾之，日为却三舍'。岂其然乎？"居顷之，日却复中。于是始更以十七年为元年，令天下大酺。平言曰："周鼎亡在泗水中，今河溢通泗，臣望东北汾阴直有金宝气，意周鼎其出乎？【旁批】述泗鼎之言，前与秦时鼎没照，后与汾巫得鼎照，言中又带河溢，亦前后相照。兆见不迎则不至。"于是上使使治庙汾阴南，临河，欲祠出周鼎。【夹注】是后三十七年，鼎出汾阴。人有上书告新垣平所言气神事皆诈也。下平吏治，诛夷新垣平。【旁批】一快亦文成五利，前事之鉴。自是之后，文帝怠于改正朔服色神明之事，而渭阳、长门五帝使祠官领，以时致礼，不往焉。【旁批】究属明主与孝武不同。

明年，匈奴数入边，兴兵守御。后岁少不登。【旁批】前路独缺边事，拖此色目全矣。对前看微词。

【眉批】末拖出孝景，独无加祠，高出前后。数年而孝景即位。十六年，祠官各以岁时祠如故，无有所兴，至今天子。【旁批】笔力。

第五截，落到汉，是主，从高文景一路叙来，乃是主中之宾，符命、方士，渐以开端，<u>皆为封禅作引针之磁也。</u>文帝初官不领，礼如故，民安年登，及后议封禅，用方士，边兵岁歉，对照自见。

【眉批】入武帝，用重笔，是主。<u>今天子初即位，尤敬鬼神之祀。</u>【旁批】大关键。

【眉批】第一段即用叠笔，提明议举封禅，手有六缮，却以未就皆废，略作停顿。元年，汉兴已六十余岁矣，天下艾安，搢绅之属，<u>皆望天子封禅，</u>【旁批】提。改正度也，而上乡儒术，招贤良，赵绾、王臧等以文学为公卿，欲议古立明堂城南，以朝诸侯。草巡狩封禅，【旁批】又提。改历服色事，未就【旁批】一顿。会窦太后治黄老言，不好儒术，使人微伺得赵绾等奸利事，召案绾、臧，绾、臧自杀，<u>诸所兴为皆废。</u>【旁批】又一顿。

后六年，窦太后崩。其明年，征文学之士公孙弘等。【旁批】此数句只作带叙为后文所引。

明年，今上初至雍，郊见五畤。后常三岁一郊。【夹注】元年祭天，二年祭地，三年祭五畤，三岁一遍，皇帝自行也。

【眉批】第二段接入方士，一神君，一少君，用两是时提起，盖以方士惑人，皆乘其所好而中之也。叙神君略，叙少君特详，盖以孝武封禅，兆于其口，即藉其说以作挑逗之局。<u>是时上求神君，舍之上林中蹏氏观。</u>【旁批】提。神君者，长陵女子，以子死，见神于先后宛若。【旁批】先后宛若如今妯娌之称。宛若祠之其室，民多往祠。平原君往祠，【旁批】帝外祖母。其后子孙以尊显。及今上即位，则厚礼置祠之内中。闻其言，不见其人云。

<u>是时李少君亦以祠灶、谷道、却老方见上，上尊之。</u>【旁批】又提。<u>少君者，</u>故深泽侯【夹注】赵故将。舍人，主方。【夹注】主营方得。匿其年及其生长，常自谓七十，能使物，却老。其游以方遍诸侯。无妻子。人闻其能使物及不死，更馈遗之，常余金钱衣食。人皆以为不

治生业而饶给，又不知其何所人，愈信，争事之。少君资好方，善为巧发奇中。尝从武安侯【夹注】田蚡。饮，坐中有九十余老人，少君乃言与其大父游射处，老人为儿时从其大父，识其处，一坐尽惊。【旁批】借事动人，方士大概如此。少君见上，上有故铜器，问少君。少君曰："此器齐桓公十年陈于柏寝。"【夹注】墓名。已而案其刻，果齐桓公器。一宫尽骇，以为少君神，数百岁人也。【旁批】下一神字，惊骇崇奉俱现。

【眉批】此第一次传会封禅之说，以神仙串合，正中本趣，摘引皇帝，又后来方士所争托者。孝武求仙起于此。少君言上曰："祠灶则致物，致物而丹沙可化为黄金，黄金成以为饮食器则益寿，益寿而海中蓬莱仙者乃可见，见之以封禅则不死，黄帝是也。【旁批】以封禅纵合妙甚。臣尝游海上，见安期生，安期生食巨枣，大如瓜。安期生仙者，通蓬莱中，合则见人，不合则隐。"于是天子始亲祠灶，遣方士入海求蓬莱安期生之属，而事化丹沙诸药齐为黄金矣。【旁批】齐作剂。

居久之，李少君病死。【旁批】了少君。天子以为化去不死，而使黄锤【夹注】史东莱二县名。【旁批】愚甚。宽舒受其方。求蓬莱安期生莫能得，而海上燕齐怪迂之方士多更来言神事矣。【旁批】束句动全神。

【眉批】第三段又接入方士谬忌，仙人未致，且兴祷祀，祷祀方兴，即谈符瑞，适以济北王献泰山，则封禅之兆成矣。亳人谬忌【夹注】人名。奏祠太一方，曰："天神贵者太一，【夹注】天一太一，北极神之别名。太一佐曰五帝。古者天子以春秋祭太一东南郊，用太牢，七日，为坛，开八通之鬼道。"【夹注】坛有八陛，通道以为门。于是天子令太祝立其祠长安东南郊，【旁批】听祷祀一。常奉祠如忌方。

其后人有上书，言"古者天子，三年壹用太牢祠，神三，一天、一地、一太一"。天子许之，令太祝领祠之于忌太一坛上，如其方。【旁批】听祷祀二。

后人复有上书，言"古者天子常以春解祠，【夹注】谓祠祭以解殃咎，求福祥也。祠黄帝用一枭【夹注】恶兽。破镜；【夹注】恶鸟。冥羊【夹注】亦神名。用羊祠；马行用一青牡马；太一、泽山君地长用牛；武夷君用干鱼；阴阳使者以一牛"。令祠官领之如其方，而祠于忌太一坛旁。【旁批】听祷祀三。其后，天子苑有白鹿，以其皮为币，以发瑞应，造白金焉。【旁批】祷祀兴，陡接入符瑞。

【眉批】孝武符瑞始于此。此第二次传会封禅之文，以符瑞串合，于是泰山地，从侯国来归。文事凑巧。其明年，郊雍，获一角兽，若麃然。有司曰："陛下肃祗郊祀，上帝报享，锡一角兽，盖麟云。"于是以荐五畤，畤加一牛以燎。锡诸侯白金，风符应合于天也。【旁批】示也。

于是济北王以为天子且封禅，乃上书献太山及其旁邑，天子以他县偿之。常山王有罪，迁，天子封其弟于真定，以续先王祀，而以常山为郡，然后五岳皆在天子之邦。【旁批】勒句劲。

【眉批】第四段接入方士少翁，以伪书被诛，诚快事矣，隐之，又何愚也。其后云云，妄作又甚，末三句顿挫入神。其明年，齐人少翁以鬼神方见上。上有所幸王夫人，夫人卒，少翁以方，盖夜致王夫人及灶鬼之貌云，天子自帷中望见焉。于是乃拜少翁为文成将军，赏赐甚多，以客礼礼之。文成言曰："上即欲与神通，宫室被服非象神，神物不至。"【旁批】致神固不易因装缀出象设神居。乃作画云气车，及各以胜日驾车辟恶鬼。【夹注】画以胜日者。谓画青车以甲乙，画赤车以丙丁，画元车以壬癸，画白车以庚辛，画黄车以戊己。将有水事，则乘黄车，故驾车辟恶鬼也。

又作甘泉宫，中为台室，画天、地、太一诸鬼神，而置祭具以致天神。居岁余，其方益衰，神不至。【旁批】神岂可致宜其伎穷。乃为帛书以饭牛，详不知，言曰此牛腹中有奇。杀视得书，书言甚怪。天子识其手书，问其人，果是伪书，于是诛文成将军，隐之。【旁批】诛之一快。隐之何也。其后则又作柏梁、铜柱、承露仙人掌之属矣。【旁批】又作此等心不厌矣。

【眉批】第五段又接入一巫，亦方士之类也。末云天子心独喜二句，益见其痴。文成死明年，天子病鼎湖【夹注】地名，在鼎湖而病。甚，【旁批】鼎湖二字与后皇帝之文映射。巫医无所不致，不愈。游水发根言上郡有巫，病而鬼神下之。上召置祠之甘泉。及病，使人问神君。【旁批】即巫神，此与前蹛氏皆女巫也。神君言曰："天子无忧病。病少愈，强与我会甘泉。"于是病愈，遂起，幸甘泉，病良已。大赦，置寿宫神君。寿宫神君最贵者太一，其佐曰大禁、司命之属，皆从之。弗可得见，闻其言，言与人音等。时去时来，来则风肃然。【旁批】亦致神一类。居室帷中。时昼言，然常以夜。天子祓，然后入。因巫为主人，关饮食。所以言，行下。又置寿宫、北宫，张羽旗，设供具，以礼神君。神君所言，上使人受书其言，命之曰"画法"。其所语，世俗之所知也，无绝殊者，而天子心独喜。【旁批】妄而且愚。其事秘，世莫知也。

【眉批】第六段以符瑞搭纪元，引动浸寻封禅。其后三年，有司言元宜以天瑞命，不宜以一二数。一元曰"建"，【旁批】建元。二元以长星曰"光"，【旁批】元光。三元以郊得一角兽曰"狩"云。【旁批】元狩。

其明年冬，天子郊雍，议曰："今上帝朕亲郊，而后土无祀，则礼不答也。"【旁批】由郊及后土，因而引到汾祠，因而搭到巡狩，而封禅浸寻近矣。有司与太史公、祠官宽舒议："天地牲角茧栗。今陛下亲祠后土，后土宜于泽中圜丘为五坛，坛一黄犊太牢具，已祠尽瘗，而从祠衣上黄。"

【眉批】孝武巡狩始此。于是天子遂东，始立后土祠汾阴脽丘，如宽舒等议。上亲望拜，如上帝礼。礼毕，天子遂至荥阳而还。过雒阳，下诏曰："三代邈绝，远矣难存。其以三十里地封周后为周子南君，以奉其先祀焉。"

【眉批】此为第三次逗封禅，由巡狩揣合。是岁，天子始巡郡县，浸寻于泰山矣。【旁批】紧逼。

【眉批】第七段又叙方士栾大，详写一大片，见武帝为方士所欺，及宠异方士处，栾大为甚。其春，乐成侯上书言栾大。栾大，胶东宫人，故尝与文成将军同师，已而为胶东王尚方。而乐成侯姊为康王后，无子。康王死，他姬子立为王。而康后有淫行，与王不相中，【夹注】中，得也。相危以法。康后闻文成已死，而欲自媚于上，乃遣栾大因乐成侯求见言方。

天子既诛文成，后悔其蚤死，惜其方不尽，及见栾大，大说。大为人长美，言多方略，而敢为大言处之不疑。【旁批】以大言二字系之荒唐可知。大言曰："臣常往来海中，见安期、羡门之属。顾以臣为贱，不信臣。【旁批】要以尊官。又以为康王诸侯耳，不足与方。臣数言康王，康王又不用臣。【旁批】动以宠任。臣之师【旁批】托之师妙。曰：'黄金可成，而河决可塞，【旁批】带河决一语前后有关会。不死之药可得，仙人可致也。'然臣恐效文成，则方士皆奄口，恶敢言方哉！"
【旁批】又预杜后祸天子掌心矣。

上曰："文成食马肝死耳。【夹注】饰词。【旁批】讳得可笑。子诚能修其方，我何爱乎！"【夹注】不吝金宝禄位。【旁批】一笔开无底要求。大曰："臣师非有求人，人者求之。陛下必欲致之，则贵其使者，令有亲属，以客礼待之，勿卑，使各佩其信印，乃可使通言于神人。神人尚肯邪不邪。致尊其使，然后可致也。"

【眉批】验小方，遂认真黄金可成，河决可塞，打动无限痴想，接以是时上方忧云云，妙肇。于是上使验小方，斗棋，棋自相触击。

是时上方忧河决，而黄金不就，【旁批】接笔妙。乃拜大为五利将军。居月余，得四印，佩天士将军、地士将军、大通将军印。【旁批】以下极写宠异逾分之事，而武帝之大迷不解自见。制诏御史："昔禹疏九江，决四渎。间者河溢皋陆，堤繇不息。朕临天下二十有八年，天若遗朕士而大通焉。干称'蜚龙',鸿渐于般,朕意庶几与焉。其以二千户封地士将军大为乐通侯。"【旁批】贵其使者。赐列侯甲第,僮千人。乘舆斥车马帷幄器物以充其家。又以卫长公主妻之,【夹注】卫子夫之子曰太子,女曰卫长公主,是卫后长女也,非如帝姊曰长公主之例。【旁批】有亲属。赍金万斤,更命其邑曰当利公主。天子亲如五利之第。使者存问供给,相属于道。自大主将相以下,【旁批】武帝姑。皆置酒其家,献遗之。于是天子又刻玉印曰:"天道将军",使使衣羽衣,夜立白茅上,五利将军亦衣羽衣,夜立白茅上受印,以示不臣也。【旁批】以客礼待之。而佩"天道"者,且为天子道天神也。于是五利常夜祠其家,欲以下神。神未至而百鬼集矣,然颇能使之。其后装治行,东入海,求其师云。【旁批】未了。大见数月,佩六印,【夹注】更加乐通侯及天道将军印,为六印。贵震天下,而海上燕齐之间,莫不搤捥而自言有禁方,能神仙矣。【旁批】总上起下,束句动全神。

　　第六截,落到孝武,是主中主,言祷祀、言符瑞、言巡狩,先为封禅作挑逗,而大旨尤在方士进用。两神君,一少君,一谬忌,拜少翁为文成将军,拜栾大为五利将军,以此事神,以此求仙,又皆封禅之缘起也,文内两言海上燕齐方士,大旨若揭。

　　【眉批】首段叙汾鼎事,引起公孙乡,即蹴起封禅。鼎乃孝文所欲祠出之,以为封禅之符,今既得之,是宜亟行封禅矣。其夏六月中,汾阴巫锦为民祠魏脽后土营旁,见地如钩状,掊视得鼎。【旁批】与孝文祠鼎相映。鼎大异于众鼎,文镂无款识,怪之,言吏。吏告河东太守胜,胜以闻。天子使使验问巫得鼎无奸诈,乃以礼祠,迎鼎至甘泉,从行上,【夹注】上亲至甘泉,从者从上行。荐之。【夹注】将祭鼎。至中山,【夹注】当即在甘泉。曣㬓,有黄云盖焉。有麃【夹注】音庖即麇。过,上自射之,因以祭云。至长安,公卿大夫皆议请尊宝鼎。天子曰:"间者河溢,【旁批】带入河溢与孝子八祠鼎,河溢通泗相照。岁数不登,故巡祭后土,祈为百姓育谷。今岁丰庑未报，鼎曷为出哉？"有司皆曰："闻昔泰帝【夹注】太昊。兴神鼎一，一者壹统，天地万物所系终也。【旁批】汉人附会学问。黄帝作宝鼎三，象天地人。禹收九牧之金，铸九鼎。皆尝亨鬺【夹注】音商饪也。上帝鬼神。遭圣则兴，鼎迁于夏商。周德衰，宋之社亡，鼎乃沦没，伏而不见。【旁批】与鼎没于泗应。颂云'自堂徂基，自羊徂牛；鼐鼎及鼏，不吴不骜，胡考之休'。今鼎至甘泉，光润龙变，承休无疆。合兹中山，【夹注】关中山。有黄白云降盖，若【夹注】及也。兽为符，路弓乘矢，集获坛下，报祠大享。唯受命而帝者心知其意而合德焉。鼎宜见于祖祢，藏于帝廷，以合明应。"制曰："可。"

【眉批】二段公孙卿来，方士又一起，乃接前汾鼎说，上叙得鼎，尚未与封禅搭连，此言得鼎之年，与皇帝朔旦冬至合，适相溱泊矣，又恰与少君言封禅不死，黄帝是也相印。入海求蓬莱者，【旁批】遥接五利，入海用夹插法。言蓬莱不远，而不能至者，殆不见其气。上乃遣望气佐候其气云。

其秋，上幸雍，且郊。或曰："五帝，太一之佐也，宜立太一而上亲郊之。"【旁批】预插太一亲郊作伏。上疑未定。【旁批】不了。齐人公孙卿曰：【旁批】陡接。"今年得宝鼎，【旁批】跟前来。其冬辛巳朔旦冬至，与黄帝时等。"【旁批】因宝鼎组合黄帝。卿有札书曰：【夹注】作名字用。"黄帝得宝鼎，【夹注】五字札书之名。宛朐问于鬼臾区。"鬼臾区对曰："帝得宝鼎神策，是岁己酉，朔旦冬至，得天之纪，终而复始。"于是黄帝迎日推策，后率二十岁复朔旦冬至，凡二十推，三百八十年，黄帝仙登于天。卿因所忠【夹注】人姓名。欲奏之。所忠视其书不经，疑其妄书，谢曰："宝鼎事已决矣，尚何以为！"【旁批】所忠一阻闪若电光文致亦曲。卿因嬖人奏之。上大说，乃召问卿。对曰："受此书申公，申公已死。"上曰："申公何人也？"卿曰："申公，齐人。与安期生通，受黄帝言，无书，独有此鼎书。"曰："汉兴复当黄帝之时。"

【眉批】此为第四次劝举封禅，乃到头之的脉地。曰："汉之圣者，在高祖之孙且曾孙也。宝鼎出而与神通，封禅。【旁批】因宝鼎组合封禅。封禅七十二王，唯黄帝得上泰山封。"申公曰："汉主亦当上封，上封能仙登天矣。【旁批】因封禅组合登仙。黄帝时万诸侯，而神灵之封居七千。【旁批】此下叙黄帝升仙事。天下名山八，而三在蛮夷，五在中国。中国华山、首山、太室、泰山、东莱，此五山黄帝之所常游，与神会。黄帝且战且学仙。【旁批】带且战二字妙。患百姓非【夹注】议也。其道者，乃断斩非鬼神者。【夹注】非毁鬼神者，断理而诛之。百余岁然后得与神通。【旁批】伏后宽假其期之说方士技穷规脱之情毕露。黄帝郊雍上帝，宿三月。鬼臾区号大鸿，死葬雍，故鸿冢是也。其后黄帝接万灵明廷。明廷者，甘泉也。所谓寒门者，【夹注】者字疑衍。谷口也。【夹注】当即指明廷。黄帝采首山铜，铸鼎于荆山下。鼎既成，有龙垂胡髯下迎黄帝。【旁批】极荒诞，极鄙俚，令听者欲笑欲痴。黄帝上骑，群臣后宫从上者七十余人，龙乃上去。余小臣不得上，乃悉持龙髯，龙髯拔，堕，堕黄帝之弓。百姓仰望黄帝既上天，乃抱其弓与胡髯号，故后世因名其处曰鼎湖，【旁批】鼎湖字得此注明。其弓曰乌号。"于是天子曰："嗟乎！吾诚得如黄帝，吾视去妻子如脱躧耳。"【旁批】摹神。乃拜卿为郎，东使候神于太室。【旁批】不了。

　　【眉批】第二段叙郊太一事，天子始郊拜，正是朔旦冬至之月，与公孙卿得鼎奏书，一拍一合，乃两事递串，俱藉以为封禅起事也。上遂郊雍，【旁批】遥接且郊。至陇西，西登崆峒，幸甘泉。令祠官宽舒等具太一祠坛，祠坛放薄忌太一坛，坛三垓。【夹注】阶次也。五帝坛环居其下，各如其方，黄帝西南，除八通鬼道。太一，其所用如雍一畤物，而加醴枣脯之属，杀一狸牛以为俎豆牢具。而五帝独有俎豆醴进。其下四方地，为醖食群神从者及北斗云。已祠，胙余皆燎之。其牛色白，鹿居其中，彘在鹿中，水而洎【夹注】灌釜曰洎。之。祭日以牛，祭月以羊彘特。太一祝宰则衣紫及绣。五帝各如其色，日赤，月白。

十一月辛巳朔旦冬至，昧爽，天子始郊拜太一。【旁批】映合公孙卿语。朝朝日，夕夕月，则揖；而见太一如雍郊礼。其赞飨曰："【夹注】祀词。天始以宝鼎神策授皇帝，朔而又朔，终而复始，皇帝敬拜见焉。"而衣上黄。其祠列火满坛，坛旁亨炊具。有司云："祠上有光焉。"公卿言："皇帝【夹注】疑当黄帝。始郊见太一云阳，【旁批】因郊组合黄帝。有司奉瑄玉嘉牲荐飨。是夜有美光，及昼，黄气上属天。"太史公、祠官宽舒等曰："神灵之休，佑福兆祥，宜因此地光域立太畤坛以明应。令太祝领，秋及腊间祠。三岁天子一郊见。"【旁批】定郊期勒住。

【眉批】第四段有结前，有伏后，杂叙数事，以便下入封禅正文。其秋，为伐南越，告祷太一。【旁批】前应且战，后引振兵。以牡荆画幡日月北斗登龙，以象太一三星，为太一锋，命曰"灵旗"。为兵祷，则太史奉以指所伐国。而五利将军使不敢入海，之泰山祠。【旁批】遥接五利入海，又用插叙法。上使人随验，实毋所见。

【眉批】以候神引巡狩，以巡狩合封禅。【眉批】结五利案。五利妄言见其师，其方尽，多不仇。上乃诛五利。

其冬，公孙卿候神河南，【旁批】遥接候神。言见仙人迹缑氏城上，有物如雉，往来城上。天子亲幸缑氏城视迹。问卿："得毋效文成、五利乎？"卿曰："仙者非有求人主，人主者求之。其道非少宽假，神不来。言神事，事如迂诞，积以岁乃可致也。"【旁批】应前百岁与神通。于是郡国各除道，缮治宫观名山神祠所，以望幸也。

【眉批】以灭南越引乐舞。以乐舞伏封禅备用。其春，既灭南越，【旁批】应伐越。上有嬖臣李延年以好音见。【旁批】蒙灭南越来，从干羽格苗之义。上善之，下公卿议，曰："民间祠尚有鼓舞乐，今郊祀而无乐，岂称乎？"公卿曰："古者祠天地皆有乐，而神祇可得而礼。"或曰："太帝使素女鼓五十弦瑟，【旁批】笔花发处发。悲，帝禁不止，故破其瑟为二十五弦。”于是塞南越，祷祠太一、后土，始用乐舞，益召歌儿，作二十五弦及空侯琴瑟自此起。

【眉批】第五段接出封禅正文，有议举封禅事，有封禅以前事，有封禅已毕事。其来年冬，上议曰：“<u>古者先振兵泽旅，然后封禅。</u>”【旁批】议举封禅一。乃遂北巡朔方，【旁批】封禅先事一。勒兵十余万，还祭黄帝冢桥山，释兵须如。<u>上曰</u>：“<u>吾闻黄帝不死，今有冢，何也？</u>”【旁批】呆语。或对曰：“黄帝已仙上天，群臣葬其衣冠。”【旁批】微词。既至甘泉，<u>为且用事泰山</u>，先类祠太一。【旁批】先事二。自得宝鼎，【旁批】提。<u>上与公卿诸生议封禅。</u>【旁批】议举封禅二。<u>封禅用希旷绝，莫知其仪礼</u>，而群儒采封禅《尚书》《周官》《王》制之望祀射牛事。

【眉批】丁公方士又一起，封禅求仙，合而一之，其言破的。<u>齐人丁公年九十余，曰</u>：“<u>封禅者，合不死之名也。</u>【旁批】一句投机。<u>秦皇帝不得上封，陛下必欲上，稍上即无风雨，遂上封矣。</u>”【旁批】紧带秦皇章法巧会。上于是乃令诸儒习射牛，草封禅仪。数年，至且行。天子既闻公孙卿及方士之言，<u>黄帝以上封禅，皆致怪物与神通，欲放黄帝以上接神仙人蓬莱士，高世比德于九皇，而颇采儒术以文之。</u>【旁批】一篇指归在此。群儒既已不能辨明封禅事，又牵拘于诗书古文而不能骋。上为封禅祠器示群儒，群儒或曰“不与古同”，徐偃又曰：“太常诸生行礼不如鲁善”，周霸属图封禅事，于是上绌偃、霸，而尽罢诸儒不用。

【眉批】一路诡言仙踪，盖封禅本旨，正欲求长生不老，秦皇汉武，前后通篇如许铺排，及至正文，绝不见光明严重之语，但皆以秘禁寓微词，与秦皇对照。三月，【旁批】以下记月记日。遂东幸缑氏，礼登中岳太室。【旁批】先事三。从官在山下闻若有言“万岁”云。【旁批】微词。问上，上不言；问下，下不言。于是以三百户封太室奉祠，命曰崇高邑。东上泰山，泰山之草木叶未生，乃令人上石立之泰山巅上。遂东巡海上，行礼祠八神。【旁批】先事四。<u>齐人之上疏言神怪奇方者以万数，然无验者。</u>【旁批】又钩勒方怪。乃益发船，令言海中神山者数千人，求蓬莱神人。<u>公孙卿持节常先行候名山，</u>至东莱，言夜见大人，长数丈，就之则不见，见其迹甚大，类禽兽云。群臣有言见一老父牵狗，【旁批】一时上下若狂。言"吾欲见巨公"，【旁批】谓武帝。已忽不见。上即见大迹，未信，<u>及群臣有言老父，则大以为仙人也。</u>宿留海上，予方士传车及间使求仙人以千数。【旁批】以上是封禅前事，以下入封禅正文。

四月，还至奉高。上念诸儒及方士言封禅，人人殊，不经，难施行。<u>天子至梁父，礼祠地主。</u>乙卯，令侍中儒者皮弁荐绅，射牛行事。<u>封泰山下东方，如郊祠太一之礼。</u>封广丈二尺，高九尺，其下则有玉牒书，书秘。礼毕，天子独与侍中奉车子侯上泰山，亦有封。<u>其事皆禁。</u>明日，下阴道。<u>丙辰，禅泰山下址东北肃然山，如祭后土礼。</u>天子皆亲拜见，衣上黄，而尽用乐焉。【旁批】应来延年。江淮间一茅三脊为神藉。【旁批】与管仲语遥应。五色土益杂封。纵远方奇兽蜚禽及白雉诸物，颇以加礼。兕牛犀象之属不用。皆至泰山祭后土。封禅祠；<u>其夜若有光，昼有白云起封中。</u>【旁批】微词。

<u>天子从禅还，坐明堂，群臣更上寿。</u>【旁批】以下是封禅已毕事。于是制诏御史："朕以眇眇之身承至尊，兢兢焉惧不任。维德菲薄，不明于礼乐。修祠太一，若有象景【夹注】影。光，癸如有望，震于怪物，欲止不敢，<u>遂登封太山，至于梁父，而后禅肃然。</u>

【眉批】礼成行庆。自新，嘉与士大夫更始，赐民百户牛一酒十石，加年八十孤寡布帛二匹。复博、奉高、蛇丘、历城，无出今年租税。其大赦天下，如乙卯赦令。行所过毋有复作。事在二年前，皆勿听治。"

【眉批】又加一诏，为修符作地。又下诏曰："古者天子五载一巡狩，用事泰山，诸侯有朝宿地。其令诸侯各治邸泰山下。"

第七截，引到封禅正文矣，借汾鼎郊太一两事作缘起，以黄帝为牵合，以求仙作点逗，而仍由方士以笮动之，当与秦皇一截对首。

【眉批】此下为封后结束，仍提神仙为主笔，余则借便处挽。<u>天子既已封泰山</u>，【旁批】提起。<u>无风雨灾</u>，【旁批】对春遇风雨。<u>而方士更言蓬莱诸神若将可得</u>，【旁批】又提起神仙。<u>于是上欣然庶几遇之，乃复东至海上望，冀遇蓬莱焉</u>。<u>奉车子侯暴病，一日死</u>。【旁批】是独与登封者叙来殊为败兴史公微意。上乃遂去，并海上，北至碣石，巡自辽西，历北边至九原。五月，反至甘泉。<u>有司言宝鼎出为元鼎，以今年为元封元年</u>。【旁批】以改元收宝鼎而归瑞于封。

其秋，有星茀于东井。后十余日，有星茀于三能。【夹注】台。望气王朔言："<u>候独见旗星出如瓜，食顷复入焉</u>。"【旁批】独见、食顷，用字妙。有司皆曰："<u>陛下建汉家封禅，天其报德星云</u>。"【旁批】微词。

其来年冬，郊雍五帝。还，<u>拜祝祠太一</u>。【旁批】收郊拜太一，亦带瑞应。赞飨曰："德星昭衍，厥维休祥。寿星仍出，渊耀光明。信星昭见，皇帝敬拜太祝之享。"

其春，公孙卿言见神人东莱山，【旁批】又夹入方士神仙。若云"<u>欲见天子</u>"。【旁批】微词。天子于是幸缑氏城，拜卿为中大夫。遂至东莱，宿留之数日，<u>无所见，见大人迹云</u>。<u>复遣方士求神怪采芝药以千数</u>。<u>是岁旱</u>。于是天子既出无名，乃祷万里沙，【旁批】神祠。过祠泰山。还至瓠子，自临塞决河，【旁批】藉收河决一事。留二日，沈祠而去。使二卿将卒塞决河，徙二渠，复禹之故迹焉。

【眉批】此下为封后余文，意则仍在遇仙，而时时回顾封禅作照应。是时既灭两越，越人勇之乃言："越人俗鬼，【夹注】俗尚鬼。而其祠皆见鬼，数有效。<u>昔东瓯王敬鬼，寿百六十岁</u>。<u>后世怠慢，故衰耗</u>。"【旁批】以敬鬼益寿影附遇仙。乃令越巫立越祝祠，安台无坛，亦祠天神上帝百鬼，而以鸡卜。上信之，<u>越祠鸡卜始用</u>。

公孙卿曰："<u>仙人可见，而上往常遽，以故不见</u>。今陛下可为观，如缑城，置脯枣，神人宜可致也。且仙人好楼居。"【旁批】以楼居宫观诸通词以解说其遇仙之无据。于是上令长安则作蜚廉桂观，甘泉则作益延寿观，【夹注】益寿、延寿二观。使卿持节设具而候神人。乃作通天茎台，置祠具其下，将招来仙神人之属。于是甘泉更置前殿，始广诸宫室。夏，有芝生殿房内中。【旁批】借生芝为仙兆之征。天子为塞河，兴通天台，若见有光云，乃下诏："甘泉房中生芝九茎，赦天下，毋有复作。"

其明年，伐朝鲜。夏，旱。公孙卿曰："黄帝时封则天旱，干封三年。"【旁批】以炎为祥，附会黄帝，言之可笑，却借干封作回顾。上乃下诏曰："天旱，意干封乎？其令天下尊祠灵星焉。"

其明年，【旁批】以下叙远巡，却以奉高修封作回顾。上郊雍，通回中道，巡之。春，至鸣泽，从西河归。

其明年冬，上巡南郡，至江陵而东。登礼灊之天柱山，号曰南岳。浮江，自寻阳出枞阳，过彭蠡，礼其名山川。北至琅邪，并海上。四月中，至奉高修封焉。

初，天子封泰山，【旁批】又提起，以明堂作回顾。泰山东北址古时有明堂处，处险不敞。上欲治明堂奉高旁，未晓其制度。济南人公玉带【旁批】又一起方士。上黄帝时明堂图。【旁批】仍附会黄帝。明堂图中有一殿，四面无壁，以茅盖，通水，圜宫垣为复道，上有楼，从西南入，命曰昆仑，天子从之入，以拜祠上帝焉。于是上令奉高作明堂汶上，如带图。及五年修封，【旁批】上述带图，此依图制造，及天子按年行礼之仪注。则祠太一、五帝于明堂上坐，令高皇帝祠坐对之。祠后土于下房，以二十太牢。天子从昆仑道入，始拜明堂如郊礼。礼毕，燎堂下。而上又上泰山，自有秘祠其巅。【旁批】又是一番封禅作正笔回顾。而泰山下祠五帝，各如其方，黄帝并赤帝，而有司侍祠焉。山上举火，下悉应之。【旁批】束过。

【眉批】此下零叙杂事，反将太山封撇开，至后方回合修封一层作束，而意则仍在求仙也。其后二岁，十一月甲子朔旦冬至，推历者以本统。【夹注】即鼎书天纪复始之说。天子亲至泰山，以十一月甲子朔旦冬至日，祠上帝明堂，毋修封禅。【旁批】颇怠厌矣。其赞飨曰："天增授皇帝太元神策，周而复始。皇帝敬拜太一。"东至海上，考入海及方士求神者，【旁批】又提求仙。莫验，【旁批】不验一。然益遣，冀遇之。

十一月乙酉，柏梁灾。【夹注】时帝在渤海。十二月甲午朔，上亲禅高里，【旁批】不在太山矣。祠后土。临勃海，将以望祀蓬莱之属，冀至殊廷焉。【旁批】又提求仙。

上还，以柏梁灾故，朝受计甘泉。公孙卿曰："黄帝就青灵台，十二日烧，黄帝乃治明廷。明廷，甘泉也。"【旁批】早称黄帝灾，又称黄帝何事不可附会。方士多言古帝王有都甘泉者。其后天子又朝诸侯甘泉，甘泉作诸侯邸。【旁批】甘泉广兴，土木间起太山。勇之乃曰："越俗有火灾，复起屋必以大，用胜服之。"于是作建章宫，度为千门万户。前殿度高未央。其东则凤阙，高二十余丈。其西则唐中，数十里虎圈。其北治大池，渐台高二十余丈，命曰太液池，中有蓬莱、方丈、瀛洲、壶梁，象海中神山龟鱼之属。【旁批】三神山不可见，今则取象海山，其志仍在遇仙，亦无聊之极思。其南有玉堂、璧门、大鸟之属。乃立神明台、井干楼，度五十丈，辇道相属焉。

夏，汉改历，以正月为岁首，而色上黄，官名更印章以五字，为太初元年。【旁批】正朔服色，从此定制符命之说始酣。是岁，西伐大宛。蝗大起。丁夫人、雒阳虞初等以方祠诅匈奴、大宛焉。【旁批】带开边纽方士真同见戏。

其明年，有司上言，雍五畤无牢熟具，芬芳不备。【旁批】技止渎祀，真复无聊。乃令祠官进畤犊牢具，色食所胜，而以木禺马代驹焉。独五月尝【夹注】常。驹，行亲郊用驹。及诸名山川用驹者，悉以木禺马代。行过，乃用驹。他礼如故。

其明年，东巡海上，考神仙之属，【旁批】又提求仙。未有验者。【旁批】不验二。方上有言"黄帝时，为五城十二楼，以候神人于执期，命曰迎年"。【旁批】真复无聊。上许作之如方，命曰明年。上亲礼祠上帝焉。

公玉带曰："黄帝时虽封泰山，【旁批】又附会黄帝。然风后、封巨、岐伯令黄帝封东泰山，【夹注】似设为又东，更高远，假名。【旁批】又卑猥太山，诞妄极矣。禅凡山，【夹注】似亦假名。合符，然后不死焉。"天子既令设祠具，至东泰山，【夹注】如求神山之类，空设之词也。泰山【夹注】此乃本山。卑小，不称其声，乃令祠官礼之，而不封禅焉。其后令带奉祠候神物。夏，遂还泰山，修五年之礼如前，【旁批】到此仍复收回。而加以禅祠石闾。石闾者，在泰山下址南方，方士多言此仙人之闾也，【旁批】揽要求仙。故上亲禅焉。

其后五年，复至泰山修封。还过祭恒山。【旁批】以恒山陪。

第八截，乃封禅以后事，时时回顾神仙，其巡狩营造滨祀，皆因以牵合之者也。

【眉批】前半结封禅，凡武帝一生所兴祀典，所立祀坛，统括在内。今天子所兴祠，太一后土，三年亲郊祠，建汉家封禅，五年一修封。薄忌太一，及三一、冥羊、马行、赤星，五宽舒之祠官。【夹注】祠官宽舒讥祠后土为五坛，故谓之五宽舒之祠。以岁时致礼。凡六祠，皆太祝领之。至如八神、诸神、明年、凡山、他名祠，行过则祠，行去则已。方士所兴祠，各自主，其人终则已，祠官不主。他祠皆如其故。

【眉批】后半结求仙，凡前所称燕海上一切方士，统括在内。今上封禅，其后十二岁而还，遍于五岳、四渎矣。【旁批】统岳渎包括。而方士之候祠神人，【旁批】接入方士神仙。入海求蓬莱，终无验。而公孙卿之候神者，犹以大人之迹为解，无有效。天子益怠厌方士之怪迂语矣，然羁縻不绝，冀遇其真。【旁批】无验无效而仍冀遇迷惑不解。自此之后方士，【夹注】一有之字。言神祠者弥众，然其效可睹矣。【夹注】篇内汾脽，汾上土高处也，俗讹作睢。【旁批】冷然。

第九截，乃通身总束也，将封禅求仙，并孝武一生所兴祀典，一齐摄入。曰：无有验无有效，又结曰：其效可睹矣，词意冷然。此与秦皇后一段遥配，彼繁此简，各尽其妙。

【眉批】述而不断，语极浑然，然用意亦微矣。太史公曰：余从巡祭天地诸神名山川而封禅焉。入寿宫侍祠神语，究观方士祠官之意，【旁批】句有锋。于是退而论次，自古以来用事于鬼神者，具见其表里。【旁批】微词。后有君子，得以览焉。若至俎豆珪币之详，献酬之礼，则有司存。

【总评】茅鹿门曰：文数千言，而前后血脉，贯穿如一句，总属一幻字。

钟伯敬曰：封禅依古郊祀柴望之义，后世人主，用以夸其受命之符，从骄心出，去之已远矣。汉武附之求仙长生，则又益一痴心，支离纽造，愈远愈讹。此书妙在将历代祀典，与封禅牵合为一，将封禅与神仙牵合为一，又将河决匈奴诸事与求仙牵合为一。种种传会，格格不相蒙，而虚诞怪妄，写人主迂呆惑溺，全在事理明白易晓处见之。所谓欣然庶几遇之，羁縻不绝等语。疑城柔海累劫难断。末一语曰："然其效可睹矣"，一篇极长文字，恰好结住含蓄冷冷无极力收括之迹，妙甚。封禅一书，假古来郊社柴望之义，以叙当日愚惑荒诞之行者也。牵引历代祀典，附会黄帝故事，其说造端于齐桓，其事矫举于秦皇，崇信在方士，归趣在求仙，此其大局也。其余符瑞，巡幸、渎祀、巫鬼、边功、役作、河决、火灾，改正朔，定服色，制乐舞，议礼仪，皆依赖类牵附之，而条理秩如，痕迹都化，洵属千古鸿文。

　　此书有讽意，无贬词，将武帝当日希冀神仙长生，一种迷惑不解情事，倾写殆尽。故前人谓之谤书，然其用意深矣。此事并《平准》《酷吏》《大宛》数篇，合成孝武一篇本纪。

十六　平准书

【夹注】平价收贸，贵则卖之，谓之均输。分局郡国，而大农总天下之输，谓之平准。

【眉批】首段历叙高惠文景四朝，为国家经费缘起，以极衰之天下。而能使之盛，此鱼药之义也。此段事少而费约，利端虽开，未有以朝廷而为商贾之事者。汉兴，接秦之弊，丈夫从军旅，老弱转粮饷，作业剧而财匮，自天子不能具钧驷，【夹注】天子驾驷马，其色齐同，今国贫，天子不能具钧色之驷马。【旁批】从开国起，极言民贫财匮，而归弊于秦，为宗祖立地，步为孝武寓针锋。而将相或乘牛车，齐民无藏盖。于是为秦钱重难用，更令民铸钱，【夹注】铸榆荚钱。《索隐》曰："顾氏秦钱半两，径寸二分，重十二铢"，荚钱重三铢。【旁批】钱为民用所急需，篇中叙钱法更变处最明晰。一黄金一斤，【夹注】秦以一镒为一金，汉以一斤为一金。约法省禁。而不轨逐利之民，【夹注】即商贾。蓄积余业以稽【夹注】考其贵贱，又留待也，市物，物踊腾粜，米至石万钱，马一匹则百金。

天下已平，高祖乃令贾人不得衣丝乘车，重租税以困辱之。孝惠、高后时，为天下初定，复弛商贾之律，【旁批】汉世之财，不在官则在商贾，故汉武纷纷立法，皆与商贾争利，不及百姓。然市井之子孙亦不得仕宦为吏。【旁批】为吏道不选而多贾人之案。量吏禄，度官用，以赋于民。而山川园池市井租税之入，自天子以至于封君汤沐邑，皆各为私奉养焉，不领于天下之经费。【旁批】为大农领山海县官作盐铁之案。漕转山东粟，以给中都官，岁不过数十万石。【旁批】为四百万六百万之案。

至孝文时，荚钱【夹注】如榆荚。益多，轻，乃更铸四铢钱，【夹注】钱法一变。其文为"半两"，令民纵得自铸钱。故吴诸侯也，以即山铸钱，【夹注】就出铜之山铸钱。富埒天子，其后卒以叛逆。邓通，大夫也，以铸钱财过王者。故吴、邓氏钱布天下，而铸钱之禁生焉。

匈奴数侵盗北边，屯戍者多，边粟不足给食当食者。于是募民能输及转粟于边者拜爵，【旁批】卖爵始于文帝。爵得至大庶长。【夹注】文帝用晁错言，令人入粟边。六百石爵上造，稍增至四十石，为五大夫。万二千石为大庶长。各以多少为差。

孝景时，上郡以西旱，亦复修卖爵令，而贱其价以招民；及徒复作，【旁批】孝景又添除罪一条。得输粟县官【夹注】官家也，谓天子。以除罪。益造苑马以广用，而宫室列观舆马益增修矣。【旁批】对前接秦之弊一层，以起下。

【眉批】次段接入孝武初服时，极写豫大丰亨之象。盖将言其虚耗，必先言其富溢，以为起岸也。物盛而衰二句，揭出大旨。至今上即位数岁，【旁批】落到孝武是篇主。汉兴七十余年之间，国家无事，【旁批】对后兴兵勤远。非遇水旱之灾，民则人给家足，【旁批】对后衰耗不足。都鄙廪庾皆满，而府库余货财。京师之钱累巨万，贯朽而不可校。【夹注】数也。太仓之粟陈陈相因，充溢露积于外，至腐败不可食。众庶街巷有马，阡陌之间成群，而乘字牝者【夹注】牝马。傧而不得聚会。【夹注】皆乘父马，有牝马间其间，则相踶啮，故斥不得出会同。守闾阎者食粱肉，为吏者长子孙，【夹注】时无事，吏不数转至于子孙长大而不转职任。居官者以为姓号。【夹注】仓氏庾氏是也。故人人自爱【旁批】教化亦行。而重犯法，先行义而后绌耻辱焉。当此之时，【旁批】又提。网疏而民富，役财骄溢，或至兼并豪党之徒，以武断于乡曲。【旁批】此致衰之因，置其上而罪其下，工于措词，实亦理数如此。宗室有士公卿大夫以下，争于奢侈，室庐舆服僭于上，无限度。物盛而衰，固其变也。【旁批】二句束上开下。

【眉批】三段由耗因转落兴利，后事无穷，大致悉举以四世修养极盛之天下。而一人耗之，以致进用桑孔等，乃祖宗之罪人也。兴利之臣二句，包括通篇。自是之后，严助、朱买臣等招来东瓯，【夹注】今台州府地。【旁批】此由在下转到在上，为困耗总挈之主缘，耗费莫甚于开边。事两越，江淮之间萧然烦费矣。【旁批】撮举兵弊约以四路，勿作正叙看。唐蒙、司马相如开路西南夷，凿山通道千余里，以广巴蜀，巴蜀之民罢焉。彭吴【夹注】人姓名。贾灭朝鲜，置沧海之郡，【夹注】贾字义未辞。则燕齐之间靡然发动。及王恢设谋马邑，匈奴绝和亲，侵扰北边，兵连而不解，天下苦其劳，而干戈日滋。行者赍，居者送，中外骚扰而相奉，【旁批】数语总摄全篇。百姓抚【夹注】因完耗也。弊【夹注】敝。以巧法，【夹注】贫而规避。财赂衰耗而不赡。入物者补官，出货者除罪，选举陵迟，廉耻相冒，武力进用，法严令具。兴利之臣自此始也。【夹注】弘羊孔仅之属。【旁批】大笔罩。

　　第一截为通篇作总冒，乃提局也。自汉兴初制，递到孝武初服，由衰而盛，由盛而衰，从开边耗费引出兴利之臣，则后来一切兴利之事以及种种敝政，统括在内矣。

　　其后汉将岁以数万骑出击胡，【旁批】序耗财大，率以击匈奴为纲而牵入他事。及车骑将军卫青取匈奴河南地，【夹注】谓灵夏三州地。筑朔方。当是时，汉通西南夷道，【旁批】牵连叙通西南夷一。作者数万人，千里负担馈粮，率十余钟致一石，散币于邛僰以集之。【夹注】临邛属僰，僰属犍为。数岁道不通，蛮夷因以数攻，吏发兵诛之。悉巴蜀租赋不足以更之，【夹注】更，续也，或曰更，偿也。乃募豪民田南夷，入粟县官，而内受钱于都内。【夹注】受官钱，以为垦费。东至沧海之郡，【旁批】起沧海郡二。人徒之费拟于南夷。又兴十万馀人筑卫朔方，【旁批】筑朔方三。转漕甚辽远，自山东咸被其劳，费数十百巨万，府库益虚。【旁批】揭醒照府库余货财。乃募民能入奴婢得以终身复，【夹注】《汉书》注："庶人入奴婢，则复终身。先为郎者，就增其秩也。一曰入奴婢少者复终身，多者得为郎。旧为郎，更增秩也。"【旁批】复身，进秩，伏兴利事。为郎增秩，及入羊为郎，始于此。

其后四年，而汉遣大将将六将军、军十余万，击右贤王，获首虏万五千级。【眉批】第二层再陈耗费之事，以藏钱经耗又惊醒。明年，大将军将六将军仍再出击胡，得首虏万九千级。捕斩首虏之士受赐黄金二十余万斤，【旁批】赏功之费。虏数万人皆得厚赏，【旁批】给降虏之费。衣食仰给县官；而汉军之士马死者十余万，兵甲之财转漕之费不与焉。【旁批】得不偿失，冷句刺讽。于是大农陈【夹注】久也。藏钱经耗，赋税既竭，犹不足以奉战士。【旁批】又揭醒照贯朽不可校。有司言：【旁批】有司奉天子之言。【眉批】第三层因耗竭而议兴利之事。"天子曰'朕闻五帝之教不相复而治，禹汤之法不同道而王，所由殊路，而建德一也。北边未安，朕甚悼之。日者，大将军攻匈奴，斩首虏万九千级，留蹛无所食。【夹注】蹛同滞，谓积也，谓富人贮滞积谷，则贫者无所食也。【眉批】以立武功爵作言利引端，归于吏道杂，官职废作一勒。议令民得买爵及赎禁锢免减罪'。请置赏官，命曰武功爵。【夹注】茂陵中书有武功爵。一级曰造士，二级曰闲舆卫，三级曰良士，四级曰元戎士，五级曰官首，六级曰秉铎，七级曰千夫，八级曰乐卿，九级曰执戎，十级曰左庶长，十一级曰军卫。此武帝所制以宠军功。【旁批】议立武功爵兴利第一事。级十七万，凡直三十余万金。【夹注】顾氏案：或解云初一级十七万，自此已上每级加二万，至十一级，合成三十七万也。【旁批】再令民得买之。诸买武功爵官首者试补吏，先除；【夹注】官首，武功爵第五也，位稍高，故得试为吏，先除用也。千夫如五大夫；【夹注】千夫，武功爵第七；五大夫，旧二十等爵第九也。言千夫爵秩比于五大夫，故杨仆以千夫为吏殆谓此。其有罪又减二等；爵得至乐卿：以显军功。"军功多用越等，大者封侯卿大夫，小者郎吏。吏道杂而多端，则官职耗废。【旁批】致重法之因。

自公孙弘以春秋之义绳臣下取汉相，张汤用唆文决理为廷尉，于是见知之法生，【夹注】吏见知不举劾，为故纵。【旁批】从吏道之坏接入刑法。而废格沮诽穷治之狱用矣。【夹注】谓废格天子之命而不行，及沮败诽谤之者，皆被穷治。其明年，淮南、衡山、江都王谋反迹见，【旁批】证穷治之狱上虚比实。而公卿寻端治之，竟其党与，而坐死者数万人，<u>长吏益惨急而法令明察</u>。

【眉批】第四层就吏杂官废忽笞入张汤，以峻刑兴网利相表里也。虽方正贤良，公孙俭啬，而无益于俗，则彼之功利兴矣。眼光直注后文。<u>当是之时，招尊方正贤良文学之士</u>，【旁批】仍挽入吏道。<u>或至公卿大夫。公孙弘以汉相</u>，【旁批】一君一相，浮伪不情，写得可笑。<u>布被，食不重味，为天下先</u>。<u>然无益于俗，稍骛于功利矣</u>。【旁批】直射桑孔等。

【眉批】第五层又备陈耗竭之事，归于县官大空，黎民重困以见虚耗之极也，为此截作一总束。其明年，骠骑仍再出击胡，获首四万。【旁批】击敌迎降之费为第一。其秋，浑邪王率数万之众来降，于是汉发车二万乘迎之。既至，受赏，赐及有功之士。<u>是岁费凡百余巨万</u>。【旁批】牵连叙。初，先是往十余岁河决观，【夹注】县名。梁楚之地，固已数困，而缘河之郡堤塞河，<u>辄决坏，费不可胜计</u>。【旁批】河渠之费又一项。其后番系欲省砥柱之漕，穿汾、河渠以为溉田，<u>作者数万人</u>；郑当时为渭漕渠回远，凿直渠自长安至华阴，<u>作者数万人</u>；朔方亦穿渠，<u>作者数万人</u>：<u>各历二三期，功未就，费亦各巨万十数</u>。

天子为伐胡，【旁批】仍归伐匈奴。盛养马，<u>马之来食长安者数万匹</u>，【旁批】养马之费。卒牵掌者关中不足，乃调旁近郡。而胡降者皆衣食县官，【旁批】衣食降人之费。县官不给，天子乃损膳，解乘舆驷，出御府禁藏以赡之。

其明年，<u>山东被水菑</u>，【旁批】又牵连叙一事。民多饥乏，于是天子遣使者虚郡国仓廥【夹注】音擪。以振贫民。犹不足，又募豪富人相贷假。尚不能相救，<u>乃徙贫民于关以西，及充朔方以南新秦中</u>，【夹注】长安已北，朔方已南。秦逐匈奴以收河南地，徙民以实之，谓之新秦。今以地空，故复徙民以实之。【旁批】徙饥民之费。<u>七十余万口，衣食皆仰给县</u>

官。数岁，假予产业，使者分部护之，冠盖相望。<u>其费以亿计，不可胜数</u>。于是县官大空。【旁批】总承。

　　<u>而富商大贾或蹛财役贫</u>，【夹注】蹛，停也，贮也。【旁批】将言变法兴利，故推原其所以然。<u>转毂</u>【夹注】车也。<u>百数，废居居邑</u>，【夹注】废居者，贮蓄之名也。有所废，有所蓄，言其乘时射利也。废，出卖也；居，停蓄也。谓居贱物于邑中以待贵。<u>封君皆低首仰给</u>。【夹注】《汉书》注："封君，受封邑者。谓公主及列侯之属。低首犹俯首。时公主列侯，虽有国邑，而无余财，其朝夕所需须，皆俯首而取盐于富商大贾，后方以邑入偿之。"<u>冶铸煮盐，财或累万金，而不佐国家之急，黎民重困</u>。

　　第二截为桑孔作地步乃引局也，<u>备陈耗费之事</u>，以致府库空虚，黎民重困，自不得不议兴利之事。欲议兴利之事，自不得不用兴利之人。富商大贾数句见末盛病国，为后来变法困商以兴利先推原其所以然。

　　【眉批】首段以鹿皮、银锡、更钱三事，引起三贾人来，见诸所议令皆不效而桑孔进用矣。<u>于是天子</u>【旁批】领起。<u>与公卿议，更钱造币以赡用</u>，【旁批】更钱造币兴利第二事。<u>而摧浮淫并兼之徒</u>。是时禁苑有白鹿而少府多银锡。【旁批】此以下皆非正文，乃以叙为撇，以撇为挑，为桑孔等作起势耳。自孝文更造四铢钱，至是岁四十余年，从建元以来，用少，县官往往即多铜山而铸钱，民亦<u>间盗铸钱</u>，不可胜数。钱益多而轻，【夹注】铸钱者多，故钱轻，轻亦贱也。物益少而贵。【夹注】俱铸作钱，不作余物。有司言曰："古者皮币，诸侯以聘享。金有三等，黄金为上，白金为中，<u>赤金为下</u>。【夹注】银为白金，铜为赤金。今半两钱法重四铢，【夹注】文为半两，实重四铢。<u>而奸或盗摩钱里取镕</u>，【夹注】《汉书》注：'钱一面有文，一面幕，幕为质。民盗摩漫面而取其镕，以更铸作钱也。镕，铜屑也。'钱益轻薄而物贵，则远方用币烦费不省。"乃以白鹿皮方尺，缘以藻缋，【夹注】缋，绣也。绘五采而为之。<u>为皮币</u>，直四十万。王侯宗室朝觐聘享，<u>必以皮币荐璧，然后得行</u>。

【眉批】咸阳、孔僅、桑弘羊三人出头。又造银锡为白金。【夹注】杂铸银锡为白金。以为填用莫如龙，地用莫如马，人用莫如龟，故白金三品：其一曰重八两，圜之，其文龙，名曰"白选"，直三千；二曰以重茋【夹注】《汉书》作差。小，方之，其文马，直五百；【夹注】谓以八两差为三品，此重六两，下小撱重四两也。三曰复小，撱【夹注】音妥，狭长也。之，其文龟，直三百。令县官销半两钱，更铸三铢钱，【旁批】钱法再铸。文如其重。盗铸诸金钱罪皆死，而吏民之盗铸白金者不可胜数。【旁批】掉一句，撇去上文。于是以东郭【夹注】姓。咸阳、孔僅为大农丞，【旁批】从钱币之变渡入盐铁法，此处只虚起。领盐铁事；桑弘羊以计算用事，侍中。咸阳，齐之大煮盐，孔僅，南阳大冶，【旁批】三人出身见书法照不得仕宦为吏。皆致生累千金，故郑当时进言之。弘羊，雒阳贾人子，以心计，年十三侍中。故三人言利事析秋豪矣。【旁批】有言利之臣，始有兴利之事。

【眉批】二段以法严财匮更铸三事，引出盐铁来前虚，此实先叙孔咸，留弘羊于后层跌扑，自是利盖入官，为言利事第一番手段。法既益严，吏多废免。【夹注】规免征发。【旁批】遥接长吏盐拯急。兵革数动，民多买复【夹注】人财于官，以取优复。及五大夫，征发之士益鲜。于是除千夫五大夫为吏，不欲者出马；【夹注】使不轻免。故吏【夹注】先已免者。皆通适【夹注】谪。令伐棘上林，作昆明池。【夹注】皆责罚之，以其久为奸利。

其明年，大将军、骠骑大出击胡，得首虏八九万级，赏赐五十万金，汉军马死者十余万匹，转漕车甲之费不与焉。【旁批】仍用前文，深著用兵之法。是时财匮，战士颇不得禄矣。【旁批】以上叙耗财特详，以下详典利。

有司言三铢钱轻，易奸诈，乃更请诸郡国铸五铢钱，【旁批】钱法三变。周郭其下，令不可磨取镕焉。

大农上盐铁丞孔僅、咸阳言：【旁批】接前三人言利事。"山海，天地之藏也，皆宜属少府，【夹注】少府，天子私所赐经用也。公用属大司农。陛下不私，以属大农佐赋。原募民自给费，因官器作【夹注】官冶。煮盐，官与牢盆。【夹注】官煮。牢，廪食也。盆，煮盐盆。浮食奇民【夹注】厚藏之人。欲擅管山海之货，以致富羡，役利细民。其沮事之议，不可胜听。【夹注】僅等言山海之藏，宜属大农，奇人欲擅其利，必有沮止之议，此不可听许也。敢私铸铁器煮盐者，鈇左趾，【夹注】鈇音第，鈇，以铁为之，著左趾以代刖也。没入其器物。郡不出【夹注】产也。铁者，置小铁官，便属在所县。【夹注】收铸故铁。"使孔僅、东郭咸阳乘传举行天下盐铁，作官府，除故盐铁家富者为吏。吏道益杂，不选，而多贾人矣。

　　【眉批】三段乃困商贾之法，商贾既困，而后商贾皆官为之矣。此乃与商贾争利前一层事。商贾以币之变，多积货逐利。【旁批】家造币是算赋，告缗之因。于是公卿言"郡国颇被菑害，贫民无产业者，募徙广饶之地。陛下损膳省用，出禁钱以振元元，宽贷赋，而民不齐出于南亩，商贾滋众。贫者畜积无有，皆仰县官。异时【夹注】言往时。算轺车贾人缗钱皆有差，【夹注】《汉书》作差。【旁批】算物告缗兴利第四事。请算如故。【夹注】轺，小车也。缗，丝也，以贯钱也。一贯千缗，出二十算也。传子言，汉代贱乘轺，今则贵之，言算轺车者，有轺车，使出税一算、二算也。诸贾人末作贳【夹注】赊也。贷【夹注】假与也。买，居邑稽诸物，【夹注】稽，停留也，所谓废居居邑也。及商以取利者，虽无市籍，各以其物自占，【夹注】占，自隐度也，谓各自隐度其财物多少，为文簿送之官也。若不尽，皆没入于官。率缗钱二千而一算。【夹注】率计有二千钱者，出一算。诸作有租及铸，【夹注】以手力所作而卖之。率缗钱四千一算。非吏比者三老、北边骑士，【夹注】比，例也。身非为吏之例，非为三老，非为北边骑士，而有轺车皆出一算。轺车以一算；商贾人轺车二算；【夹注】商贾有轺车，使出二算，重其赋也。船五丈以上一算。匿不自占，占不悉，戍边一岁，没入缗钱。【夹注】悉，尽也，具也。若通其家财，不周悉尽者，罚戍边一岁。

【旁批】厉匿漏之禁。有能告者，以其半畀之。贾人有市籍者，及其家属，皆无得籍名田，以便农。【夹注】谓贾人有市籍，不许以名占田也。【旁批】又禁之，使不得籍农自影。敢犯令，没入田僮"。【夹注】若贾人更占田，及僮仆，皆入之于官。

　　第三截历叙述变法兴利事，已为平准作线，提出三人言利事，尤以弘羊为主。更钱造币而不效，乃至铸铁煮盐，官家独擅山河之富，算物赋缗，商贾尽失居积之利。由是商贾皆官为之。其后均输平准固势所必至也。弘羊于此出头，其作用留后。然曰言利事析秋毫固已笔单全势矣。

　　【眉批】首段忽用倒提追叙法，接出卜式作附传体，以与弘羊相形，储云：用三人以言利，尊卜式以风天下，其归一也。史公深疾弘羊，而颇善卜式，故此篇载二人事独详。天子乃思卜式之言，【旁批】突入卜式奇。召拜式为中郎，爵左庶长，赐田十顷，【旁批】提。布告天下，使明知之。

　　初，卜式者，【旁批】追叙详叙。河南人也，以田畜为事。亲死，式有少弟，弟壮，式脱身出分，独取畜羊百余，田宅财物尽予弟。式入山牧十余岁，羊致千余头，买田宅。而其弟尽破其业，式辄复分予弟者数矣。是时汉方数使将击匈奴，卜式上书，原输家之半县官助边。天子使使问式："欲官乎？"式曰："臣少牧，不习仕宦，不原也。"使问曰："家岂有冤，欲言事乎？"式曰："臣生与人无分争。式邑人贫者贷之，不善者教顺之，所居人皆从式，式何故见冤于人！无所欲言也。"使者曰："苟如此，子何欲而然？"式曰："天子诛匈奴，愚以为贤者宜死节于边，【旁批】探中武帝。有财者宜输委，如此而匈奴可灭也。"使者具其言入以闻。天子以语丞相弘。弘曰："此非人情。不轨之臣，不可以为化而乱法，【旁批】有此一挫，从前几许断续文法。原陛下勿许。"于是上久不报式，数岁，乃罢式。式归，复田牧。岁余，会军数出，浑邪王等降，县官费众，仓府空。其明年，贫民大徙，皆仰给县官，无以尽赡。卜式持钱二十万予河南守，以给徙民。【旁批】

再输钱非人所能。河南上富人助贫人者籍，天子见卜式名，识之，曰："是固前而欲输其家半助边"，乃赐式外繇四百人。【夹注】外繇谓戍边也。一人出三百钱，谓之过更。式岁得十二万钱也。一说，在繇役之外得复除四百人。式又尽复予县官。是时富豪皆争匿财，【旁批】人取我与，货殖本领如是。唯式尤欲输之助费。天子于是以式终长者，故尊显以风百姓。【旁批】以上皆追叙二句，挽转提笔。

初，式不原为郎。上曰："吾有羊上林中，欲令子牧之。"【旁批】此即不报数岁中事。式乃拜为郎，布衣屩而牧羊。岁余，羊肥息。上过见其羊，善之。式曰："非独羊也，治民亦犹是也。以时起居；恶者辄斥去，毋令败群。"【旁批】渐萌自荐意。上以式为奇，拜为缑氏令试之，缑氏便之。迁为成皋令，将漕最。上以为式朴忠，拜为齐王太傅。

而孔仅之使天下铸作器，三年中拜为大农，【旁批】突接突转，与尊显卜式彼此相形。列于九卿。而桑弘羊为大农丞，【旁批】桑弘正主。筦诸会计事，稍稍置均输以通货物矣。【夹注】谓诸当所输于官者，皆令输其土地所饶，平其所在时价，官更于他处卖之。输者既便而官有利。汉书百官表大司农属官有均输令。【旁批】均输典利第五事。始令吏得入谷补官，郎至六百石。【旁批】此寓贵农拘商意。

【眉批】次段接钱法，以缗铸为因，渡入酷吏荐咸，严法必行。举一张汤贵用，为输均者作爪牙，咸利则利可总也。举一颜异被诛，为沮议者示榜样，议异则法不行也。自造白金五铢钱【旁批】遥接钱法。后五岁，【旁批】更钱造币之害。赦吏民之坐盗铸金钱死者数十万人。【旁批】从诛盗铸渡入专人任酷吏。其不发觉相杀者，不可胜计。赦自出者百余万人。然不能半自出，天下大抵无虑皆铸金钱矣。【夹注】大抵无虑者，谓言大略归于铸钱，更无他事从虑。犯者众，吏不能尽诛取，于是遣博士褚大、徐偃等分曹循行郡国，【旁批】兴利必重刑相连，而及前略此详。举兼并之徒守相为吏者。而御史大夫张汤方隆贵用事，【旁批】接前。减宣、杜周等为中丞，义纵、尹齐、王温舒等用惨急刻深为九卿，<u>而直指夏兰之属始出矣</u>。

　　<u>而大农颜异诛</u>。初，异为济南亭长，【旁批】突入举一颜异，所以深
最张汤。以廉直稍迁至九卿。<u>上与张汤既造白鹿皮币，问异</u>。异曰：
"今王侯朝贺以苍璧，直数千，而其皮荐反四十万，本末不相称。"天
子不说。<u>张汤又与异有却</u>，及有人告异以它议，事下张汤治异。异与
客语，客语初令下有不便者，【夹注】异与客语，道诏令初下，有不便处也。
异不应，微反唇。汤奏当异九卿见令不便，不入言而腹诽，论死。<u>自
是之后，有腹诽之法</u>，而公卿大夫多谄谀取容矣。【旁批】日趋日下，说
的可悲可叹。

　　【眉批】第三段言卜式之风劝不行，而杨可告缗大纵彼屈则此伸势固然也。
缴钱法案，缴张汤案，皆夹插带结法。天子既下缗钱令而尊卜式，<u>百姓终
莫分财佐县官</u>，【旁批】接公卿言，算缗及尊显以风百姓。<u>于是杨可告缗钱
纵矣</u>。

　　郡国多奸铸钱，【夹注】谓多奸巧杂以铅锡也。【旁批】仍接盗铸。钱多
轻，而公卿请令京师铸钟官赤侧，【夹注】以赤铜为郭，钟官掌铸赤侧之
钱。【旁批】钱法四变。一当五，赋官用非赤侧不得行。白金稍贱，民不
宝用，县官以令禁之，无益。岁余，白金终废不行。【旁批】了白金案。

　　是岁也，张汤死而民不思。【旁批】插笔点张汤。

　　其后二岁，赤侧钱贱，【旁批】仍接钱法。民巧法用之，不便，又
废。于是悉禁郡国无铸钱，【旁批】钱法五变。专令上林三官【夹注】上
林苑，属官有上林均输、钟官、辨铜令。上林三官，其是此三令乎？铸。钱既
多，而令天下非三官钱不得行，诸郡国所前铸钱皆废销之，输其铜三
官。而民之铸钱益少，计其费不能相当，【夹注】言无利。【旁批】钱法案
缴讫。唯真工大奸【夹注】其术巧妙。乃盗为之。

　　【眉批】第四段接叙告缗之法，徙民之害，归到国之利。藉作停顿，乃为弘
羊平准作引，尚非本篇正文。<u>卜式相齐，而杨可告缗</u>【夹注】告缗之令。遍

天下，【夹注】商贾居积及伎巧之家，非桑农所生出，谓之缗。告缗，谓杨可告据令而发动之，故天下皆被告。【旁批】遥接前文，用双绾法。中家以上大抵皆遇告。【旁批】告缗之害。杜周治之，狱少反者。【夹注】治匿缗之罪，其狱少有反者。乃分遣御史廷尉正监分曹往，即治郡国缗钱，【夹注】就所在而治也。得民财物以亿计，【旁批】兴利之效。奴婢以千万数，田大县数百顷，小县百余顷，宅亦如之。于是商贾中家以上大率破，民偷【夹注】商贾变为游民。甘食好衣，不事畜藏之产业，而县官有盐铁缗钱之故，用益饶矣。【旁批】俞曰县官大空，由耗而空也。此曰县官益饶，而益饶之后又有耗之矣。益广关，置左右辅。初，大农筦盐铁官布多，置水衡，欲以主盐铁；及杨可告缗钱，上林财物众，乃令水衡主上林。上林既充满，益广。

第四截借卜式助边，形弘羊均输，以刑威告纵，佐贾吏聚敛，趋而愈下矣。前曰县官大空，黎民重困，此曰县官益饶，上林充满，此言利事之效也。尊卜式以风而百姓不劝自是而卜退桑进，固必至之势矣。

【眉批】首段于饶益之时，又继刘耗费之事，见盐铁缗钱之利，犹不足以取赡也。为后归功计臣地。是时【旁批】接写宫室耗财一。越欲与汉用船战逐，乃大修昆明池，列观环之。治楼船，高十余丈，旗帜加其上，甚壮。于是天子感之，乃作柏梁台，高数十丈。宫室之修，由此日丽。

乃分缗钱诸官，【旁批】官多、奴婢众耗财二。而水衡、少府、大农、太仆各置农官，往往即郡县比没入田田之。其没入奴婢，分诸苑养狗马禽兽，及与诸官。诸官益杂置多，【夹注】水衡、少府、太仆、司农皆有农官，是为多。徒奴婢众，而下河漕度四百万石，及官自籴乃足。

所忠【夹注】人姓名。言："世家子弟富人或斗鸡走狗马，【旁批】此缘因没奴婢类及之。弋猎博戏，乱齐民。"乃征诸犯令，相引数千人，命曰"株送徒"。入财者得补郎，郎选衰矣。【夹注】应劭曰："株，根本。送，引也。"如淳曰："株，根蒂也。诸坐博戏事决为徒者，能入钱得补郎也。或曰，先至者为根。"【旁批】选举陵迟，廉耻相冒，至此而极。

　　是时山东被河灾，及岁不登数年，【旁批】救灾移民耗财三。人或相食，方一二千里。天子怜之，诏曰："江南火耕水耨，令饥民得流就食江淮间，欲留，之处。"遣使冠盖相属于道，护之，下巴蜀粟以振之。

　　其明年，天子始巡郡国。东渡河，【旁批】起写耗财四。河东守不意行至，不辨，自杀。行西逾陇，陇西守以行往卒，【夹注】仓卒。天子从官不得食，陇西守自杀。于是上北出萧关，从数万骑，猎新秦中，以勒边兵而归。新秦中或千里无亭徼，【夹注】既无亭候，又不徼循，无卫边之备也。于是诛北地太守以下，而令民得畜牧边县，官假马母，三岁而归，及息什一，以除告缗，用充仞新秦中。【夹注】前以边用不足，故设告缗之令，设亭徼，边民无警，皆得田牧。新秦中已充，故除告缗，不复取于民。

　　既得宝鼎，【旁批】突入奇变。立后土、太一祠，公卿议封禅事，【旁批】祠祀封禅耗财五。而天下郡国皆豫治道桥，缮故宫，及当驰道县，县治官储，设供具，而望以待幸。

　　其明年，南越反，西羌侵边为桀。【旁批】击越击羌耗财六。于是天子为山东不赡，赦天下，因南方楼船卒二十余万人击南越，数万人发三河以西骑击西羌，又数万人度河筑令居。【夹注】县名。初置张掖、酒泉郡，而上郡、朔方、西河、河西开田官，斥塞卒六十万人戍田之。中国缮道馈粮，远者三千，近者千余里，皆仰给大农。边兵【夹注】兵器。不足，乃发武库工官兵器以赡之。车骑马乏绝，县官钱少，买马难得，乃着令，令封君以下至三百石以上吏，以差出牝马天下亭，亭有畜牸马，岁课息。

　　【眉批】次段又借卜式相形，劝既不效，议复不合，以不悦卜式为进用弘羊地。齐相卜式上书曰：【旁批】因击越又入卜式。"臣闻主忧臣辱。南越反，臣原父子与齐习船者往死之。"天子下诏曰："卜式虽躬耕牧，不以为利，有余辄助县官之用。今天下不幸有急，而式奋原父子死之，虽未战，<u>可谓义形于内</u>。赐爵关内侯，金六十斤，田十顷。"<u>布告天下，天下莫应</u>。列侯以百数，<u>皆莫求从军击羌、越</u>。【旁批】前以不效，此又明用以托起弘羊也。<u>至酎</u>，【夹注】宙。少府省【夹注】视也。金，【夹注】至尝酎饮宗庙时，少府视其金多少也。<u>而列侯坐酎金失侯者百余人</u>。【夹注】汉仪注王子为侯，侯岁以户口酎黄金于汉庙，皇帝临受献金以助祭。大祀日饮酎，饮酎受金。金少不如斤两，色恶，王削县，侯免国。乃拜式为御史大夫。

式既在位，<u>见郡国多不便县官作盐铁，铁器苦恶</u>，【夹注】谓作铁器，民患苦其不好。【旁批】盐铁之苦，借卜式言，事发明之。所击者孔，既孔打着弘羊。<u>贾贵</u>，【夹注】言盐既苦，而器又恶，固买货贵也。<u>或强令民卖买之</u>。而<u>船有算，商者少，物贵，乃因孔僅言船算事</u>。【旁批】式以输财进，以正言进。<u>上由是不悦卜式</u>。

【眉批】三段复举边费，再提卜式，掠闻孔僅，折落弘羊，逼入正局。汉连兵三岁，<u>诛羌，灭南越</u>，【旁批】接击羌越。番禺以西至蜀南者置初郡十七，【旁批】置郡耗财六。且以其故俗治，毋赋税。南阳、汉中以往郡，各以地比给初郡吏卒奉食币物，传车马被具。而初郡时时小反，杀吏，汉发南方吏卒往诛之，间岁万余人，费皆仰给大农。大农以均输调盐铁助赋，故能赡之。然兵所过县，<u>为以訾</u>【夹注】同资。<u>给毋乏而已，不敢言擅赋法矣</u>。【夹注】擅，一作"经"。经，常也。惟取用足，不暇顾经常法则矣。

其明年，元封元年，<u>卜式贬秩为太子太傅</u>。【旁批】接前不说卜退矣。<u>而桑弘羊为治粟都尉</u>，【旁批】桑退矣。<u>领大农，尽代僅筦天下盐铁</u>。【旁批】上撇去孔僅专归弘羊。弘羊以诸官各自市，相与争，物故腾跃，而天下赋输或不偿其僦费，【夹注】载云僦，言所输物不足偿其雇载之费。【旁批】此所谓利折秋毫。【眉批】四段卸到正本，照出题目，如海纳百川，通局归宿。

乃请置大农部丞数十人，分部主郡国，各往往县置均输盐铁官，【旁批】诸官各自市，市自上也，为赋■灌输，输自下也，输自下则上无偾费。令远方各以其物贵时商贾所转贩者为赋，而相灌输。置平准【旁批】点出题目。于京师，都受天下委输。召工官治车诸器，皆仰给大农。大农之诸官尽笼天下之货物，贵即卖之，【旁批】疏明笼利之术。贱则买之。如此，富商大贾无所牟【夹注】取也。大利，则反本，而万物不得腾踊。故抑天下物，名曰"平准"。天子以为然，许之。【旁批】卖爵为兴利之始，平准为兴利之终。于是天子北至朔方，东到太山，巡海上，并北边以归。所过赏赐，用帛百余万匹，钱金以巨万计，【旁批】其功用如此。皆取足大农。

【眉批】末段以财用之节，结平准效验，偕卜式之言，作弘羊断案，通局结穴。弘羊又请令吏得入粟补官，【旁批】其余绪又如此。及罪人赎罪。令民能入粟甘泉各有差，以复终身，不告缗。他郡国各输急处，而诸农各致粟，山东漕益岁六百万石。一岁之中，太仓、甘泉仓满。【旁批】博捝总括其笼罩之神效又如此。边余谷诸物均输帛五百万匹。民不益赋而天下用饶。于是弘羊赐爵左庶长，黄金再百斤焉。

是岁小旱，【旁批】妙接。上令官求雨，卜式言曰："县官当食租衣税而已，【旁批】一篇叙事至此方露正意。今弘羊令吏坐市列肆，贩物求利。亨弘羊，天乃雨。"【旁批】一结奇峭，作者大快。

第五截退卜式而进桑，归宿到平准，法行乃本题正身也。多陈笼利之术，极言笼利之效曰："民不益赋而天下用饶，似乎良法美意无踰此者。"末忽借卜式之言结弘羊之案，通篇大旨昭然若揭。

【眉批】首截作总括，源流俱见。太史公曰：农工商交易之路通，而龟贝金钱刀布之币兴焉。所从来久远，【旁批】三者相通，生人大命古今不易此层推原出汉攘商贾而发。自高辛氏之前尚矣，靡得而记云。故书道唐虞之际，诗述殷周之世，安宁则长庠序，先本绌末，以礼义防于利；事变多故而亦反是。是以物盛则衰，时极而转，一质一文，终始之变也。【旁批】此层通论时变，物盛则衰，应篇首是序，平准本义。

【眉批】次截拔古，递推前秦勒住。《禹贡》九州，各因其土地所宜，人民所多少而纳职焉。汤武承弊易变，使民不倦，各兢兢所以为治，而稍陵迟衰微。齐桓公用管仲之谋，通轻重之权，徼山海之业，以朝诸侯，【旁批】以管仲李克为言利之祖，即作秦之引针。用区区之齐显成霸名。魏用李克，尽地力，为强君。自是以后，天下争于战国，贵诈力而贱仁义，先富有而后推让。故庶人之富者或累巨万，而贫者或不厌糟糠；有国强者或并群小以臣诸侯，而弱国或绝祀而灭世。以至于秦，卒并海内。【旁批】到秦划住，更不及汉作家藏锋之妙。虞夏之币，金为三品，【夹注】即黄白赤也。黄，黄金也；白，白银也；赤，赤铜也。或黄，或白，或赤；或钱，或布，或刀，【夹注】皆划为之。或龟贝。【夹注】在三品外。

【眉批】末截叙秦，结处又似拓开放空说，寓意深远。及至秦，【旁批】就秦敷衍。中一国之币为三等，黄金以溢名，为上币；铜钱识曰半两，重如其文，为下币。而珠玉、龟贝、银锡之属为器饰宝藏，不为币。然各随时而轻重无常。于是外攘夷狄，内兴功业，【旁批】只就秦说作今天子影身。海内之士力耕不足粮饷，女子纺绩不足衣服。古者尝竭天下之资财以奉其上，犹自以为不足也。【旁批】用古者二者，浑然不明所指，无限慈质，无限低调。无异故云，事势之流，相激使然，曷足怪焉。【旁批】应还盛衰之现，咏在言外。

【总评】茅鹿门曰：《平准》一书，太史公只叙武帝兴利，而其精神融会处，真见穷兵黩武，酷吏兴作，败俗偾事，坏法乱纪，俱与兴利相为参伍，相为根抵故，错综纵横，摹写曲尽。篇首自军旅粮饷起论，正此义也，而结案以诛弘羊，天乃以雨终之，其义尤可见。

　　此书数千言，大约以耗财兴利参互成文，然耗财之事，非一而以边费为最，大兴利之事，亦非一而以平准为尽头。峻法酷吏，因兴利而用也。吏道选举，因兴利而衰也。擅山海之藏，攘商贾之利，用饶于上，财竭于下，其不为亡秦之续者，幸耳。篇以始皇赞以秦终，其旨微矣。

十七　吴太伯世家赞

太史公曰：孔子言"太伯可谓至德矣，三以天下让，民无得而称焉。"【旁批】此二句下得好，盖深美其至德不夷吴也。延陵季子之仁心，慕义无穷，见微而知清浊。呜呼，<u>又何其闳览博物君子也</u>!【旁批】着意观周乐一节笔情回朔。

【总评】吴始于太伯，后来出色只一延陵季子，赞语抽出，洵无溢美。

十八　齐太公世家赞

太史公曰：吾适齐，自泰山属之琅琊，北被于海，膏壤二千里，其民阔达多匿【夹注】字新。知，其天性也。以太公之圣，建国本，桓公之盛，修善政，以为诸侯会盟，称伯，不亦宜乎？<u>洋洋哉，固大国之风也！</u>【旁批】掉一语，不遗余力。

【总评】前后着齐说，中间折出太公、桓公，顿宕有势。

十九　鲁周公世家赞

　　太史公曰：余闻孔子称曰"甚矣鲁道之衰也！洙泗之间龂龂如也"。观庆父及叔牙闵公之际，【旁批】错综。何其乱也？隐桓之事；襄仲杀嫡立庶；三家北面为臣，亲攻昭公，昭公以奔。至其揖让之礼则从矣，【旁批】讽刺有法。而行事何其戾也？

　　【总评】以四"也"字作宕折，抑扬有致。

二十　燕召公世家赞

　　太史公曰：召公奭可谓仁矣！<u>甘棠且思之，况其人乎</u>？燕北迫蛮
貉，内措齐、晋，崎岖强国之间，最为弱小，几灭者数矣。然社稷血
食者八九百岁，于姬姓独后亡，<u>岂非召公之烈邪</u>！

　　【总评】只就召公赞美，感叹无穷。

二十一　卫康叔世家赞

太史公曰：余读世家言，至于宣公之太子以妇见诛，弟寿争死以相让，此与晋太子申生不敢明骊姬之过同，俱恶伤父之志。<u>然卒死亡，何其悲也</u>！<u>或父子相杀，兄弟相灭，亦独何哉</u>？

【总评】只作慨叹，有渊然不尽之致。

二十二　晋世家赞

　　太史公曰：晋文公，古所谓明君也，亡居外十九年，至困约，<u>及即位而行赏，尚忘介子推，况骄主乎？</u>【旁批】只将介推事咏叹作致。灵公既弑，其后成、景致严，至厉大刻，大夫惧诛，祸作。悼公以后日衰，六卿专权。故君道之御其臣下。固不易哉！

　　【总评】着重在君道一边，垂训深远。

二十三 越王句践世家赞

太史公曰：禹之功大矣，渐九川，定九州，至于今诸夏艾安。及苗裔句践，苦身焦思，终灭强吴，北观兵中国，以尊周室，号称霸王。句践可不谓贤哉！盖有禹之遗烈焉。范蠡三迁皆有荣名，名垂后世。臣主若此，欲毋显得乎！

【总评】禹之明德远矣。楚惠王灭杞后，而句践兴，报禹之功也。从此着笔，企仰无穷。

二十四　郑世家赞

　　太史公曰：语有之，"以权利合者，权利尽而交疏"，甫瑕是也。甫瑕虽以劫杀郑子内厉公，厉公终背而杀之，此与晋之里克何异？守节如荀息，身死而不能存奚齐。<u>变所从来，</u><u>亦多故矣！</u>【夹注】甫瑕，《左传》作傅瑕。【旁批】四字冷然。

　　【总评】纯以跌宕胜。因甫瑕以及里克，因里克以及荀息，杳然无际。

二十五　孔子世家赞

【眉批】前用两层写向往之神，引诗两语虚起。太史公曰：《诗》有之："高山仰止，景行行止。"【旁批】借诗词引起向往之意。虽不能至，然心向往之。余读孔氏书，想见其为人。【旁批】因读书而想见一层。适鲁，观仲尼庙堂车服礼器，【旁批】因适庙而低徊二层。【眉批】后用两层，写推尊之意。至圣二字断结。诸生以时习礼其家，余祗回留之不能去云。天下君王【夹注】有位者。【旁批】宕开起议论。至于贤人【夹注】有德者。众矣，当时则荣，没则已焉。孔子布衣，传十余世，【旁批】千古之宗仰一层。学者宗之。【夹注】不止当时之荣。自天子王侯，中国言六艺者折中于夫子，【旁批】六艺之折中二层。可谓至圣矣！

【总评】储同人曰：余读太史公书，其间考信于六艺，推尊孔子可谓至矣，先黄老者，谈也，非迁也。谈习道论以虚无为宗；迁博极群书，又与黄生辈往来，究切师友，渊源超出其父，以其父诋其子，不亦苦乎？

倪稼咸曰：欲赞孔子，从何处着手？只用衬笔垫高，便见生民未有之意。列于世家，自是卓识，荆公驳之，乃翻案文字也。

二十六　陈涉世家

【眉批】一段叙初事。陈胜者，阳城【夹注】在江南宿城。人也，字涉。吴广者，阳夏【夹注】贾，今河南太康县。人也，字叔。陈涉少时，【旁批】先写陈涉。尝与人佣耕，【夹注】佣，雇役也。辍耕之垄上，怅恨久之，曰："苟富贵，无相忘。"庸者笑而应曰："若为庸耕，何富贵也？"陈涉太息曰："嗟乎，燕雀安知鸿鹄之志哉！"【旁批】磊落不群。

二世元年七月，发闾左適戍渔阳，九百人屯大泽乡。【夹注】闾左，谓居闾里之左也。秦时复除者居闾左。今力役凡在彼闾左者尽发之也。凡居以富强为右，贫弱为左。秦役戍多，富者役尽，兼取贫弱者而发之者也。渔阳，顺天府蓟州。陈胜、吴广皆次当行，为屯长。【眉批】二段叙谋事。会天大雨，道不通，度已失期。失期，法皆斩。【旁批】秦之乱法驱之也。陈胜、吴广乃谋曰："今亡亦死，举大计亦死，等死，死国可乎？"【旁批】此时亦不得不然。陈胜曰："天下苦秦久矣。吾闻二世少子也，不当立，当立者乃公子扶苏。扶苏以数谏故，上使外将兵。今或闻无罪，二世杀之。百姓多闻其贤，未知其死也。【夹注】扶苏自杀，故人不知其死。项燕【夹注】项梁父，为秦将王翦所杀。为楚将，数有功，爱士卒，楚人怜之。或以为死，或以为亡。今诚以吾众诈自称公子扶苏、项燕，为天下唱，宜多应者。"吴广以为然。乃行卜。卜者知其指意，曰："足下事皆成，有功。然足下卜之鬼乎！"陈胜、吴广喜，念鬼，曰：【夹注】谓思念欲假鬼神事。"此教我先威众耳。"乃丹书帛曰"陈胜王"，置人所罾【夹注】曾。鱼腹中。【夹注】罾，鱼网也。卒买鱼烹食，得鱼腹中书，固以怪之矣。【旁批】威众先作一顿。又间令吴广之次所旁丛祠中，【夹注】戍人所止处。丛，鬼所凭焉。夜篝【夹注】溝。火，【夹注】或作带也。篝者，笼也。狐鸣呼曰"大楚兴，陈胜王"。【旁批】鱼书狐鸣作两节写。卒皆夜惊恐。且日，卒中往往语，皆指目陈胜。【旁批】略写。

吴广素爱人，【旁批】屡写吴广。士卒多为用者。将尉醉，【夹注】尉，官也。汉旧仪"大县三人，其尉将屯九百人"，故云将尉也。【眉批】三段叙起事。广故数言欲亡，忿恚尉，【旁批】先写明，便于一直趋下。令辱之，以激怒其众。尉果笞广。尉剑挺，【夹注】挺，拔也。广起，夺而杀尉。陈胜佐之，并杀两尉。召令徒属曰："公等遇雨，皆已失期，失期当斩。藉弟令毋斩，而戍死者固十六七。【夹注】藉，假也。弟，且也，又但也。意谓就使幸得不斩，戍死者固十六七也。且壮士不死即已，死即举大名耳，【夹注】谓大名称。【旁批】字字锋接，前是密计，后是昌言。王侯将相宁有种乎！"徒属皆曰："敬受命。"乃诈称公子扶苏、【旁批】应前。项燕，从民欲也。袒右，称大楚。为坛而盟，祭以尉首。【旁批】完两尉事。陈胜自立为将军，吴广为都尉。【旁批】双收胜广。攻大泽乡，【夹注】在徐州丰县。收而攻蕲。【夹注】故城在凤阳府宿州。蕲下，乃令符离人葛婴将兵徇蕲以东。【旁批】略序相间。攻铚、酂、苦、柘、谯皆下之。【眉批】四段陈涉王。陈诸郡县苦秦吏者三句，标出一时情事，是文传大关目。吴广击荥阳，武臣等徇赵，周市徇魏，分头四出，俱伏后文。行收兵。比至陈，【夹注】县名，今开封府陈州。车六七百乘，骑千余，卒数万人。攻陈，陈守令皆不在，独守丞与战谯门中。【夹注】陈县城门。弗胜，守丞死，乃入据陈。数日，号令召三老、豪杰与皆来会计事。三老、豪杰皆曰："将军身被坚执锐，伐无道，诛暴秦，复立楚国之社稷，功宜为王。"陈涉乃立为王，号为张楚。【夹注】欲张大楚国，故称张楚也。

当此时，诸郡县苦秦吏者，皆刑其长吏，杀之以应陈涉。【旁批】一举而天下响应，首事之功，固不可没。乃以吴叔【夹注】即吴广。为假王，监诸将以西击荥阳。令陈人武臣、张耳、陈馀徇赵地，【旁批】未了。令汝阴人邓宗【旁批】后未见。徇九江郡。当此时，楚兵数千人为聚者，不可胜数。

葛婴至东城，【夹注】县名。【旁批】间接。立襄强为楚王。婴后闻陈王已立，因杀襄强，还报。至陈，陈王诛杀葛婴。【旁批】完葛婴。陈王令魏人周市北徇魏地。【夹注】即梁地，非河东之魏。【旁批】未了。吴广围荥阳。【旁批】间接攻荥阳。李由为三川守，【夹注】三川，今洛阳也。地有伊、洛、河，故曰三川。李由，李斯子也。守荥阳，吴叔弗能下。【旁批】未了。陈王征国之豪杰与计，以上蔡人房君蔡赐为上柱国。【夹注】房，邑也。爵之于房，号曰房君，姓蔡名赐。【旁批】未了。

【眉批】五段叙周文败秦事。兴也勃焉，亡也忽焉。先为陈王传一小照。周文，【夹注】即周章。陈之贤人也，尝为项燕军视日，【夹注】视日时吉凶举动之占也。事春申君，自言习兵，陈王与之将军印，西击秦。行收兵至关，车千乘，卒数十万，至戏，【夹注】即京东戏亭。军焉。秦令少府章邯免郦山徒、人奴产子生，【夹注】犹今言家产奴也。悉发以击楚大军，尽败之。周文败，走出关，止次曹阳【夹注】亭名，在灵宝县地。二三月。章邯追败之，复走次渑池【夹注】今属河南府。十余日。章邯击，大破之。周文自刭，军遂不战。【夹注】十一月也。【旁批】写乌合如见。

【眉批】六段仅叙徇地，分头四出以当，此时徇地不可胜数，二句标出眼目。武臣到邯郸，【夹注】赵都，今直隶邯郸县。【旁批】遥按前徇赵。自立为赵王，陈馀为大将军，张耳、召骚为左右丞相。陈王怒，捕系武臣等家室，欲诛之。柱国曰：【夹注】即蔡赐。"秦未亡而诛赵王将相家属，此生一秦也。【旁批】生字妙，明确新类。不如因而立之。"陈王乃遣使者贺赵，【眉批】武臣王赵，后事在张耳陈余传中。而徙系武臣等家属宫中，而封耳子张敖为成都君，【夹注】成都，蜀郡县，涉遥封之。趣【夹注】促。赵兵亟【夹注】棘。入关。赵王将相相与谋曰："王王赵，非楚意也。楚已诛秦，必加兵于赵。计莫如毋西兵，【夹注】三字矫健。使使北徇燕地以自广也。赵南据大河，北有燕、代，楚虽胜秦，不敢制赵。【夹注】说利害明晰。若楚不胜秦，必重赵。赵乘秦之弊，可以得志于天下。"赵王以为然，<u>因不西兵</u>，而遣故上谷【夹注】今保定府。卒史韩广将兵北徇燕地。

　　【眉批】韩广王燕，后事在项羽纪中。燕故贵人豪杰谓韩广曰："楚已立王，赵又已立王。燕虽小，亦万乘之国也，<u>愿将军立为燕王</u>。"【夹注】燕人立韩广者，豪杰万起，各欲自王其国，恶属人也。韩广曰："广母在赵，不可。"燕人曰："赵方西忧秦，南忧楚，其力不能禁我。<u>且以楚之强</u>，【夹注】语史明爽。<u>不敢害赵王将相之家，赵独安敢害将军之家</u>！"韩广以为然，<u>乃自立为燕王</u>。居数月，赵奉燕王母及家属归之燕。

　　<u>当此之时</u>，诸将之徇地者，【旁批】总上起下，标出眼目。<u>不可胜数</u>。周市北徇地至狄，【夹注】今之临济。【旁批】遥接前徇魏。狄人田儋杀狄令，<u>自立为齐王，以齐反击周市</u>。【眉批】田儋王齐，后事另有本传。市军散，还至魏地，欲立魏后故宁陵【夹注】今归德府宁陵县。君咎为魏王。【夹注】魏之诸公子，名咎，欲立六国后以树党。【眉批】魏咎王魏，并周市后事，在魏豹传中。时咎在陈王所，不得之魏。魏地已定，欲相与立周市为魏王，周市不肯。使者五反，【夹注】此向陈王请魏咎之使也。<u>陈王乃立宁陵君咎为魏王</u>，遣之国。周市卒为相。

　　【眉批】七段完吴广事。陈卧子曰：吴广与涉同起事，广为田臧所杀，而涉不能诛，反畀以相印涉之所以败也。将军田臧等相与谋曰："周章军已破矣，秦兵旦暮至，我围荥阳城弗能下，【旁批】遥接前吴叔弗能下。秦军至，必大败。不如少遣兵，足以守荥阳，【夹注】遣作遗，谓留余也。悉精兵迎秦军。今假王骄，不知兵权，不可与计，非诛之，事恐败。"<u>因相与矫王令以诛吴叔</u>，<u>献其首于陈王</u>。【旁批】完吴实事。陈王使使赐田臧楚令尹印，使为上将。田臧乃使诸将李归等守荥阳城，自以精兵西迎秦军于敖仓。与战，田臧死，军破。章邯进兵击李归等荥阳下，破之，李归等死。

　　【眉批】八段完陈涉事，将邓说、伍徐、秦嘉、董绁、朱鸡石、郑布、丁疾等七人俱附入陈王极有线索。阳城人邓说将兵居郏，【夹注】郏当作郏，今河南是郏县。章邯别将击破之，邓说军散走陈。【旁批】收入陈。铚人伍徐【夹注】《汉书》作"伍逢"。将兵居许，章邯击破之，伍徐军皆散走陈。【旁批】收入陈。陈王诛邓说。

陈王初立时，【旁批】又以陈提起。陵人秦嘉、铚人董绁、符离人朱鸡石、取虑人郑布、徐人丁疾等皆特起，将兵围东海【夹注】今江南海州。守庆于郏。陈王闻，乃使武平君畔为将军，【夹注】畔，名也。监郏下军。秦嘉不受命，嘉自立为大司马，恶属武平君。告军吏曰："武平君年少，不知兵事，勿听！"因矫以王命杀武平君畔。

章邯【旁批】间接。已破伍徐，击陈，柱国房君死。【旁批】完蔡赐事。章邯又进兵击陈西张贺军。陈王出监战，军破，张贺死。

腊月，陈王之汝阴，还至下城父，【夹注】故城在江南亳州。其御庄贾杀以降秦。陈胜葬砀，谥曰隐王。【旁批】完陈涉事。

【眉批】九段叙陈涉死后事。是时诸事纷杂，茫然无主。末接出项梁立楚怀王一句，使将陈事交代于项事中矣。束句凡六月三字妙见若许头绪皆六月以内事也，极有结构。陈王故涓人将军吕臣【夹注】涓人，如谒者。将军姓吕名臣。为仓头军，起新阳，攻陈下之，杀庄贾，复以陈为楚。【旁批】应篇首称大楚，起下孙心楚王。

初，陈王至陈，令铚人宋留将兵定南阳，入武关。【夹注】在陕西商州。留已徇南阳，闻陈王死，南阳复为秦。宋留不能入武关，乃东至新蔡，遇秦军，宋留以军降秦。秦传留至咸阳，车裂留以徇。【旁批】带完宋留事。

秦嘉等闻陈王军破出走，乃立景驹为楚王，【夹注】正月嘉为上将军。引兵之方【夹注】房。与，【夹注】预。欲击秦军定陶下。【夹注】方与，地名，在兖州。定陶，今曹州府地。使公孙庆使齐王，欲与并力俱进。齐王曰："闻陈王战败，不知其死生，楚安得不请而立王！"公孙庆曰："齐不请楚而立王，楚何故请齐而立王！且楚首事，当令于天下。"田儋诛杀公孙庆。

【眉批】吕臣秦嘉二人后事，俱在羽纪中，英布另有本传。秦左右校【夹注】即左右校尉军也。复攻陈，下之。吕将军走，收兵复聚。鄱【夹注】婆。盗【夹注】英布居江中为群盗，陈胜之起，布归番君吴芮，故谓之"鄱盗"者也。当阳君黥布之兵相收，复击秦左右校，破之青波，复以陈为楚。会项梁立怀王孙心为楚王。【旁批】接出此句事有归结。

陈胜王凡六月。【旁批】总一句束。已为王，王陈。【旁批】追叙前事。其故人尝与庸耕者闻之，【旁批】应前。之陈，扣宫门曰："吾欲见涉。"【眉批】十段用追叙补叙法，结出陈涉所以不久之故，即以叙为断也。陈胜已死，由涉首事数句，为陈王吐气，为诸侯王将相提纲，项羽高祖本纪耳，余黥布等列传皆从此出。宫门令欲缚之。自辩数，乃置，【夹注】谓自辩说，数与涉有故旧事验也。不肯为通。陈王出，遮道而呼涉。陈王闻之，乃召见，载与俱归。入宫，见殿屋帷帐，客曰："夥颐！涉之为王沈沈者！"【夹注】沈沈，宫室深邃之貌也。服虔云："楚人谓多为夥。"又言"颐"者，助声之辞也。谓涉为王，宫殿帷帐，其物夥多，惊而伟之，故称夥颐也。【旁批】惊呆痴拙，写乡若鬼，情状如见。楚人谓多为夥，故天下传之，【旁批】偏借闻琐事衬贴出。夥涉为王，由陈涉始。客出入愈益发舒，言陈王故情。或说陈王曰："客愚无知，颛妄言，轻威。"陈王斩之。诸陈王故人皆自引去，由是无亲陈王者。【夹注】《索隐》曰：顾氏引孔丛子云："陈胜为王，妻之父兄往焉。胜以众宾待之。妻父怒云'怙号而傲长者，不能久焉'。不辞而去。是其事类也。陈卧子曰：'此见陈王为御人所杀，无亲故也。'"【旁批】一结。陈王以朱房为中正，胡武为司过，主司群臣。诸将徇地，至，令之不是者，系而罪之，以苛察为忠。其所不善者，弗下吏，辄自治之。【夹注】谓朱房、胡武等以素所不善者，即自验问，不往下吏也。陈王信用之。诸将以其故不亲附，此其所以败也。【旁批】新制又一结。

【眉批】陈胜已死下数语，一篇归宿。储云：三年灭秦，宰割天下，故列项羽于本纪，所置遣王侯将相竟亡秦政，故列陈涉于世家，龙门特笔也。羽以残贼无成，涉特匹夫之倡乱者耳，必如班书陈项合传乃合史家体裁，然龙门书字不称王，意亦可见。陈胜虽已死，其所置遣侯王将相竟亡秦，【旁批】入之世家以此一篇归宿。由涉首事也。高祖时为陈涉置守冢三十家砀，至今血食。

【总评】吴齐贤曰：陈胜首事，是极匆匆之时，千端百绪，各处纷来，一时已难支应。况时止六月，事有六月中毕者，有六月不能即序完者，有一时并起，一笔不能双写者，倏忽之间，如何收合。他却逐件齐入，即随手放倒，如蜃楼海市，忽有忽无，而中有线索贯串，不见其堆垛，不见其杂沓，笔法绝人。

二十七　外戚世家序

【眉批】前段泛论匹配之重，以慎字作腰束。自古受命帝王及继体守文之君，非独内德茂也，盖亦有外戚【夹注】后妃家也，后族亦代有封爵，故曰外戚。【旁批】总提。之助焉。夏之兴也以涂山，【夹注】国名，禹娶其女生启。【旁批】受命。【眉批】此言三代所由兴废。而桀之放也以末喜。【夹注】桀伐有施，有施氏以末喜女焉。【旁批】继体。殷之兴也以有娀，【夹注】国名，帝喾娶其女简狄为次妃，生契为殷始祖。【旁批】受命。纣之杀也嬖妲己。【夹注】纣伐有苏，有苏氏以妲己女焉。【旁批】继体。周之兴也以姜原【夹注】有邰氏女，为帝喾元妃，生弃为周始祖。及大任，【夹注】文王母。【旁批】受命。而幽王之禽【夹注】同擒。也淫于褒姒。【夹注】褒国女，姒姓。故《易》基乾坤，《诗》始关雎，《书》美厘【夹注】治装。降，【夹注】下嫁。《春秋》讥不亲迎。【夹注】隐公二年纪履緰事，公羊讥之。【眉批】此言六经之本始。夫妇之际，人道之大伦也。《礼》之用，唯婚姻为兢兢。夫《乐》调而四时和，阴阳之变，万物之统也。可不慎与？【旁批】一束。人能弘道，【夹注】就上六经说。无如命何。【夹注】起下妃匹意。【旁批】命字引起下意通贯全篇。甚哉，妃匹之爱，君不能得之于臣，父不能得之于子，况卑下乎！既驩【夹注】同欢。合矣，【旁批】三层隐括。或不能成子姓；【夹注】姓，孙也。指惠帝后薄皇后、陈皇后、慎夫人、尹姬。能成子姓矣，或不能要其终：【夹注】指戚夫人、王皇后、栗姬、王夫人、李夫人。岂非命也哉？【旁批】一缴。孔子罕称命，盖难言之也。【旁批】又引证以足之。非通幽明之变，【旁批】总结。恶能识乎性命哉？【眉批】后段隐括汉家之事，以命字作归结。

【总评】褚同人曰：序外戚而蔽以一言曰：命感慨深矣！《大

明》之诗曰：天作之合。又曰：有命自天，其何莫非？命耶。

倪稼咸曰：汉之立后，有以色升，以爱选者，序外戚而统之以命，所以谨逾僭之诫，息妒嫉之心也。感慨深矣，垂训切矣。

以命字立论，用意深远，阅全文自悉所言之不易也。

二十八　萧相国世家

【眉批】首段叙微时事，独揭出与高祖相结，凡三人见，人与文俱具特识。

萧相国者何，沛丰人也。以文无害【夹注】有文无所枉害。为沛主吏掾。

高祖为布衣时，<u>何数以吏事护高祖。</u>【旁批】结高祖一。高祖为亭长，<u>常左右之。</u>【旁批】结高祖二。高祖以吏繇咸阳，吏皆送奉钱三，<u>何独以五。</u>【旁批】结高祖三，并伏。

秦御史监郡者与从事，常辨之。【夹注】明辨称职。何乃给泗水卒史事，第一。秦御史欲入言征何，【旁批】第一二字是篇眼，此处借逗。何固请，得毋行。

【眉批】二段是初入关时事，诸将争走金帛，此独先收图籍，便是第一人手眼。及高祖起为沛公，【旁批】入正文。何常为丞督事。沛公至咸阳，诸将皆争走金帛财物之府分之，<u>何独先入收秦丞相御史律令图书藏之。</u>【旁批】入关第一功。而后之论功不及此，故特笔提明。沛公为汉王，<u>以何为丞相。</u>项王与诸侯屠烧咸阳而去。<u>汉王所以具知天下厄塞，户口多少，</u><u>强弱之处，</u><u>民所疾苦者，以何具得秦图书也。</u>【旁批】推原一笔，昭其功也。何进言韩信，汉王以信为大将军。【夹注】语在淮阴侯事中。

【眉批】三段叙留任关中事。给军补，军乃高祖得天下第一得力处，频点关中字，功在此，疑即在此。汉王引兵东定三秦，何以丞相留收巴蜀，填【夹注】同镇。抚谕告，<u>使给军食。</u>汉二年，汉王与诸侯击楚，<u>何守关中，</u>侍太子，治栎阳。为法令约束，立宗庙社稷宫室县邑，辄奏上，可，许以从事；即不及奏上，辄以便宜施行，上来以闻。<u>关中事计户口转漕给军，</u>汉王数失军遁去，<u>何常兴关中卒，</u><u>辄补缺。</u>上以此专属任何关中事。【旁批】一句锁住。

【眉批】四段借鲍生口中揭出疑字，为后半结之根，自后帝凡自出战必写疑，此在论功前先著其端。汉三年，汉王与项羽相距京索之间，<u>上数使使劳苦丞相</u>。鲍生谓丞相曰："王暴衣露盖，数使使劳苦君者，<u>有疑君心也</u>。【旁批】一句点眼。为君计，<u>莫若遣君子孙昆弟能胜兵者悉诣军所，上必益信君</u>。"【旁批】对疑字。伏。于是何从其计，<u>汉王大说</u>。

【眉批】五段表何功也。功第一位，第一前借高祖口中发挥后借鄂君口中发挥，为文内正幅，然功之盛即疑之根矣。汉五年，既杀项羽，定天下，<u>论功行封</u>。【旁批】以下序功次。群臣争功，岁余功不决。高祖以萧何功最盛，封为酂侯，所食邑多。功臣皆曰："臣等身被坚执锐，多者百余战，【旁批】论功次与诸臣较。少者数十合，攻城略地，大小各有差。今萧何未尝有汗马之劳，徒持文墨议论，不战，顾反居臣等上，何也？"高帝曰："诸君知猎乎？"曰："知之。""知猎狗乎？"曰："知之。"高帝曰："夫猎，追杀兽兔者狗也，而发踪指示兽处者人也。今诸君徒能得走兽耳，功狗也。至如萧何，发踪指示，<u>功人也</u>。且诸君独以身随我，多者两三人。今萧何举宗数十人皆随我，【旁批】应前。<u>功不可忘也</u>。"【旁批】功次定。群臣皆莫敢言。

列侯毕已受封，<u>及奏位次</u>，【旁批】以下序位次。皆曰："平阳侯曹参身被七十创，攻城略地，功最多，宜第一。"【旁批】论位次止与平阳较，见平阳只逊一萧相为后，继相之根。<u>上已桡功臣，多封萧何，至位次未有以复难之，然心欲何第一</u>。【旁批】曲折写出心事。关内侯鄂君进曰："群臣议皆误。夫曹参虽有野战略地之功，此特一时之事。夫上与楚相距五岁，常失军亡众，逃身遁者数矣。<u>然萧何常从关中遣军补其处</u>，【旁批】补军一事。非上所诏令召，<u>而数万众会上之乏绝者数矣</u>。夫汉与楚相守荥阳数年，军无见粮，<u>萧何转漕关中，给食不乏</u>。【旁批】给军一事，两层论何功最醒切。陛下虽数亡山东，萧何常全关中以待陛下，<u>此万世之功也</u>。【旁批】全关中又一事，只作带叙。今虽亡曹参等百数，何缺于汉？汉得之不必待以全。奈何欲以一旦之功而加万世之功哉！

萧何第一，曹参次之。"高祖曰："善。"【旁批】位次定。于是乃令萧何，赐带剑履上殿，入朝不趋。

　　上曰："吾闻进贤受上赏。萧何功虽高，得鄂君乃益明。"【旁批】虽加礼鄂君不漏而有体。于是因鄂君故所食关内侯邑封为安平侯。是日，悉封何父子兄弟十余人，皆有食邑。乃益封何二千户，以帝尝繇咸阳时何送我独赢钱二也。【旁批】于正封外加厚，应前文笔有闲致。

　　【眉批】以后皆写疑忌之事。六段于往击陈狶时，适有淮阴事，露出疑忌之心，借召平口中发挥。汉十一年，陈狶反，高祖自将，至邯郸。未罢，淮阴侯谋反关中，吕后用萧何计，诛淮阴侯，【旁批】语在淮阴事中。上已闻淮阴侯诛，使使拜丞相何为相国，【旁批】因反者触起实因，居守关中切心。益封五千户，令卒五百人一都尉为相国卫。诸君皆贺，召平独吊。召平者，故秦东陵侯。秦破，为布衣，【旁批】放过正文，偏叙召平，忙中用闲，绝妙波致。贫，种瓜于长安城东，瓜美，故世俗谓之"东陵瓜"，从召平以为名也。【旁批】闲情冷笔点缀入妙。召平谓相国曰："祸自此始矣。【旁批】悚动。上暴露于外而君守于中，非被矢石之事而益君封置卫者，以今者淮阴侯新反于中，疑君心矣。夫置卫卫君，非以宠君也。愿君让封勿受，悉以家私财佐军，则上心说。"相国从其计，高帝乃大喜。

　　【眉批】七段于往击黥布时露出疑忌之心，借客口中发挥。汉十二年秋，黥布反，上自将击之，数使使问相国何为。相国为上在军，乃拊循勉力百姓，悉以所有佐军，如陈狶时。【旁批】应前作联络。客有说相国曰："君灭族不久矣。【旁批】悚动。夫君位为相国，功第一，可复加哉？然君初入关中，得百姓心，十余年矣，皆附君，常【夹注】作尚。复孳孳得民和。【旁批】就拊百姓点出倾关中，直抉出疑忌之根。上所为数问君者，畏君倾动关中。今君胡不多买田地，贱贳贷以自污？上心乃安。"于是相国从其计，上乃大说。【旁批】二述从其计，早画出，恭谨入。

【眉批】八段竟大怒系狱矣。前三节悦喜笑等句，已传出疑忌之心，但会意于不言。至此全形发露，乃前三疑归宿处也。上罢布军归，民道遮行上书，言相国贱强买民田宅数千万。上至，相国谒。上笑曰："夫相国乃利民！"【夹注】乃夺利于民。民所上书皆以与相国，曰："君自谢民。"相国因为民请曰："长安地狭，上林中多空地，弃，愿令民得入田，毋收藁为禽兽食。"上大怒曰："相国多受贾人财物，乃为请吾苑！"乃下相国廷尉，械系之。【旁批】前两大喜，一大悦一笑，此一大怒，后一不怿，相应画出疑忌。数日，王卫尉侍，前问曰："相国何大罪，陛下系之暴【夹注】急也。也？"上曰："吾闻李斯相秦皇帝，有善归主，有恶自与。今相国多受贾竖金而为民请吾苑，以自媚于民，【旁批】言受金托词也，言媚民真心也。故系治之。"王卫尉曰："夫职事苟有便于民而请之，真宰相事，陛下奈何乃疑相国受贾人钱乎！且陛下距楚数岁，陈豨、黥布反，陛下自将而往，【旁批】联络前楚、豨、布三节，为证何一生功业统括于此。当是时，相国守关中，摇足则关以西非陛下有也。相国不以此时为利，【旁批】透快。今乃利贾人之金乎？且秦以不闻其过亡天下，李斯之分过，又何足法哉。陛下何疑宰相之浅也。"【旁批】疑字结。高帝不怿。【旁批】疑乃不释。是日，使使持节赦出相国。相国年老，素恭谨，入，徒跣谢。【旁批】得力在恭谨二字，卒能以功名终。高帝曰："国休矣！相国为民请苑，吾不许，我不过为桀纣主，而相国为贤相。吾故系相国，欲令百姓闻吾过也。"【旁批】此仍是不怿之词，何幸老耳，不然，恐终不免。

何素不与曹参相能，【旁批】与位次相因。及何病，孝惠自临视相国病，因问曰："君即百岁后，谁可代君者？"对曰："知臣莫如主。"孝惠曰："曹参何如？"何顿首曰："帝得之矣！臣死不恨矣！"【旁批】纯心。

何置田宅必居穷处，为家不治垣屋。【旁批】为前贱贯强买作洗拭。

曰："后世贤，师吾俭；不贤，毋为势家所夺。"【旁批】高识。

孝惠二年，相国何卒，谥为文终侯。

【眉批】九段余波，缀身后二事。一是为国见其心纯，一是治家见其识高。后嗣以罪失侯者四世，绝，天子辄复求何后，封续酂侯，功臣莫得比焉。【旁批】结第一意。

【眉批】赞只写恭谨二字，括全旨。太史公曰：萧相国何于秦时为刀笔吏，录录未有奇节。及汉兴，依日月之末光，何谨守管钥，【旁批】一字不虚美。因民之疾法，顺流与之更始。淮阴、黥布等皆以诛灭，而何之勋烂焉。【旁批】幸之也。位冠群臣，声施后世，与闳夭、散宜生等争烈矣。

【总评】储同人曰：篇中序酂侯相业后，节次写出高帝疑忌，忠如酂侯而待之者如此，盖隐为淮阴侯等痛哭矣！史公曲笔，故于赞语见之。

浦二田曰：写相国，写开国第一人气象，人到第一难，居第一尤难。功之显，即疑之伏也。叙功处极高简，叙疑处极深微，其震主在关中，重寄其完，名在恭谨纯忠，元勋典册之文。

吴齐贤曰：此篇亦顺序平序之文，中间以高帝作经，诸事作纬，前后起伏照应，贯串联络，其神采全在两论功、三说客，及高帝两大喜、一大悦、一笑、一大怒、一不怿，照应点缀，而浩然神气行乎其中。萧何赞引淮阴、黥布，曹参传复引淮阴。史公盖伤之矣。

二十九　曹相国世家赞

太史公曰：曹相国参攻城野战之功所以能多若此者，以与淮阴侯俱。及信已灭，而列侯成功，唯独参擅其名。参为汉相国，清静极言合道。【夹注】谓言极合道，倒用字法也。参相齐，闻胶西盖公善治黄老言，请见，公为言治道，贵清净而民自定。参后代何为汉相，一遵何约束，无所变更，府中无事。然百姓离秦之酷后，参与休息无为，故天下俱称其美矣。【夹注】参为汉相国三年，百姓有载其清净，民以宁一之歌。

【总评】倪稼咸曰：先赞战功，次言相业，然立言俱有分寸，无一溢美之词。战功之多，由与淮阴侯俱，淮阴不终，而参独擅其名者，意亦盖公之学成之耶。淮阴功高不终，于萧世家言之，此又言之，盖子长所深惜者与。

浦二田曰：表出曹之本领，非庸庸奉约束而已，胜残去杀，开文景之化者，其人也与？

三十　留侯世家^节

【眉批】第一段立案。其先韩人，五世相韩，揭出世系，秦灭韩，揭清仇主，为韩报仇，揭明本心。留【夹注】在沛县。侯张良者，【夹注】字子房。其先韩人也。【旁批】提明。大父开地，相韩昭侯、宣惠王、襄哀王。父平，相釐王、悼惠王。悼惠王二十三年，平卒。卒二十岁，秦灭韩。【旁批】仇主。良年少，未宦事韩。韩破，良家僮三百人，弟死不葬，悉以家财求客刺秦王，为韩报仇，以大父、父五世相韩故。【旁批】名世起于忠孝。

【眉批】第二段暗提，于沧海君得力士博浪沙，击，直动灭秦于圯上，若得兵书，王者师三字，直注与汉，于阴求报仇之事，寓通身师者之脉。良尝学礼淮阳。【夹注】今陈州。东见仓海君。【旁批】蓄志阴求报仇之人。得力士，为铁椎。重百二十斤。秦皇帝东游，良与客狙【夹注】伺候也。击秦皇帝博浪沙中，【夹注】今当官道也。【旁批】挛动灭秦本志未灭。误中副车。秦皇帝大怒，大索天下，求贼甚急，为张良故也。良乃更名姓，亡匿下邳。

良尝间从容步游下邳圯【夹注】桥也。上，有一老父，衣褐，至良所，直堕其履圯下，顾谓良曰："孺子，下取履！"良愕然，欲殴之。【旁批】接入圯上事，亦正在阴求时，老人固齐良身心具眼，亦奇失之沧海君或得之圯上，老乎此良志也。为其老，强忍，下取履。父曰："履我！"良业为取履，因长跪履之。父以足受，笑而去。良殊大惊，随目之。父去里所，复还，曰："孺子可教矣。后五日平明，与我会此。"良因怪之，跪曰："诺。"五日平明，良往。父已先在，怒曰："与老人期，后，何也？"去，曰："后五日早会。"五日鸡鸣，良往。父又先在，复怒曰："后，何也？"去，曰："后五日复早来。"五日，良夜未半往。有顷，父亦来，喜曰："当如是。"出一编书，曰："读此则为王者师矣。【旁批】通身质干。后十年兴。十三年孺子见我济北，谷城山下黄石即我矣。"【旁批】伏。遂去，无他言，不复见。旦日视其书，乃《太公兵法》也。良因异之，常习诵读之。

居下邳，为任侠。项伯尝杀人，从良匿。

【眉批】第三段叙始遇，灭秦以报仇。与汉而对封留，俱从此起手。后十年，陈涉等起兵，良亦聚少年百余人。景驹自立为楚假王，在留。良欲往从之，【旁批】遇主于留即伏封留。道遇沛公。沛公将数千人，略地下邳西，遂属焉。沛公拜良为厩将。【夹注】官名。良数以《太公兵法》说沛公，沛公善之，常用其策。【旁批】虚竿。良为他人言，皆不省。良曰："沛公殆天授。"故遂从之，【旁批】有臣择君之意。不去见景驹。

【眉批】第四段立韩后，留守阳翟，击秦军，遂入咸阳，故主得安而报志已遂，此为得势。及沛公之薛，见项梁。项梁立楚怀王。良乃说项梁曰："君已立楚后，而韩诸公子【旁批】为韩立后。横阳君成贤，可立为王，益树党。"项梁使良求韩成，立以为韩王。以良为韩申徒，【夹注】申当为司字，及司徒也。与韩王将千余人西略韩地，得数城，秦辄复取之，往来为游兵颍川。

沛公之从洛阳南出镮辕，良引兵从沛公，下韩十余城，击破杨熊【旁批】秦将。军。沛公乃令韩王成留守阳翟，【旁批】安故主。与良俱南，攻下宛，西入武关。沛公欲以兵二万人击秦峣下军，良说曰："秦兵尚强，未可轻。臣闻其将屠者子，贾竖易动以利。愿沛公且留壁，使人先行，为五万【夹注】万一作百。人具食，益为张旗帜诸山上，为疑兵，令郦食其持重宝啖秦将。"秦将果畔，欲连和俱西袭咸阳，沛公欲听之。良曰："此独其将欲叛耳，恐士卒不从。不从必危，不如因其解击之。"【旁批】变计。沛公乃引兵击秦军，大破之。遂北至蓝田，再战，秦兵竟败。遂至咸阳，秦王子婴降沛公。

　　沛公入秦宫，宫室帷帐狗马重宝妇女以千数，【旁批】拖叙亦见汉王用良之言。意欲留居之。樊哙谏沛公出舍，沛公不听。良曰："<u>夫秦为无道，故沛公得至此。大为天下除残贼，宜缟素为资。今始入秦，即安其乐，此所谓'助桀为虐'。且'忠言逆耳利于行，毒药苦口利于病'</u>，【旁批】唱秦将奇谋谏沛公，正论子房佐汉发轫于此。愿沛公听樊哙言。"沛公乃还军霸上。【夹注】节会项羽鸿门事。

　　【眉批】第五段乃秦楚交关，辞汉归韩，仇秦之志已酬，而楚杀韩王，则仇又在楚边矣。此后乃一心于汉以拒楚，良亡二字，复作一跌。汉元年正月，沛公为汉王，王巴蜀。汉王赐良金百镒，珠二斗，良具以献项伯。汉王亦因令良厚遗项伯，使请汉中地。项王乃许之，遂得汉中地。汉王之国，良送至褒中，遣良归韩。良因说汉王曰："<u>王何不烧绝所过栈道，示天下无还心，以固项王意。</u>"【旁批】保汉以固韩。乃使良还。行，烧绝栈道。

　　良至韩，韩王成以良从汉王故，项王不遣成之国，从与俱东。良说项王曰："汉王烧绝栈道，无还心矣。"<u>乃以齐王田荣反，</u>【旁批】借齐以脱汉。<u>书告项王。</u>项王以此无西忧汉心，而发兵北击齐。【旁批】中计。

　　【眉批】第六段叙击楚，直揭逼到垓下，举事扼要，仇楚之志又酬矣。项王竟不肯遣韩王，乃以为侯，<u>又杀之彭城。良亡，</u>间行归汉王，汉王亦已还定三秦矣。【旁批】此后一心为汉拒楚。复以良为成信侯，从东击楚。至彭城，汉败而还。至下邑，汉王下马踞鞍而问曰："<u>吾欲捐关以东等弃之，谁可与共功者？</u>"【旁批】豁达大度。良进曰："九江王黥布，楚枭将，与项王有郄；彭越与齐王田荣反梁地：此两人可急使。而汉王之将独韩信可属大事，当一面。即欲捐之，<u>捐之此三人，则楚可破也。</u>"【旁批】楚仇了此数语中。汉王乃遣随何说九江王布，而使人连彭越。及魏王豹反，使韩信将兵击之，因举燕、代、齐、赵。<u>然卒破楚者，此三人力也。</u>【旁批】缴笔收报楚案。张良多病，未尝特将也，<u>常为</u>

画策臣，时时从汉王。【夹注】节立六国后刻印销印，及立韩信为齐王事。【旁批】关中特注清一笔。

【眉批】第七段叙封赏，前结报秦报楚两案，后引谋定国家许多事，应转前文为王者师一语。汉六年正月，封功臣。良未尝有战斗功，高帝曰："运筹策帷帐中，决胜千里外，子房功也。自择齐三万户。"良曰："始臣起下邳，与上会留，此天以臣授陛下。陛下用臣计，幸而时中，臣愿封留足矣，不敢当三万户。"乃封张良为留侯，【旁批】点对留。与萧何等俱封。

【眉批】第八段谏封雍齿事，所以固人心也，是王者师作用。六年，上已封大功臣二十余人，其余日夜争功不决，未得行封。上在洛阳南宫，从复道望见诸将往往相与坐沙中语。上曰："此何语？"留侯曰："陛下不知乎？此谋反耳。"【旁批】激之。上曰："天下属安定，何故反乎？"留侯曰："陛下起布衣，以此属取天下，今陛下为天子，而所封皆萧、曹故人所亲爱，而所诛者皆生平所仇怨。【旁批】一语保全不少。今军吏计功，以天下不足遍封，此属畏陛下不能尽封，恐又见疑平生过失及诛，故即相聚谋反耳。"上乃忧曰："为之奈何？"留侯曰："上平生所憎，群臣所共知，谁最甚者？"上曰："雍齿与我故，数尝窘辱我。我欲杀之，为其功多，故不忍。"留侯曰："今急先封雍齿以示群臣，群臣见雍齿封，则人人自坚矣。"于是上乃置酒，封雍齿为什方侯，【旁批】即今四川什邡县。而急趣丞相、御史定功行封。群臣罢酒，皆喜曰："雍齿尚为侯，我属无患矣。"

【眉批】第九段定都关中事，所以立国基本也，乃王者师识略。刘敬【夹注】本姓娄赐姓刘。说高帝曰："都关中。"上疑之。左右大臣皆山东人，多劝上都洛阳："洛阳东有成皋，西有殽黾，倍河，【旁批】同背。向伊洛，其固亦足恃。"留侯曰："洛阳虽有此固，其中小，不过数百里，田地薄，四面受敌，此非用武之国也。夫关中左殽函，右陇蜀，沃野千里，南有巴蜀之饶，北有胡苑之利，阻三面而守，独以一面专制诸侯。诸侯安定，河渭漕挽天下，西给京师；诸侯有变，顺流而下，足以委输。此所谓金城千里，天府之国也，【旁批】较论安危，指陈形势，张辩口之腴而断制出之。刘敬说是也。"于是高帝即日驾，西都关中。【旁批】樊哙刘敬之言，必待留侯而绝言，以人重也。

留侯从入关。留侯性多病，即道引不食谷，杜门不出岁余。【旁批】成功道引前照圯老后起赤松。

【眉批】第十段叙安太子事，亦国家建储第一件关重，写得留侯识见作用俱见，真不愧王者师三字。上欲废太子，立戚夫人子赵王如意。大臣多谏争，未能得坚决者也。吕后恐，不知所为。人或谓吕后曰："留侯善画计策，上信用之。"吕后乃使建成侯吕泽劫留侯，曰："君常为上谋臣，今上欲易太子，君安得高枕而卧乎？"留侯曰："始上数在困急之中，幸用臣策。今天下安定，以爱欲易太子，骨肉之间，虽臣等百余人何益。"吕泽强要曰："为我画计。"留侯曰："此难以口舌争也。【旁批】一语透的。顾上有不能致者，天下有四人。四人者年老矣，皆以为上慢侮人，故逃匿山中，义不为汉臣。然上高此四人。【旁批】写四人高，写主上又高，正为太子能致托得高。今公诚能无爱金玉璧帛，令太子为书，卑辞安车，因使辩士固请，宜来。来，以为客，时时从入朝，令上见之，则必异而问之。问之，上知此四人贤，则一助也。"【旁批】一助字便不是口舌间事。

于是吕后令吕泽使人奉太子书，卑辞厚礼，迎此四人。四人至，客建成侯所。【夹注】节四皓进语建成，及帝击黥布事。

汉十二年，上从击破布军归，疾益甚，愈欲易太子。留侯谏，不听，因疾不视事。叔孙太傅称说引古今，以死争太子。上详许之，犹欲易之。及燕，置酒，太子侍。四人从太子，年皆八十有余，须眉皓白，衣冠甚伟。【旁批】描写详悉。上怪之，问曰："彼何为者？"四人前对，各言名姓，【旁批】至此才吐姓名妙妙。曰东园公，甪里先生，绮里季，夏黄公。上乃大惊，【旁批】一惊入谷矣。曰："吾求公数岁，公辟逃我，今公何自从吾儿游乎？"四人皆曰："陛下轻士善骂，臣等义不受辱，故恐而亡匿。窃闻太子为人仁孝，恭敬爱士，天下莫不延颈欲为太子死者，故臣等来耳。"【旁批】绝无一语及易太子事，正合留侯妙用。上曰："烦公幸卒调护太子。"

四人为寿已毕，趋去。上目送之，召戚夫人指示四人者曰："我欲易之，彼四人辅之，【旁批】写足助字。羽翼已成，难动矣。吕后真而主矣。"戚夫人泣，上曰："为我楚舞，吾为若楚歌。"歌曰："鸿雁高飞，一举千里。羽翮已就，横绝四海。横绝四海，当可奈何！虽有矰缴，尚安所施！"【旁批】余情悲壮。歌数阕，戚夫人嘘唏流涕，上起去，罢酒。竟不易太子者，留侯本招此四人之力也。【旁批】一笔绕转留侯束勒醒而有力。

【眉批】第十一段收缴全局，借自己语，丝丝归扣。留侯从上击代，出奇计马邑下，及立萧何相国，所与上从容言天下事甚众，【旁批】虚括一笔。非天下所以存亡，故不著。留侯乃称曰："家世相韩，及韩灭，不爱万金之资，为韩报仇强秦，天下振动。【旁批】数语括一生心事。今以三寸舌为帝者师，封万户，位列侯，此布衣之极，于良足矣。愿弃人间事，欲从赤松子【夹注】神农时人。【旁批】黄石赤松对照。游耳。"乃学辟谷，道引轻身。会高帝崩，吕后德留侯，乃强食之，【旁批】安太子余波。曰："人生一世间，如白驹过隙，何至自苦如此乎！"留侯不得已，强听而食。

后八年卒，谥为文成侯。子不疑代侯。

【眉批】第十二段文后余波，恰好首尾相顾，章法完密。子房始所见下邳坯上老父与太公书者，【旁批】收应天矫如龙。后十三年从高帝过济北，果见谷城山下黄石，取而葆祠之。留侯死，并葬黄石冢。【夹注】葬黄石于留侯冢内。每上冢伏腊，祠黄石。留侯不疑，孝文帝五年坐不敬，国除。

太史公曰：学者多言无鬼神，然言有物。至如留侯所见老父予书，亦可怪矣。高祖离困者数矣，而留侯常有功力焉，岂可谓非天乎？【旁批】证鬼神。上曰："夫运筹策帷幄之中，决胜千里外，吾不如子房。"余以为其人计魁梧奇伟，至见其图，状貌如妇人好女。【旁批】借闲情表其状，极有波致。盖孔子曰："以貌取人，失之子羽。"留侯亦云。

【总评】储同人曰：运筹帷幄中，决胜千里外，二语统括全篇。忽而圯上老人，忽而谷城黄石。其犹龙乎？子房从赤松子游，夫固授之以意也。岂由太公兵法哉？

浦二田曰：譬之树焉。韩相孙，其根也，王者师，其干也，报仇翼汉，其材用也。遇黄石，从赤松，其培护，其归落也。效筹策于忠义神仙之间，节节有生态。赞高淡似冷元人画。

三十一　陈丞相世家

【眉批】第一段叙贫穷时事，好读书，便为智谋之根，不长贫贱，得宰天下，将后日先作一伏。陈丞相平者，阳武【夹注】在陈留郡。户牖乡人也。少时家贫，好读书，【旁批】此知谋所从出。有田三十亩，独与兄伯居。伯常耕田，纵平使游学。平为人长美色。人或谓陈平曰："贫何食而肥若是？"其嫂嫉平之不视家生产，曰："亦食糠核耳。有叔如此，不如无有。"伯闻之，逐其妇而弃之。【旁批】此写闲事耳已，为盗嫂案开一面之网。

及平长，可娶妻，富人莫肯与者，贫者平亦耻之。【旁批】兄逐妇女、娶妻，接写有致。久之，户牖富人有张负，张负女孙五嫁而夫辄死，人莫敢娶。平欲得之。邑中有丧，平贫，侍丧，以先往后罢为助。【旁批】礼所云，以筋骨为礼也。张负既见之丧所，独视伟平，平亦以故后去。【旁批】只眼。负随平至其家，家乃负郭穷巷，以弊席为门，然门外多有长者车辙。【旁批】要巷衡门风致一别。张负归，谓其子仲曰："吾欲以女孙予陈平。"张仲曰："平贫不事事，一县中尽笑其所为，独奈何予女乎？"负曰："人固有好美如陈平而长贫贱者乎？"【旁批】顶视伟应人长美。卒与女。为平贫，乃假贷币以聘，予酒肉之资以内妇。负诚其孙曰："毋以贫故，事人不谨。事兄伯如事父，事嫂如母。"【旁批】高论。平既娶张氏女，赍用益饶，游道日广。

里中社，平为宰，分肉食甚均。父老曰："善，陈孺子之为宰！"平曰："嗟乎，使平得宰天下，亦如是肉矣！"【旁批】感慨之言，意发自远。

【眉批】第二段叙初出时事，于魏而亡，于楚而亡，先作衬映，拖叙渡河一事，亦知谋之先端。陈涉起而王陈，使周市略定魏地，立魏咎为魏王，与秦军相攻于临济。<u>陈平固已前谢其兄伯，</u>从少年往事魏王咎于临济。魏王以为太仆。说魏王不听，人或谗之，<u>陈平亡去。</u>【旁批】一亡。

　　久之，项羽略地至河上，陈平往归之，从入破秦，赐平爵卿。<u>项羽之东王彭城也，</u>汉王还定三秦而东，殷王反楚。项羽乃以平为信武君，将魏王咎客在楚者以往，击降殷王而还。项王使项悍拜平为都尉，赐金二十镒。居无何，汉王攻下殷。项王怒，将诛定殷者将吏。<u>陈平惧诛，</u>【旁批】楚材汉用，唯世实骗之。<u>乃封其金与印，使使归项王，而平身间行杖剑亡。</u>【旁批】再亡。渡河，船人见其美丈夫独行，【旁批】拖叙。应美色。疑其亡将，要中当有金玉宝器，目之，欲杀平。平恐，<u>乃解衣裸而佐刺船。</u>【旁批】急智。船人知其无有，乃止。

　　【眉批】第三段叙始遇时事。诸将谤之谮之，汉王疑之让之，全为汉王乃谢，不敢复言数句，作一波拆见汉王知人善任，为后文用其计策作引而无咎进奇谋之士一句，已早为陈平标出全身。平遂至修武降汉，<u>因魏无知求见汉王，</u>【旁批】伏。汉王召入。是时万石君奋为汉王中涓，受平谒，入见平。平等七人俱进，赐食。王曰："罢，就舍矣。"平曰："臣为事来，<u>所言不可以过今日。</u>"于是汉王与语而说之，【旁批】所言只虚括过，一说字已见汉王深赏处。问曰："子之居楚何官？"曰："为都尉。"是日乃拜平为都尉，使为参乘，典护军。诸将尽欢，【旁批】一欢作衬。曰："大王一日得楚之亡卒，未知其高下，而即与同载，反使监护军长者！"汉王闻之，愈益幸平。【旁批】一幸。遂与东伐项王。至彭城，为楚所败。引而还，收散兵至荥阳，以平为亚将，属于韩王信，军广武。

　　<u>绛侯、灌婴等咸谗陈平曰：</u>【旁批】一谗又衬。"<u>平虽美丈夫，如冠玉耳，其中未必有也。</u>【旁批】又应。臣闻平居家时，<u>盗其嫂；</u>事魏不容，亡归楚；归楚不中，又亡归汉。今日大王尊官之，令护军。臣闻平受诸将金，金多者得善处，金少者得恶处。平，反复乱臣也，原王察之。"<u>汉王疑之，召让魏无知。</u>【旁批】一疑一让作一曲。无知曰：

"臣所言者，能也；陛下所问者，行也。今有尾生、孝己【夹注】高宗之子，有孝行。之行而无益处于胜负之数，陛下何暇用之乎？【旁批】亦通达时务之言。楚汉相距，臣进奇谋【旁批】二字括全篇。之士，顾其计诚足以利国家不耳。且盗嫂受金又何足疑乎？"【旁批】妙在不辨有无。汉王召让平曰：【旁批】又一让，再曲。"先生事魏不中，遂事楚而去，今又从吾游，信者固多心乎？"平曰："臣事魏王，魏王不能用臣说，故去事项王。项王不能信人，其所任爱，非诸项即妻之昆弟，虽有奇士不能用，平乃去楚。闻汉王之能用人，故归大王。臣裸身来，不受金无以为资。【旁批】对豁达人说真实话，无有不入。诚臣计画有可采者，大王用之；使无可用者，金具在，请封输官，得请骸骨。"汉王乃谢，【旁批】一谢应疑让二字。厚赐，拜为护军中尉，尽护诸将。诸将乃不敢复言。【旁批】暗应护谐二字勒住。

【眉批】此下叙奇谋正起。【眉批】第四段叙用谋，在灭楚前。其后，楚急攻，绝汉甬道，围汉王于荥阳城。久之，汉王患之，请割荥阳以西以和。项王不听。汉王谓陈平曰："天下纷纷，何时定乎？"陈平曰："项王为人，恭敬爱人，士之廉节好礼者多归之。至于行功爵邑，重之，士亦以此不附。今大王慢而少礼，士廉节者不来；【旁批】所见与淮阴又别。然大王能饶人以爵邑，士之顽钝嗜利无耻者亦多归汉。诚各去其两短，袭其两长，天下指麾则定矣。然大王恣侮人，不能得廉节之士。顾楚有可乱者，彼项王骨鲠之臣亚父、钟离眛、龙且、周殷之属，不过数人耳。【眉批】问楚一事。大王诚能出捐数万斤金，行反间，间其君臣，以疑其心，项王为人意忌信谗，必内相诛。汉因举兵而攻之，破楚必矣。"汉王以为然，乃出黄金四万斤，与陈平，恣所为，不问其出入。【旁批】大度。

【眉批】出荥阳围一事。陈平既多以金纵反间于楚军，宣言诸将钟离眛等为项王将，功多矣，然而终不得裂地而王，欲与汉为一，以灭项氏而分王其地。项羽果意不信钟离眛等。项王既疑之，使使至汉。汉王为太牢具，举进。见楚使，即详惊曰："吾以为亚父使，乃项王使！"复持去，更以恶草具进楚使。楚使归，具以报项王。项王果大疑亚父。亚父欲急攻下荥阳城，项王不信，不肯听。亚父闻项王疑之，乃怒曰："天下事大定矣，君王自为之！原请骸骨归！"归未至彭城，疽发背而死。陈平乃夜出女子二千人荥阳城东门，楚因击之，陈平乃与汉王从城西门夜出去。遂入关，收散兵复东。

【眉批】封齐王一事。其明年，淮阴侯破齐，自立为齐王，使使言之汉王。汉王大怒而骂，陈平蹑汉王。汉王亦悟，乃厚遇齐使，使张子房卒立信为齐王。封平以户牖乡。用其奇计策，卒灭楚。【旁批】总括一句。常以护军中尉从定燕王臧荼。【旁批】插叙一事。

【眉批】第五段叙用谋，在灭楚后。汉六年，人有上书告楚王韩信反。高帝问诸将，诸将曰："亟发兵坑竖子耳。"高帝默然。问陈平，平固辞谢，曰："诸将云何？"上具告之。陈平曰："人之上书言信反，有知之者乎？"【旁批】先著四问详细。曰："未有。"曰："信知之乎？"曰："不知。"陈平曰："陛下精兵孰与楚？"上曰："不能过。"平曰："陛下将用兵有能过韩信者乎？"上曰："莫及也。"平曰："今兵不如楚精，而将不能及，而举兵攻之，是趣之战也，窃为陛下危之。"上曰："为之奈何？"

【眉批】淮阴侯一事。平曰："古者天子巡狩，会诸侯。南方有云梦，陛下弟出伪游云梦，会诸侯于陈。陈，楚之西界，【夹注】今陈州府，韩信都彭城，号楚王，故陈州为楚西界。信闻天子以好出游，其势必无事而郊迎谒。谒，而陛下因禽之，此特一力士之事耳。"高帝以为然，乃发使告诸侯会陈，"吾将南游云梦"。上因随以行。行未至陈，楚王信果郊迎道中。高帝豫具武士，见信至，即执缚之，载后车。信呼曰："天下已定，我固当烹！"高帝顾谓信曰："若毋声！而反，明矣！"

武士反接之。遂会诸侯于陈，尽定楚地。还至雒阳，赦信以为淮阴侯，而与功臣剖符定封。【旁批】信一日不就缚，高祖未敢以天下为我有也。观此等处可见。

于是与平剖符，世世勿绝，为户牖侯。平辞曰："此非臣之功也。"上曰："吾用先生谋计，战胜克敌，非功而何？"平曰："非魏无知臣安得进？"【旁批】应。上曰："若子可谓不背本矣。"乃复赏魏无知。其明年，以护军中尉从攻反者韩王信于代。卒至平城，为匈奴所围，七日不得食。【眉批】解平城之围一事。高帝用陈平奇计，使单于阏氏，【旁批】阏氏音焉支，如汉皇后。围以得开。高帝既出，其计秘，世莫得闻。桓谭《新论》或云："言其事秘，世莫得闻，子能权知斯事否？"吾应之曰："高帝见围七日，而陈平往说阏氏。阏氏言于单于而出之，彼陈平必言汉有好丽美女。今困急，已驰使。归迎取，欲进与单于。单于见此人，必大好爱之，则阏氏日以远疏，不如及其未到，令汉得脱去，去亦不持女来矣。阏氏妇女有妒媚之性，必增恶而事去之。此说简而要。"刘子骏闻吾言，乃立称善。

高帝南过曲逆，【旁批】属中山。上其城，望见其屋室甚大，曰："壮哉县！吾行天下，独见洛阳与是耳。"顾问御史曰："曲逆户口几何？"对曰："始秦时三万余户，间者兵数起，多亡匿，今见五千户。"于是乃诏御史，更以陈平为曲逆侯，尽食之，除前所食户牖。

其后常以护军中尉从攻陈豨及黥布。凡六出奇计，辄益邑，【旁批】虚括一句。凡六益封。奇计或颇秘，世莫能闻也。【旁批】又注一句，计秘所谓阴谋也。

【眉批】第六段叙执樊哙事。帝命杀之，平则致之，揣度之精，既驰至宫，复清宿卫防护之密。高帝从破布军还，病创，徐行至长安。【眉批】此下叙奇谋余波。燕王卢绾反，上使樊哙以相国将兵攻之。既行，人有短恶哙者。高帝怒曰："哙见吾病，乃冀我死也。"用陈平谋而召绛侯周勃受诏床下，曰："陈平亟驰传载勃代哙将，平至军中即斩哙头！"

二人既受诏，驰传未至军，行计之曰：【旁批】智。"樊哙，帝之故人也，功多，且又乃吕后弟吕婴之夫，有亲且贵，帝以忿怒故，欲斩之，则恐后悔。宁囚而致上，上自诛之。"未至军，为坛，以节召樊哙。哙受诏，即反接载槛车，传诣长安，而令绛侯勃代将，将兵定燕反县。

平行闻高帝崩，平恐吕太后及吕婴谗怒，乃驰传先去。逢使者诏平与灌婴屯于荥阳。平受诏，立复驰至宫，哭甚哀，因奏事丧前。吕太后哀之，曰："君劳，出休矣。"平畏谗之就，因固请得宿卫中。【旁批】节节见他以智自全。太后乃以为郎中令，曰："傅教孝惠。"是后吕婴谗乃不得行。樊哙至，则赦复爵邑。

孝惠帝六年，相国曹参卒，以安国侯王陵为右丞相，【旁批】因左丞相及右丞相。陈平为左丞相。

【眉批】第七段以王陵衬。陵曰："不可。"平曰："可。"藏智之用也。王陵者，故沛人，【旁批】附传王陵。始为县豪，高祖微时，【旁批】原叙前事。兄事陵。陵少文，任气，好直言。及高祖起沛，入至咸阳，陵亦自聚党数千人，居南阳，不肯从沛公。及汉王之还攻项籍，陵乃以兵属汉。项羽取陵母置军中，陵使至，则东乡坐陵母，欲以招陵。陵母既私送使者，泣曰："为老妾语陵，【旁批】并传其母。谨事汉王。汉王，长者也，无以老妾故，持二心。妾以死送使者。"遂伏剑而死。项王怒，烹陵母。陵卒从汉王定天下。以善雍齿，雍齿，高帝之仇，而陵本无意从高帝，以故晚封，为安国侯。

安国侯既为右丞相，二岁，孝惠帝崩。【旁批】接入今事。高后欲立诸吕为王，问王陵，王陵曰："不可。"问陈平，陈平曰："可。"【旁批】接入本传，成竹在胸。吕太后怒，乃详迁陵为帝太傅，实不用陵。陵怒，谢疾免，杜门竟不朝请，七年而卒。

陵之免丞相，吕太后乃徙平为右丞相，【旁批】因右丞相及左丞相。

以辟阳侯审食其为左丞相。左丞相不治，常给事于中。【夹注】不在治

处，便止宫中。

【眉批】第八段以吕媭亲，媭常谮之，后独喜之，神智之术也。食其亦沛

人。【旁批】附传审食其。汉王之败彭城西，楚取太上皇、吕后为质，

食其以舍人侍吕后。其后从破项籍为侯，幸于吕太后。及为相，居

中，百官皆因决事。

吕媭常以前陈平为高帝谋执樊哙，数谮曰：【旁批】接入本传，照应

前文。"陈平为相非治事，日饮醇酒，戏妇女。"陈平闻，日益甚。吕

太后闻之，私独喜。面质吕媭于陈平曰："鄙语曰'儿妇人口不可

用'，顾君与我何如耳。无畏吕媭之谮也。"【旁批】皆知谋默连处。

吕太后立诸吕为王，陈平伪听之。【旁批】成算在胸。及吕太后崩，

平与太尉勃合谋，卒诛诸吕，立孝文皇帝，陈平本谋也。【旁批】收转

前曰可及伪听之，两案仍以谋字束住。审食其免相。

【眉批】第九段又以太尉周勃衬，不独用智，兼识政体矣，更上一层楼。

孝文帝立，以为太尉勃亲以兵诛吕氏，功多；陈平欲让勃尊位，乃病

谢。【旁批】亦见机之作。孝文帝初立，怪平病，问之。平曰："高祖时，

勃功不如臣平。及诛诸吕，臣功亦不如勃。愿以右丞相让勃。"于是

孝文帝乃以绛侯勃为右丞相，位次第一；平徙为左丞相，位次第二。

赐平金千斤，益封三千户。

居顷之，孝文皇帝既益明习国家事，朝而问右丞相勃曰："天下

一岁决狱几何？"勃谢曰："不知。"问："天下一岁钱谷出入几何？"

勃又谢不知，汗出沾背，愧不能对。【旁批】为平作衬。于是上亦问左

丞相平。平曰："有主者。"上曰："主者谓谁？"平曰："陛下即问决

狱，责廷尉；问钱谷，责治粟内史。"上曰："苟各有主者，而君所主

者何事也？"平谢曰："主臣！【夹注】张晏曰："若今人谢曰'惶恐'也。

马融龙虎赋曰'勇怯见之，莫不主臣'。"孟康曰："主臣，主群臣也，若今言人

主也。"韦昭曰："言主臣道，不敢欺也。"陛下不知其驽下，使待罪宰相。宰相者，上佐天子理阴阳，顺四时，下育万物之宜，外镇抚四夷诸侯，内亲附百姓，使卿大夫各得任其职焉。"【旁批】强词不从读书得来。丙吉不问民斗而问牛喘即此意。孝文帝乃称善。右丞相大惭，出而让陈平曰："君独不素教我对！"陈平笑曰："君居其位，不知其任邪？且陛下即问长安中盗贼数，君欲强对邪？"于是绛侯自知其能不如平远矣。居顷之，绛侯谢病请免相，陈平专为一丞相。

【眉批】第十段为一篇奇谋秘计结，入平本身功业在此，平后世祸败亦在此。可为用谋而不学道者戒。孝文帝二年，丞相陈平卒，谥为献侯。子共侯买代侯。二年卒，子简侯恢代侯。二十三年卒，子何代侯。二十三年，何坐略人妻，弃市，国除。

始陈平曰："我多阴谋，是道家之所禁。吾世即废，亦已矣，终不能复起，以吾多阴祸也。"【旁批】就平语收拾全篇。然其后曾孙陈掌以卫氏亲贵戚，【夹注】陈掌卫青之子婿。原得续封陈氏，然终不得。【旁批】多阴谋故。

太史公曰：陈丞相平少时，本好黄帝、老子之术。方其割肉俎上之时，其意固已远矣。【旁批】高岸飘逸。倾侧扰攘楚魏之间，卒归高帝。常出奇计，救纷纠之难，振国家之患。及吕后时，事多故矣，然平竟自脱，定宗庙，以荣名终，称贤相，岂不善始善终哉！非知谋孰能当此者乎？【旁批】一句断。

【总评】储同人曰：赞中"善始善终"四字，藏无限感慨，可见非知谋，则平几不脱虎口。

通篇纯是见智谋处，末用阴谋阴祸四字作结，人之居心宜何如哉？太史公揭出此语含蕴无穷，垂戒深远。

三十二　绛侯周勃世家 录勃子亚夫

【眉批】第一段叙相法，藉立全案。绛侯周勃者，沛人也。【夹注】绛侯全文节。孝文帝十一年卒，谥为武侯。子胜之代侯。六岁，尚公主，不相中，坐杀人，国除。绝一岁，文帝乃择绛侯勃子贤者河内守亚夫，封为条侯，续绛侯后。

条侯亚夫自未侯为河内守时，【旁批】倒提叙起。许负相之，曰："君后三岁而侯。侯八岁为将相，持国秉，贵重矣，于人臣无两。其后九岁而君饿死。"【旁批】数语了条侯一生。亚夫笑曰："臣之兄已代父侯矣，有如卒，子当代，亚夫何说侯乎？然既已贵如负言，又何说饿死？指示我。"许负指其口曰："有从理入口，此饿死法也。"【旁批】亚夫数问此，止答饿死，为后伏案。居三岁，其兄绛侯胜之有罪，【旁批】应。孝文帝择绛侯子贤者，皆推亚夫，乃封亚夫为条侯，续绛侯后。

【眉批】第二段细叙柳军容，似是正文，其实以缓急可任。为破吴楚起术，亦立案也。写得森严威重，本赞谓不逊而终穷，已露于此。文帝之后六年，【夹注】后元之六年也。匈奴大入边。乃以宗正刘礼为将军，军霸上；祝兹侯徐厉为将军，军棘门；以河内守亚夫为将军，军细柳：以备胡。上自劳军。至霸上及棘门军，【旁批】衬笔。直驰入，将以下骑送迎。已而之细柳军，军士吏被甲，锐兵刃，彀弓弩，持满。天子先驱至，不得入。【旁批】排场妙。先驱曰："天子且至！"军门都尉曰："将军令曰'军中闻将军令，不闻天子之诏'。"居无何，上至，又不得入。于是上乃使使持节诏将军："吾欲入劳军。"亚夫乃传言开壁门。【旁批】细写。壁门士吏谓从属车骑曰："将军约，军中不得驱驰。"于是天子乃按辔徐行。至营，将军亚夫持兵揖曰："介胄之士不拜，请以军礼见。"天子为动，改容式车。使人称谢："皇帝敬劳将军。"成礼而去。【旁批】文帝驭将殊有礼。既出军门，群臣皆惊。文帝曰："嗟乎，此真将军矣！【旁批】补一句节眼。曩者霸上、棘门军，若儿戏耳，其将固可袭而虏也。至于亚夫，可得而犯邪！"称善者久之。月余，二军皆罢。乃拜亚夫为中尉。

孝文且崩时，诫太子曰："即有缓急，周亚夫真可任将兵。"【旁批】二句节音引后破吴楚之案。文帝崩，拜亚夫为车骑将军。

【眉批】第三段叙破吴楚事，应缓急可任之案。而以梁委之。绝其粮道又为后饿死伏根。坚于委梁，本赞所谓执坚忍者也，正与细柳一合相。孝景三年，吴楚反。亚夫以中尉为太尉，东击吴楚。因自请上曰："楚兵剽轻，难与争锋。原以梁委之，绝其粮道，乃可制。"【旁批】老■。上许之。

太尉既会兵荥阳，吴方攻梁，梁急，请救。太尉引兵东北走昌邑，深壁而守。【旁批】一扬。梁日使使请太尉，太尉守便宜，不肯往。【旁批】二扬。梁上书言景帝，景帝使使诏救梁。太尉不奉诏，坚壁不出，【旁批】三扬。而使轻骑兵弓高侯等绝吴楚兵后食道。【旁批】应绝粮道。吴兵乏粮，饥，数欲挑战，终不出。【旁批】一顿。夜，军中惊，内相攻击扰乱，至于太尉帐下。太尉终卧不起。【旁批】二顿。顷之，复定。后吴奔壁东南陬，太尉使备西北。已而其精兵果奔西北，不得入。【旁批】三顿。吴兵既饿，乃引而去。太尉出精兵追击，大破之。吴王濞弃其军，【旁批】前节节顿住，至此一快，此养局之法。而与壮士数千人亡走，保于江南丹徒。汉兵因乘胜，遂尽虏之，降其兵，购吴王千金。月余，越人斩吴王头以告。凡相攻守三月，而吴楚破平。于是诸将乃以太尉计谋为是。【旁批】总一笔归功太尉暗应真将军束住。由此梁孝王与太尉有却。【旁批】遥接应上伏下。

【眉批】第四段叙景帝之疏。梁王之谮太后之谋而亚父之死决矣，又为后饿死作引。归，复置太尉官。五岁，迁为丞相，景帝甚重之。景帝废栗太子，丞相固争之，不得。景帝由此疏之。【旁批】遥接。而梁孝王每朝，常与太后言条侯之短。【夹注】梁孝王，太后爱子。

窦太后曰："皇后兄王信可侯也。"景帝让【夹注】逊让。曰："始南皮、【夹注】太后兄子。章武【夹注】太后弟。侯先帝不侯，及臣即位乃侯之。【旁批】忽接此句甚有意，窦太后心书爱子口，诸皇兄盖豫料亚夫之必不聪而假乎于此三。信未得封也。"窦太后曰："人主各以时行耳。自窦长君在时，【旁批】委婉入情。竟不得侯，死后乃其子彭祖顾得侯。吾甚恨之。帝趣侯信也！"景帝曰："请得与丞相议之。"【旁批】合到亚父。丞相议之，亚夫【夹注】疑当云"丞相亚夫议之"。曰："高皇帝约【旁批】四字严毅。'非刘氏不得王，非有功不得侯。不如约，天下共击之'。今信虽皇后兄，无功，侯之，非约也。"景帝默然而止。【旁批】细柳军法真将军，不侯外戚真宰相。

其后匈奴王徐卢等五人降，景帝欲侯之以劝后。丞相亚夫曰："彼背其主降陛下，陛下侯之，则何以责人臣不守节者乎？"【旁批】正论极得大体。景帝曰："丞相议不可用。"乃悉封徐卢等为列侯。亚夫因谢病。【旁批】太激。景帝中三年，以病免相。

顷之，景帝居禁中，召条侯，赐食。独置大胾，无切肉，又不置箸。【旁批】摆布奇，与纵理入口映。条侯心不平，顾谓尚席取箸。景帝视而笑曰："此不足君所乎？"【夹注】对于不平言，似此相待，宁非不满于汝意者乎。是歇后微辞。【旁批】毒。条侯免冠谢。上起，条侯因趋出。景帝以目送之，【旁批】毒。曰："此怏怏者非少主臣也！"【旁批】观此即无告，变亦不必免。

【眉批】第五段终饿死之事结亚夫，并总相法一案。此死又似自取罪矣，本赞所谓余学者也。居无何，条侯子为父买工官尚方甲楯五百被可以葬者。取庸【夹注】搬取甲楯之工。苦之，【夹注】强役之。不予钱。庸知其盗买县官器，怒而上变告子，事连污条侯。书既闻上，上下吏。吏簿责条侯，条侯不对。景帝骂之曰："吾不用也。"【夹注】言吾命竟不用也。【旁批】言不消对簿也，口角如见。召诣廷尉。廷尉责曰："君侯欲反邪？"亚夫曰："臣所买器，乃葬器也，何谓反邪？"吏曰："君侯纵不反地上，即欲反地下耳。"【旁批】深文语奇强。吏侵之益急。初，吏捕条侯，条侯欲自杀，夫人止之，以故不得死，遂入廷尉。因不食五日，呕血而死。【夹注】节。条侯果饿死。【旁批】愈。死后，景帝乃封王信为盖侯。【旁批】应。挽王信增"死后"二字，则亚夫死之故益明。

太史公曰：绛侯周勃始为布衣时，鄙朴人也，才能不过凡庸。【旁批】抑。及从高祖定天下，在将相位，诸吕欲作乱，勃匡国家难，复之乎正。虽伊尹、周公，何以加哉！【旁批】扬。亚夫之用兵，持威重，执坚刃，穰苴曷有加焉！【旁批】扬。足己而不学，守节不逊，终以穷困。悲夫！【旁批】总抑。

【总评】储同人曰：功名威望居之最难，惟谦逊退让，可以善始善终耳。然此非不学者所知也。太史公望淮阴以学道谦让，责绛侯、条侯以足己不学，守节不逊，旨哉言乎。

卷三

三十三　伯夷列传

【眉批】第一段为伯夷引案，伯夷所重，在让国一节。故历举让天下之事言之。然舜禹本于虞夏之文，则可据。由、光等出于诸家之说，则不可据。伯夷孔子所称则传，由、光等孔子所不称则不传矣。考信乎六艺，定论于孔子，已定一篇大局。疑有疑无若断若续。烟波无际，文境飘渺。夫学者载籍极博，犹考信于六艺。《诗》《书》虽缺，然虞夏之文可知也。【夹注】二典三谟备言，虞夏禅让之事，两句引起舜禹事。六艺诗书，已隐藏孔子在内。【旁批】起四句便见无稽之言，不足信，引起舜禹，撇去由、光，隐入夷齐，暗藏孔子层层笔罩。尧将逊位，【旁批】直叙。让于虞舜，舜禹之间，岳牧咸荐，乃试之于位，典职数十年，功用既兴，然后授政。示天下重器，王者大统，传天下若斯之难也。而说者曰【夹注】谓诸子杂记。【旁批】就可信一类。串下。尧让天下于许由，许由不受，耻之逃隐。【夹注】许由，字武仲。尧以天下让焉。乃逃隐于箕山颍水之滨。及夏之时，有卞随、务光者。【夹注】夏时有卞随、务光、殷汤让之天下。并不受而逃。此何以称焉？【夹注】尧舜禹之禅让，若斯之难。而许由、卞随、务光让得这等容易，是从那里说来。【旁批】就可疑一撇。太史公曰：【夹注】迁自述其父谈之言。余登箕山，其上盖有许由冢云。【旁批】插此句作波，又似可信一类。孔子序列古之仁圣贤人，如吴太伯、伯夷之伦详矣。【夹注】太伯伯夷、孔子所称。故世家始太伯，列传始伯夷，皆考信之旨。【旁批】引出孔子为传伯夷之主太伯带说。余以所闻由、光义至高。【夹注】由逃箕山，洗耳于颍水。卞随自投于桐水。务光负石，自沉于泸水。是其意至高。【旁批】又回映由光一笔。其文辞不少概见，何哉？【夹注】概略也，文辞指孔子，前言既有其冢，当有其人。此言不见文辞，则无其事。【旁批】终属可疑一撇。

【眉批】第二段入伯夷正传，以孔子所称为正旨。借怨字及轶诗蹴波澜，以"其传曰"三字作凌驾，盖藏序事于议论中也。孔子称伯夷无怨，而传所载轶诗，则又似怨，并传亦在可信可疑之间。总以孔子之论为主。孔子曰："伯夷、叔齐，不念旧恶，【旁批】即就孔子曰起正传。怨是用希。""求仁得仁，又何怨乎？"【旁批】传伯夷主句。余悲伯夷之意，【夹注】谓悲其兄弟相让，又亦不食周粟而饿死。【旁批】就何怨句生波作提。睹轶诗，【夹注】即下采薇之诗。可异焉。【夹注】孔子称其无怨，今轶诗之词，不能无怨，故可异。其传曰：【夹注】正叙伯夷事，盖伯夷有传在也。其传在《韩诗外传》，及《吕氏春秋》。【旁批】"其传曰"三字是引来作论头，不作实叙，盖此段借前后怨字作议论，举中间叙事在内也。伯夷、叔齐，孤竹君之二子也。【夹注】孤竹国，汤所封伯夷，名元字公信，叔齐名致，字公达，姓墨胎氏。父欲立叔齐，及父卒，叔齐让伯夷。伯夷曰："父命也。"遂逃去。叔齐亦不肯立而逃之。国人立其中子。于是伯夷、叔齐闻西伯昌善养老，盍往归焉。及至，西伯卒，武王载木主，号为文王，东伐纣。伯夷、叔齐叩马而谏曰："父死不葬，爰及干戈，可谓孝乎？以臣弑君，可谓仁乎？"左右欲兵之。太公曰："此义人也。"扶而去之。武王已平殷乱，天下宗周，而伯夷、叔齐耻之，义不食周粟，隐于首阳山，【夹注】在岐阳西北。采薇而食之。及饿且死，作歌。其辞曰："登彼西山兮，采其薇矣。以暴易暴兮，不知其非矣。【夹注】商周暴矣，以臣弑君亦是暴。【旁批】应前轶诗，词意悲愤歌骚之祖。神农、虞、夏忽焉没兮，我安适归矣？于嗟徂兮，命之衰矣！"【夹注】徂，往矣，死也。遂饿死于首阳山。【夹注】传伯夷事止此。由此观之，怨邪非邪？【夹注】就歌词看来，亦似有怨。【旁批】应前怨字一类。

【眉批】第三段翻论作开就夷齐之饿死。推拓发议蹴起怨端。见天道之施报无常。而世人之祸福难测。是史公腐刑以后，愤懑不平之鸣，与游侠货殖等传通气。或曰："天道无亲，常与善人。"若伯夷、叔齐，可谓善人者非邪？积仁絜行如此而饿死！且七十子之徒，【夹注】封哀公故云。【旁批】即跟上怨，字转出议论牢。胜愤懑，情溢乎词。此层主论。拓开一层。仲尼独荐颜渊为好学。【夹注】对哀公故云荐。【旁批】颜渊作一正衬。然回也屡空，糟糠不厌，而卒蚤夭。天之报施善人，其何如哉？盗跖【夹注】柳下惠弟。日杀不辜，肝人之肉，【夹注】拓脍人之肝而脯之。【旁批】以盗拓作一反衬。暴戾，【夹注】凶暴而恶戾。恣睢，【夹注】谓恣行为睢怒之貌，睢音海。聚党数千人横行天下，竟以寿终。【夹注】善终于东阳。是遵何德哉？【夹注】他有什么好处，这是什么缘故。此其尤大彰明较著者也。【夹注】言伯夷有德而夭死，盗跖暴戾而寿终，尤大著明之证。【旁批】往事昭然如此。若至近世，操行不轨，专犯忌讳，【旁批】又推出一层尤见切身发愤。而终身逸乐，富厚【旁批】又用一反。累世不绝。或择地而蹈之，时然后出言，行不由径，非公正不发愤，而遇祸灾者，【旁批】又用一正。不可胜数也。余甚惑焉，【夹注】不解什么缘故。【旁批】近事茫然又如此。傥所谓天道，是邪非邪？【夹注】仍疑天道无亲二句。【旁批】应前天道一束。

【眉批】第四段转正作合，言天道虽有不可信处，吾人不可为而沮为苦之心。从志从好，伯夷所以耳心饿死而不悔也。毕竟是无怨。暗缴孔子所称不虚意。子曰："道不同不相为谋"，【旁批】不用转折而意自转。亦各从其志也。故曰："富贵如可求，虽执鞭之士，吾亦为之。如不可求，从吾所好。"【夹注】从志，从好，因天道无凭，只要自家为善。"岁寒，然后知松柏之后凋。"举世混浊，清士乃见。岂以其重若彼，其轻若此哉？【夹注】《索隐》曰："谓伯夷让德之重若彼，采薇而饿死之轻如此。盖重节义，轻死生也。"【旁批】暗缴夷齐无怨意。

【眉批】第五段应篇首作收，杂引经传。从士人立名上，又引出名之有称无称来。故夷齐见称于孔子则名彰，由光等不见于交辞则名湮，归彰往表征之意。感慨无穷。"君子疾没世而名不称焉。"【夹注】言君子所欲者，在杰己立名，称达于后世。【旁批】引圣人贾子言"见士人,以立名为重"。贾子曰:"贪夫徇财,<u>烈士徇名</u>,夸者死权,众庶冯生。"【夹注】矜夸者死于权利。众人则皆今生,四句鹏鸟赋引来只取烈士徇名意。"<u>同明相照,同类相求</u>。""云从龙,风从虎,<u>圣人作而万物睹</u>。"【夹注】引易五句,圣人一句是主拮孔子。【旁批】引易言见名亦是难得此中所遇有幸不幸存焉。<u>伯夷、叔齐虽贤,得夫子而名益彰</u>。【旁批】四句正收一篇宗旨。<u>颜渊虽笃学,</u>【旁批】带收颜渊。<u>附骥尾而行益显</u>。【夹注】苍蝇附骥尾而致千里,喻颜渊因孔子而名彰。<u>岩穴之士,</u>【旁批】四句反收。<u>趣舍有时若此,类名埋灭而不称,悲夫</u>!【夹注】与篇首由光相应。【旁批】含得由光等在内。<u>闾巷之人,欲砥行立名者,</u>【旁批】四句拓开。<u>非附青云之士,恶能施于后世哉</u>?【旁批】青云之士隐然窃比孔子矣。

【总评】何义门曰:此七十列传之凡例也。本纪、世家事迹显著,若列传则无所不录,然大旨有二:一曰征信不经圣人表章,<u>虽遗冢可疑,而无征不信</u>。如由光是已。一曰阐幽积仁洁行,<u>虽穷饿岩穴困顿生前,而名施后世者</u>,如伯夷颜渊是已。【眉批】传有叙事、议论两体。或全用叙事,或夹叙夹议,此篇纯以议论为叙事,又是一格。徐退山云:"一篇吊古伤今,传伯夷,非传伯夷也。"唐荆川云:"如蛟蛇不可捕捉,若断若续,起元入妙。"邓定宇云:"如神龙变化,可以意求,难以言尽。"

储同人曰:考信《诗》《书》,折衷于夫子,盖惜由光之无征,而传伯夷有据也。高节虽同传,否则,异此中有幸不幸焉。<u>首尾议论,本相映发,中间忽从怨字特翻一波</u>。觉感慨苍茫,百端交集。<u>以孔子论定为宗主,以怨非怨生论端,以天道是非寄发愤,以有名无名寓感慨,以附青云之士,能施后世为表微阐幽之义,传首一篇可作七十篇列传总序观</u>。

三十四　管晏列传

【眉批】首段先叙管仲之出处，而以致君之功结之。鲍叔知其贤等语，伏中一段。任政于齐等语，伏后一段。管仲夷吾者，颍上人也。【夹注】颍水名，今江南颍上县。少时常与鲍叔牙游，【夹注】齐大夫，姒姓。鲍叔知其贤。【旁批】以鲍叔为眼目，以知字作关键。管仲贫困，常欺鲍叔，<u>鲍叔终善遇之，不以为言</u>。【旁批】即下分财等事，此只定大概，留下自言地。已而鲍叔事齐公子小白，管仲事公子纠。及小白立为桓公，公子纠死，管仲囚焉。鲍叔遂进管仲。管仲既用，任政于齐，齐桓公以霸，九合诸侯，【旁批】浑括政绩留后平地。一匡天下，<u>管仲之谋也</u>。【旁批】顿住。

【眉批】二段言受鲍叔之知，而以天下盛兴知人结之。只重一知字，其鲍叔知管仲处，即从管仲口中详细写出，倍觉知己之感，真切动人。管仲曰：【夹注】即述仲语作叙事。【旁批】三字提。"吾始困时，尝与鲍叔贾，【夹注】古。分财利多自与，<u>鲍叔不以我为贪，知我贫也</u>。【旁批】知我分作五排，联络点缀。吾尝为鲍叔谋事而更穷困，<u>鲍叔不以我为愚，知时有利不利也</u>。吾尝三仕三见逐于君，<u>鲍叔不以我为不肖，知我不遭时也</u>。吾尝三战三走，<u>鲍叔不以我怯，知我有老母也</u>。公子纠败，召忽死之，吾幽囚受辱，<u>鲍叔不以我为无耻</u>，知我不羞小节而耻功名不显于天下也。<u>生我者父母，知我者鲍子也</u>。"【旁批】二句一总缴还知我。

鲍叔既进管仲，以身下之。子孙世禄于齐，有封邑者十余世，常为名大夫。<u>天下不多管仲之贤而多鲍叔能知人也</u>。【旁批】特赞鲍叔，就知字束住。

【眉批】三段详言其治齐之略，而以所以为谋者结之，只重一因字。管仲既任政相齐，以区区之齐在海滨，【旁批】一句捉遥接上任政于齐束。通货积财，富国强兵，<u>与俗同好恶</u>。故其称曰：【夹注】管夷吾著书，所称

《管子》者。"仓廪实而知礼节,【旁批】政行于国。衣食足而知荣辱,上服度【夹注】上服之御,物有制度。则六亲固。【夹注】固情不离也。四维不张,国乃灭亡。【夹注】四维礼义廉耻。下令如流水之源,令顺民心。"故论卑而易行。俗之所欲,因而予之;【旁批】因字生下。俗之所否,因而去之。

其为政也,善因祸而为福,转败而为功。贵轻重,【夹注】轻重谓钱也。《管子》有《轻重篇》。慎权衡。【夹注】权衡,钧石之类,与民平取之意。桓公实怒少姬,南袭蔡,管仲因而伐楚,责包茅不入贡于周室。【夹注】事见《左传》。【旁批】政行于天下。桓公实北征山戎,而管仲因而令燕修召公之政。【夹注】山戎代燕,桓公救燕伐山戎。【旁批】就一匡九合,中撮其善,因之概分作三排。于柯之会,桓公欲背曹沫之约,管仲因而信之,诸侯由是归齐。【夹注】事见《公羊》。故曰:"知与之为取,政之宝也。"【夹注】即管子语。【旁批】暗收因字作结。

管仲富拟于公室,有三归、反坫,齐人不以为侈。管仲卒,【旁批】缀富侈三语,与晏子节俭相映,借作合传过峡。齐国遵其政,常强于诸侯。后百余年而有晏子焉。【旁批】渡下。

【眉批】首段撮叙晏子生平大略,节俭力行,括其品概,名显诸侯括其事业。晏平仲婴者,莱之夷维人也。【夹注】今山东莱州府潍县。事齐灵公、【夹注】名环。庄公、【夹注】名光。景公,【夹注】名杵臼。以节俭力行重于齐。【夹注】提。既相齐,食不重肉,妾不衣帛。【夹注】是节俭。【旁批】与前富侈映。其在朝,君语及之,即危言;语不及之,即危行。【夹注】危高峻也,言无所屈避也。国有道,即顺命;无道,即衡命。【夹注】顺命,谓直行。衡命,谓称重之,可行即行,四句是力行。以此三世显名于诸侯。【夹注】以上虚括晏子生平,下计其轶事。【旁批】束。

【眉批】二段详越石父事。是特叙。伸于知己。一句是骨,《管仲传》以知人赞鲍叔。《晏子传》,以知己伸石父。皆史公着意着眼处。越石父贤,在缧绁中。晏子出，遭之涂，解左骖赎之，载归。弗谢，【夹注】晏子身为齐相。凡国之刑赏失当者，皆其罪也，故宜谢。入闺。久之，【夹注】不以客礼相待。越石父请绝。晏子戄然，摄衣冠谢。【夹注】戄音学惊惧。【旁批】贤者固不可测。曰："婴虽不仁，免子于厄，何子求绝之速也？"石父曰："不然。吾闻君子诎于不知己而信【夹注】伸。于知己者。【旁批】二句作关键。方吾在缧绁中，彼不知我也。【旁批】前一层。夫子既已感寤而赎我，是知己；【旁批】后一层。知己而无礼，固不如在缧绁之中。"【旁批】现今一层。晏子于是延入为上客。【旁批】伸于知己矣，所以忻执鞭。

【眉批】三段叙御者事。是类，及荐为大夫，亦伸于知己矣。石父请绝，御妻请去，俱于不情中写出至理。恰好相映成章法。延为上客，荐为大夫。恰好对收。晏子为齐相，出，其御之妻从门间而窥其夫。其夫为相御，拥大盖，策驷马，意气扬扬甚自得也。【旁批】描写盛情。既而归，其妻请去。【旁批】奇妇人请去，恰好与请绝映。夫问其故。妻曰："晏子长不满六尺，身相齐国，名显诸侯。今者妾观其出，志念深矣，【旁批】观人入细。常有以自下者。今子长八尺，乃为人仆御，然子之意自以为足，妾是以求去也。"【旁批】从自下对勘而出。其后夫自抑损。晏子怪而问之，御以实对。晏子荐以为大夫。【旁批】觅住起。

【眉批】前总后分，以一抑一扬论其轶事一句，揭出两传宗旨。太史公曰：吾读管氏《牧民》《山高》《乘马》《轻重》《九府》，【夹注】著书篇名。及《晏子春秋》，【夹注】晏子著春秋七篇。详哉其言之也。既见其著书，欲观其行事，故次其传。至其书，世多有之，是以不论，论其轶事。【夹注】表明两传之旨，先总说，下分叙。

管仲世所谓贤臣，然孔子小之。岂以为周道衰微，桓公既贤，而不勉之至王，乃称霸哉？【旁批】一抑。语曰"将顺其美，匡救其恶，故上下【夹注】君臣百姓。能相亲也"。岂管仲之谓乎？【旁批】一扬。

方晏子伏庄公尸哭之，成礼然后去，岂所谓"见义不为无勇"者邪？【夹注】未能讨贼，无勇也。【旁批】一抑。至其谏说，犯君之颜，【夹注】即传中危言危行。此所谓"进思尽忠，退思补过"者哉！【旁批】一扬。假令晏子而在，余虽为之执鞭，所忻慕焉。【旁批】唱叹以寄所感也。【眉批】管传以鲍叔事叙于前，而以相齐事叙于后。晏传以相齐事叙于前，而以越石父御者事叙于后，皆文法变化处。

【总评】管晏在春秋，功业烜赫一时。而两传只用虚括之笔揭出，不肯铺叙霸显事绩，俱从交游知己上着笔，寄慨良深，所谓论其轶事也。赞末二句，情见乎词。报任少卿书云："家贫货财不足以自赎，交游莫救，左右亲近，不为一言，此二传所以感发也，管传中生我知我二语，晏传中诎伸知己二句，自是特笔。"

三十五　老庄申韩列传

【眉批】老子为宗主。老子者，楚苦县【夹注】今江南亳州地。厉乡曲仁里人也，姓李氏，名耳，字伯阳，谥曰聃。周守藏室之史也。【夹注】藏室史，周职书室之史也。老子为柱下史，即藏室之柱下，因为官名。【旁批】序县，序乡，序里，序姓，序名，序字，序谥，序官，独辟。

【眉批】首段作正叙，借孔子问答及赞美之词，以见其概。孔子适周，将问礼于老子。老子曰："子所言者，其人与骨皆已朽矣，独其言在耳。且君子得其时则驾，不得其时则蓬累而行。【夹注】蓬盖也。累随也。随物而转，以言若得明君，则驾车服冕，不遭时，则自覆，盖相携随而去也。吾闻之，良贾深藏若虚，君子盛德容貌若愚。【夹注】良贾善货卖之人，深藏其宝货，不令人见，故若虚，君子身有盛德，其容貌谦退，有若愚鲁之人。【旁批】本领作用，括此韩子，则知藏而不知虚也。去子之骄气与多欲，态色与淫志，是皆无益于子之身。吾所以告子，若是而已。"孔子去，谓弟子曰："鸟，吾知其能飞；鱼，吾知其能游；兽，吾知其能走。走者可以为罔，游者可以为纶，飞者可以为矰。至于龙，吾不能知其乘风云而上天。吾今日见老子，其犹龙邪！"【旁批】犹龙与若虚同意。

【眉批】次段作波澜，幻出疑阵，为犹龙无名写照，其与韩子不能自脱，不大相远耶。老子修道德，其学以自隐无名为务。【旁批】提纲。居周久之，见周之衰，乃遂去。至关，关令尹喜曰："子将隐矣，强为我著书。【夹注】抱朴子云："老子西游，遇关令尹喜于散关，为喜著道德经卷，谓之《老子》。"或以为函谷关。括地志云："散关在岐州陈仓县东南五十二里。函谷关在陕州桃林县西南十二里。"于是老子乃著书上下篇，言道德之意五千余言而去，莫知其所终。【夹注】《列仙传》曰："关令尹喜者，周大夫也。善内学星宿，服精华，隐德行仁，时人莫知，老子西游，喜先见其气，知真人当过，候物色而迹之，果得老子，老子亦知其奇，为著书，与老子俱之流沙之西。服具胜实，莫知其所终，亦著书九篇，名关令子。"又按列异传："老子西游，关令尹喜望见共有紫气浮关，而老子果乘牛而过。"【旁批】著书是四子串合，道德与刑名关会。

或曰：<u>老莱子亦楚人也</u>，【夹注】太史公疑老子或是老莱子，故书之。列仙传云："老莱子，楚人，当时世乱，逃世耕于蒙山之阳，莞葭为墙，蓬蒿为室，枝木为床，著艾为席，菹芰为食，垦山播种五谷，楚王至门迎之，遂去，至于江南而止，曰：'鸟兽之毛，可积而衣，其遗粒足食也。'"【旁批】从上莫知所终，生出作波。著书十五篇，言道家之用，<u>与孔子同时云</u>。【旁批】回合孔子。

盖老子百有六十余岁，或言二百余岁，以其修道而养寿也。

自孔子死之后百二十九年，【夹注】实一十九年。【旁批】回合孔子又生一波。而史记周太史儋见秦献公曰："始秦与周合而离，离五百岁而复合，合七十岁而霸王者出焉。"<u>或曰儋即老子</u>，<u>或曰非也</u>，<u>世莫知其然否</u>。【旁批】三或曰相立，两莫知相应。<u>老子</u>，<u>隐君子也</u>。【旁批】断其品。

【眉批】末段作断结。其品，其学，及其后，一一详叙。老子之子名宗，【旁批】详其后嗣。宗为魏将，封于段干【夹注】封于段干，段干应是魏邑名也。而魏世家有段干木、段干子，田齐世家有段干明，疑此三人是姓段干也。宗子注，注子宫，宫元孙假，假仕于汉孝文帝。而假之子解为胶西王印太傅，因家于齐焉。

<u>世之学老子者则绌儒学</u>，<u>儒学亦绌老子</u>。【旁批】又从学者生波暗与孔子映合。"道不同不相为谋"，<u>岂谓是邪</u>？<u>李耳无为自化</u>，【旁批】断其学。<u>清静自正</u>。

庄子者，蒙人也，【夹注】今江南蒙城县。【眉批】庄子衍正传。名周。周尝为蒙漆园吏，与梁惠王、齐宣王同时。其学无所不窥，<u>然其要本归于老子之言</u>。【夹注】提纲，以老子为领局之主。故其著书十余万言，【旁批】应著书。【眉批】前综其概以断之。<u>大抵率寓言也</u>。作渔父、盗跖、胠

箧，【夹注】此庄子三篇名，皆诬毁自古圣君、贤臣、孔子之徒，营求名誉，咸以丧身，非抱素任真之道也。以诋訿孔子之徒，以明老子之术。畏累虚、亢桑子之属，皆空语无事实。【夹注】庄子云："庚桑楚者，老子弟子，北居畏累之山。"此篇寄庚桑楚以明至人之德，卫生之经，若槁木无情，死灰无心，祸福不至，恶有人灾。言庄子杂篇庚桑楚已下，皆空设言语，无有实事也。然善属书离辞，【夹注】离辞犹力析其辞句。指事类情，用剽剥儒、墨，【夹注】剽犹攻击也。【旁批】一部《南华》情状已尽，后人复作蒙庄序何耶？虽当世宿学不能自解免也。其言洸洋自恣以适己，故自王公大人不能器之。【旁批】含下却楚聘事。

【眉批】后叙其事以证之。楚威王闻庄周贤，【夹注】威王当周显王三十年。使使厚币迎之，许以为相。庄周笑谓楚使者曰："千金，重利；卿相，尊位也。子独不见郊祭之牺牛乎？养食之数岁，衣以文绣，以入大庙。当是之时，虽欲为孤豚，岂可得乎？【夹注】孤，小也，特也。愿为小豚不可得。子亟去，无污我。我宁游戏污渎之中自快，无为有国者所羁，终身不仕，以快吾志焉。"【旁批】即不能器之之证。

【眉批】申子启别径。本黄老，主刑名，老自此转，韩自此开。申不害者，京人也，【夹注】当在河南。故郑之贱臣。学术以干韩昭侯，昭侯用为相。内修政教，外应诸侯，十五年终申子之身，国治兵强，无侵韩者。申子之学本于黄老而主刑名。著书二篇，号曰《申子》。【旁批】与庄同脉，与韩同归，应著书。

韩非者，韩之诸公子也。喜刑名法术之学，而其归本于黄老。【旁批】提纲，与申子一线。非为人口吃，不能道说，而善著书。与李斯俱事荀卿，斯自以为不如非。【旁批】应著书，伏后案，福祸根。【眉批】韩子极流弊。

非见韩之削弱，数以书谏韩王，韩王不能用。于是韩非疾治国不务修明其法制，【旁批】一气贯下数十言，笔力矫健。执势以御其臣下，富国强兵而以求人任贤，【旁批】揭综发名，实大意为著书所本。反举浮淫之蠹而加之于功实之上。以为儒者用文乱法，而侠者以武犯禁。宽则宠名誉之人，急则用介胄之士。今者所养非所用，所用非所养。悲廉直不容于邪枉之臣，观往者得失之变，【夹注】韩非见王安不用忠良，今国削弱，故观往古得失之变异，作《韩子》二十卷。故作《孤愤》《五蠹》《内外储》《说林》《说难》十余万言。【夹注】《索隐》曰："此皆非所著书篇名也。孤愤，愤孤直不容于时也。五蠹，蠹政之事有五也。内储，言明君执术以制臣下，制之在己，故曰'内'也；外储，言明君观听臣下之言行，以断其赏罚，赏罚在彼，故曰'外'也。说林者，广说诸事，其多若林。说难者，说前人行事与己不同而诘难之，故其书有说难篇。"

【眉批】韩公子传，特表《说难》一篇。此先将学术渊源、末路究竟，以及所以著书本意，一并揭出，作一总序。然韩非知说【夹注】音税。之难，【旁批】特提出说难一篇。为《说难》书甚具，终死于秦，不能自脱。【夹注】言游说之道为难，故曰说难。其书词甚高，故特载之。然此篇亦与韩子微异。【旁批】倒叙一笔，直注篇末。

《说难》曰：【旁批】三字贯。【眉批】以下述《说难》，分六段看。

【眉批】第一段疏举难之大，凡以名高厚利，分作数层，愈转愈细。凡说之难，非吾知之有以说之难也；又非吾辩之难能明吾意之难也；又非吾敢横失能尽之难也。凡说之难，在知所说之心，可以吾说当之。【夹注】所说之心，谓人君之心也。言以人臣疏末射尊重之意，贵贱隔绝，旨趣难知，自非高识，莫近几会。乃须审明人主之意，必以说合其情，故云："吾说当之"也。前者三说并未为难，凡说之难者，正在于此。

所说出于为名高者也，而说之以厚利，则见下节而遇卑贱，必弃远矣。【夹注】所说之主，中心本出欲立高名，说臣乃陈厚利，是其见下节也。故遇卑贱必弃远矣。"稽古羲黄，祖述尧舜"，是为名高也。所说出于厚利者也。而说之以名高，则见无心而远事情，必不收矣。【夹注】所说之君，出意本规厚利，而说臣乃陈名高之节，则是说者无心，远于我之事情，必不收用也。若秦孝公志于强国，而商鞅说以帝王，故怒而不用。<u>所说实为厚利而显为名高者也，</u>【夹注】谓其君实为厚利，而详作欲为名高之节。【旁批】此层添入实类、阴阳等字，思议尤深幽入微。<u>而说之以名高，则阳收其身而实疏之；若说之以厚利，则阴用其言而显弃其身。</u>【夹注】若下文云郑武公阴欲伐戎，而关其思极论深计，虽知说当，终遭显戮也。此之不可不知也。【旁批】一束。

【眉批】第二段细推难之情状，身危六层，就近说者言，故曰以下八层，就受说者言，逐层排列，逐层钩深，意愈刻而情愈诡，真乃绘罔所而谋希微矣。<u>夫事以密成，语以泄败。</u>【旁批】提挈。未必其身泄之也，而语及其所匿之事，<u>如是者身危。</u>【夹注】事多相类，语言或说其相类之事，前人觉悟，便成泄漏，故身危。贵人有过端，而说者明言善议以推其恶者，<u>则身危。</u>【夹注】人主有过失之端，而引美善之议以推人主之恶，则身危。周泽未渥也而语极知，说行而有功则德亡，【夹注】人臣事君，未满周至之恩泽，而说事当理，事行有功，君不以为恩德，故德亡。说不行而有败则见疑，<u>如是者身危。</u>【夹注】所说之事，不行而有败，则疑其说之不听更加嫌疑，皆缘上下平日未相信孚，故疑身危也。功则不以为德，败则因而见疑。是行与不行，无一而可，如少年新进，辄议时政，勿论是否，皆非所宜。故孔子曰信而后谏。德亡如郑武公伐戎事，见疑如郑父言墙坏事之类。夫贵人得计而欲自以为功，说者与【夹注】音预。知焉，<u>则身危。</u>【夹注】人主先得其计己功，说者知前发其踪迹，身必危亡。彼显有所出事，乃自以为也故，说者与知焉，<u>则身危。</u>【夹注】谓人主明有所出事乃自以为功，而说者与知，是则以为闲，故身危。强之以其所必不为，止之以其所不能已者，<u>身危。</u>【夹注】人主必不欲有为，而说者强令为之。人主已营为，而说者强止之者，身危。故曰：与之论大人，<u>则以为间己；</u>【夹注】说彼大人之短，以为窃己之事情，乃为刺讥闲之。【旁批】又申出数层，反覆尽致。与之论细人，<u>则以为粥权。</u>【夹注】"粥权"作"卖重"。谓荐彼细微之人，言堪大用，则疑其挟诈而卖我之权。论其所爱，<u>则以为借资</u>；【夹注】谓人主爱行，人主以为借己之资籍。论其所憎，<u>则以为尝己</u>。【夹注】论说人主所憎恶，人主则以为尝试于己。径省其辞，<u>则不知而屈之</u>；【夹注】人主意在文华，而说者但径捷省略其辞，则以说者为无知而见屈辱也。泛滥博文，<u>则多而久之</u>。【夹注】人主志在简要，而说者务于浮词泛滥，博涉文华，则君上嫌其多迂诞，久而无当。言浮说广陈，必多词理，时乃永久，人主疲倦。顺事陈意，<u>则曰怯懦而不尽</u>；【夹注】陈言顺人主之意，则或怯懦而不尽事情。虑事广肆，<u>则曰草野而倨侮</u>。【夹注】草野犹鄙陋也。广陈言词，多有鄙陋，乃成倨傲侮慢。此说之难，不可不知也。【旁批】一束。

【眉批】第三段正归进说作用，是窃老氏深藏之智，而行其机械之巧，穿窬之盗者也。凡说之务，【旁批】提起正说。<u>在知饰所说之所敬，而灭其所丑</u>。【夹注】所说谓所说之主也。饰其所敬者，说士当知人主之所敬，而时以言辞文饰。灭其所丑，人主有所避讳而丑之，当灭其事端而不言。【旁批】提挈。彼自知其计，则无以其失穷之；【夹注】前人自知其失误，无以失误穷极之。自勇其断，则无以其敌怒之；【夹注】人主自勇其断，无以己意而攻闲之。自多其力，则无以其难概之。【夹注】概犹格也。秦昭王决欲攻赵，白起苦说其难，遂己之心，拒格君上，故致杜邮之僇。<u>规异事与同计，誉异人与同行者</u>，则以饰之无伤也。【夹注】贵人与甲同计，与乙同行者，说士陈言无伤甲乙也。有与同失者，则明饰其无失也。【夹注】人主与同失者，说者则可以明饰其无失也。人主与甲同失，说者文饰甲之无失。大忠无所拂辞，【夹注】大忠，志在匡君于善，君初不从，则且退止，待君之悦而又几谏，即不拂悟于君。悟言无所击排，【夹注】大忠说谏之词，本欲归于安人兴化，亦无别有所击射排摈。乃后申其辩知焉。此所以亲近不疑，【夹注】言大忠之事，拟安民兴化，事在匡弼。君初亦不击排，乃后周泽沾濡，君臣道合，乃敢辩智说焉。此所以亲近而不见疑。知尽之难也。【夹注】徐广曰："知，一作'得'。难，一作'辞'。"《索隐》曰："谓人臣尽知事上之道难也。"韩子作："得尽之辞"。正义曰："言说士知谈说之难也，为能尽此谈说之道，得当人主之心，君臣相合，乃是知尽之难。"得旷日弥久，而周泽既渥，深计而不疑，交争而不罪，乃明计利害以致其功，直指是非以饰其身，以此相持，此说之成也。【旁批】一束。

伊尹为庖，【夹注】殷本纪云"乃为有莘氏媵臣，负鼎俎，以滋味说汤致王道"是也。【旁批】拖一层。举二子以足成之，旨与后三证不一例。百里奚为虏，【夹注】晋世家云袭灭虞公，及大夫百里以媵秦穆姬也。皆所由干其上也。故此二子者，皆圣人也，犹不能无役身而涉世如此其污也，则非能仕【夹注】本集作士。之所设【夹注】本集作耻。也。

【眉批】第四段引事以证说之难。乃文家回顾展拓法。宋有富人，天雨墙坏。其子曰："不筑且有盗"，其邻人之父亦云，暮而果大亡其财，其家甚知其子而疑邻人之父。【夹注】其子邻父说皆当矣，而切见疑，非处知则难乎！昔者郑武公欲伐胡，乃以其子妻之。因问群臣曰："吾欲用兵，谁可伐者？"关其思曰："胡可伐。"乃戮关其思，曰："胡，兄弟之国也，子言伐之，何也？"胡君闻之，以郑为亲己而不备郑。郑人袭胡，取之。此二说者，其知皆当矣，然而甚者为戮，薄者见疑。非知之难也，处知则难矣。【旁批】一束。

【眉批】第五段亦引事为证，只就一人前后转移而言，曲尽情变，较前二证更深一层。昔者弥子瑕见爱于卫君。卫国之法，窃驾君车者罪至刖。既而弥子之母病，人闻，往夜告之，弥子矫驾君车而出。君闻之而贤之曰："孝哉，为母之故而犯刖罪！"与君游果园，弥子食桃而甘，不尽而奉君。君曰："爱我哉，忘其口而念我！"及弥子色衰而爱弛，得罪于君。君曰："是尝矫驾吾车，又尝食我以其余桃。"故弥子之行未变于初也，前见贤而后获罪者，爱憎之至变也。【旁批】跌宕。故有爱于主，则知当而加亲；见憎于主，则罪当而加疏。故谏说之士不可不察爱憎之主而后说之矣。【旁批】总收。

【眉批】第六段总收全局，又设一喻，为难字作影。夫龙之为虫也，【旁批】设喻切。可扰狎而骑也。然其喉下有逆鳞径尺，人有婴之，则必杀人。人主亦有逆鳞，<u>说之者能无婴人主之逆鳞</u>，<u>则几矣</u>。【旁批】正喻夹说，总束《说难》一篇。【眉批】说难篇完。

人或传其书至秦。【旁批】遥接著书十余万言。秦王见《孤愤》《五蠹》之书，曰："嗟乎，寡人得见此人与之游，死不恨矣！"李斯曰："此韩非之所著书也。"秦因急攻韩。韩王始不用非，及急，乃遣非使秦。秦王悦之，未信用。李斯、姚贾害之，毁之曰："韩非，韩之诸公子也。今王欲并诸侯，非终为韩不为秦，此人之情也。今王不用，久留而归之，此自遗患也，<u>不如以过法诛之</u>。"秦王以为然，下吏治非。李斯使人遗非药，使自杀。韩非欲自陈，不得见。秦王后悔之，使人赦之，非已死矣。

【眉批】末叙其结果，正与老子其知所终相射，传将老韩位置作首尾，天然关目。申子、韩子皆著书，【旁批】牵连。传于后世，学者多有。<u>余独悲韩子为《说难》而不能自脱耳</u>。【旁批】应前作结。

【眉批】仍以老子为宗主。太史公曰：老子所贵道，【旁批】分论。虚无，因应变化于无为，故著书辞称微妙难识。庄子散道德，放论，要亦归之自然。申子卑卑，【夹注】自勉励之意。施之于名实。韩子引绳墨，切事情，明是非，<u>其极惨礉少恩</u>。<u>皆原于道德之意</u>，<u>而老子深远矣</u>。【旁批】二句合，掉尾有致。

【总评】储同人曰：<u>老庄之弊</u>，<u>必至于申韩</u>，子长合载，其意深矣。

浦二田曰：道德刑名合传，绝识透宗，而篇神互勘，则老韩两家尤著，犹佛氏之空色殊因，故超坠异果也。<u>庄视老为露</u>，<u>申视韩为肤</u>，<u>中间牵连书之</u>，<u>让出首尾</u>，<u>以老韩两传相配为章法</u>。<u>以老子</u>

为纲领，以庄申为过接，以韩子为归结，以著书为串合，以道德刑名为关键，庄较老为简，而申子尤简，老较庄为详，而韩子尤详。至说难一篇，指事类情，穷形尽变，摘发深透极矣。而笔力纵横奇宕，尤不可方物。史公附载传中，另作奇观。老庄之弊，必至于申韩，道德之祸，必流为刑名，乃时势相激使然也。东坡韩非论原始要终，最为明透，史公合载一传，卓识千古。

三十六　孙子吴起列传赞

太史公曰：世俗所称师旅，皆道孙子十三篇，吴起兵法，世多有，故弗论，论其行事所施设者。语曰："能行之者未必能言，能言之者未必能行。"孙子筹策庞涓明矣，【夹注】用减灶法诱庞涓于马陵道，射杀之。【旁批】一扬。然不能蚤救患于被刑。【夹注】庞涓疾孙膑贤于己，诱于魏，断其足而黥之。【旁批】一抑。吴起说武侯以形势不如德，【夹注】魏武侯顾起曰："美哉乎！山河之固，此魏国之宝也。"起对曰："在德不在险。"然行之于楚，以刻暴少恩亡其躯。【夹注】后相楚，捐官废公族，被宗室大臣刺杀之。悲夫！

【总评】就言行二字折入，抑扬尽致。

三十七　伍子胥列传赞

太史公曰：怨毒之于人甚矣哉！王者尚不能行之于臣下，况同列乎！【夹注】胥入郢，掘楚平王墓，鞭其尸，申包胥责其无天道，胥曰："吾日暮途远，故倒行而逆施之。"【旁批】起笔高昂。向令【旁批】翻。伍子胥从奢俱死，何异蝼蚁。弃小义，【旁批】转。雪大耻，名垂于后世，悲夫！方子胥窘于江上，【旁批】激昂顿挫。道乞食，志岂尝须臾忘郢邪？故隐忍就功名，非烈丈夫孰能致此哉？【旁批】品评不爽。白公【夹注】太子建之子，名胜，事备载《左传》。如不自立为君者，其功谋亦不可胜道者哉！【夹注】白公胜事，附于子胥传末，故结处带及之。【旁批】即就白公报仇事翻断。

　　【总评】子胥谏越成行，及伐齐事，亦卓卓可传。赞内只就报仇一节立论，声情激昂，勃勃纸上。

三十八　商君列传

【眉批】第一段以在卫事作引。刑名之学四字，总括通篇。公叔言不用必杀，甚言鞅之贤，以激王之用耳。鞅不去，乃看破庸主，不信其贤，所以不能用，亦不能杀。若曰，如能用君之言杀臣，则必能用君之言任臣矣。再一倒看，更妙。商君者，卫之诸庶孽公子也，名鞅，姓公孙氏，其祖本姬姓也。【旁批】一篇根据，后法字俱从此出。鞅少好刑名之学，事魏相公叔座为中庶子。公叔座知其贤，未及进。会座病，魏惠王亲往问病，曰：“公叔病有如不可讳，将奈社稷何？”公叔曰：“座之中庶子公孙鞅，年虽少，有奇才，原王举国而听之。”王嘿然。王且去，座屏人言曰：“王即不听用鞅，必杀之，无令出境。”【旁批】一荐一请诛相激成势伏秦用。王许诺而去。公叔座召鞅谢曰：“今者王问可以为相者，我言若，王色不许我。我方先君后臣，因谓王即弗用鞅，当杀之。王许我。汝可疾去矣，且见禽。”鞅曰：“彼王不能用君之言任臣，又安能用君之言杀臣乎？”【旁批】即从上而层转势亦聪慧敏捷之至。卒不去。惠王既去，而谓左右曰：“公叔病甚，悲乎，欲令寡人以国听公孙鞅也，岂不悖哉！”

【眉批】第二段叙到入秦正文，强国之术四字，领起全案始见时。妙用逐层挑逗之法，以见逐渐钩话之智。进说层次即行文步骤。公叔既死，公孙鞅闻秦孝公下令国中求贤者，将修缪公之业，东复侵地，乃遂西入秦，因孝公宠臣景监以求见孝公。孝公既见卫鞅，语事良久，孝公时时睡，弗听。【旁批】一层。罢而孝公怒景监曰：“子之客妄人耳，安足用邪。”景监以让卫鞅。卫鞅曰：“吾说公以帝道，其志不开悟矣。”【旁批】一说即赞中所谓挟持浮说也。后五日，复求见鞅。鞅复见孝公，益愈，【夹注】解怒。然而未中旨。【旁批】二层。罢而孝公复让景监，景监亦让鞅。

鞅曰："吾说公以王道而未入也。【旁批】又一级。请复见鞅。"鞅复见孝公，孝公善之而未用也。罢而去。【旁批】三层。孝公谓景监曰："汝客善，可与语矣。"鞅曰："吾说公以霸道，其意欲用之矣。【旁批】先透一笔。诚复见我，我知之矣。"【旁批】添毫。卫鞅复见孝公。公与语，不自知膝之前于席也。【旁批】四层入骨矣。语数日不厌。景监曰："子何以中吾君？吾君之欢甚也。"鞅曰："吾说君以帝王之道比三代，而君曰：'久远，吾不能待。且贤君者，各及其身显名天下，安能邑邑待数十百年以成帝王乎？'【旁批】借口迷惑上作一束，恰好振起全神。故吾以强国之术说君，君大说之耳。【旁批】提出主脑。然亦难以比德于殷周矣。"【旁批】落句有神韵。

　　【眉批】第三段是建变法之议。以对效公，驳甘龙杜挚，分作三层写。依法制愚等句，伏后下令趋令。虑始乐成等句，伏后大悦大治。【眉批】有本领有作用。孝公既用卫鞅，鞅欲变法，恐天下议己。【旁批】文骨。卫鞅曰："疑行无名，疑事无功。【旁批】对效公一层。且夫有高人之行者，固见非于世；有独知之虑者，必见敖于民。愚者闇于成事，知者见于未萌。民不可与虑始而可与乐成。论至德者不和于俗，成大功者不谋于众。是以圣人苟可以强国，不法其故；苟可以利民，不循其礼。"孝公曰："善。"甘龙曰："不然。圣人不易民而教，知者不变法而治。因民而教，不劳而成功；缘法而治者，吏习而民安之。"卫鞅曰："龙之所言，世俗之言也。【旁批】驳甘龙二层。常人安于故俗，学者溺于所闻。以此两者居官守法可也，非所与论于法之外也。三代不同礼而王，五伯不同法而霸。智者作法，愚者制焉；贤者更礼，不肖者拘焉。"杜挚曰："利不百，不变法；功不十，不易器。法古无过，循礼无邪。"卫鞅曰："治世不一道，便国不法古。故汤武不循古而王，夏殷不易礼而亡。反古者不可非，而循礼者不足多。"【旁批】驳杜挚三层。孝公曰："善。"以卫鞅为左庶长，卒定变法之令。【旁批】束本段引后文。

【眉批】第四段定令民之法。以令具、下令、趋令，分作三层写。以刑劫威制之狠手，行强公杜私之深谋，本领作用俱见。令民为什伍，【夹注】五家为保，十家为连。而相牧司连坐。【夹注】牧司，谓相纠发也，一家有罪，而九家连牵发，若不纠牵，则十家连坐。不告奸者腰斩，告奸者与斩敌首同赏，【夹注】告奸一令则得爵一级，故云与斩敌首同赏也。匿奸者与降敌同罚。【夹注】律：降敌者，诛其身，没其家。今匿奸者，言当与之同罚也。民有二男以上不分异者，倍其赋。【夹注】民有二男不别为活者，一人出而课。有军功者，各以率受上爵；为私斗者，各以轻重被刑大小。僇力本业，耕织致粟帛多者复其身。事末利及怠而贫者，举以为收孥。【夹注】末利，谓工商也，蚕农桑为本，故上云本业耕织也。怠者，懈也，周礼谓之疲民，以言懈怠不事事之人而贫者，即纠牵而妆禄其妻子，设为官奴婢，何其法特又重于古制也。宗室非有军功论，不得为属籍。【夹注】宗室若无军功，则不得入属籍，谓除其籍，则虽无功不及爵秩也。明尊卑爵秩等级，各以差次名田宅，臣妾衣服以家次。【夹注】谓各随其家爵秩之班次，亦不使僭侈踰等。有功者显荣，无功者虽富无所芬华。【旁批】令具一层。

令既具，未布，恐民之不信己，乃立三丈之木于国都市南门，募民有能徙置北门者予十金。【旁批】权衡作用。民怪之，莫敢徙。复曰："能徙者予五十金。"有一人徙之，辄予五十金，以明不欺。卒下令。【旁批】下令二层。

令行于民期年，秦民之国都言初令之不便者以千数。于是太子犯法。卫鞅曰："法之不行，自上犯之。"将法太子。【旁批】法行自上行效，由此引祸亦由此。太子，君嗣也，不可施刑，刑其傅公子虔，黥其师公孙贾。【旁批】趋令三层。明日，秦人皆趋令。【旁批】先总叙后效。行之十年，【夹注】总计治秦年数。秦民大说，道不拾遗，山无盗贼，家给人足。民勇于公战，怯于私斗，乡邑大治。秦民初言令不便者有来言令便者，卫鞅曰："此皆乱化之民也。"【旁批】反追叙前事。尽迁之于边城。其后民莫敢议令。【旁批】结下令之案。

【眉批】第五段撮叙行令大效。秦人富强句，见鞅功已成，结前文。于是以鞅为大良造。【夹注】秦官。将兵围魏安邑，降之。【旁批】先叙出伏波案。居三年，【夹注】十年中分出。作为【夹注】二字疑衍。筑冀阙宫廷于咸阳，【夹注】冀阙，即魏阙也，记列教令，当于此门阙。秦自雍徙都之。而令民父子兄弟同室内息者为禁。而集小乡邑聚为县，置令、丞，凡三十一县。【旁批】废封建之始。为田开阡陌封疆，【夹注】南北曰阡，东西曰陌。【旁批】废井田之始。而赋税平。平斗桶【夹注】音勇，今之斛也。权衡丈尺。行之四年，公子虔复犯约，劓之。居五年，【夹注】同上。秦人富强，天子致胙于孝公，诸侯毕贺。【旁批】醒眼目。

【眉批】第六段详叙破魏一事。号为商君句，将鞅志已得，起后事。其明年，【夹注】第六年。齐败魏兵于马陵，虏其太子申，杀将军庞涓。【旁批】详前图魏之事。其明年，【夹注】第七年。卫鞅说孝公曰："秦之与魏，譬若人之有腹心疾，非魏并秦，秦即并魏。何者？魏居领阸之西，都安邑，【夹注】何安邑之东山，系险厄之地，即今蒲州之中线以东，连汾晋之险嶝是也。厄，阻也。与秦界河而独擅山东之利。利则西侵秦，病则东收地。今以君之贤圣，国赖以盛。而魏往年大破于齐，诸侯畔之，可因此时伐魏。魏不支秦，必东徙。东徙，秦据河山之固，东乡以制诸侯，此帝王之业也。"【旁批】乘机取势，据险开疆，此十几年中，握胜算于本领中者。孝公以为然，使卫鞅将而伐魏。魏使公子卬将而击之。军既相距，卫鞅遗魏将公子卬书曰："吾始与公子欢，今俱为两国将，不忍相攻，可与公子面相见，盟，乐饮而罢兵，以安秦魏。"魏公子卬以为然。会盟已，饮，而卫鞅伏甲士而袭虏魏公子卬，因攻其军，【旁批】以诈取人可恶，其作用之余技乃而。尽破之以归秦。魏惠王兵数破于齐秦，国内空，日以削，恐，乃使使割河西之地献于秦以和。而魏遂去安邑，徙都大梁。【夹注】纪年曰："梁惠王二十九年，秦卫鞅伐梁西鄙。"则徙大梁在惠王之二十九年也，徙蒲州安邑，徙汴州浚仪也。梁惠王曰："寡人恨不用公叔座之言也。"【旁批】应前倾盼有致。卫鞅既破魏还，秦封之于、商【夹注】于、商二县名。十五邑，号为商君。

　　【眉批】第七段加入赵良之谏一篇，将商君任法罪案，及得祸来因，俱惜此叙出作论断乃是上下关键，莫作闲文看，分作三截。【眉批】首截是进言引头。纡徐入局。商君相秦十年，【夹注】《战国策》云，效公行商君法十八年而死，于此文不同者，盖连其未作相之年也。宗室贵戚多怨望者。【旁批】叙得祸之根，是史笔。赵良见商君。商君曰："鞅之得见也，从孟兰皋，【夹注】孟兰皋，人姓名也，言鞅前因兰皋得与赵良相见也。今鞅请得交，可乎？"【旁批】补出前事来由。赵良曰："仆弗敢愿也。"【旁批】此等只是遥说引头。孔丘有言曰："推贤而戴者进，聚不肖而王者退。"仆不肖，故不敢受命。仆闻之曰："非其位而居之曰贪位，非其名而有之曰贪名。"【旁批】开口即用设身说法。仆听君之义，则恐仆贪位贪名也。故不敢闻命。商君曰："子不说吾治秦与？"赵良曰："反听之谓聪，内视之谓明，自胜之谓强。"虞舜有言曰："自卑也尚矣。君不若道虞舜之道，无为问仆矣。"商君曰："始秦戎翟之教，父子无别，同室而居。今我更制其教，而为其男女之别，大筑冀阙，营如鲁卫矣。【旁批】只自后其功不曾想着结果。子观我治秦也，孰与五羖大夫贤？"赵良曰："千羊之皮，不如一狐之掖；千人之诺诺，不如一士之谔谔。武王谔谔以昌，殷纣墨墨以亡。【夹注】以殷纣比商君。君若不非武王乎，【旁批】纡徐说入。则仆请终日正言而无诛，可乎？"商君曰："语有之矣，貌言华也，至言实也，苦言药也，甘言疾也。夫子果肯终日正言，鞅之药也。鞅将事子，子又何辞焉！"

　　【眉批】次截借五羖大大相形，与商君反对。赵良曰："夫五羖大夫，荆之鄙人也。【夹注】百里奚，南阳宛人，属楚故云荆。【旁批】此下入正言，赵口就五羖大夫说入。闻秦缪公之贤而原望见，行而无资，自粥于秦客，被褐食牛。期年，缪公知之，**举之牛口之下，而加之百姓之上**，秦国莫敢望焉。相秦六七年，而伐郑，三置晋国之君，【夹注】谓立晋惠公、怀公、文公也。【旁批】述五羖相业一层，皆与法反对。一救荆国之祸。【夹注】十二诸侯年表，穆公二十八年，会晋救楚朝周，此云收荆未详。发教封内，而巴人致贡；施德诸侯，而八戎来服。由余闻之，款关请见。【夹注】款，叩也。五羖大夫之相秦也，劳不坐乘，暑不张盖，行于国中，不从车乘，不操干戈，**功名藏于府库，德行施于后世**。【旁批】述五羖素行一层，因商君张威设辇，意来作反对于五羖，不必有实据。**五羖大夫死，秦国男女流涕，童子不歌谣，舂者不相杵**。【夹注】相，谓送杵声，以音声自动也。【旁批】与商君律祸对照。**此五羖大夫之德也**。【旁批】入商君先通数其罪，与五羖相业一层对。

　　【眉批】后截正说商君。数其前行之罪，怵以后日之祸，并示以现在处置之策，句句危悚。今君之见秦王也，**因嬖人景监以为主，非所以为名也**。相秦不以百姓为事，而大筑冀阙，**非所以为功也**。刑黥太子之师傅，残伤民以骏刑，**是积怨畜祸也**。**教之化民也深于命**，【夹注】教，谓商鞅之令。命，谓秦君之命。言人谓鞅甚于秦君。**民之效上也捷于令**。【夹注】上，谓商鞅之处分。令，谓秦君之教令。今君又左建外易，**非所以为教也**。【夹注】左建，谓以左道建立威权也。外易，谓在外革易君命也。君又南面而称寡人，日绳秦之贵公子。《诗》曰：'相鼠有体，人而无礼，人而无礼，何不遄死。'以《诗》观之，**非所以为寿也**。【旁批】拖到后祸是本意。公子虔杜门不出已八年矣，君又杀祝欢而黥公孙贾。《诗》曰：'得人者兴，失人者崩。'**此数事者，非所以得人也**。君之出也，后车十数，从车载甲，多力而骈胁者为骖乘，【旁批】此说出内怯周防与五羖自来一层对。持矛而操闟戟者旁车而趋。此一物不【夹注】音率，挺也。具，君固不出。《书》曰：'恃德者昌，恃力者亡。'【夹注】此周书之言，孔子所删。【旁批】又引出后祸。君之危若朝露，尚将欲延年益寿乎？【旁批】以处置之法正，全之作收局。则何不归十五都，【夹注】卫鞅所封于二县以为国，其中凡有十五都，故赵良劝令归之。灌园于鄙，劝秦王显岩穴之士，养老存孤，敬父兄，序有功，尊有德，可以少安。君尚将贪商于之富，宠秦国之教，畜百姓之怨，秦王一旦捐宾客而不立朝，秦国之所以收君者，岂其微哉？【夹注】谓鞅于秦无仁恩，故秦国之所以将收禄鞅者，其效甚明。【旁批】当头一喝，如此而不悟宠利之弊，胡与抑恶报之难漏与？亡可翘足而待。"商君弗从。

【眉批】第八段结商君之案。为法之弊与刑名之学，一起一结，首尾相映。后五月而秦孝公卒，太子立。【旁批】冤对急速。公子虔之徒告商君欲反，发吏捕商君。商君亡至关下，欲舍客舍。客人【夹注】当作舍人。不知其是商君也，曰："商君之法，舍人无验者坐之。"【旁批】偏用当身受。商君喟然叹曰："嗟乎，为法之敝一至此哉！"【旁批】偏用就口说借，作结。去之魏。魏人怨其欺公子卬而破魏师，弗受。【旁批】又投身于魏，途穷智短矣。商君欲之他国。魏人曰："商君，秦之贼。秦强而贼入魏，弗归，不可。"遂内秦。商君既复入秦，走商邑，与其徒属发邑兵北出击郑。【夹注】京兆郑县也，其地是郑桓公友之所封。秦发兵攻商君，杀之于郑黾池。【夹注】黾池去郑三百里，盖秦兵至郑破商邑兵，而商君东走至黾，乃擒杀之。秦惠王车裂商君以徇，【旁批】以果报结局，垂戒深矣。曰："莫如商鞅反者！"遂灭商君之家。【旁批】刑名结局。

太史公曰：商君，其天资刻薄人也。【旁批】断定。迹其欲干孝公以帝王术，挟持浮说，非其质矣。【夹注】浮说，即虚说也，谓鞅得用，刑政深刻。又欺魏将，是其天资自有狙诈，则初为效公论帝王之术，是浮说耳，非本性也。【旁批】勘破。且所因由嬖臣，及得用，刑公子虔，欺魏将卬，不师赵良之言，亦足发明商君之少恩矣。余尝读商君开塞耕战书，与其人行事相类。【夹注】按商君书，开谓刑严峻，则致化开。塞，谓布恩赏，则政化塞其意大于严刑少恩。又为田开阡陌，及言斩敌皆赐爵，是耕战书也。<u>卒受恶名于秦，有以也夫</u>！【旁批】不枉。

【总评】储同人曰：刻薄少恩，四字断得确甚，鞅之作相，秦之并兼在此。鞅之车裂，秦之速亡亦在此。

浦二田曰：篇首看领局委蛇之妙，正幅看逐节分层、心术手段、夹发互藏之妙，功成之后，祸至之前，入赵良一谏，看附传入彀之妙，篇尾看结局果报森严之妙，其人其事，关运会变迁，有用之文。

商鞅用秦，纯于用法。首以"刑名之学"一句作提，以后欲变法、定变法、下令、趋令，莫敢议令，太子犯法，公子犯约，<u>皆以法用，</u><u>所谓刑名之学也。</u><u>终以"为法之敝"一句作束，</u>而太史公<u>即以"天资刻薄"四字断之，</u><u>血脉贯通。</u>首以魏不用起，中叙伐魏事，末以之魏内秦收，不杂不漏。

三十九　苏秦列传赞

太史公曰：苏秦兄弟三人，皆游说诸侯以显名，其术长于权变。而苏秦被反间以死，【夹注】死于齐。天下共笑之，讳学其术。然世言苏秦多异，异时事有类之者皆附之苏秦。<u>夫苏秦起闾阎，连六国从亲，此其智有过人者。</u>【旁批】品评不爽。吾故列其行事，次其时序，<u>毋令独蒙恶声焉。</u>【旁批】雪秦之冤。

【总评】战国时苏秦之才高出余子，观其论六国形势可见。

四十　张仪列传赞

太史公曰：三晋多权变之士，夫言从衡强秦者，大抵皆三晋之人也。夫张仪【夹注】魏人。之行事甚于苏秦，【旁批】仪自不如秦。然世恶苏秦者，以其先死，<u>而仪振暴其短以扶其说，</u>【旁批】剌仪之隐。成其衡道。要之，<u>此两人真倾危之士哉！</u>

【总评】秦仪两人，自古并称，似此品题，极平极允。

四十一　穰侯列传赞

　　太史公曰：穰侯，昭王亲舅也。而秦所以东益地，弱诸侯，尝称帝于天下，天下皆西向稽首者，穰侯之功也。及其贵极富溢，【旁批】笔意顿挫。一夫开说，身折势夺【夹注】范雎说秦昭王，穰侯于是免相国。而以忧死，况于羁旅之臣乎！【旁批】宕开一步。

　　【总评】只就穰侯咏叹，而秦少恩意，自在言外。

四十二　白起王翦列传赞

太史公曰：鄙语云："尺有所短，寸有所长。"【夹注】先立两句。白起料敌合变，【旁批】一扬。出奇无穷，声震天下，然不能救患于应侯。【夹注】先与范雎有隙，后范雎于秦昭王前，议令赐剑自裁，死于杜邮。【旁批】一抑。王翦为秦将，夷六国，当是时，翦为宿将，始皇师之，【旁批】一扬。然不能辅秦建德，固其根本，【旁批】此论尤正。偷合取容，以至均【夹注】同殁，又训埋。身。【夹注】俱一反一正，用两然不能对转。及孙王离为项羽所虏，【旁批】推及其后。不亦宜乎！【夹注】王离围赵于巨鹿，离秦之名将也。客曰："不然，夫为将三世者，必败以其所杀伐多，其后受其不祥。"彼各有所短也。【旁批】以应作收。

【总评】储同人曰：太史公责王氏蒙氏，俱以人事准天道，足为万世炯戒。

四十三 孟子荀卿列传

【眉批】直提孟子，就利字唱叹而入，便见战国上下习尚，而孟子所抱之道不合也，包含通篇大意首段正叙。太史公曰：余读孟子书，至梁惠王问："何以利吾国，未尝不废书而叹也。"【旁批】如此起法，便已认定主人后虽客多而不混乱。曰：嗟乎，利诚乱之始也！【旁批】叹得远。夫子罕言利者，常防其原也。【旁批】便引孔子渊源折衷之主。故曰："放于利而行，多怨。"自天子至于庶人，好利之弊何以异哉！【旁批】高声一唱，后趋利干时诸子俱已括起。

【眉批】首段正叙，道既通，所知不合，作孟子七篇，只此三句，一升学术遇合，及有功后世，俱已括尽，而前已受业子思起，【眉批】止更见圣学真传。孟轲，邹人也。【夹注】今山东兖州府邹县。受业子思之门人。【旁批】圣学渊源在此。道既通，【旁批】三字君子舆不能当。游事齐宣王，宣王不能用。适梁，梁惠王不果所言，则见以为迂远而阔于事情。当是之时，秦用商君，富国强兵；楚、魏用吴起，战胜弱敌；【旁批】先列商君等，为后三驺及淳于髡等人作引。齐威王、宣王用孙子、田忌之徒，而诸侯东面朝齐。天下方务于合从连衡，以攻伐为贤，而孟轲乃述唐、虞、三代之德，是以所如者不合。【旁批】大利眼。退而与万章之徒序诗书，述仲尼之意，作《孟子》七篇。【旁批】渊源正叙孟子止此。其后有驺子之属。【旁批】大开。

【眉批】中段详写，传孟子，突出三邹，而三邹中只出其二，而二子中一用个叙，只以一邹衍极力胜，那大作开势，至后用转折之笔作合，文法奇变，此以邹衍作详，亦附传也，后淳于诸人同例。齐有三驺子。其前驺忌，以鼓琴干威王，【旁批】叙邹忌。因及国政，封为成侯而受相印，先孟子。【旁批】跟定主人。其次驺衍，后孟子。驺衍睹有国者益淫侈，【旁

【批】以下叙邹衍详。不能尚德，若大雅整之于身，施及黎庶矣。乃深观阴阳消息而作怪迂之变，【旁批】实述仲尼异。《终始》《大圣》之篇十余万言。其语闳大不经，【旁批】为七篇映衬。【旁批】提。必先验小物，推而大之，【旁批】此是先小而推及大。至于无垠。先序今以上至黄帝，【旁批】此是先今而推及古。学者所共术，大并世盛衰，因载其机祥度制，推而远之，至天地未生，窈冥不可考而原也。先列中国名山大川，通谷禽兽，【旁批】此是先近而推及远。水土所殖，物类所珍，因而推之，及海外人之所不能睹。称引天地剖判以来，五德转移，治各有宜，而符应若兹。以为儒者所谓中国者，于天下乃八十一分居其一分耳。【夹注】桓宽王充，以衍之所言迂怪虚妄，荧惑六国之君，所谓匹夫而荧惑诸侯也。【旁批】以为二字贯下又推比一层，极荒诞不然之说。中国名曰赤县神州。赤县神州内自有九州，禹之序九州是也，不得为州数。中国外如赤县神州者九，乃所谓九州岛也。于是有裨海环之，【夹注】裨，音脾，裨海，小海也。九州之外，更有大瀛海，故知此裨，小海也。且将有裨将，裨是小义也。人民禽兽莫能相通者，如一区中者，乃为一州。如此者九，乃有大瀛海环其外，天地之际焉。其术皆此类也。【旁批】收。然要其归，必止乎仁义节俭，【旁批】假托之误，似是而非。君臣上下六亲之施，始也滥耳。【夹注】滥，即滥觞，是江原之初始。故此文意以滥为初也，谓衍之术，言君臣上下六亲之际所施所治，皆可以为后代之本，故云滥耳。王公大人初见其术，惧然顾化，【夹注】谓衍之术，皆动人心，见者莫不怵然，驱想，又内心留顾，而已化之，欲徙其术也。其后不能行之。

　　是以驺子重于齐。适梁，惠王郊迎，【旁批】以下为所知不合映衬。执宾主之礼。适赵，平原君侧行撇席。【夹注】撇，拂也，谓偈行而衣，撇席为敬，不敢正坐，当宾主之礼也。如燕，昭王拥彗先驱，【夹注】彗，帚也，谓为之扫地，以衣袂拥帚而却行，恐尘埃之及长者，所以为敬也。请列弟子之座而受业，筑碣石宫，身亲往师之。作主运。【夹注】邹子书，有

主运篇。其游诸侯见尊礼如此,【旁批】就邹衍颂跌而入。<u>岂与仲尼菜色</u>
<u>陈蔡,</u>【旁批】带定孔子。<u>孟轲困于齐梁同乎哉!</u>【夹注】仲尼、孟子法先
王,行仁义,且菜色困穷,而邹衍执诡怪,荧惑诸侯,其见礼重如此,可为长太
息哉。【旁批】大合。故武王以仁义伐纣而王,伯夷饿不食周粟;卫灵
公问陈,而孔子不答;【旁批】又引伯夷孔子作比例,回环感叹,便是孟子
传质。梁惠王谋欲攻赵,孟轲称大王去邠。<u>此岂有意阿世俗苟合而已</u>
<u>哉!</u>【旁批】激射诸子。<u>持方枘欲内圜凿,其能入乎?</u>【夹注】方枘,笋也。
圆凿,孔也,工人折木,以方简而内之圆孔,不可入也。楚词云:"以方枘而纳
圆凿者,吾知其龃龉而不入也。"谓战国时仲尼、孟轲以仁义干世主,犹方枘圆
凿然也。【旁批】暗激所如,不合作断结。

　　【眉批】末段余波,即从骑衍落出稷下淳于诸人,以来为提,章法妙绝。或
曰,伊尹负鼎而勉汤以王,【旁批】又起波澜使人不测。百里奚饭牛车下
而缪公用霸,作先合,然后引之大道。<u>骑衍其言虽不轨,</u>【旁批】跌宕
生姿。<u>傥亦有牛鼎之意乎?</u>【夹注】言衍之术迂大,倘若大用,有牛鼎之意。
<u>自骑衍与齐之稷下先生,</u>如淳于髡、慎到、环渊、接子、田骈、骑
奭之徒,【夹注】稷,齐之城门也,或曰稷山名,谓齐之学士,集于稷门之下
也。环渊接子,古著书人之称号也。【旁批】联络。<u>各著书言治乱之事,</u>【旁
批】映合孟子七篇。<u>以干世主,岂可胜道哉!</u>【旁批】似楼似住,若断若连。

　　【眉批】淳于髡单叙衬。淳于髡,齐人也。博闻强记,学无所主。
【旁批】与述仲尼异。其谏说慕晏婴之为人也,然而承意观色为务。客
有见髡于梁惠王,【旁批】六字尽出行径,应干世主之意。惠王屏左右,独
坐而再见之,<u>终无言也。</u>【旁批】顿笔妙。惠王怪之,以让客曰:"子之
称淳于先生,管、晏不及,及见寡人,寡人未有得也。岂寡人不足为
言邪?何故哉?"客以谓髡。髡曰:"固也。吾前见王,王志在驱逐;
后复见王,王志在音声:吾是以默然。"客具以报王,【旁批】王阳明谓
此必探之左右,以欺世主,然亦可见其承意,观色入微处。王大骇,曰:"嗟

乎，淳于先生诚圣人也！前淳于先生之来，人有献善马者，寡人未及视，会先生至。后先生之来，人有献讴者，未及试，亦会先生来。<u>寡人虽屏人，然私心在彼，有之</u>。"【夹注】谓私心实在彼马与讴也，有之谓我实有此二事也。后淳于髡见，壹语，连三日三夜无倦。【旁批】与所如不合衬映。惠王欲以卿相位待之，髡因谢去。于是送以安车驾驷，束帛加璧，黄金槽镒。终身不仕。

【眉批】慎到、田骈、接子、环渊，四人总叙，衬二。慎到，赵人。田骈、接子，齐人。环渊，楚人。皆学黄老道德之术，【旁批】与述仲尼异。因发明序其指意。故慎到著十二论，环渊著上下篇，【旁批】衬孟子七篇，应著者言治乱。而田骈、接子皆有所论焉。

【眉批】驺奭文单叙，补出以足三驺，衬三。驺奭者，齐诸驺子，<u>亦颇采驺衍之术以纪文</u>。【旁批】回应驺衍与述仲尼异。

　　于是齐王嘉之，<u>自如淳于髡以下</u>，皆命曰列大夫，为开第康庄之衢，【夹注】《尔雅》曰："四达谓之衢，五达谓之康，六达谓之庄。"【旁批】回应淳于髡等，将稷下先生作一总束，反映所知不合文法变化。高门大屋，尊宠之。<u>览天下诸侯宾客，言齐能致天下贤士也</u>。【旁批】竟伏老。

【眉批】此传荀卿也。于驺衍诸人，为宾中之主，于孟子为主中之宾。储同人云："荀子亦能守道而废死兰陵，故以为孟子之亚。"荀卿，赵人。【夹注】名况，卿者，时人相尊而号为卿也。年五十始来游学于齐。驺衍之术迂大而闳辩；【旁批】又承诸子映入。奭也文具难施；淳于髡久与处，时有得善言。故齐人颂曰："<u>谈天衍，雕龙奭，炙毂过髡</u>。"【夹注】刘向别铎曰："邹衍所言，五德终始，天地广大，故曰'谈天'，驺奭修衍之文，饰若雕镂龙文，故曰'雕龙'。"别录曰："'过'字作'輠'，輠者，车之盛膏器也，炙之虽尽，犹有余流者，言淳于髡智不尽，如炙輠也。"左思齐都赋注曰："言其多智难尽，如脂膏过之有润泽也。"田骈之属皆已死。齐襄王时，【旁批】散去诸子。而荀卿最为老师。齐尚修列大夫之缺，【旁批】应前列大夫。而荀卿三为祭酒焉。齐人或谗荀卿，【旁批】映所如不合。荀卿乃适楚，而春申君以为兰陵令。春申君死而荀卿废，因家兰陵。李斯尝为弟子，已而相秦。荀卿嫉浊世之政，【旁批】于荀传中加入李斯，庄周亦映衬法，亡国乱君相属，不遂大道而营于巫祝，信机祥，鄙儒小拘，如庄周等又猾稽乱俗，于是推儒、墨、道德之行事兴坏，序列着数万言而卒。【旁批】与述仲尼亦异，应孟子七篇，及诸子著书亦治乱。因葬兰陵。

　　【眉批】传荀卿后，忽又转出公孙龙等七子，牵连并反衬荀卿，并衬孟子也。前列商君等虚写，中列三邹淳于等实写，后又列公孙龙等虚写，前后相照，虚实相参，章法神妙。而赵亦有公孙龙为坚白同异之辩，【夹注】晋太康地记云："汝南西平县有龙渊水，可用淬刀剑，特尖利，故有坚白之论，云'黄，所以为坚也；白，所以为利也'。或辩之曰'白，所以为不坚；黄，所以为不利'。"【旁批】而字转下波外之波。剧子之言；【夹注】姓剧氏，称子，史不记其名。魏有李悝，尽地力之教；【夹注】李子三十二篇，李悝相魏文侯，富国强兵。楚有尸子、长卢；【夹注】尸子，卫商鞅之客，著书二十篇。长卢著书九篇。阿之吁子焉。【夹注】阿者，今之东阿，吁子十八篇。自如孟子至于吁子，世多有其书，故不论其传云。【旁批】回顾主人作一总收。

　　盖墨翟，宋之大夫，善守御，【旁批】又幻出一波作掉尾。为节用。【夹注】公输班为云梯之械攻宋，墨子解带为城，公输班之攻械尽，故曰班技已尽墨守有余。或曰并孔子时，或曰在其后。【旁批】回顾孔子作不了语竟住妙。

　　【总评】徐退山曰：孟荀传错叙十数子，叙孟荀偏少，诸子偏多。叙诸子斜斜整整，离离合合，每回顾孟子传，首读孟子书，数笔便见诸子之阴。以利于当世而遇，孟子独不遇，故盛称诸子，正是反形孟子。不独仲尼菜色一笔，合到孟子。即淳于以下，绝不提孟子，而笔笔形孟子。开第康庄，言齐招致天下贤士，此中却不见一孟子。至结始缴，极宾主参互变化出没之妙。

储同人曰：孟荀传变化诡谲，总与伯夷传同。盖以诸子衬孟荀，并是以荀子陪孟子耳，观入手处便可见。

孟荀合传似乎不伦，然当是时，承秦火之余，崇黄老之术，六经与百家之说错杂，史公能于诸子中特表一孟子，曰道既通，曰述仲尼，此是何等眼界。至荀子际战国时，不肯阿世苟合，卒至废死兰陵。在诸子中自属矫矫，故取而合之。然位置间仍有主客轻重之分，不得执此议之。唐韩文公论荀子篇，便从孟子引起。曰："孔子之道尊。"又曰："孟氏醇乎其醇者也。荀大醇而小疵。"及与孟尚书篇云："孟氏之功，不在禹之下。"与史公皆千古卓识。

四十四　平原孟尝君列传 录平原君

【眉批】一篇以宾客为主，先行提出。平原君赵胜者，赵之诸公子也。
【夹注】赵惠文王弟。诸子中胜最贤，喜宾客，【旁批】提笔。宾客盖至者
数千人。平原君相赵惠文王及孝成王，【旁批】相业只虚括。三去相，
三复位，封于东武城。

　　【眉批】先叙斩美人一事。极写平原好士，借来作引。平原君家楼临民
家。民家有躄者，【夹注】跛也。槃散行汲。平原君美人居楼上，临
见，大笑之。明日，躄者至平原君门，请曰："臣闻君之喜士，士不
远千里而至者，以君能贵士而贱妾也。【旁批】伏后。臣不幸有罢癃之
病，【夹注】腰曲而背隆高。而君之后宫临而笑臣，臣愿得笑臣者头。"
【旁批】奇事奇语。平原君笑应曰："诺。"躄者去，平原君笑曰："观此
竖子，乃欲以一笑之故杀吾美人，不亦甚乎！"【旁批】反跌。终不杀。
居岁余，宾客门下舍人稍稍引去者过半。【旁批】战国习气至此。平原
君怪之，曰："胜所以待诸君者未尝敢失礼，而去者何多也？"门下
一人前对曰："以君之不杀笑躄者，以君为爱色而贱士，士即去耳。"
【旁批】应前贵士贱妾。于是平原君乃斩笑躄者美人头，自造门进躄者，
因谢焉。其后门下乃复稍稍来。【旁批】与稍稍引去应。是时齐有孟尝，
魏有信陵，楚有春申，【旁批】忽插入三公子闲笔史笔。故争相倾以待士。
【旁批】与喜宾客应。

　　【眉批】以下叙毛遂遂定从事，乃第一出色，作传中正文，划分三段。【眉
批】首段在未行前，得十九人，而不取毛遂，自赞请行，而以为无有。及与偕
行，而相与目笑，步步作反跌之势。秦之围邯郸，【夹注】赵惠文王九年，秦
昭三十五年。赵使平原君求救，合从于楚，【旁批】提笔。约与食客门下
有勇力文武备具者二十人偕。【旁批】以自负多客作引。平原君曰："使

文能取胜，则善矣。【旁批】以文胜作挑。文不能取胜，则歃血于华屋之下，必得定从而还。【旁批】伏按剑劫楚王一层。士不外索，取于食客门下足矣。"得十九人，余无可取者，无以满二十人。【旁批】先作反跌势。门下有毛遂者，前，自赞【旁批】突出自赞便奇。于平原君曰："遂闻君将合从于楚，约与食客门下二十人偕，不外索。今少一人，愿君即以遂备员而行矣。"平原君曰："先生处胜之门下几年于此矣？"毛遂曰："三年于此矣。"平原君曰："夫贤士之处世也，譬若锥之处囊中，其末立见。【旁批】语隽。今先生处胜之门下三年于此矣，左右未有所称诵，胜未有所闻，是先生无所有也。先生不能，先生留。"【旁批】从平原对面反跌，先生字叠用有致。毛遂曰："臣乃今日请处囊中耳。【旁批】即就平原语说来郁气勃勃。使遂蚤得处囊中，乃脱颖【夹注】环也。而出，非特其末见而已。"平原君竟与毛遂偕。十九人相与目笑之而未废也。【夹注】发一作废，皆目视而轻笑之，未能即废弃之也。【旁批】又就十九人侧面反跌，目笑二字有致。

　　【眉批】次段正叙劫楚定从之事，按剑陈词，叙来先有声势，后入正议。【眉批】只诮其受创于秦，并无一字及赵，却使楚王容身无所，而从不能不定，真是才识过人。毛遂比至楚，与十九人论议，十九人皆服。【旁批】先推倒十九人作引局。平原君与楚合从，言其利害，日出而言之，日中不决。【旁批】所谓文不能取胜。十九人谓毛遂曰："先生上。"【旁批】跟皆服来。毛遂按剑历阶而上，【旁批】有气色。谓平原君曰："从之利害，两言而决耳。【旁批】出语便爽便奇。今日出而言从，日中不决，何也？"【旁批】诘其主而不诘楚王有态。楚王谓平原君曰："客何为者也？"平原君曰："是胜之舍人也。"楚王叱曰："胡不下！吾乃与而君言，【旁批】一此蹴起机锋。汝何为者也！"【旁批】两何为应。毛遂按剑而前曰："王之所以叱遂者，【旁批】手按剑而口劫取，先夺其魄。以楚国之众也。今十步之内，王不得恃楚国之众也，王之命县于遂手。【旁批】照按剑，<u>吾君在前，叱者何也</u>？【旁批】应叱字。<u>且遂闻汤以七十里之地</u><u>王天下</u>，【旁批】以下入正议。文王以百里之壤而臣诸侯，岂其士卒众多哉，【旁批】仍就楚国之众说入。诚能据其势而奋其威。今楚地方五千里，【旁批】先扬之。持戟百万，此霸王之资也。以楚之强，天下弗能当。<u>白起</u>，<u>小竖子耳</u>，【旁批】次抑之。率数万之众，兴师以与楚战，<u>一战而举鄢郢，再战而烧夷陵，三战而辱王之先人</u>。<u>此百世之怨而赵</u><u>之所羞</u>，<u>而王弗知恶焉</u>。【旁批】后激之。<u>合从者为楚</u>，<u>非为赵也</u>。【旁批】所谓两言一次。<u>吾君在前，叱者何也</u>？"【旁批】后一句应极有声势。楚王曰："唯唯，诚若先生之言，谨奉社稷而以从。"【旁批】楚王气索。毛遂曰："从定乎？"【旁批】敲一句紧。楚王曰："定矣。"毛遂谓楚王之左右曰："取鸡狗马之血来。"【旁批】呼血来紧。毛遂奉铜盘而跪进之楚王曰："王当歃血而定从，次者吾君，次者遂。"遂定从于殿上。毛遂左手持槃血而右手招十九人曰："<u>公相与歃此血于堂下</u>。【旁批】又生一波照应十九人顾盼生姿，且藉此奚落为目笑吐气。<u>公等录录</u>，<u>所谓</u><u>因人成事者也</u>。"

【眉批】末段在从定后，劫归平原内渐，与未行前一段，反正相应。平原君已定从而归，归至于赵，曰："<u>胜不敢复相士</u>。【旁批】乃云余无可取耶。胜相士多者千人，寡者百数，【旁批】应宾客数千人。自以为不失天下之士，今乃于毛先生而失之也。毛先生一至楚，而使赵重于九鼎大吕。【旁批】极赞扬中带愧色叠用先生亦与前相映。毛先生以三寸之舌，强于百万之师。<u>胜不敢复相士</u>。"【旁批】复一向应。遂以为上客。【旁批】结毛遂。

【眉批】次叙李同请御秦围一事，于毛遂定从后，楚救未至前，恰因此邯郸得存，故插叙之，藉作一波。平原君既返赵，<u>楚使春申君将兵赴救</u><u>赵</u>，<u>魏信陵君亦矫夺晋鄙军往救赵</u>，<u>皆未至</u>。【旁批】三句提清眉目。秦急围邯郸，邯郸急，且降，平原君甚患之。邯郸传舍吏子李同，【旁批】名谈史公讳。说平原君曰："君不忧赵亡邪？"平原君曰："赵亡则胜为虏，何为不忧乎？"李同曰："邯郸之民，炊骨易子而食，可谓急矣，而君之后宫以百数，婢妾被绮縠，余粱肉，而民褐衣不完，糟糠不厌。民困兵尽，或剡木为矛矢，而君器物钟磬自若。使秦破赵，君安得有此？使赵得全，君何患无有？今君诚能令夫人以下编于士卒之间，【旁批】亦危急时激劝士卒之策。分功而作，家之所有尽散以飨士，士方其危苦之时，易德耳。"于是平原君从之，得敢死之士三千人。李同遂与三千人赴秦军，秦军为之却三十里。亦楚、魏救至，秦兵遂罢，【旁批】应前皆未至。邯郸复存。李同战死，【旁批】伏后请封。封其父为李侯。【旁批】结李同。

　　【眉批】拖叙虞卿请封一事。此在定从楚救之后，故连及之，藉此结案。虞卿欲以信陵君之存邯郸为平原君请封。【旁批】插入虞卿，为虞卿合传作引。公孙龙闻之，夜驾见平原君曰："龙闻虞卿欲以信陵君之存邯郸为君请封，有之乎？"平原君曰："然。"龙曰："此甚不可。且王举君而相赵者，非以君之智能为赵国无有也。割东武城而封君者，非以君为有功也，而以国人无勋，乃以君为亲戚故也。君受相印不辞无能，割地不言无功者，亦自以为亲戚故也。今信陵君存邯郸而请封，是亲戚受城而国人计功也。【旁批】言受城则缘亲戚计功则如国人复一句。此甚不可。且虞卿操其两权，事成，操右券以责；【夹注】言虞卿论平原君取封事成，则操其右券以责报德也。事不成，以虚名德君。君必勿听也。"平原君遂不听虞卿。【旁批】结虞卿请封事。

　　平原君以赵孝成王十五年卒。子孙代，后竟与赵俱亡。

　　平原君厚待公孙龙。公孙龙善为坚白之辩，及邹衍过赵言至道，乃绌公孙龙。【旁批】结公孙龙。

　　太史公曰：平原君，翩翩浊世之佳公子也，【旁批】一扬。然未睹大体。【旁批】一抑，确评。鄙语曰："利令智昏"，平原君贪冯亭邪说，【旁批】补传所未载。使赵陷长平兵四十余万众，邯郸几亡。【夹注】传中不载冯亭事，却于赞中补出，为平原讳也。虞卿料事揣情，为赵画策，何其工也！【旁批】一扬。及不忍魏齐，卒困于大梁，庸夫且知其不可，【旁批】一抑。况贤人乎？然虞卿非穷愁，亦不能著书以自见于后世云。【旁批】只以著书作致，隐然自况。【眉批】虞卿传发明割地事秦之害，曲析透露，然已载《国策》，故未录。

　　【总评】出色写一毛遂，余作前后点缀，关节开通，布置入妙。

四十五　信陵君列传

魏公子无忌者，魏昭王子少子而魏安釐王异母弟也。【旁批】称魏公子贵之也，春秋笔法。昭王薨，安釐王即位，封公子为信陵君。是时范睢亡魏相秦，以怨魏齐【夹注】魏相也。故，秦兵围大梁，破魏华阳下军，走芒卯。魏王及公子患之。【旁批】不了。

【眉批】此段括其为人作提，仁而下士，非徒喜客豪举，不敢加兵谋魏，见其乃心为国明君中，当首屈一指。公子为人仁而下士，士无贤不肖皆谦而礼交之，不敢以其富贵骄士。【旁批】总挈仁而下士以其身，击魏重轻传中两议夹写。士以此方数千里争往归之，致食客三千人。当是时，诸侯以公子贤，多客，不敢加兵谋魏十余年。【旁批】为公子生色，为好客生色。

【眉批】此段借一闲事作引，以见公子多客之用，且以伏魏王疑忌之因。公子与魏王博，而北境传举烽，言："赵寇至，且入界。"魏王释博，欲召大臣谋。公子止王曰："赵王田猎耳，非为寇也。"复博如故。王恐，心不在博。【旁批】细写。居顷，复从北方来传言曰："赵王猎耳，非为寇也。"魏王大惊，曰："公子何以知之？"公子曰："臣之客有能深得赵王阴事者，【旁批】借逗客之用。赵王所为，客辄以报臣，臣以此知之。"是后魏王畏公子之贤能，不敢任公子以国政。【旁批】一笔伏后脉，不待秦开之来。

【眉批】以下入侯嬴事，分三段。【眉批】首段叙公子下士，刻意写侯生，正是刻意写公子。魏有隐士曰侯嬴，【旁批】提侯嬴加隐士二字是特笔。年七十，家贫，为大梁夷门监者。公子闻之，往请，欲厚遗之。不肯受，曰："臣修身洁行数十年，终不以监门困故而受公子财。"公子于是乃置酒大会宾客。坐定，公子从车骑，虚左，自迎夷门侯生。侯生摄敝【夹注】敝。衣冠，直上载公子上坐，不让，欲以观公子。【旁批】一层。<u>公子执辔愈恭</u>。侯生又谓公子曰:"臣有客在市屠中,愿枉车骑过之。"公子引车入市,侯生下见其客朱亥,【旁批】无意中先一点。俾倪【夹注】不正视貌。<u>故久立,与其客语</u>,【旁批】摹写。微察公子。【旁批】二层。<u>公子颜色愈和</u>。<u>当是时</u>,<u>魏将相宗室宾客满堂</u>,【旁批】总上二层,再一写照,入神之笔。<u>待公子举酒</u>。市人皆观公子执辔。从骑皆窃骂侯生。<u>侯生视公子色终不变</u>,【旁批】三层。乃谢客就车。至家,公子引侯生坐上坐,遍赞宾客,【夹注】以生遍告宾客。宾客皆惊。酒酣,公子起,为寿侯生前。侯生因谓公子曰:"今日嬴之为公子亦足矣。【旁批】突然一句,反作极力为公子者奇。嬴乃夷门抱关者也,而公子亲枉车骑,自迎嬴于众人广坐之中,不宜有所过,今公子故过之。<u>然嬴欲就公子之名,故久立公子车骑市中,过客以观公子,公子愈恭</u>。<u>市人皆以嬴为小人,而以公子为长者能下士也</u>。"【旁批】一语透出精神。于是罢酒,侯生遂为上客。【旁批】一束。

【眉批】三层摹画,四面衬托,遂令一时神致,千古如生。侯生谓公子曰:"<u>臣所过屠者朱亥</u>,【旁批】应前即伏击鄙之根。<u>此子贤者,世莫能知,故隐屠间耳</u>。"公子往数请之,朱亥故不复谢,公子怪之。【旁批】虚歇。

【眉批】二段夹叙秦赵兵端,开出事因。魏安釐王二十年,秦昭王已破赵长平军,<u>又进兵围邯郸</u>。公子姊为赵惠文王弟平原君夫人,数遗魏王及公子书,请救于魏。魏王使将军晋鄙将十万众救赵。<u>秦王使使者告魏王曰</u>:"吾攻赵旦暮且下,而诸侯敢救者,已拔赵,必移兵先击之。"魏王恐,<u>使人止晋鄙,留军壁邺</u>,名为救赵,实持两端以观望。平原君使者冠盖相属于魏,【旁批】写出惶急。让魏公子曰:"胜所以自附为婚姻者,以公子之高义,为能急人之困。今邯郸旦暮降秦而魏救不至,安在公子能急人之困也!且公子纵轻胜,弃之降秦,独不怜公子姊邪?"公子患之,<u>数请魏王,及宾客辩士说王万端</u>。【旁批】醒宾客。魏王畏秦，终不听公子。【旁批】虚歇。公子自度终不能得之于王，计不独生而令赵亡，【旁批】公子为人仁处。乃请宾客，【旁批】醒宾客。约车骑百余乘，欲以客往赴秦军，与赵俱死。

行过夷门，见侯生，具告所以欲死秦军状。辞决而行，侯生曰："公子勉之矣，【旁批】冷得妙。老臣不能从。"公子行数里，心不快，曰："吾所以待侯生者备矣，天下莫不闻，今吾且死而侯生曾无一言半辞送我，我岂有所失哉？"【旁批】不怒彼而反己，公子仁处。复引车还，问侯生。侯生笑曰："臣固知公子之还也。"【旁批】前一路扬，开此一句收转。曰："公子喜士，名闻天下。今有难，无他端而欲赴秦军，譬若以肉投馁虎，何功之有哉？尚安事客？【旁批】醒好客。然公子遇臣厚，公子往而臣不送，以是知公子恨之复返也。"公子再拜，因问。侯生乃屏人间语，曰："嬴闻晋鄙之兵符常在王卧内，【旁批】抱关人偏知宫禁秘事，奇哉。而如姬最幸，出入王卧内，力能窃之。嬴闻如姬父为人所杀，如姬资之三年，【夹注】欲为父报仇之资，蓄于心已三年。自王以下欲求报其父仇，莫能得。如姬为公子泣，公子使客斩其仇头，敬进如姬。【夹注】此事已往事。【旁批】追叙前事，亦借客树恩。如姬之欲为公子死，无所辞，顾未有路耳。公子诚一开口请如姬，如姬必许诺，则得虎符夺晋鄙军，北救赵而西却秦，此五霸之伐也。"公子从其计，请如姬。如姬果盗晋鄙兵符与公子。

公子行，侯生曰："将在外，主令有所不受，以便国家。【旁批】虑得周到。当时枉过，朱亥已逆。公子即合符，【旁批】料得有用着他处。而晋鄙不授公子兵而复请之，事必危矣。【旁批】遥接。臣客屠者朱亥可与俱，此人力士。晋鄙听，大善；不听，可使击之。"于是公子泣。【旁批】公子仁。侯生曰："公子畏死邪？何泣也？"公子曰："晋鄙嚄唶【夹注】多词句也。宿将，往恐不听，必当杀之，是以泣耳，岂畏死哉？"于是公子请朱亥。朱亥笑曰："臣乃市井鼓刀屠者，而公子亲数存之，所以不报谢者，以为小礼无所用。今公子有急，此乃臣效命之秋也。"遂与公子俱。公子过谢侯生。侯生曰："臣宜从，老不能。【旁批】应前案。请数公子行日，以至晋鄙军之日，【旁批】公子一泣，侯生一死，可以谢晋鄙矣。北乡自刭，以送公子。"公子遂行。

　　【眉批】了侯嬴事。【眉批】三段叙公子用士，侯生深曲朱亥之怪，各如写生。至邺，矫魏王令代晋鄙。晋鄙合符，疑之，举手视公子曰："今吾拥十万之众，屯于境上，国之重任，今单车来代之，何如哉？"欲无听。朱亥袖四十斤铁椎，椎杀晋鄙，公子遂将晋鄙军。勒兵下令军中曰："父子俱在军中，父归；兄弟俱在军中，兄归；独子无兄弟，归养。"得选兵八万人，进兵击秦军。秦军解去，遂救邯郸，存赵。【旁批】完救赵事。赵王及平原君自迎公子于界，平原君负韊矢【夹注】韊盛弩矢。为公子先引。赵王再拜曰："自古贤人未有及公子者也。"当此之时，平原君不敢自比于人。公子与侯生决，【旁批】收应前文，补结侯生。至军，侯生果北乡自刭。

　　【眉批】此段于留赵时，引出进说一客，收上矫命救赵之案，亦为公子多客作渲染，此客明大义，与后毛薛二公，所见略同，惜不传其名也。魏王怒公子之盗其兵符，【旁批】遥接。矫杀晋鄙，公子亦自知也。【旁批】数语收上起下。已却秦存赵，使将将其军归魏，而公子独与客留赵。赵孝成王德公子之矫夺晋鄙兵而存赵，乃与平原君计，以五城封公子。公子闻之，意骄矜而有自功之色。客有说公子曰："物有不可忘，或有不可不忘。【旁批】此层议论涉世名言。夫人有德于公子，公子不可忘也；公子有德于人，愿公子忘之也。且矫魏王令，夺晋鄙兵以救赵，于赵则有功矣，于魏则未为忠臣也。【旁批】此二语即藉作断制。公子乃自骄而功之，窃为公子不取也。"于是公子立自责，似若无所容者。【旁批】极力摹写。赵王扫除自迎，执主人之礼，引公子就西阶。公子侧行辞让，从东阶上。自言罪过，以负于魏，无功于赵。赵王侍酒至暮，<u>口不忍献五城，以公子退让也。</u>【旁批】好形客。公子竟留赵。赵王以鄗为公子汤沐邑，魏亦复以信陵奉公子。【旁批】魏复秦邑，疑正不鲜也。公子留赵。

　　【眉批】此段于留赵时，又引出结纳二客，起下劝归救魏之案，亦为公子下士作渲染，毛公薛公与侯生朱亥，前后相映。公子<u>闻赵有处士毛公藏于博徒，薛公藏于卖浆家，</u>【旁批】毛公薛公加处士二字，亦是特笔。公子欲见两人，<u>两人自匿不肯见公子。</u>公子闻所在，<u>乃间步往，</u>从此两人游，甚欢。平原君闻之，谓其夫人曰："始吾闻夫人弟公子天下无双，今吾闻之，<u>乃妄从博徒卖浆者游，</u>【旁批】即就平原作观。公子妄人耳。"夫人以告公子。公子乃谢夫人去，曰："始吾闻平原君贤，故负魏王而救赵，以称平原君。平原君之游，<u>徒豪举耳，不求士也。</u>【旁批】断定平原。无忌自在大梁时，常闻此两人贤，至赵，恐不得见。<u>以无忌从之游，尚恐其不我欲也，</u>【旁批】下士真意可掬。今平原君乃以为羞，其不足从游。"乃装为去。夫人具以语平原君。平原君乃免冠谢，固留公子。<u>平原君门下闻之，半去平原君归公子，</u>【旁批】即就平原相形。天下士复往归公子，公子倾平原君客。【旁批】一束。

　　<u>公子留赵十年不归。</u>【旁批】缀上。秦闻公子在赵，日夜出兵东伐魏。【旁批】公子系魏轻重如此。魏王患之，使使往请公子。公子恐其怒之，乃诫门下："有敢为魏王使通者，死。"宾客皆背魏之赵，莫敢劝公子归。毛公、薛公两人往见公子曰："<u>公子所以重于赵，名闻诸侯者，徒以有魏也。</u>【旁批】二公所言与前客为层次识过侯生。今秦攻魏，魏急而公子不恤，<u>使秦破大梁而夷先王之宗庙，公子当何面目立天下乎？</u>"语未及卒，<u>公子立变色，告车趣驾归救魏。</u>【旁批】极力摹写。

　　【眉批】此段叙公子归魏，了留赵之案，即以威振天下，起后文疑忌之恨。魏王见公子，相与泣，而以上将军印授公子，公子遂将。魏安釐王三十年，公子使使遍告诸侯。诸侯闻公子将，各遣将将兵救魏。公

子率五国之兵破秦军于河外，走蒙骜。遂乘胜逐秦军至函谷关，抑秦兵，秦兵不敢出。当是时，公子威振天下，【旁批】疑忌之因。诸侯之客进兵法，公子皆名之，故世俗称魏公子兵法。【旁批】带叙。

秦王患之，【旁批】接上。乃行金万斤于魏，求晋鄙客，令毁公子于魏王曰："公子亡在外十年矣，今为魏将，诸侯将皆属，诸侯徒闻魏公子，不闻魏王。公子亦欲因此时定南面而王，诸侯畏公子之威，方欲共立之。"秦数使反间，伪贺公子得立为魏王未也。魏王日闻其毁，不能不信，后果使人代公子将。【旁批】再见应。公子自知再以毁废，乃谢病不朝，与宾客为长夜饮，【旁批】宾客余波。饮醇酒，多近妇女。【旁批】英雄结局。日夜为乐饮者四岁，竟病酒而卒。【旁批】以自废为自全。其岁，魏安釐王亦薨。

【眉批】此段竟公子下场之局也。魏王汇秦反间而疑忌，与传首畏公子贤能二句相应，魏国因公子卒而灭亡，与传首诸侯不敢加兵二句相应。秦闻公子死，使蒙骜攻魏，拔二十城，初置东郡。【旁批】以魏七系信陵传，是信陵系魏之存亡乃表公子也。其后秦稍蚕食魏，十八岁而虏魏王，屠大梁。

【眉批】特证与朝异典，表之以为四公子冠。高祖始微少时，数闻公子贤。及即天子位，每过大梁，常祠公子。高祖十二年，从击黥布还，为公子置守冢五家，【旁批】公子身后生色。世世岁以四时奉祠公子。

太史公曰：吾过大梁之墟，【旁批】从夷门着笔，意中有侯嬴，一笔入在。求问其所谓夷门。夷门者，城之东门也。天下诸公子亦有喜士者矣，然信陵君之接岩穴隐者，不耻下交，有以也。名冠诸侯，不虚耳。高祖每过之而令民奉祠不绝也。【旁批】赞叹不尽。【眉批】赞专为下士欣慕，徘徊凭吊，俯即深情，浦云，不过十句，而顿折者四，韩欧终身学之，偶一中者也。

【总评】方文虎曰：必如信陵君，始可言好客。孟尝之自喜，

平原之豪举，皆不可言好客也。必如信陵君，始可称公子。田文之
伐本，黄歇之篡宗，皆不可称公子也。

吴齐贤曰：一篇好客是主，救赵是人节。而胜处在侯生送公
子一段，步步回合，步步逼接，欲合故离，欲擒故纵，曲曲引人入
胜。侯生、朱亥、毛公、薛公，是客中表表，外如探赵阴事者，万
端说魏王者，与百乘赴秦军者，斩如姬仇头者，说公子忘德者，背
魏之赵者，进兵法者，与为长夜饮者，通篇用客串插，以成文章。

魏王畏公子能，是心病。而矫杀晋鄙，是衅端。秦间凑来，遂
而合拍，通篇以此照映。范蠡扁舟，信陵醇酒，是英雄末路，犹带
风流，而子房赤松，尉迟云母，未免假借。

浦二田曰：以仁而好士作主椿，以秦赵兵端作介绍，以英声疑
忌作下场，头绪秩如。写公子结客，根于性情，高出他公子，足以
兴感百世。文亦从中心向慕结撰而成。神味洋溢，在笔墨之外。信
陵至汉时，犹独以公子名倾人口，篇内称公子，不称邑封，因之也。

四十六　孟尝君列传赞

　　太史公曰：吾尝过薛，【夹注】孟尝食邑。其俗闾里率多暴桀子弟，与邹、鲁殊。问其故，曰："孟尝君招致天下任侠，奸人入薛中盖六万余家矣。"世之传孟尝君好客自喜，名不虚矣。【旁批】刺议在言外。

　　【总评】孟尝君号称得士，然狗盗鸡鸣出其中，品类错杂。谓之任侠奸人，洵不诬矣。太史公殆意有所讽云。

四十七　春申君列传赞

太史公曰：吾适楚，观春申君故城，宫室盛矣哉！【夹注】借宫室引起，每于闲处作致。初，春申君之说秦昭王，及出身遣楚太子归，何其智之明也！【旁批】一扬。后制于李园，旄矣。【夹注】旄，与耄通。【旁批】一抑。语曰："当断不断，反受其乱。"春申君失朱英之谓邪？【旁批】断制。

【总评】四公子各以客胜，而春申止得一朱英而不用也。当时蹑珠履者何在乎！

四十八　范雎蔡泽列传

【眉批】篇首四段作一大截，叙在魏及秦事也。引入本局，并伏后案。范雎者，魏人也，字叔。游说诸侯，欲事魏王，家贫无以自资，乃先事魏中大夫须贾。

【眉批】首段叙亡魏根由。怒之者贾须，笞之者魏齐。伏报怨之案，更名姓一句，更藏得后文无数曲折。须贾为魏昭王使于齐，范雎从。留数月，未得报。齐襄王【夹注】名法章。闻雎辩口，乃使人赐雎金十斤及牛酒，【旁批】藉提范雎为人大概。雎辞谢不敢受。须贾知之，大怒，【旁批】怒之。以为雎持魏国阴事告齐，故得此馈，令雎受其牛酒，还其金。既归，心怒雎，以告魏相。【旁批】告之。魏相，魏之诸公子，【旁批】入注一笔作势。曰魏齐。魏齐大怒，使舍人笞击雎，【旁批】笞之。折胁折齿。【夹注】打折其胁，拉折其齿。雎详死，【旁批】急智。即卷以箦，【夹注】箦谓苇荻之薄，用之以裹其尸。置厕中。宾客饮者醉，更溺雎，【旁批】辱之。故僇辱以惩后，令无妄言者。雎从箦中谓守者曰：【旁批】急智。"公能出我，我必厚谢公。"守者乃请出弃箦中死人。魏齐醉，曰："可矣。"范雎得出。后魏齐悔，复召求之。魏人郑安平闻之，乃遂操范雎亡，伏匿，更名姓曰张禄。【旁批】一语伏无数波澜。

【眉批】次段叙入秦缘起。荐之者安平，约之者王稽，伏偿德之案。知雎贤一句，已包得后文一切策划。当此时，秦昭王使谒者王稽于魏。郑安平诈为卒，侍王稽。【旁批】前操其亡，此诈为卒，极写安平为雎深心。王稽问："魏有贤人可与俱西游者乎？"郑安平曰："臣里中有张禄先生，欲见君，言天下事。其人有仇，不敢昼见。"王稽曰："夜与俱来。"郑安平夜与张禄见王稽。语未究，王稽知范雎贤，【旁批】语未究三字，写二人倾动处，简妙入神。谓曰："先生待我于三亭之南。"【夹注】魏境之边。

与私约而去。

【眉批】三段已入秦矣。突以穰侯索车生一波，为后谏逐穰侯对面一照。王稽辞魏去，过载范雎入秦。至湖，望见车骑从西来。【旁批】忽入一波。范雎曰："彼来者为谁？"王稽曰："秦相穰侯东行县邑。"范雎曰："吾闻穰侯专秦权，【旁批】专权二字，点逗入妙。恶内诸侯客，此恐辱我，我宁且匿车中。"【旁批】急智。有顷，穰侯果至，劳王稽，因立车而语曰："关东有何变？"曰："无有。"又谓王稽曰："谒君得无与诸侯客子俱来乎？【旁批】暗中一击。无益，徒乱人国耳。"王稽曰："不敢。"即别去。范雎曰："吾闻穰侯智士也，其见事迟，【旁批】料得透。乡者疑车中有人，忘索之。"于是范雎下车走，【旁批】急智。曰："此必悔之。"行十余里，果使骑还索车中，无客，乃已。王稽遂与范雎入咸阳。

【眉批】四段已入咸阳矣。却以秦王弗信作一跌，为后倾动秦王反面一激。已报使，因言曰："魏有张禄先生，天下辩士也。曰'秦王之国危于累卵，得臣则安。然不可以书传也'。臣故载来。"秦王弗信，使舍食草具。【夹注】谓亦舍之，而食以下客之具，草具衾食草菜之属。【旁批】先作反跌聚势。待命岁余。

【眉批】提笔立案。将叙范雎上书，及说秦王事，先将时事用事之人叙明，下文方有头绪，乃文章关键，是史家手法。此段另看，不与上下一例。当是时，昭王已立三十六年。南拔楚之鄢郢，楚怀王幽死于秦。秦东破齐。湣王尝称帝，后去之。数困三晋。厌天下辩士，无所信。【旁批】伏雎上书之案。

穰侯，华阳君，昭王母宣太后之弟也；而泾阳君、高陵君皆昭王同母弟也。穰侯相，三人者更将，有封邑，以太后故，私家富重于王室。及穰侯为秦将，且欲越韩、魏而伐齐纲寿，欲以广其陶封。【旁批】伏雎进说之案。

范雎乃上书曰：【眉批】篇中四段作大截，叙初见昭王，及见用于秦事，乃一传之正幅也。

"臣闻明主立政，有功者不得不赏，有能者不得不官，【旁批】羁旅之人言无墙壁，姑以八寸帽开头。劳大者其禄厚，功多者其爵尊，能治众者其官大。故无能者不敢当职焉，【旁批】无能蔽隐已打着穰侯。有能者亦不得蔽隐。使以臣之言为可，愿行而益利其道；以臣之言为不可，久留臣无为也。语曰：'庸主赏所爱而罚所恶；明主则不然，赏必加于有功，而刑必断于有罪。'今臣之胸不足以当椹质，【夹注】谓腰斩。而要不足以待斧钺，岂敢以疑事尝试于王哉！【旁批】疑字主就进言者说。虽以臣为贱人而轻辱，独不重任臣者之无反复于王邪？【旁批】从贱字换出始晦终显来。

"【眉批】首段是献书，申求见之意，只从空处说起，岂敢以疑事尝试是主脑而意中语，若隐若跃，已溢。且臣闻周有砥砨，宋有结绿，梁有县藜，楚有和朴，此四宝者，土之所生，良工之所失也，而为天下名器。然则圣王之所弃者，独不足以厚国家乎？【旁批】四宝皆始晦终显者，发贱臣不可轻辱意。

"臣闻善厚家者取之于国，善厚国者取之于诸侯。【旁批】承厚字力破穰侯不纳诸侯客之见。天下有明主则诸侯不得擅厚者，何也？为其割荣也。【夹注】国荣作凋荣，谓剥削精华。【旁批】储云失士则凋。良医知病人之死生，而圣主明于成败之事，利则行之，害则舍之，疑则少尝之，虽舜禹复生，【旁批】疑字应就用言者说。弗能改已。语之至者，臣不敢载之于书，其浅者又不足听也。【旁批】四字含盖深微，欲透本旨，所以求见。意者臣愚而不概于王心邪？【夹注】国策'概'作'关'，谓不关涉于王心也。亡【夹注】犹轻蔑。其言臣者贱而不可用乎？【旁批】映王稽。自非然者，臣原得少赐游观之间，望见颜色。一语无效，请伏斧质。"【旁批】应前。于是秦昭王大说，乃谢王稽，使以传车召范雎。

【眉批】次段是初见引进言之旨，只从宽处说起，交疏未敢言深是主脑。而意中事，半吞半吐，已寓言表。于是范雎乃得见于离宫，详【旁批】同"佯"，故为不知。为不知永巷【旁批】宫中狱。而入其中。王来而宦者怒，逐之，曰："王至！"范雎缪为曰："秦安得王？秦独有太后、穰侯耳。"【旁批】进说主意预透一笔。欲以感怒昭王。【旁批】注一句。昭王至，闻其与宦者争言，【旁批】已闻其语矣。遂延迎，谢曰："寡人宜以身受命久矣，会义渠之事急，寡人旦暮自请太后；【旁批】先自追出病根。今义渠之事已，寡人乃得受命。窃闵然不敏，【夹注】闵犹昏暗。敬执宾主之礼。"范雎辞让。是日观范雎之见者，群臣莫不洒然变色易容者。【旁批】史笔传神。

秦王屏左右，宫中虚无人。【旁批】已喻其旨矣。秦王跽而请【夹注】两膝被地。曰："先生何以幸教寡人？"范雎曰："唯唯。"有间，秦王复跽而请曰："先生何以幸教寡人？"范雎曰："唯唯。"若是者三。秦王跽曰："先生卒不幸教寡人邪？"【旁批】王未至，故发一言明意。王请教乃反三唯终止，一刺其耳一怡其情。或急或缓，传神入微。范雎曰："非敢然也。【旁批】再作顿挫。臣闻昔者吕尚之遇文王也，身为渔父而钓于渭滨耳。若是者，交疏也。已说而立为太师，载与俱归者，其言深也。【旁批】引古提交疏言深，四字神情真注四贵。故文王遂收功于吕尚而卒王天下。乡使文王疏吕尚而不与深言，是周无天子之德，而文武无与成其业也。【旁批】深言之，盖又用反掉摇曳，西汉八家多用此法。今臣羁旅之臣也，交疏于王，而所愿陈者皆匡君之事，处人骨肉之间，愿效愚忠而未知王之心也。【旁批】骨肉退深言，暗击太后穰侯。此所以王三问而不敢对者也。【旁批】缴前一束。臣非有畏而不敢言也。【旁批】大开一句完，起波澜涌出。臣知今日言之于前而明日伏诛于后，然臣不敢避也。大王信行臣之言，死不足以为臣患，亡不足以为臣忧，【旁批】忽立三柱。漆身为厉被发为狂不足以为臣耻。且以五帝之圣焉而死，三王之仁焉而死，五伯之贤焉而死，乌获、任鄙之力焉而死，成荆、【夹注】古勇士。孟贲、【夹注】卫人。王庆忌、【夹注】吴王僚子庆忌。夏育【夹注】卫人，力举千钧。之勇焉而死。死者，人之所必不免也。处必然之势，可以少有补于秦，此臣之所大愿也，<u>臣又何患哉</u>！【旁批】应。伍子胥橐载而出昭关，夜行昼伏，至于陵水，无以糊其口，膝行蒲伏，稽首肉袒，鼓腹吹箎，【夹注】一作'箫'。乞食于吴市，卒兴吴国，阖闾为伯。使臣得尽谋如伍子胥，加之以幽囚，终身不复见，是臣之说行也，<u>臣又何忧</u>？【旁批】应。箕子、接舆漆身为厉，被发为狂，无益于主。假使臣得同行于箕子，可以有补于所贤之主，是臣之大荣也，<u>臣有何耻</u>？【旁批】应。<u>臣之所恐者，独恐臣死之后，天下见臣之尽忠而身死，因以是杜口裹足，莫肯乡秦耳</u>。【旁批】大合，掉笔作缴，百折一回。足下<u>上畏太后之严，下惑于奸臣之态</u>，【旁批】入本事微逗其意。居深宫之中，不离阿保之手，终身迷惑，无与昭奸。大者宗庙灭覆，小者身以孤危，<u>此臣之所恐耳</u>。【旁批】应。若夫穷辱之事，死亡之患，<u>臣不敢畏也</u>。<u>臣死而秦治，是臣死贤于生</u>。"【旁批】拖一句，有力。秦王跽曰："先生是何言也！夫秦国辟远，寡人愚不肖，先生乃幸辱至于此，是天以寡人愿【夹注】犹汩乱意。先生而存先王之宗庙也。寡人得受命于先生，是天所以幸先王，而不弃其孤也。先生奈何而言若是！事无小大，<u>上及太后，下至大臣</u>，【旁批】讨得此八个字，便入彀矣。愿先生悉以教寡人，无疑寡人也。"<u>范雎拜，秦王亦拜</u>。【旁批】就两人交诀处一束。

【眉批】三段言外事落实矣。远交近攻一句是立论之主。指陈形势明晰中肯，此秦之所以兼天下也。尚非语至言深之旨，■先亲中国逼之使附也。盖借韩魏内附之声势，以威四国，则远交可定，而四国附矣。四国附，则韩魏孤。操纵唯我，卒之韩魏既墟，四国亦亡。秦用一策而灭六国。只此远交近攻四字。商君富强之后，李斯并吞之前，此段是关要议论。范雎曰："大王之国，四塞以为固，【旁批】先叙国势，与苏张不雷同。北有甘泉、谷口，南带泾、渭，右陇、蜀，左关、阪，奋击百万，战车千乘，利则出攻，不利则入守，此王者之地也。民怯于私斗而勇于公战，此王者之民也。王并此二者而有之。夫以秦卒之勇，车骑之众，以治诸侯，譬若施韩卢而搏蹇兔也，【夹注】韩卢，天下之壮犬也。驰韩卢、搏蹇兔，喻秦疆，言取诸侯之易也。霸王之业可致也，而群臣莫当其位。至今闭关十五年，不敢窥兵于山东者，是穰侯为秦谋不忠，而大王之计有所失也。"【旁批】略道其事。秦王跽曰："寡人愿闻失计。"

　　然左右多窃听者，范雎恐，未敢言内，先言外事，以观秦王之俯仰。【旁批】揭出界画，有眉目有神情，史笔千古。因进曰："夫穰侯越韩、魏而攻齐纲寿，非计也。【旁批】一句提起。少出师则不足以伤齐，多出师则害于秦。【旁批】以下搁起穰侯，单论形便。臣意王之计，欲少出师而悉韩、魏之兵也，则不义矣。今见与国之不亲也，【旁批】亲字伏。越人之国而攻，可乎？其于计疏矣。且昔齐愍王南攻楚，破军杀将，【旁批】举齐事证远攻之失。再辟地千里，而齐尺寸之地无得焉者，岂不欲得地哉，形势不能有也。【旁批】跌宕。诸侯见齐之罢弊，君臣之不和也，兴兵而伐齐，大破之。士辱兵顿，皆咎其王，曰：'谁为此计者乎？'王曰：'文子为之。'【夹注】谓田文，孟尝君也。【旁批】暗击穰侯。大臣作乱，文子出走。攻齐所以大破者，以其伐楚而肥韩、魏也。此所谓借贼兵而赍盗粮者也。王不如远交而近攻，得寸则王之寸也，得尺亦王之尺也。【旁批】四字扼要。今释此而远攻，不亦缪乎！且昔者中山之国地方五百里，举赵事见近攻之得。【旁批】赵独吞之，功成名立而利附焉，天下莫之能害也。今夫韩、魏，中国之处而天下之枢也，【旁批】接入本事。王其欲霸，必亲中国以为天下枢，以威楚、赵。【旁批】亲字应以近交，为近攻入手。楚强则附赵，赵强则附楚，楚、赵皆附，齐必惧矣。齐惧，必卑辞重币以事秦。齐附而韩、魏因可虏也。"

【旁批】以近攻为近交终局，诡变不测。昭王曰："吾欲亲魏久矣，而魏多变之国也，【旁批】单论魏。寡人不能亲。请问亲魏奈何？"对曰："王卑词重币以事之；不可，则割地而赂之；【旁批】客意带此层，以魏较远故也。不可，因举兵而伐之。"【旁批】主意。王曰："寡人敬闻命矣。"乃拜范雎为客卿，谋兵事。卒听范雎谋，使五大夫绾伐魏，拔怀。【旁批】拖后事一笔以见实效。后二岁，拔邢丘。

客卿范雎复说昭王曰："秦韩之地形，【旁批】单论韩。相错如绣。秦之有韩也，譬如木之有蠹也，人之有心腹之病也。天下无变则已，天下有变，其为秦患者孰大于韩乎？王不如收韩。"昭王曰："吾固欲收韩，韩不听，为之奈何？"对曰："韩安得无听乎？王下兵而攻荥阳，则巩、成皋之道不通；【夹注】言宜阳、陕、虢之师不得相救。【旁批】用径攻法，韩尤近故也。北断太行之道，则上党之师不下。【夹注】言泽、潞之师不得下太行相救。王一兴兵而攻荥阳，则其国断而为三。【夹注】新郑已南一，宜阳令二，泽、潞三。夫韩见必亡，安得不听乎？若韩听，而霸事因可虑矣。"王曰："善。"且欲发使于韩。

【眉批】第四段言内事更紧矣。"四贵""无王"二句是立论之主，摘发隐情，悚危声听，此雎之所以夺穰侯也，乃结语至言深之案。就秦国计论，似重上段，就雎意中言，此乃说秦本旨，盖穰侯不逐。则已不可得而用也。前上书曰"语之至者"，后说王曰"其言深及处人骨肉之间"。上畏太后之严，早已暗击，至此乃透明耳。范雎日益亲，【旁批】又提出眉目。复说用数年矣，因请间说曰：【旁批】至此深言矣。"臣居山东时，闻齐之有田文，不闻其有王也；【旁批】借客形主卑，刀直入。闻秦之有太后、穰侯、华阳、高陵、泾阳，【旁批】永巷之言，至此畅说。不闻其有王也。夫擅国之谓王，能利害之谓王，制杀生之威之谓王。【旁批】横空接出三语，权断警笔力■。今太后擅行不顾，穰侯出使不报，【旁批】四贵还他各罪状。华阳、泾阳等击断无讳，高陵进退不请。四贵备而国不危者，未之有也。为此四贵者下，乃所谓无王也。然则权安得不倾，【旁批】稍顿。令安得从王出乎？臣闻善治国者，<u>乃内固其威而外重其权</u>。【旁批】警练。穰侯使者操王之重，【旁批】又提出穰侯单论。决制于诸侯，剖符于天下，政适伐国，莫敢不听。战胜攻取则利归于陶，国弊御于诸侯；【夹注】弊者，断也。御者，制也。言穰侯执权，以制御主断於诸侯也。战败则结怨于百姓，而祸归于社稷。诗曰'木实繁者披其枝，披其枝者伤其心；【旁批】又引诗引古以展局。大其都者危其国，尊其臣者卑其主'。崔杼、淖齿【夹注】二人齐大夫。管齐，【旁批】管，典也。言二人典齐权而行弑逆也。射王股，擢王筋，【夹注】崔杼射庄公之股，淖齿缩湣王之筋。县之于庙梁，宿昔而死。李兑管赵，囚主父于沙丘，【夹注】在邢州平乡县东北三十里。百日而饿死。今臣闻秦太后、穰侯用事，高陵、华阳、泾阳佐之，卒无秦王，此亦淖齿、李兑之类也。且夫三代所以亡国者，君专授政，纵酒驰骋弋猎，不听政事。其所授者，妒贤嫉能，御下蔽上，以成其私，不为主计，而主不觉悟，故失其国。今自有秩以上至诸大吏，下及王左右，无非相国之人者。<u>见王独立于朝</u>，【旁批】危陈。<u>臣窃为王恐，万世之后，有秦国者非王子孙也。"</u>【旁批】以吕继嬴之义。昭王闻之大惧，曰："善。"于是废太后，逐穰侯、【旁批】结四贵之案。高陵、华阳、泾阳君于关外。秦王乃拜范雎为相。收穰侯之印，使归陶，因使县官给车牛以徙，千乘有余。到关，关阅其宝器，宝器珍怪多于王室。

秦封范雎以应，号为应侯。当是时，<u>秦昭王四十一年也。</u>【旁批】点句是史笔。

范雎既相秦，【旁批】提清。【眉批】篇末第四段作一大截，叙相秦后及一切报复事也。应前案，并起后事。秦号曰张禄，【旁批】遥接更名姓来。<u>而魏不知，以为范雎已死久矣。</u>【旁批】遥应以为已死。魏闻秦且东伐韩、魏，魏使须贾于秦。范雎闻之，<u>为微行，敝衣闲步之邸</u>，【旁批】以下扮演如画，绝妙传奇。见须贾。须贾见之而惊曰："范叔固无恙乎！"范

雎曰："然。"须贾笑曰："范叔有说于秦邪？"【眉批】首段首应须贾，
从更名姓张禄一句幻出大波。曰："不也。雎前日得过于魏相，故亡逃至
此，安敢说乎！"须贾曰："今叔何事？"范雎曰："臣为人庸赁。"
须贾意哀之，留与坐饮食，曰："范叔一寒如此哉！"乃取其一绨袍
以赐之。须贾因问曰："秦相张君，公知之乎？吾闻幸于王，天下之
事皆决于相君。今吾事之去留在张君。孺子【夹注】谓雎。岂有客习
于相君者哉？"范雎曰："主人翁习知之。唯雎亦得谒，雎请为见君
于张君。"须贾曰："吾马病，车轴折，非大车驷马，吾固不出。"【旁
批】又开出曲折。范雎曰："愿为君借大车驷马于主人翁。"

范雎归取大车驷马，为须贾御之，入秦相府。府中望见，有识者
皆避匿。须贾怪之。至相舍门，谓须贾曰："待我，我为君先入通于
相君。"须贾待门下，持车良久，问门下曰："范叔不出，何也？"门
下曰："无范叔。"须贾曰："乡者与我载而入者。"门下曰："乃吾相
张君也。"须贾大惊，自知见卖，乃肉袒膝行，因门下人谢罪。于是
范雎盛帷帐，待者甚众，【旁批】摹写与敝衣闲步反映。见之。须贾顿首
言死罪，曰："贾不意君能自致于青云之上，贾不敢复读天下之书，
不敢复与天下之事。贾有汤镬之罪，请自屏于胡貉之地，唯君死生
之！"范雎曰："汝罪有几？"曰："擢贾之发以续贾之罪，尚未足。"
范雎曰："汝罪有三耳。昔者楚昭王时而申包胥为楚却吴军，楚王封
之以荆五千户，包胥辞不受，为丘墓之寄于荆也。今雎之先人丘墓亦
在魏，公前以雎为有外心于齐而恶雎于魏齐，公之罪一也。当魏齐辱
我于厕中，公不止，罪二也。更醉而溺我，公其何忍乎？罪三矣。然
公之所以得无死者，以绨袍恋恋，有故人之意，【旁批】回应一笔。故
释公。"乃谢罢。入言之昭王，罢归须贾。

须贾辞于范雎，范雎大供具，尽请诸侯使，与坐堂上，食饮甚
设。而坐须贾于堂下，【旁批】摹写小人得意之状，使人难耐█。置莝豆其

前，令两黥徒夹而马食之。数曰："为我告魏王，急持魏齐头来！不然者，我且屠大梁。"【旁批】声骄语慢，小人得意如此如此。须贾归，以告魏齐。魏齐恐，亡走赵。匿平原君所。【旁批】未了。

【眉批】第二段收应王稽郑安平，以偿德报怨二语，藉结全案。范雎既相，【旁批】及提。王稽谓范雎曰："事有不可知者三，有不奈何者亦三。宫车一日晏驾，是事之不可知者一也。君卒然捐馆舍，是事之不可知者二也。使臣卒然填沟壑，是事之不可知者三也。宫车一日晏驾，【旁批】即承上复说妙。君无可奈何。君卒然捐馆舍，君虽恨于臣，亦无可奈何。使臣卒然填沟壑，君虽恨于臣，亦无可奈何。"范雎不怿，乃入言于王曰："非王稽之忠，莫能内臣于函谷关；非大王之贤圣，莫能贵臣。今臣官至于相，爵在列侯，王稽之官尚止于谒者，非其内臣之意也。"昭王召王稽，拜为河东守，三岁不上计。又任郑安平，昭王以为将军。范雎于是散家财物，尽以报所尝困厄者。一饭之德必偿，睚眦之怨必报。【旁批】范传中极力摹写人间恩怨事二语，借作眼目。

【眉批】第三段收应魏齐，却以平原不出虞卿、与亡侯嬴、旁论信陵往迎，逐层烘托，绝妙波致。范雎相秦二年，【旁批】又捉。秦昭王之四十二年，东伐韩少曲、高平，【旁批】应前妆韩。拔之。

秦昭王闻魏齐在平原君所，【旁批】遥接了魏齐案。欲为范雎必报其仇，乃详为好书遗平原君曰："寡人闻君之高义，愿与君为布衣之友，君幸过寡人，寡人愿与君为十日之饮。"平原君畏秦，且以为然，而入秦见昭王。昭王与平原君饮数日，昭王谓平原君曰："昔周文王得吕尚以为太公，齐桓公得管夷吾以为仲父，今范君亦寡人之叔父也。范君之仇在君之家，愿使人归取其头来；不然，吾不出君于关。"平原君曰【旁批】带写平原。"贵而为交者，为贱也；富而为交者，为贫也。夫魏齐者，胜之友也，在，固不出也，今又不在臣所。"【旁批】一语千古买丝欲绣矣。昭王乃遗赵王书曰："王之弟在秦，范君之仇魏齐在平原君之家。王使人疾持其头来；不然，吾举兵而伐赵，又不出王之弟于关。”赵孝成王乃发卒围平原君家，急，魏齐夜亡出，见赵相虞卿。【旁批】带写虞卿。虞卿度赵王终不可说，乃解其相印，与魏齐亡，间行，念诸侯莫可以急抵者，乃复走大梁，欲因信陵君以走楚。信陵君闻之，畏秦，犹豫未肯见，曰：“虞卿何如人也？”时侯嬴在旁，曰：【旁批】带写侯嬴。“人固未易知，知人亦未易也。夫虞卿蹑屩檐簦，一见赵王，赐白璧一双，黄金百镒；再见，拜为上卿；三见，卒受相印，封万户侯。当此之时，天下争知之。夫魏齐穷困过虞卿，虞卿不敢重爵禄之尊，【旁批】借虞卿以动信陵。解相印，捐万户侯而间行。急士之穷而归公子，公子曰‘何如人’。知人固不易知，人亦未易也！”【旁批】复笔入妙。信陵君大惭，驾如野迎之。【旁批】带写信陵。魏齐闻信陵君之初难见之，怒而自刭。【旁批】了魏齐事。赵王闻之，卒取其头予秦。秦昭王乃出平原君归赵。

　　昭王四十三年，秦攻韩汾陉，拔之，【旁批】再应。因城河上广武。【夹注】河上，盖近河北之地。本属韩，今秦得而城。

　　【眉批】第四段引起蔡泽。此以安平降叛，王稽坐诛。昭王叹息，应侯忧惧，一路逼授，绝妙过峡。以前写范睢志得意满，今乃写其败与事，至于日益不怿，不知所出，正为成功身退。蔡泽之言，易入地步。茅鹿门曰："如此结束，如此过脉，骑龙手也。"后五年，昭王用应侯谋，纵反间卖赵，赵以其故，令马服子【夹注】赵括之号也。代廉颇将。秦大破赵于长平，遂围邯郸。已而与武安君白起有隙，言而杀之。【夹注】在五十年。【旁批】二句著武安君之力引起杀武安君之罪。所以深罪应侯。不徒在任郑安平之误也。任郑安平，使将击赵。郑安平为赵所围，急，以兵二万人降赵。应侯席藁请罪。秦之法，任人而所任不善者，【旁批】末路颓衰，叙此为蔡泽宣言引线。各以其罪罪之。于是应侯罪当收三族。秦昭王恐伤应侯之意，乃下令国中："有敢言郑安平事者，以其罪罪之。"而加赐相国应侯食物日益厚，以顺适其意。后二岁，王稽为河东守，与诸侯通，坐法诛。【夹注】五十二年。【旁批】又一败兴事。而应侯日益以不怿。

昭王临朝叹息，应侯进曰："臣闻'主忧臣辱，主辱臣死'。今大王中朝而忧，臣敢请其罪。"昭王曰："吾闻楚之铁剑利而倡优拙。【夹注】论士能善卒不战。夫铁剑利则士勇，倡优拙则思虑远。夫以远思虑而御勇士，吾恐楚之图秦也。夫物不素具，不可以应卒，今武安君既死，而郑安平等畔，内无良将而外多敌国，吾是以忧。"欲以激励应侯。应侯惧，不知所出。蔡泽闻之，往入秦也。【旁批】机缘辐凑，两传只如一篇，文字绝如渡法。

蔡泽者，燕人也。游学干诸侯小大甚众，不遇。而从唐举相，曰："吾闻先生相李兑，曰'百日之内持国秉'，有之乎？"曰："有之。"曰："若臣者何如？"唐举孰视而笑曰："先生曷鼻，巨肩，魋颜，蹙齃，膝挛。【旁批】写其形状。【眉批】范蔡皆富贵中人，此段先虚写为渠画一小像。吾闻圣人不相，殆先生乎？"蔡泽知唐举戏之，乃曰："富贵吾所自有，吾所不知者寿也。【旁批】自负语有气概。愿闻之。"唐举曰："先生之寿，从今以往者四十三岁。"蔡泽笑谢而去，谓其御者曰："吾持粱刺齿肥，跃马疾驱，怀黄金之印，结紫绶于要，揖让人主之前，食肉富贵，四十三年足矣。"【旁批】贫贱中作得意语，可想见其人。去之赵，见逐。之韩、魏，遇夺釜鬲于涂。【旁批】临期又有二厄，作一跌。闻应侯任郑安平、王稽皆负重罪于秦，应侯内惭，蔡泽乃西入秦。【旁批】指出机会，遥应前篇，通体议论，从此生出。

将见昭王，使人宣言以感怒应侯曰：【旁批】奇。【眉批】宣言是入门之诀。"燕客蔡泽，天下雄俊弘辩智士也。彼一见秦王，秦王必困君而夺君之位。"应侯闻，曰："五帝三代之事，百家之说，吾既知之，众口之辩，吾皆摧之，是恶能困我而夺我位乎？"使人召蔡泽。蔡泽入，则揖应。应侯固不快，及见之，又倨，【旁批】史笔。【眉批】如见是取相之絮。应侯因让之曰："子尝宣言欲代我相秦，宁有之乎？"对曰："然。"【旁批】奇。应侯曰："请闻其说。"蔡泽曰："吁，君何见之晚也！【旁批】唱叹作提。夫四时之序，成功者去。【旁批】开喝破一篇之纲。夫人生百体坚强，手足便利，耳目聪明而心圣智，【旁批】以下却分开宽衍，作三层徐徐说入。【眉批】此至应侯稍善为一大截。初见时尚属泛论，看两人各用权术，各不相下，至直应侯称善，便可渐渐入彀矣。应侯初则盛气待之，次则降心下之。蔡泽善辨，应侯善解。两人智术已见于此。岂非士之愿与？"应侯曰："然。"蔡泽曰："质仁秉义，行道施德，得志于天下，【旁批】此商君吴起大夫种所有。天下怀乐敬爱而尊慕之，皆原以为君王，岂不辩智之期与？"应侯曰："然。"蔡泽复曰："富贵显荣，成理万物，使各得其所；性命寿长，终其天年而不夭伤；【旁批】此商君吴起大夫种所无。天下继其统，守其业，传之无穷；名实纯粹，泽流千里，世世称之而无绝，与天地终始：岂道德之符而圣人所谓吉祥善事者与？"应侯曰："然。"

　　蔡泽曰："若夫秦之商君，楚之吴起，【旁批】陡然急入，生出一波。越之大夫种，其卒然亦可原与？"应侯知蔡泽之欲困己以说，【旁批】史笔。复谬曰："何为不可？【旁批】忽翻逆浪。夫公孙鞅之事孝公也，极身无贰虑，尽公而不顾私；设刀锯以禁奸邪，信赏罚以致治；披腹心，示情素，蒙怨咎，欺旧友，夺魏公子卬，安秦社稷，利百姓，卒为秦禽将破敌，攘地千里。吴起之事悼王也，使私不得害公，谗不得蔽忠，言不取苟合，行不取苟容，不为危易行，行义不辟难，然为霸主强国，不辞祸凶。大夫种之事越王也，主虽困辱，悉忠而不解，主虽绝亡，尽能而弗离，成功而弗矜，贵富而不骄怠。若此三子者，固义之至也，忠之节也。是故君子以义死难，视死如归；生而辱不如死而荣。士固有杀身以成名，【旁批】竭力推崇，以推蔡泽之口。虽义之所在，虽死无所恨。何为不可哉？"【旁批】应前。

蔡泽曰："主圣臣贤，天下之盛福也；君明臣直，国之福也；父慈子孝，夫信妻贞，【旁批】看应侯多少激烈，蔡泽偏以平淡答之，以破杀身成名之说。家之福也。故比干忠而不能存殷，子胥智而不能完吴，申生孝而晋国乱。是皆有忠臣孝子，而国家灭乱者，何也？无明君贤父以听之，故天下以其君父为僇辱而怜其臣子。【旁批】中有多少惋惜。今商君、吴起、大夫种之为人臣，是也；其君，非也。故世称三子致功而不见德，岂慕不遇世死乎？夫待死而后可以立忠成名，是微子不足仁，孔子不足圣，管仲不足大也。夫人之立功，岂不期于成全邪？身与名俱全者，上也。【旁批】议论亦正当。名可法而身死者，其次也。名在僇辱而身全者，下也。"于是应侯称善。【旁批】以渐投机。

蔡泽少得间，【旁批】节奏妙。【眉批】至此为上客，为一大截。俱说到应侯身上，分作三段，一步紧一步。因曰："夫商君、吴起、大夫种，其为人臣尽忠致功则可愿矣，闳夭事文王，周公辅成王也，岂不亦忠圣乎？以君臣论之，商君、吴起、大夫种其可愿孰与闳夭、周公哉？"【旁批】蒙统递落俱有情，此用宽。应侯曰："商君、吴起、大夫种弗若也。"蔡泽曰："然则君之主慈仁任忠，【旁批】此用紧。惇厚旧故，其贤智与有道之士为胶漆，义不倍功臣，孰与秦孝公、楚悼王、越王乎？"应侯曰："未知何如也。"【眉批】次段承上商君、吴起、大夫种，递渐脱卸。逐层比较，归到应侯，逼搜有力。蔡泽曰："今主亲忠臣，不过秦孝公、楚悼王、越王，君之设智，能为主安危修政，治乱强兵，批患折难，广地殖谷，富国足家，强主，尊社稷，显宗庙，天下莫敢欺犯其主，主之威盖震海内，功彰万里之外，声名光辉传于千世，君孰与商君、吴起、大夫种？"应侯曰："不若。"蔡泽曰："今主之亲忠臣不忘旧故不若孝公、悼王、句践，【旁批】以下连三层，一气折下。而君之功绩爱信亲幸又不若商君、吴起、大夫种，然而君之禄位贵盛，私家之富过于三子，而身退者，恐患之甚于三子，窃为君危之。【旁批】

束住。语曰'日中则移，月满则亏'。【旁批】再用涵泳，使人■恬。【眉批】此段透发成功者退之意。物盛则衰，天地之常数也。进退盈缩，与时变化，圣人之常道也。故'国有道则仕，国无道则隐'。圣人曰'飞龙在天，利见大人'。'不义而富且贵，于我如浮云'。今君之怨已仇而德已报，意欲至矣，而无变计，窃为君不取也。【旁批】应魏齐贾须等。且夫翠、鹄、犀、象，其处势非不远死也，【旁批】旁哈曲证，文势纡徐。而所以死者，惑于饵也。苏秦、智伯之智，非不足以辟辱远死也，而所以死者，惑于贪利不止也。是以圣人制礼节欲，取于民有度，使之以时，用之有止，故志不溢，行不骄，常与道俱而不失，故天下承而不绝。昔者齐桓公九合诸侯，一匡天下，【旁批】又实引以见保终不易。至于葵丘之会，有骄矜之志，畔者九国。吴王夫差兵无敌于天下，勇强以轻诸侯，陵齐晋，故遂以杀身亡国。夏育、太史嗷【夹注】二人勇者叱呼骇三军，然而身死于庸夫。此皆乘至盛而不返道理，【旁批】束住。不居卑退处俭约之患也。夫商君【旁批】再排。为秦孝公明法令，【眉批】此段又跟上商君、吴起、大夫种、再排列议论。说得悚然可畏，与应侯所论一字不同，又添入白起逼迫死路，补一范蠡，放出生还，应侯在其颠倒之中，宜其虚已以从也。禁奸本，尊爵必赏，有罪必罚，平权衡，正度量，调轻重，决裂阡陌，以静生民之业而一其俗，劝民耕农利土，一室无二事，力田稸积，习战陈之事，是以兵动而地广，兵休而国富，故秦无敌于天下，立威诸侯，成秦国之业。功已成矣，而遂以车裂。【旁批】应。楚地方数千里，持戟百万，白起率数万之师以与楚战，一战举鄢郢以烧夷陵，再战南并蜀汉。又越韩、魏而攻强赵，【旁批】添入白起一段，此秦近事也。杜邮之死，应侯为之此说，直刺其隐，尤易感动。北坑马服，诛屠四十余万之众，尽之于长平之下，流血成川，沸声若雷，遂入围邯郸，使秦有帝业。楚、赵天下之强国而秦之仇敌也，自是之后，楚、赵皆慑伏不敢攻秦者，白起之势也。身所服者七十余城，功已成矣，<u>而遂赐剑死于杜邮</u>。吴起为楚悼王立法，卑减大臣之威重，罢无能，废无用，损不急之官，塞私门之请，一楚国之俗，禁游客之民，精耕战之士，南收杨越，北并陈、蔡，破横散从，使驰说之士无所开其口，禁朋党以励百姓，定楚国之政，兵震天下，威服诸侯。<u>功已成矣，</u>而卒枝解。大夫种为越王深谋远计，免会稽之危，以亡为存，因辱为荣，垦草入邑，辟地殖谷，率四方之士，专上下之力，辅句践之贤，报夫差之仇，卒擒劲吴。令越成霸。<u>功已彰而信矣，句践终负而杀之。</u>此四子者，<u>功成不去，祸至于此</u>。【旁批】作一束，点清主意。<u>此所谓信而不能诎，往而不能返者也</u>。<u>范蠡知之，超然辟世，长为陶朱公</u>。【旁批】忽入范蠡，指出一个榜样来。<u>君独不观夫博者乎？或欲大投</u>，【旁批】又入一喻，文笔变化。<u>或欲分功，此皆君之所明知也</u>。今君相秦，计不下席，谋不出廊庙，坐制诸侯，利施三川，以实宜阳，决羊肠之险，塞太行之道，又斩范、中行之涂，六国不得合从，栈道千里，通于蜀汉，使天下皆畏秦，<u>秦之欲得矣</u>，【旁批】顿挫。<u>君之功极矣，此亦秦之分功之时也</u>。【旁批】应博一喻。<u>如是而不退，则商君、白公、吴起、大夫种是也</u>。【旁批】应四子一说即醒。吾闻之，'鉴于水者见面之容，【旁批】再用涵泳。鉴于人者知吉与凶'。书曰'成功之下，不可久处'。四子之祸，君何居焉？<u>君何不以此时归相印，让贤者而授之</u>，【旁批】归到本旨，此蔡泽本意，即应侯结局。退而岩居川观，必有伯夷之廉，长为应侯。世世称孤，而有许由、延陵季子之让，乔松之寿，孰与以祸终哉？即君何居焉？忍不能自离，疑不能自决，必有四子之祸矣。易曰'亢龙有悔'，<u>此言上而不能下，信而不能诎，往而不能自返者也</u>。愿君孰计之！"应侯曰："善。吾闻'欲而不知，失其所以欲；有而不知，失其所以有'。先生幸教，雎敬受命。"<u>于是乃延入坐，为上客。</u>

后数日，入朝，言于秦昭王曰："客新有从山东来者曰蔡泽，其人辩士，明于三王之事，五伯之业，世俗之变，足以寄秦国之政。臣之见人甚众，莫及，臣不如也。臣敢以闻。"秦昭王召见，与语，大说之，拜为客卿。应侯因谢病请归相印。【旁批】好散场，好脱身。昭王强起应侯，应侯遂称病笃。范雎免相，【眉批】结范雎案。昭王新说蔡泽计画，遂拜为秦相，东收周室。

蔡泽相秦数月，人或恶之，惧诛，乃谢病归相印，号为纲成君。【旁批】有前来路，自有此去路。【眉批】结蔡泽案。居秦十余年，事昭王、孝文王、庄襄王。卒事始皇帝，为秦使于燕，三年而燕使太子丹入质于秦。

太史公曰：韩子称"长袖善舞，多钱善贾"，信哉是言也！范雎、蔡泽世所谓一切辩士，然游说诸侯至白首无所遇者，非计策之拙，所为说力少也。及二人羁旅入秦，继踵取卿相，垂功于天下者，固强弱之势异也。【旁批】指说力。然士亦有偶合，贤者多如此二子，【旁批】一转无限感慨。不得尽意，岂可胜道哉！然二子不困厄，恶能激乎？【旁批】又一转。

【总评】茅鹿门曰：写范雎恩怨处如烟波千里，写蔡泽一言而夺相处，势如转丸掌上。

储同人曰：远交近攻，卒并六国。此策自雎而发，即夺穰侯之位而代之，不为无功，若泽直以口舌得官耳，然相秦数月，畏谗谢病，迄以功名终，此处蔡似高范一着。

吴齐贤曰：范雎蔡泽原是一流人、一时人，其臭味相同，权术学问相同。故范雎说昭王，洋洒数千言，多少层折，一路逼入；蔡泽说范雎，亦洋洒数千言，多少层折，一路逼入。太史公合作一传，前后对应以成奇观。范雎推倒一穰侯，蔡泽推倒一范雎，便是一生事业。

四十九　廉颇蔺相如列传

【夹注】浦二田曰题，当作廉蔺赵李列传。

【眉批】旨列廉颇，只略提。廉颇者，赵之良将也。【旁批】开口注清良将，故赞不及。赵惠文王十六年，廉颇为赵将伐齐，【旁批】赵用世次编年，是篇内眼目。大破之，取阳晋，【夹注】当作阳晋，本卫地，后属齐。晋阳在大原，非也。拜为上卿，以勇气闻于诸侯。【旁批】颇传未了。【眉批】次传蔺相如加详，而带入颇作线索。蔺相如者，赵人也，【旁批】选入相如。为赵宦者令缪贤舍人。

【眉批】以下叙完璧事。赵惠文王时，得楚和氏璧。秦昭王闻之，使人遗赵王书，愿以十五城请易璧。【旁批】秦字眼目秦能害赵，传中诸人皆却秦存赵者也。赵王与大将军廉颇诸大臣谋：【旁批】插入颇。欲予秦，秦城恐不可得，徒见欺；欲勿予，即患秦兵之来。计未定，求人可使报秦者，未得。宦者令缪贤曰："臣舍人蔺相如可使。"【旁批】突兀。王问："何以知之？"对曰："臣尝有罪，窃计欲亡走燕，【旁批】藉缪贤口中追叙。臣舍人相如止臣，曰：'君何以知燕王？'臣语曰：'臣尝从大王与燕王会境上，燕王私握臣手，曰"愿结友"。以此知之，故欲往。'相如谓臣曰：'夫赵强而燕弱，而君幸于赵王，故燕王欲结于君。今君乃亡赵走燕，燕畏赵，其势必不敢留君，而束君归赵矣。【旁批】明透。君不如肉袒伏斧质请罪，则幸得脱矣。'臣从其计，大王亦幸赦臣。臣窃以为其人勇士，有智谋，宜可使。"【旁批】赞中智勇兼之本此。【眉批】"勇智"二字作提。"勇"字领"怒发灭血"等句，"智"字领"完璧奉瓿"等句。于是王召见，问蔺相如曰："秦王以十五城请易寡人之璧，可予不？"相如曰："秦强而赵弱，不可不许。"王曰："取吾璧，不予我城，奈何？"相如曰："秦以城求璧而赵不许，曲在赵。赵予璧而秦不予赵城，【旁批】数语便自明爽。曲在秦。均之二策，宁许以负秦曲。"王曰："谁可使者？"相如曰："王必无人，臣愿奉璧往使。城入赵而璧留秦；城不入，臣请完璧归赵。"【旁批】胸有成竹。【眉批】直任收功，不言作用，留后文叙出，即用为提笔。赵王于是遂遣相如奉璧西入秦。

秦王坐章台见相如，相如奉璧奏秦王。秦王大喜，传以示美人及左右，左右皆呼万岁。相如视秦王无意偿赵城，【旁批】智。乃前曰："璧有瑕，请指示王。"王授璧，相如因持璧却立，【旁批】写生，倚柱，怒发上冲冠，【旁批】勇。谓秦王曰："大王欲得璧，使人发书至赵王，赵王悉召群臣议，皆曰'秦贪，负其强，以空言求璧，偿城恐不可得'。议不欲予秦璧。臣以为布衣之交尚不相欺，况大国乎！且以一璧之故逆强秦之欢，不可。于是赵王乃斋戒五日，使臣奉璧，拜送书于庭。【旁批】假本国埋伏后文。【眉批】很有激射。何者？严大国之威以修敬也。今臣至，大王见臣列观，礼节甚倨；得璧，传之美人，以戏弄臣。臣观大王无意偿赵王城邑，故臣复取璧。大王必欲急臣，臣头今与璧俱碎于柱矣！"【旁批】用却法，语随脱口，身随作势，使人耳目俱易。相如持其璧睨柱，欲以击柱。秦王恐其破璧，乃辞谢。【夹注】为璧故。【旁批】秦王谢。固请，【夹注】为城故。【旁批】相如请。召有司案图，指从此以往十五都予赵。【旁批】一顿。相如度秦王特以诈佯为予赵城，【旁批】顿而复起，实不可得，【旁批】智。乃谓秦王曰："和氏璧，天下所共传宝也，赵王恐，不敢不献。赵王送璧时，斋戒五日，今大王亦宜斋戒五日，【旁批】缓得妙。设九宾于廷，臣乃敢上璧。"秦王度之，终不可强夺，【旁批】妙。遂许斋五日，舍相如广成【夹注】传舍名。传。相如度秦王虽斋，决负约不偿城，【旁批】智。乃使其从者衣褐，怀其璧，从径道亡，归璧于赵。【旁批】急得妙。【眉批】悄然西去。

秦王斋五日后，乃设九宾礼于廷，引赵使者蔺相如。相如至，【眉批】昂然而至。谓秦王曰："秦自缪公以来二十余君，未尝有坚明约束者也。臣诚恐见欺于王而负赵，<u>故令人持璧归，间至赵矣</u>。【旁批】直说妙。且秦强而赵弱，大王遣一介之使至赵，赵立奉璧来。<u>今以秦之强而先割十五都予赵，赵岂敢留璧而得罪于大王乎？</u>【旁批】语又极阔博，然已箝其坑矣。臣知欺大王之罪当诛，<u>臣请就汤镬</u>，【旁批】勇。唯大王与群臣孰计议之。"秦王与群臣相视而嘻。【夹注】惊而怒之辞。【旁批】传神，左右或欲引相如去，秦王因曰："今杀相如，终不能得璧也，而绝秦赵之欢，不如因而厚遇之，使归赵，赵王岂以一璧之故欺秦邪！"卒廷见相如，毕礼而归之。

　　相如既归，赵王以为贤大夫使不辱于诸侯，拜相如为上大夫。<u>秦亦不以城予赵，赵亦终不予秦璧</u>。【旁批】收语用意有致。

　　其后秦伐赵，拔石城。明年，复攻赵，【旁批】接叙两拔秦兵，另起一头。杀二万人。

　　【眉批】以下叙渑池事。秦王使使者告赵王，<u>欲与王为好会于西河外</u>渑池。赵王畏秦，欲毋行。廉颇、蔺相如计曰：【旁批】插入廉颇。"王不行，示赵弱且怯也。"赵王遂行，相如从。<u>廉颇送至境，与王诀曰</u>：【旁批】叙颇智勇。【眉批】蔺传中每插入廉颇，此段议论，具社稷臣识乐，晋吕饴甥。明千两愍，皆是此意。"王行，度道里会遇之礼毕，还，不过三十日。<u>三十日不还，则请立太子为王。以绝秦望</u>。"王许之，遂与秦王会渑池。秦王饮酒酣，曰："寡人窃闻赵王好音，请奏瑟。"赵王鼓瑟。秦御史前书曰"某年月日，秦王与赵王会饮，令赵王鼓瑟"。蔺相如前曰："赵王窃闻秦王善为秦声，请奏盆缻【夹注】同缶。秦王，以相娱乐。"秦王怒，不许。<u>于是相如前进缻，因跪请秦王</u>。【旁批】勇。秦王不肯击缻。相如曰："五步之内，<u>相如请得以颈血溅大王矣！</u>"【旁批】又用却法。勇。左右欲刃相如，<u>相如张目叱之，左右皆靡</u>。【旁批】勇。于是秦王不怿，为一击缻。相如顾召赵御史书曰"某年月日，秦王为赵王击缻"。【旁批】只如学语妙。秦之群臣曰："请以赵十五城为秦王寿。"蔺相如亦曰:"请以秦之咸阳为赵王寿。"秦王竟酒, 终不能加胜于赵。赵亦盛设兵以待秦, 秦不敢动。【旁批】与上段束语恰相配应。

　　既罢归国, 以相如功大, 拜为上卿, 位在廉颇之右。【眉批】此段廉蔺二人用合叙, 以闲文作传内余波。廉颇曰:"我为赵将, 有攻城野战之大功, 而蔺相如徒以口舌为劳, 而位居我上, 且相如素贱人, 吾羞, 不忍为之下。"宣言曰:"我见相如, 必辱之。"相如闻, 不肯与会。相如每朝时, 常称病, 不欲与廉颇争列。【旁批】识量。已而相如出, 望见廉颇, 相如引车避匿。于是舍人相与谏曰:"臣所以去亲戚而事君者, 徒慕君之高义也。今君与廉颇同列, 廉君宣恶言而君畏匿之, 恐惧殊甚, 且庸人尚羞之, 况于将相乎! 臣等不肖, 请辞去。"蔺相如固止之, 曰:"公之视廉将军孰与秦王?"曰:"不若也。"相如曰:"夫以秦王之威, 而相如廷叱之, 辱其群臣, 相如虽驽, 独畏廉将军哉?【旁批】本相如得意事, 却因舍人言说出乃不伤蹙。顾吾念之, 强秦之所以不敢加兵于赵者, 徒以吾两人在也。【眉批】'秦不敢加兵'二语, 实四人传中提纲挈领。则此段仍非闲文。今两虎共斗, 其势不俱生。吾所以为此者, 以先国家之急而后私仇也。"【旁批】到此绝见相如学问。廉颇闻之, 肉袒负荆, 因宾客至蔺相如门谢罪。曰:"鄙贱之人, 不知将军宽之至此也。"卒相与欢, 为刎颈之交。【旁批】合传关键。

　　是岁, 廉颇东攻齐, 破其一军。【旁批】每叙廉颇事只用错叙, 省笔为其事, 不关秦也。居二年, 廉颇复伐齐幾,【夹注】邑名。拔之。后三年, 廉颇攻魏之防陵、安阳, 拔之。后四年, 蔺相如将而攻齐, 至平邑而罢。其明年, 赵奢破秦军阏与下。【旁批】串落赵奢。【眉批】末杂叙廉蔺事, 起赵奢。

　　赵奢者, 赵之田部吏也。【眉批】此段叙其初职, 只作引头。收租税而平原君家不肯出租, 奢以法治之, 杀平原君用事者九人。【旁批】追叙、出色。平原君怒，将杀奢。奢因说曰："君于赵为贵公子，今纵君家而不奉公则法削，法削则国弱，国弱则诸侯加兵，诸侯加兵是无赵也，君安得有此富乎？"【眉批】是无赵也，亦篇中纲领句。以君之贵，奉公如法则上下平，上下平则国强，国强则赵固，而君为贵戚，岂轻于天下邪？"平原君以为贤，言之于王。王用之治国赋，国赋大平，民富而府库实。

秦伐韩，军于阏与。【旁批】接前落句。王召廉颇而问曰：【旁批】夹入廉颇相形。"可救不？"对曰："道远险狭，难救。"【旁批】藏后兵机。【眉批】此段阏与之战，乃秦赵正对，亦奢传正文。又召乐乘而问焉，乐乘对如廉颇言。又召问赵奢，奢对曰："其道远险狭，譬之犹两鼠斗于穴中，将勇者胜。"王乃令赵奢将，救之。

兵去邯郸三十里，而令军中曰："有以军事谏者死。"【旁批】显令以误敌。秦军军武安西，秦军鼓噪勒兵，武安屋瓦尽振。【旁批】秦张势以骇韩即以惧赵。军中候有一人言急救武安，赵奢立斩之。坚壁，留二十八日不行，复益增垒。【旁批】坚忍待其懈以击之也。【眉批】始如处女，后如兔脱，赵奢李牧均得此法。秦间来入，赵奢善食而遣之。间以报秦将，秦将大喜曰："夫去国三十里而军不行，乃增垒，阏与非赵地也。"赵奢既已遣秦间，卷甲而趋之，二日一夜至，【旁批】前之蓄机正为此意。今善射者去阏与五十里而军。军垒成，秦人闻之，悉甲而至。军士许历请以军事谏，【旁批】解人。赵奢曰："内之。"许历曰："秦人不意赵师至此，其来气盛，将军必厚集其阵以待之。不然，必败。"赵奢曰："请受令。"许历曰："请就铁质之诛。"赵奢曰："胥后令邯郸。"许历复请谏，【旁批】邯郸当作欲战。曰："先据北山上者胜，后至者败。"【旁批】兵法。赵奢许诺，即发万人趋之。秦兵后至，争山不得上，赵奢纵兵击之，大破秦军。秦军解而走，遂解阏与之围而归。

赵惠文王赐奢号为马服君，以许历为国尉。【旁批】收应许历。廉颇、蔺相如同位。【旁批】一句串奢。

【眉批】以下附叙赵括之败，却从廉蔺二人叙入。后四年，赵惠文王卒，子孝成王立。七年，秦与赵兵相距长平，时赵奢已死，而蔺相如病笃，【旁批】三句合叙，三人健甚。使廉颇将攻秦，秦数败赵军，赵军固壁不战。秦数挑战，廉颇不肯。【旁批】从奢渡颇，复从颇渡括。赵王信秦之间。秦之间言曰：【旁批】倒叙文法。"秦之所恶，独畏马服君赵奢之子赵括为将耳。"赵王因以括为将，代廉颇。蔺相如曰：【旁批】插入相如。"王以名使括，若胶柱而鼓瑟耳。括徒能读其父书传，不知合变也。"赵王不听，遂将之。

赵括自少时学兵法，【旁批】用追叙。言兵事，以天下莫能当。尝与其父奢言兵事，奢不能难，然不谓善。括母问奢其故，奢曰："兵，死地也，而括易言之。【旁批】至论。使赵不将括即已，若必将之，破赵军者必括也。"及括将行，其母上书言于王曰：【旁批】接今事。"括不可使将。"王曰："何以？"对曰：【眉批】奢之生平，转以此备神明于借补之诀，亦兼是括母附传。"始妾事其父，时为将，身所奉饭饮而进食者以十数，所友者以百数，大王及宗室所赏赐者尽以予军吏士大夫，受命之日，不问家事。今括一旦为将，东向而朝，军吏无敢仰视之者，王所赐金帛，归藏于家，而日视便利田宅可买者买之。王以为何如其父？父子异心，原王勿遣。"王曰："母置之，吾已决矣。"括母因曰："王终遣之，即有如不称，妾得无随坐乎？"王许诺。

赵括既代廉颇，悉更约束，易置军吏。秦将白起闻之，纵奇兵，详败走，而绝其粮道，分断其军为二，士卒离心。四十余日，军饿，赵括出锐卒自博战，秦军射杀赵括。括军败，【眉批】括以轻率败，亦反证廉颇持久之必不败也。数十万之众遂降秦，秦悉坑之。赵前后所亡凡四十五万。明年，秦兵遂围邯郸，岁余，几不得脱。赖楚、魏诸侯来救，乃得解邯郸之围。赵王亦以括母先言，竟不诛也。【旁批】应括母周匝。

【眉批】此段夹叙廉颇战功，因事在他国，其文略。自邯郸围解五年，而燕用栗腹之谋，曰"赵壮者尽于长平，其孤未壮"，举兵击赵。赵使廉颇将，击，大破燕军于鄗，杀栗腹，遂围燕。燕割五城请和，乃听之。赵以尉文封廉颇为信平君，为假相国。

【眉批】此段缀叙廉颇间事，是史公胜场。廉颇之免长平归也，失势之时，故客尽去。【旁批】迳接括将代颇，补叙细事。及复用为将，客又复至。廉颇曰："客退矣！"客曰："吁！君何见之晚也？夫天下以市道交，君有势，我则从君，君无势则去，此固其理也，有何怨乎？"居六年，赵使廉颇伐魏之繁阳，拔之。【旁批】以下了颇传。

【眉批】此段终廉颇之事，插入李牧及郭开、伏后传。赵孝成王卒，子悼襄王立，使乐乘代廉颇。廉颇怒，攻乐乘，乐乘走。廉颇遂奔魏之大梁。其明年，赵乃以李牧为将而攻燕，拔武遂、方城。【旁批】笑入李牧无断续痕。

廉颇居梁久之，魏不能信用。赵以数困于秦兵，赵王思复得廉颇，廉颇亦思复用于赵。赵王使使者视廉颇尚可用否。廉颇之仇郭开多与使者金，令毁之。【旁批】今仇廉颇后间李牧。赵使者既见廉颇，廉颇为之一饭斗米，肉十斤，被甲上马，以示尚可用。赵使还报王曰："廉将军虽老，尚善饭，然与臣坐，顷之三遗矢矣。"【夹注】谓数便也。【旁批】巧谮。赵王以为老，遂不召。

楚闻廉颇在魏，阴使人迎之。廉颇一为楚将，无功，曰："我思用赵人。"廉颇卒死于寿春。【夹注】今江南寿州。【旁批】只五字而故国不堪回首，令人凄绝。

【眉批】此段叙边功，只作追叙借引。入牧本传，自应以边功为正文。然就全局论，非秦赵交关，则路头别出矣，故前预插拔武遂句，后至秦赵治兵，复提拔武遂句，以作关键搭进。则本段成追叙之文，能使牧传之主笔，运作通局之实位，中寓无穷秘巧。李牧者，赵之北边良将也。常居代雁门，备匈奴。
【旁批】追叙。以便宜置吏，市租皆输入莫【夹注】作幕。府，为士卒费。
日击数牛飨士，习射骑，谨烽火，多间谍，厚遇战士。为约曰："匈
奴即入盗，急入收保，有敢捕虏者斩。"匈奴每入，烽火谨，辄入收
保，不敢战。如是数岁，亦不亡失。然匈奴以李牧为怯，虽赵边兵亦
以为吾将怯。【旁批】顿挫。赵王让李牧，李牧如故。赵王怒，召之，
使他人代将。

　　岁余，匈奴每来，出战。出战，数不利，失亡多，边不得田畜。
复请李牧。牧杜门不出，固称疾。赵王乃复强起使将兵。牧曰："王
必用臣，臣如前，乃敢奉令。"王许之。

　　李牧至，如故约。匈奴数岁无所得。终以为怯。边士日得赏赐而
不用，皆愿一战。于是【旁批】二字有力。乃具选车得千三百乘，选骑
得万三千匹，百金之士五万人，【夹注】管子言能破敌擒将者，当百金。彀
者【夹注】彀谓能射也。十万人，悉勒习战。大纵畜牧，人民满野。匈奴
小入，详北不胜以数千人委之。单于闻之，大率众来入。李牧多为奇
陈，张左右翼击之，大破杀匈奴十余万骑。灭襜褴【夹注】地名，代名。
破东胡，降林胡，单于奔走。其后十余岁，匈奴不敢近赵边城。【旁批】
收句有力。

　　【眉批】此段入秦赵事，牧有功而不终，赵杀牧而灭亡，结牧之案结赵之
案，于文亦为归宿之处也。篇律秩如。赵悼襄王元年，廉颇既亡入魏，【旁
批】遥接。赵使李牧攻燕，拔武遂、方城。居二年，庞煖【夹注】即齐人
冯煖。破燕军，杀剧辛【夹注】本赵人，仕燕者。后七年，秦破杀赵将扈
辄于武遂，斩首十万。赵乃以李牧为大将军，击秦军于宜安，大破秦
军，走秦将桓齮。【旁批】与赵奢大破秦军相焰。封李牧为武安君。居三
年，秦攻番吾，李牧击破秦军，南距韩、魏。

　　赵王迁七年，秦使王翦攻赵，赵使李牧、司马尚御之。秦多与赵

王宠臣郭开金，为反间，【旁批】二良将死于一宠臣。言李牧、司马尚欲反。赵王乃使赵葱及齐将颜聚代李牧。李牧不受命，赵使人微捕得李牧，斩之。废司马尚。后三月，王翦因急击赵，【旁批】赵持良将相而在历，赵括而军破杀李牧而国灭，此千古之炯戒。大破杀赵葱，虏赵王迁及其将颜聚，遂灭赵。【夹注】李牧死后二月而赵灭。【旁批】结句是一篇开头。

　　太史公曰：知死必勇，非死者难也，处死者难。【旁批】提。方蔺相如引璧睨柱，及叱秦王左右，势不过诛，然士或怯懦而不敢发。相如一奋其气，威信敌国，退而让颇，名重太山，其处智勇，可谓兼之矣！【旁批】壮烈却秦让颇二事中各兼智勇，却秦智生勇也，让颇勇全智也。【眉批】传内叙相如事详，故赞独及之。

　　【总评】储同人曰：颇牧传首系以良将，故赞不及二人。马服君又不待言矣。鹿门先生尚未悟此。以四人系赵存亡，合作一传，错综变化，出圣入神。

　　秦赵交关是此传主笔，以四人系赵之存亡，直至秦灭赵，乃一篇归宿处。亦千古任将得失之林也。以赵之世次年月为线索，故忽而廉蔺，忽而赵李，极断续离合而无些子痕迹。彼以串插云者陋矣。太史公列传中，其法无所不有，真千古妙文。

五十　田单列传赞

太史公曰：兵以正合，以奇胜。善之者，出奇无穷。奇正还相生，如环之无端。夫始如处女，適人开户；后如脱兔，適不及距：其田单之谓邪！

【总评】田单兵法，以一奇字尽之。故史公赞之以此。

五十一　鲁仲连邹阳列传赞

　　太史公曰：鲁连其指意虽不合大义，【旁批】抑。然余多其在布衣之位，荡然肆志，不诎于诸侯，【旁批】扬。谈说于当世，折卿相之权。邹阳辞虽不逊，【旁批】抑。然其比物连类，有足悲者，亦可谓抗直不桡矣，【旁批】扬。吾是以附之列传焉。

　　【总评】品评处褒贬互见，铢两不失。仲连事已载《国策》，邹阳只《狱中上梁王书》一篇，载入《汉书》，故不录全传。

五十二　屈原贾生列传 录屈原

【眉批】首段叙事。先叙本身，次接入上官之谗，便为作《离骚》缘起，一疏字统函全局。屈原者，名平，楚之同姓也。为楚怀王左徒。【夹注】官名，如左右拾遗之类。博闻强志，明于治乱，娴于辞令。入则与王图议国事，以出号令；出则接遇宾客，应对诸侯。【旁批】叙本身事止此。王甚任之。【旁批】与下疏字反对。

上官大夫与之【夹注】靳尚。同列，【旁批】接叙上官。争宠而心害其能。【旁批】觉之根。怀王使屈原造为宪令，屈平属草稿未定。上官大夫见而欲夺之，屈平不与，因谗之曰：【旁批】点题。"王使屈平为令，众莫不知，每一令出，平伐其功，以为'非我莫能为'也。"王怒而疏屈平。【旁批】与上任字反对。

【眉批】二段议论。作骚在怀王入秦后。此先提出《离骚》立论，定一篇之主。乃倒絜作骚之因，名骚之故。以后再叙疏绌后事，乃史家之法也。蔡闻之云，此传叙事，间以议论，情词慷慨，声彻九霄。屈平疾王听之不聪也，谗谄之蔽明也，【旁批】接入议论排宕而入。邪曲之害公也，方正之不容也，故忧愁幽思而作《离骚》。【旁批】作骚之因。离骚者，犹离忧也。【旁批】名骚之果。夫天者，人之始也；父母者，人之本也。人穷则反本，故劳苦倦极，未尝不呼天也；疾痛惨怛，未尝不呼父母也。【旁批】忽宕开泛论，一番，蔡云解自己心事，放声大哭。拍合。屈平正道直行，竭忠尽智以事其君，谗人间之，可谓穷矣。忠而被谤，能无怨乎？【旁批】穷而怨，怨而不乱。《离骚》所以继三百篇也。屈平之作离骚，盖自怨生也。国风好色而不淫，【旁批】国风四句为怨字圆其说，又是牵上搭下发，上述作骚之故，下赞离骚之文。《小雅》怨诽而不乱，若离骚者，可谓兼之矣。上称帝喾，下道齐桓，中述汤武，以刺世事。明道德之广崇，治乱之条贯，靡不毕见。其文约，其辞微，其志洁，其行廉，其称文小而其指极大，举类迩而见义远。其志洁，故其称物芳。其行廉，故死而不容自疏。濯淖污泥之中，【旁批】极力赞扬，直透到怀沙自沉益信。《离骚》非作于始怨时也。蝉蜕于浊秽，以浮游尘埃之外，不获世之滋垢，皭然泥【夹注】涅也。而不滓【夹注】淄。者也。推此志也，虽与日月争光可也。【旁批】断一句收佳。

【眉批】三段叙事。一路述怀王受诈客死，总以推出屈子存君兴国，一片作骚心事。是征事彰志之文。不止一谏之怨，便悃悃有此作也。故知前者疏字为统函，述《离骚》为倒撆。屈平既绌，【旁批】接入叙事。其后秦欲伐齐，齐与楚从亲，惠王患之，乃令张仪详去秦，厚币委质事楚，曰："秦甚憎齐，齐与楚从亲，楚诚能绝齐，秦愿献商、于之地六百里。"楚怀王贪而信张仪，遂绝齐，使使如秦受地。张仪诈之曰："仪与王约六里，不闻六百里。"楚使怒去，归告怀王。怀王怒，大兴师伐秦。秦发兵击之，大破楚师于丹、淅，【夹注】二水名。斩首八万，虏楚将屈匄，【夹注】屈姓匄名。遂取楚之汉中地。怀王乃悉发国中兵以深入击秦，战于蓝田。魏闻之，袭楚至邓。楚兵惧，自秦归。而齐竟怒不救楚，楚大困。

明年，秦割汉中地与楚以和。楚王曰："不愿得地，愿得张仪而甘心焉。"张仪闻，乃曰："以一仪而当汉中地，臣请往如楚。"如楚，又因厚币用事者臣靳尚，而设诡辩于怀王之宠姬郑袖。怀王竟听郑袖，复释去张仪。是时屈平既疏，不复在位，【旁批】接入本传。使于齐，顾反，谏怀王曰："何不杀张仪？"怀王悔，追张仪不及。

其后诸侯共击楚，大破之，杀其将唐眜。

时秦昭王与楚婚，欲与怀王会。怀王欲行，屈平曰："秦虎狼之国，不可信，不如毋行。"怀王稚子子兰劝王行：【旁批】子兰与上官前后作眼。"奈何绝秦欢！"怀王卒行。入武关，秦伏兵绝其后，因留怀

王，以求割地。怀王怒，不听。亡走赵，赵不内。复之秦，竟死于秦
而归葬。

长子顷襄王立，以其弟子兰为令尹。楚人既咎子兰以劝怀王入秦
而不反也。【旁批】插入楚人一句，见嫉子兰非屈子之私怨。

【眉批】四段议论。此正阐作骚本心，全是一副忠悃。前止述其因，兹
乃表其志也。屈平既嫉之，虽放流，眷顾楚国，系心怀王，不忘欲
反，冀幸君之一悟，俗之一改也。其存君兴国而欲反复之，一篇之
中三致志焉。【旁批】仍打转《离骚》。然终无可奈何，故不可以反，卒
以此见怀王之终不悟也。人君无愚智贤不肖，莫不欲求忠以自为，
举贤以自佐，然亡国破家相随属，而圣君治国累世而不见者，【旁
批】又宕开作对托法，不赞屈平而叹怀王，笔在彼而意在此也。蔡云崇论间议
娇首伸眉。其所谓忠者不忠，而所谓贤者不贤也。怀王以不知忠臣之
分，故内惑于郑袖，外欺于张仪，【旁批】顶上三项作一收。疏屈平而信
上官大夫、令尹子兰。兵挫地削，亡其六郡，身客死于秦，为天下笑。
此不知人之祸也。易曰："井泄不食。【夹注】泄者，浚治去泥浊也。为我
心恻，可以汲。【旁批】又引《易》，极长言咏叹之致。王明，并受其福。"
王之不明，岂足福哉！

令尹子兰闻之大怒，【旁批】遥接既嫉之。卒使上官大夫短屈原于顷
襄王，顷襄王怒而迁之。【旁批】疏之绌之，复又迁之。前后作关目。

【眉批】末载《渔父》一篇，以表其出处之节。恰好为志洁行廉无可奈何
结局。屈原至于江滨，被发行吟泽畔。颜色憔悴，形容枯槁。渔父
见而问之曰："子非三闾大夫欤？【夹注】三闾之职，掌王族三姓，曰昭、
屈、景，序其谱属，率其贤良，以厉国士。何故而至此？"屈原曰："举
世混浊而我独清，众人皆醉而我独醒，是以见放。"【旁批】借作离骚
赞。渔父曰："夫圣人者，不凝滞于物而能与世推移。【旁批】借渔父
一答为自沉一开。举世混浊，何不随其流而扬其波？众人皆醉，何不

铺其糟而啜其醨？何故怀瑾握瑜而自令见放为？”屈原曰：“吾闻之，新沐者必弹冠，新浴者必振衣，人又谁能以身之察察，受物之汶汶者乎！宁赴常流而葬乎江鱼腹中耳，【旁批】汨罗之志已决。又安能以皓皓之白而蒙世俗之温蠖乎！”【夹注】温蠖犹惛愦。楚词作“蒙世之尘埃”。

乃作《怀沙》之赋。【夹注】《楚词·九怀》曰“怀沙砾以自沉”，此其义也。赋不录。

于是怀石遂自投汨罗以死。【夹注】汨音觅。汨水在长沙罗县，故曰汨罗，在今湘阴县东比。

屈原既死之后，楚有宋玉、唐勒、景差之徒者，皆好辞而以赋见称；然皆祖屈原之从容辞令，终莫敢直谏。【旁批】余波仍映骚赋。其后楚日以削，数十年竟为秦所灭。【旁批】并结楚知屈原所关之重。

自屈原沈汨罗后百有余年，汉有贾生，【夹注】名谊，洛阳人，文帝召为博士，绛灌之属短之。帝以为长沙王太傅。为长沙王太傅。过湘水，投书以吊屈原。【夹注】以异代之人同传，史公独创，盖屈贾之才相捋，屈原见谗于上官，以至放逐。贾生虽不至见弃于文帝，然亦为绛灌所短，不得大用，故引为同传，而借贾生吊屈原之文，为过脉也。【旁批】过渡。

【眉批】赞凡四层。两借贾子之言作跌宕，虽属合赞而沉其笔情，固以屈子为主矣。太史公曰：余读《离骚》《天问》《招魂》《哀郢》，悲其志。【旁批】一层。适长沙，观屈原所自沈渊，未尝不垂涕，想见其为人。【旁批】二层。及见贾生吊之，又怪屈原以彼其材，游诸侯，何国不容，而自令若是。【夹注】贾生吊屈原文，有历九州而相君。何必怀此都之语。【旁批】三层。读《鹏鸟赋》，【夹注】贾生在长沙所作。同死生，轻去就，又爽然自失矣。【夹注】《鹏鸟赋》云，其生分若浮，其死兮若休。【旁批】四层。贤者不惜一死故爽然。

【总评】杨升庵曰：太史公作屈原传，其文便以《离骚》，其论作"骚"一节，婉雅凄惨，真得"骚"之趣者也。

倪稼咸曰：屈子忠爱之忱，具于《离骚》，故特提《离骚》作倡叹，议论夹叙事，与伯夷传同一机法，韩欧祖其遗意为墓志，遂成千古绝调。

浦二田曰：竟作一篇《离骚》序文读，乃得解，屈子无多事实，其忠君爱国心事，具在《离骚》，从此拈出正是传屈子现成公案，非变调也。

五十三　李斯列传

【眉批】未出时事。一篇大文字，从鼠起头，始愿如此。究竟可知发端奇而法。李斯者，楚上蔡人也。【夹注】即今河南上蔡县。年少时，为郡小吏，见吏舍厕中鼠食不洁，近人犬，数惊恐之。斯入仓，观仓中鼠，食积粟，【旁批】厕中鼠仓中鼠相对而起。居大庑之下，不见人犬之忧。于是李斯乃叹曰："人之贤不肖譬如鼠矣，在所自处耳！"【旁批】颐力而人品可知。

【眉批】始出时事，辞师入秦时，便刻刻以富贵为念，此所以终死于富贵也。前两段将斯心事人品以全行画出。乃从荀卿学帝王之术。学已成，度楚王不足事，而六国皆弱，无可为建功者，欲西入秦。【旁批】择主。辞于荀卿曰："斯闻得时无怠，今万乘方争时，游者主事。今秦王欲吞天下，称帝而治，此布衣驰骛之时而游说者之秋也。处卑贱之位而计不为者，此禽鹿视肉，人面而能强行者耳。【夹注】禽鹿，犹禽兽，言禽兽但知视肉而食。不能游说取荣贵，即如禽兽，徒有人面而能强行也。故诟莫大于卑贱，而悲莫甚于穷困。【旁批】志愿不过如此。久处卑贱之位，困苦之地，非世而恶利，自托于无为，此非士之情也。故斯将西说秦王矣。"

【眉批】初到秦事。秦至始皇，兼六国之势已成。斯乘机而近并吞之谋，最为中肯。至秦，会庄襄王卒，李斯乃求为秦相文信侯吕不韦舍人；不韦贤之，任以为郎。李斯因以得说，说秦王曰："胥人者，去其几也。【夹注】胥人，犹胥吏，小人也。去犹失也。言君子见几而作，不俟终日；小人不识动微之会，故每失几也。成大功者，在因瑕衅而遂忍之。【夹注】言因诸侯有瑕衅，则忍心而翦除。【旁批】狠心辣手。昔者秦穆公之霸，终不东并六国者，何也？诸侯尚众，周德未衰，故五伯迭兴，更尊周室。自秦孝公以来，周室卑微，诸侯相兼，关东为六国，秦之乘胜役诸侯，盖六世矣。【夹注】秦孝公，惠文公，武王，昭王，孝文王，庄襄王。今诸侯服秦，譬若郡县。夫以秦之强，大王之贤，由灶上骚除，【夹注】言秦欲并天下，若炊妇扫除灶上之不净，不足为难。足以灭诸侯，成帝业，为天下一统，此万世之一时也。今怠而不急就，诸侯复强，相聚约从，虽有黄帝之贤，不能并也。"秦王乃拜斯为长史，听其计，阴遣谋士赍持金玉以游说诸侯。【旁批】阴谋诡计心术亦可概见。诸侯名士可下以财者，厚遗结之；不肯者，利剑刺之。离其君臣之计，秦王乃使其良将随其后。秦王拜斯为客卿。

【眉批】以下入《谏逐客书》，有议论，有丰神，笔致跌宕，章法整严。唐荆川称：为先秦第一篇文字，当另读。会韩人郑国来间秦，以作注溉渠，【夹注】《正义》：郑国渠首起雍州云阳县西南二十五里，自山西邸瓠口为渠，傍北山，东注洛，三百余里以溉田。又曰韩苦秦兵，而使水工郑国间秦作注溉渠，令费人工，不东伐也。【旁批】先叙明逐客之案。已而觉。秦宗室大臣皆言秦王曰："诸侯人来事秦者，大抵为其主游间于秦耳，请一切逐客。"李斯议亦在逐中。斯乃上书曰：【夹注】在始皇十年。

【眉批】第一段援证往事，论秦之先世，皆用他国人才，见客之有益于秦。臣闻吏议逐客，窃以为过矣。【旁批】谏唱起。昔缪公求士，【旁批】一层。西取由余于戎，东得百里奚于宛，【夹注】百里奚，楚宛人，仕于虞，虞亡入秦，号五羖大夫也。【旁批】引事作证，只救本国先世说，切实声动。迎蹇叔于宋，【夹注】蹇叔，岐州人也。时游宋，故迎之于宋。来丕豹、公孙支于晋。【夹注】丕豹自晋奔秦。公孙支，即子桑也。公孙支，岐州人，游晋，后归秦。此五者不产于秦，而缪公用之，并国二十，遂霸西戎。孝公用商鞅【夹注】卫人。之法，【旁批】二层。移风易俗，民以殷盛，国以富强，百姓乐用，诸侯亲服，获楚、魏之师，举地千里，至今治强。惠王用张仪之计，【旁批】三层。拔三川之地，西并巴、蜀，北收上郡，南取汉中，包九夷，制鄢、郢，东据成皋之险，割膏腴之壤，遂散六国之从，使之西面事秦，功施到今。昭王得范雎，【夹注】魏人。【旁批】四层。废穰侯，逐华阳，强公室，杜私门，蚕食诸侯，使秦成帝业。此四君者，皆以客之功。【旁批】总二句。由此观之，客何负于秦哉！【旁批】正喝一句。向使四君却客而不内，疏士而不用，【旁批】反样四句，反复跌宕。是使国无富利之实而秦无强大之名也。【眉批】总上四层作束，正反互用，顿挫有势。

【眉批】第二段比喻时事，言秦之色乐珠玉，皆出异国，见用人不当独否。前援先世之典以事证。正容以悟。此就秦王一身以物论，罕譬而喻，彼举前以例后，此即小以见大。中分四层，前层论宝，后层论声，中层兼有珠玉女色，词意错综，不得强分。今陛下致昆山之玉，【旁批】今字对上昔字，有随、和之宝，垂明月之珠，服太阿之剑，乘纤离之马，【旁批】借物作证，只就本身喜好说警切动人。建翠凤之旗，树灵鼍之鼓。此数宝者，秦不生一焉，而陛下说之，何也？【旁批】一层正说。必秦国之所生然后可，【旁批】二层反说即跟上层字来。则是夜光之璧不饰朝廷，犀象之器不为玩好，郑、卫之女不充后宫，而骏良駃騠不实外厩，江南金锡不为用，西蜀丹青不为采。所以饰后宫充下陈，【夹注】犹后列也。【旁批】三层仍反说，调法略变。娱心意说耳目者，必出于秦然后可，则是宛珠之簪，傅玑之珥，阿缟之衣，锦绣之饰不进于前，而随俗雅化佳冶窈窕赵女不立于侧。夫击瓮叩缶弹筝搏髀，而歌呼呜呜快耳者，真秦之声也；【旁批】四层又正说调法亦变。郑、卫、桑间、昭、虞、武、象者，异国之乐也。今弃击瓮叩缶而就郑卫，退弹筝而取昭虞，若是者何也？快意当前，适观而已矣。【旁批】二句总承，一落千丈强。今取人则不然。【旁批】相合正意。不问可否，不论曲直，非秦者去，为客者逐。然则是所重者在乎色乐珠玉，而所轻者在乎人民也。【旁批】绾喻意收，正意笔法玲珑。此非所以跨海内制诸侯之术也。【眉批】转合作束，正意双绾，萦绕有情。

【眉批】第三段归列正论，言帝王广收众益，不应弃才为他国用。说到藉寇兵，赍盗粮，利害相形。意更悚切。臣闻地广者粟多，国大者人众，兵强则士勇。是以泰山不让土壤，故能成其大；【旁批】又用喻意实。河海不择细流，故能就其深；【旁批】主。王者不却众庶，故能明其德。是以地无四方，民无异国，【旁批】此是得人之利。四时充美，鬼神降福，此五帝、三王之所以无敌也。今乃弃黔首以资敌国，却宾客以业诸侯，使天下之士退而不敢西向，裹足不入秦，此所谓"藉寇兵而赍盗粮"者也。【夹注】赍，持遗也。赍或为资，义亦通。

【眉批】第四段总束通篇，章法完密。夫物不产于秦，可宝者多；士不产于秦，而愿忠者众。【旁批】四语正论，放逐齐国谏。今逐客以资敌国，损民以益仇，内自虚而外树怨于诸侯，求国无危，不可得也。

秦王乃除逐客之令，复李斯官，【夹注】斯在逐中道上，上谏书达始皇，始皇使人追至骊邑，得还。【眉批】以下相秦事。卒用其计谋。官至廷尉。二十余年，竟并天下，尊主为皇帝，以斯为丞相。夷郡县城，销其兵刃，示不复用。使秦无尺土之封，不立子弟为王，功臣为诸侯者，使后无战攻之患。

【眉批】谏封建。始皇三十四年，置酒咸阳宫，博士仆射周青臣等颂始皇威德。齐人淳于越进谏曰："臣闻之，殷周之王千余岁，封子弟功臣自为支辅。今陛下有海内，而子弟为匹夫，卒有田常、六卿之患，臣无辅弼，何以相救哉？事不师古而能长久者，非所闻也。今青臣等又面谀以重陛下过，非忠臣也。"始皇下其议丞相。丞相谬其说，绌其辞，乃上书曰："古者天下散乱，莫能相一，是以诸侯并作，语皆道古以害今，饰虚言以乱实，人善其所私学，以非上所建立。今陛下并有天下，别白黑而定一尊；而私学乃相与非法教之制，闻令下，即各以其私学议之，入则心非，出则巷议，非主【夹注】一作夸主。以为名，异趣以为高，率群下以造谤。如此不禁，则主势降乎上，党与成乎下。禁之便。臣请诸有文学诗书百家语者，蠲除去之。【夹注】偶语诗书者弃市。【眉批】禁诗书。令到满三十日弗去，黥为城旦。所不去者，医药卜筮种树之书。若有欲学者，以吏为师。"始皇可其议，收去诗书百家之语以愚百姓，使天下无以古非今。明法度，定律令，皆以始皇起。同文书。【夹注】六国制令不同，今令同之。治离宫别馆，周遍天下。明年，又巡狩，外攘四夷，斯皆有力焉。【眉批】始皇一切事，俱归到斯。

【眉批】此段叙其家门之盛，即为衰败之兆。始愿已遂，末路难测可发深省。斯长男由为三川守，诸男皆尚秦公主，女悉嫁秦诸公子。三川守李由告归咸阳，李斯置酒于家，百官长皆前为寿，门廷车骑以千数。李斯喟然而叹曰："嗟乎！吾闻之荀卿曰'物禁大盛'。夫斯乃上蔡布衣，闾巷之黔首，上不知其驽下，遂擢至此。当今人臣之位无居臣上者，可谓富贵极矣。物极则衰，吾未知所税驾也！"【夹注】此下叙始皇死于沙邱，赵高谋立二世，及杀太子扶苏，大将蒙括、蒙毅等事，后节。【旁批】鄙夫何尝无一隙之明。

【眉批】以下入督责书。储同人曰："李斯阿意取容，乃至于此。然其文雄深雅健，逼真先秦，汉人不能为也。"于是楚戍卒陈胜、吴广等乃作乱，【旁批】接入乱起，引下督责之术。起于山东，杰俊相立，自置为侯王，叛秦，兵至鸿门而却。李斯数欲请间谏，二世不许。而二世责问李斯曰："吾有私议而有所闻于韩子也，【旁批】骨子。曰'尧之有天下也，堂高三尺，采椽不斫，茅茨不翦，虽逆旅之宿不勤于此矣。冬日鹿裘，夏日葛衣，粢粝之食，藜藿之羹，饭土匦，啜土铏，虽监门之养不觳于此矣。禹凿龙门，通大夏，疏九河，曲九防，决淳水致之海，而股无胈，【夹注】胈，肤毳皮。胫无毛，手足胼胝，面目黎黑，遂以死于外，葬于会稽，臣虏之劳不烈于此矣'。然则夫所贵于有天下者，岂欲苦形劳神，身处逆旅之宿，口食监门之养，手持臣虏之作哉？
【旁批】一总宕起欲适己意。此不肖人之所勉也，非贤者之所务也。彼贤
人之有天下也，专用天下适己而已矣，【眉批】二世之问，归宿在专用适己。
此所贵于有天下也。夫所谓贤人者，必能安天下而治万民，今身且不能
利，将恶能治天下哉！故吾原赐志广欲，长享天下而无害，为之奈何？"

　　【眉批】揭上书之意，不过重爵禄，乃至邪说乱世。秦亡天下，已亡其身，愚
哉。李斯子由为三川守，群盗吴广等西略地，过去弗能禁。【旁批】先
提出李斯心事。章邯以破逐广等兵，使者覆案三川相属，诮让斯居三公
位，如何令盗如此。李斯恐惧，重爵禄，不知所出，乃阿二世意，欲
求容，以书对曰：

　　【眉批】李斯之答，开口在能行督责。夫贤主者，必且能全道而行督
责之术者也。【夹注】督者察也，察其罪，责之以刑罚。【旁批】主意一句喝破，
以下反复发明。督责之，则臣不敢不竭能以徇其主矣。此臣主之分定，
上下之义明，则天下贤不肖莫敢不尽力竭任以徇其君矣。是故主独制
于天下而无所制也。能穷乐之极矣，贤明之主也，可不察焉！

　　【眉批】引申子一段，注意在务适己上，乃都责引头。故申子曰：【旁批】
引申子。"有天下而不恣睢，命之曰以天下为桎梏"者，无他焉，不
能督责，而顾以其身劳于天下之民，若尧、禹然，【旁批】回顾。故谓
之"桎梏"也。夫不能修申、韩之明术，行督责之道，专以天下自适
也，而徒务苦形劳神，以身徇百姓，则是黔首之役，非畜天下者也，
何足贵哉！夫以人徇己，则己贵而人贱；【旁批】曲折雄畅。以己徇人，
则己贱而人贵。故徇人者贱，而人所徇者贵，自古及今，未有不然者
也。凡古之所为尊贤者，为其贵也；而所为恶不肖者，为其贱也。而
尧、禹以身徇天下者也，【旁批】人回顾。因随而尊之，则亦失所为尊
贤之心矣，夫可谓大缪矣。谓之为"桎梏"，不亦宜乎？不能督责之
过也。【旁批】点醒主意，引韩子。

【眉批】引韩子一段，注意在行重法上，乃督责正面。故韩子曰：【旁批】引韩子。"慈母有败子，而严家无格虏"者，何也？【夹注】格，强悍也。虏，奴隶也，言严整之家本无格悍奴仆也。则能罚之加焉必也。【旁批】引商君之法刑。故商君之法，刑弃灰于道者。夫弃灰，薄罪也，而被刑，重罚也。彼唯明主为能深督轻罪。夫罪轻且督深，而况有重罪乎？故民不敢犯也。是故韩子曰【旁批】再引韩子。"布帛寻常，庸人不释，【夹注】'寻常'，以言其少也。'庸人弗释'者，谓庸人见则取之不释，以其罪轻也。铄金百镒，盗跖不搏"者，【夹注】铄，美也，言百溢之美金在于地，虽有盗跖之行亦不取者，为财多而罪重也。搏，犹攫也，取也。非庸人之心重，寻常之利深，而盗跖之欲浅也；【旁批】跌顿尽致。又不以盗跖之行，为轻百镒之重也。搏必随手刑，【旁批】智健如炬。则盗跖不搏百镒；而罚不必行也，则庸人不释寻常。是故城高五丈，而楼季【夹注】魏文侯之弟。不轻犯也；泰山之高百仞，而跛牧其上。夫楼季也而难五丈之限，岂跛牂也而易百仞之高哉？【旁批】又跌顿得妙。峭【夹注】高也。堑【夹注】平也。之势异也。明主圣王之所以能久处尊位，长执重势，而独擅天下之利者，非有异道也，能独断而审督责，必深罚，故天下不敢犯也。今不务所以不犯，而事慈母之所以败子也，【旁批】应。则亦不察于圣人之论矣。夫不能行圣人之术，则舍为天下役何事哉？可不哀邪！

【眉批】且夫一段另提，注意在杜拒群臣谏论，乃为行督责绝其后路。且夫俭节仁义之人立于朝，则荒肆之乐辍矣；【旁批】另开论头，小人无忌惮之言，一至于此。谏说论理之臣间于侧，则流漫之志诎矣；烈士死节之行显于世，则淫康之虞废矣。故明主能外此三者，而独操主术以制听从之臣，而修其明法，故身尊而势重也。凡贤主者，必将能拂世磨俗，而废其所恶，立其所欲，故生则有尊重之势，死则有贤明之谥也。是以明君独断，故权不在臣也。然后能灭仁义之涂，掩驰说之口，困烈士之行，塞聪掩明，内独视听，故外不可倾以仁义烈士之行，而内不可夺以谏说忿争之辩。故能荦然独行恣睢之心而莫之敢逆。若此然后可谓能明申、韩之术，<u>而修商君之法</u>，【旁批】总收。法修术明而天下乱者，未之闻也。【旁批】如此而不乱者，未闻之也。故曰"王道约而易操"也。【旁批】一句束佳。唯明主为能行之。若此则谓督责之诚，则臣无邪，臣无邪则天下安，天下安则主严尊，主严尊则督责必，督责必则所求得，所求得则国家富，国家富则君乐丰。<u>故督责之术设，则所欲无不得矣</u>。【旁批】应专用适己意。群臣百姓救过不给，何变之敢图？若此则帝道备，而可谓能明君臣之术矣。<u>虽申、韩复生</u>，【旁批】应。不能加也。

【眉批】二世现，可谓身死天下灭矣。书奏，二世悦。于是行督责益严，税民深者为明吏。二世曰："若此则可谓能督责矣。"刑者相半于道，而死人日成积于市。杀人众者为忠臣。二世曰："<u>若此则可谓能督责矣</u>。"【夹注】嗣赵高谋斯，二世令高案狱治罪，诬以谋反，并载短赵高书、狱中书，概从节。【旁批】双调政坐实斯之罪。

【眉批】发端于鼠，结束于犬，史公贱鄙李斯处，恰好首尾相映成趣。二世二年七月，具斯五刑，论腰斩咸阳市。斯出狱，与其中子俱执，顾谓其中子曰："<u>吾欲与若复牵黄犬俱出上蔡东门逐狡兔，岂可得乎</u>！"【旁批】东门黄犬华亭鹤唳，古今一哭。故遂父子相哭，而夷三族。

太史公曰：李斯以闾阎历诸侯，入事秦，因以瑕衅，以辅始皇，卒成帝业，斯为三公，可谓尊用矣。<u>斯知六艺之归</u>，【旁批】罪状。<u>不务明政以补主上之缺，持爵禄之重</u>，<u>阿顺苟合</u>，<u>严威酷刑</u>，听高邪说，<u>废嫡立庶</u>。诸侯已畔，<u>斯乃欲谏争</u>，<u>不亦末乎</u>！人皆以斯极忠而被五刑死，<u>察其本</u>，乃与俗议之异。【旁批】史识。<u>不然，斯之功且与周、召列矣</u>。【旁批】反掉无限慨叹。

【总评】储同人曰：李斯焚书坑儒，废封建，弑太子，劝督责，罪通于天，五刑三族，不足蔽其辜。此非性恶，爵禄之念胜也。亡秦者，斯也；族斯者，高爵厚禄也。苟患失之，无所不至，可戒也夫。

斯人品本不足取，传中出色处，是《逐客》《督责》二书。《谏逐客书》，虽属自媒，而其言与帝王用人无方之义，足相发明，持论自正。至《督责》书，阿二世意以速秦亡，乃乱言害政之书也。而文特雄健，故并录之。二书如出两手，《逐客》雅练流丽，类西汉，《督责》深刻峭拔，类子书。

五十四　刺客列传赞

太史公曰：世言荆轲，其称太子丹之命，"天雨粟，马生角"也，太过。【夹注】天粟马角事，世所盛传偏略之，于赞中写。又言荆轲伤秦王，皆非也。始公孙季功、董生与夏无且游，具知其事，为余道之如是。【夹注】独重荆轲，是史公着眼着意处。自曹沫至荆轲五人，此其义或成或不成，【夹注】成者曹沫、专诸、聂政，不成者豫让、荆轲。<u>然其立意较然，不欺其志，名垂后世，岂妄也哉！</u>

【总评】刺客非圣贤之道，然以立意较然，不欺其志，八字评之，亦无溢美。曹沫事见《公羊》，专诸事见《左传》，聂政、豫让、荆轲事见《国策》，故未录。

五十五　蒙恬列传赞

　　太史公曰：吾适北边，自直道归，行观蒙恬所为秦筑长城亭障，堑山堙谷，通直道，固轻百姓力矣。夫秦之初灭诸侯，天下之心未定，痍伤者未瘳，而恬为名将，不以此时强谏，振百姓之急，养老存孤，务修众庶之和，而阿意兴功，【旁批】特识。此其兄弟【夹注】弟名毅。遇诛，不亦宜乎！何乃罪地脉哉？【夹注】恬临死时，喟然太息曰："我何罪于天，无过而死乎？"良人徐曰："恬罪固当死矣，起临洮，属之辽东，城堑万余里，此其中不能无绝地脉哉。此乃恬之罪也。"

　　【总评】蒙氏仕秦三世，累立武功。二世听赵高之谗，杀蒙恬、蒙毅，死非其罪，史公乃以阿意兴功责之。此端本之论，垂戒深远矣。

卷四

五十六　张耳陈馀列传

【眉批】第一段叙两人出身之始。乡里同，行径同，为刎颈一句，作篇眼。此传用意在交道始终之间，故通体用总叙夹写之法，列传中另为一体。张耳者，大梁人也。【夹注】陈留大梁城，今河南开封府地。其少时，及魏公子毋忌为客。张耳尝亡命游外黄。【夹注】外黄属陈留。外黄富人女甚美，嫁庸奴，亡其夫，去抵父客。【夹注】父时故宾客。父客素知张耳，乃谓女曰："必欲求贤夫，从张耳。"女听，乃卒为请决，嫁之张耳。【夹注】谓女请父客，为决绝其夫，而嫁之张耳。张耳是时脱身游，女家厚奉给张耳，张耳以故致千里客。【旁批】内藏一高祖。乃宦魏为外黄令。名由此益贤。【旁批】陈馀跟张耳来便稍作低昂。陈馀者，亦大梁人也，好儒术，数游赵苦陉。【夹注】属中山。【旁批】伏线。富人公乘氏以其女妻之，【旁批】随手映带。亦知陈馀非庸人也。【旁批】合叙。馀年少，父事张耳，两人相与为刎颈交。【夹注】言要齐生死，短颈无悔。【旁批】正提前半反滞后半。

【眉批】第二段志两人穷约之时，寄迹同，心志同，缀叙吏笞一事，两人结局高下，见端于此。秦之灭大梁也，张耳家外黄。高祖为布衣时，【旁批】伏归汉之案。尝数从张耳游，客数月。秦灭魏数岁，已闻此两人魏之名士也，购求有得张耳千金，陈馀五百金。【旁批】千金百金争价以倍，无意中分出重轻。张耳、陈馀乃变名姓，俱之陈，为里监门以自食。两人相对。里吏尝有过笞陈馀，陈馀欲起，张耳蹑之，【旁批】机警。使受笞。吏去，张耳乃引陈馀之桑下而数之曰："始吾与公言何如？今见小辱而欲死一吏乎？"【旁批】馀自逊耳一筹，不能忍也。陈馀然之。秦诏书购求两人，两人亦反用门者以令里中。【夹注】案门者，即馀、耳也。自以其名，而号令里中，诈更别求也。【旁批】诡秘。

【眉批】第三段依陈涉。乃其始事借径也。旋即掉去矣。陈涉起蕲，至入陈，兵数万。张耳、陈馀上谒陈涉。涉及左右生平数闻张耳、陈馀贤，未尝见，见即大喜。

【眉批】两人初出茅庐，说陈王一番议论，增采鸿文。陈中豪杰父老乃说陈涉曰："将军身被坚执锐，率士卒以诛暴秦，复立楚社稷，存亡继绝，功德宜为王。且夫监临天下诸将，不为王不可，原将军立为楚王也。"陈涉问此两人，两人对曰："夫秦为无道，破人国家，灭人社稷，绝人后世，罢百姓之力，尽百姓之财。将军瞋目张胆，出万死不顾一生之计，为天下除残也。今始至陈而王之，示天下私。原将军毋王，急引兵而西，遣人立六国后，自为树党，为秦益敌也。【旁批】立六国后在楚汉交争时，不可在初发难时则为上策。敌多则力分，与众则兵强。【旁批】妙句。如此野无交兵，县无守城，诛暴秦，据咸阳以令诸侯。诸侯亡而得立，以德服之，如此则帝业成矣。今独王陈，恐天下解也。"陈涉不听，遂立为王。

【眉批】第四段略赵地。乃其别图出路也，意不在涉矣。陈馀乃复说陈王曰："大王举梁、楚而西，【旁批】计出陈馀口，线在旧边之地也。务在入关，未及收河北也。臣尝游赵，知其豪杰及地形，愿请奇兵北略赵地。"【旁批】借风起舵。于是陈王以故所善陈人武臣为将军，邵骚为护军，以张耳、陈馀为左右校尉，【旁批】处以校尉失人矣。予卒三千人，北略赵地。

【眉批】首提武臣，以为将军也，词实出耳、馀口，说豪杰一番议论，增采鸿文。武臣等从白马渡河，至诸县，说其豪杰曰："秦为乱政虐刑以残贼天下，数十年矣。【旁批】先写秦。北有长城之役，南有五岭之戍，外内骚动，百姓罢敝，头会箕敛，以供军费，财匮力尽，民不聊生。重之以苛法峻刑，使天下父子不相安。陈王奋臂为天下倡始，【旁批】次写陈之倡义，张侈其说，亦借力东风之意。王楚之地，方二千里，莫不响应，家自为怒，人自为斗，各报其怨而攻其仇，【旁批】妙句。县杀其令丞，郡杀其守尉。今已张大楚，王陈，使吴广、周文将卒百万西击秦。【旁批】说击秦意在收赵。于此时而不成封侯之业者，非人豪也。【旁批】激励人心。诸君试相与计之！夫天下同心而苦秦久矣。【旁批】笔态顿挫激昂。因天下之力而攻无道之君，报父兄之怨而成割地有土之业，此士之一时也。"豪杰皆然其言。乃行收兵，得数万人，号武臣为武信君。下赵十城，余皆城守，莫肯下。【旁批】未了。

【眉批】第五段夹叙蒯通游说，以了略赵之案。乃引兵东北击范阳。范阳人蒯通说范阳令曰："窃闻公之将死，【旁批】发端突兀。故吊。虽然，贺公得通而生。"【眉批】说范阳令一番议论，增采鸿文。范阳令曰："何以吊之？"对曰："秦法重，足下为范阳令十年矣，杀人之父，孤人之子，断人之足，黥人之首，不可胜数。然而慈父孝子莫敢倳【夹注】音戳。刃公之腹中者，畏秦法耳。今天下大乱，秦法不施，然则慈父孝子且倳刃公之腹中以成其名，【旁批】险语。此臣之所以吊公也。今诸侯畔秦矣，武信君兵且至，而君坚守范阳，少年皆争杀君，下武信君。君急遣臣见武信君，可转祸为福，在今矣。"

【眉批】掉转说武信君，一番议论，增采鸿文。范阳令乃使蒯通见武信君曰："足下必将战胜然后略地，【旁批】又工于发端。攻得然后下城，臣窃以为过矣。诚听臣之计，可不攻而降城，不战而略地，传檄而千里定，可乎？"武信君曰："何谓也？"蒯通曰："今范阳令宜整顿其士卒以守战者也，【旁批】一气层折。怯而畏死，贪而重富贵，故欲先天下降，畏君以为秦所置吏，诛杀如前十城也。然今范阳少年亦方杀其令，自以城距君。【旁批】转入此句得势。君何不赍臣侯印，拜范阳令，范阳令则以城下君，少年亦不敢杀其令。令范阳令乘朱轮华毂，【旁批】笔情飞舞。使驱驰燕、赵郊。燕、赵郊见之，皆曰此范阳令，先下者也，即喜矣，燕、赵城可毋战而降也。此臣之所谓传檄而千里定者也。"武信君从其计，【旁批】仍属耳、馀主计。因使蒯通赐范阳令侯印。赵地闻之，不战以城下者三十余城。【旁批】赵地定。

【眉批】第六段叙耳、馀背陈，以开后事之局。至邯郸，张耳、陈馀闻周章军入关，至戏却；【夹注】戏，地名。却，兵退也，戏水出骊山。【旁批】急掉转本传两人。又闻诸将为陈王徇地，多以谗毁得罪诛，怨陈王不用其筴【夹注】同策。不以为将而以为校尉。【旁批】清出背陈之由，笔情顾盼。乃说武臣曰："陈王起蕲，至陈而王，非必立六国后。将军今以三千人下赵数十城，【旁批】播弄武臣正以遥制陈涉。独介居河北，不王无以填【夹注】读镇。之。且陈王听谗，还报，恐不脱于祸。又不如立其兄弟；【旁批】言陈王私其兄弟，以为欲立赵后，则不如兄弟也。不，即立赵后。将军毋失时，时间不容息。"武臣乃听之，遂立为赵王。以陈馀为大将军，张耳为右丞相，【旁批】两人自为耳。邵骚为左丞相。

使人报陈王，陈王大怒，欲尽族武臣等家，而发兵击赵。陈王相国房君谏曰："秦未亡而诛武臣等家，此又生一秦也。【旁批】与留侯封齐之意同。不如因而贺之，使急引兵西击秦。"陈王然之，从其计，徙击武臣等家宫中，封张耳子敖为成都君。【旁批】逗张敖。

陈王使使者贺赵，令趣发兵西入关。张耳、陈馀说武臣曰："王王赵，非楚意，特以计贺王。楚已灭秦，必加兵于赵。愿王毋西兵，北徇燕、代，南收河内以自广。赵南据大河，北有燕、代，楚虽胜秦，必不敢制赵。"赵王以为然，因不西兵，而使韩广略燕，【旁批】开出后局。李良略常山，张黡略上党。

【眉批】第七段借武臣赵波，夹叙厮养卒说燕事，代揭耳、馀心事也。韩广至燕，燕人因立广为燕王。【旁批】敬尤。赵王乃与张耳、陈馀北略地燕界。赵王间出，为燕军所得。燕将囚之，欲与分赵地半，乃归王。使者往，燕辄杀之以求地。张耳、陈馀患之。【旁批】人奇突。有厮养卒谢其舍中曰：【夹注】厮，贱者也。析薪为厮，炊烹为养。以辞相告曰谢。舍中，谓其同舍中之人。"吾为公说燕，与赵王载归。"【旁批】语亦奇突。舍中皆笑曰："使者往十余辈，辄死，若何以能得王？"乃走燕壁。燕将见之，问燕将曰："知臣何欲？"【旁批】此间主中宾。燕将曰："若欲得赵王耳。"曰："君知张耳、陈馀何如人也？"燕将曰："贤人也。"曰："知其志何欲？"【旁批】此问宾中主。曰："欲得其王耳。"赵养卒乃笑曰："【旁批】以下层层作转，一转一胜。君未知此两人所欲也。夫武臣、张耳、陈馀杖马箠下赵数十城，【夹注】言其不用兵革，驱策而已也。【眉批】厮养卒说燕，止欲归其王耳，却有一番议论，将耳馀两人心事如揭，并陈末之岁，亦为照出又一增采鸿文。此亦各欲南面而王，【旁批】各欲二字，中陈末之几已伏。岂欲为卿相终己邪？夫臣与主岂可同日而道哉，顾其势初定，未敢参【夹注】三。分而王，且以少长先立武臣为王，以持赵心。今赵地已服，此两人亦欲分赵而王，时未可耳。今君乃囚赵王。此两人名为求赵王，实欲燕杀之，此两人分赵自立。【旁批】用反逼之法，不求归而自归矣。妙人妙论。夫以一赵尚易燕，况以两贤王左提右挈，而责杀王之罪，灭燕易矣。"燕将以为然，乃归赵王，养卒为御而归。【旁批】以应为束。

【眉批】第八段借李良起波，夹叙杀王姊袭赵事，借了武臣事局也。李良已定常山，【旁批】遥接。还报，赵王复使良略太原。至石邑，秦兵塞井陉，未能前。秦将诈称二世使人遗李良书，不封，曰："良尝事我得显幸。良诚能反赵为秦，赦良罪，贵良。"良得书，疑不信。【旁批】一顿。乃还之邯郸，益请兵。未至，道逢赵王姊出饮，【旁批】事机适凑。从百余骑。李良望见，以为王，伏谒道旁。王姊醉，不知其将，使骑谢李良。李良素贵，起，惭其从官。从官有一人曰："天下畔秦，能者先立。且赵王素出将军下，今女儿乃不为将军下车，请追杀之。"李良已得秦书，【旁批】应前。固欲反赵，未决，因此怒，遣人追杀王姊道中，乃遂将其兵袭邯郸。邯郸不知，竟杀武臣、邵骚。【眉批】正武臣，并了邵骚。<u>赵人多为张耳、陈馀耳目者，以故得脱出。</u>【旁批】提明出脱之故史笔。【眉批】出脱耳余，开后局。收其兵，得数万人。客有说张耳曰："两君羁旅，而欲附赵，难；独立赵后，扶以义，可就功。"乃求得赵歇，【夹注】赵后。立为赵王，居信都。【夹注】后项羽改曰襄国。李良进兵击陈馀，陈馀败李良，李良走归章邯。【旁批】了李良起巨鹿之围。

【眉批】第九段立赵歇，军巨鹿，另起一头，为两人起衅之因。章邯引兵至邯郸，皆徙其民河内，夷其城郭。张耳与赵王歇走入巨鹿城，【旁批】一城内。王离围之。陈馀北收常山兵，【旁批】以前两人合并，此后两人分暌。得数万人，军巨鹿北。【旁批】一城北。章邯军巨鹿南棘原，筑甬道属河，饷王离。王离兵食多，急攻巨鹿。巨鹿城中食尽兵少，<u>张耳数使人召前陈馀，陈馀自度兵少，不敌秦，不敢前</u>。数月，<u>张耳大怒，</u>【旁批】一怒一怨，张耳已生隙矣。<u>怨陈馀，</u>使张黡、陈泽往让陈馀曰："<u>始吾与公为刎颈交，</u>【旁批】又揭醒作关目。<u>今王与耳旦暮且死，而公拥兵数万，不肯相救，安在其相为死！</u>苟必信，胡不赴秦军俱死？且有十一二相全。"【夹注】十中冀一两胜秦。陈馀曰："吾度前终不能救赵，徒尽亡军。且馀所以不俱死，欲为赵王、张君报秦。今必俱死，如以肉委饿虎，何益？"张黡、陈泽曰："事已急，要以俱死立信，安知后虑！"陈馀曰："<u>吾死顾以为无益。</u>【旁批】此时陈馀亦一肚皮，不然张耳矣。<u>必如公言。</u>"乃使五千人令张黡、陈泽先尝【夹注】犹试。<u>秦军，至皆没。</u>

当是时，【旁批】燕韩广齐田市，楚项羽。燕、齐、楚闻赵急，皆来救。张敖亦北收代兵，得万余人，来，皆壁余旁，未敢击秦。项羽兵数绝章邯甬道，王离军乏食，项羽悉引兵渡河，遂破章邯。章邯引兵解，诸侯军乃敢击围巨鹿秦军，遂虏王离。涉间自杀。<u>卒存巨鹿者，楚力也，</u>【旁批】揭楚力形陈馀不救。

【眉批】第十段陈馀解印，张耳收兵，从此两分，为二人斗隙正文。于是赵王歇、张耳乃得出巨鹿，【旁批】此时陈馀自难为情。谢诸侯。张耳与陈馀相见，责让陈馀以不肯救赵，及问张黡、陈泽所在。陈馀怒曰："张黡、陈泽以必死责臣，臣使将五千人先尝秦军，皆没不出。"张耳不信，以为杀之，【旁批】误矣。数问陈馀。陈馀怒曰："不意君之望臣深也！【旁批】声状俱活。岂以臣为重去将哉？"【夹注】案：重训难也。或云重，惜也。乃脱解印绶，推予张耳。张耳亦愕不受。陈馀起如厕。客有说张耳曰："臣闻'天与不取，反受其咎'。今陈将军与君印，君不受，反天不祥。急取之！"张耳乃佩其印，收其麾下。【旁批】错甚。而陈馀还，亦望张耳不让，【夹注】言陈馀如厕还，亦怨望张耳，不让其印。【旁批】观此所谓刎颈交者，特虚气耳，看来张耳尤狡。遂趋出。张耳遂收其兵。陈馀独与麾下所善数百人之河上泽中渔猎。由此陈馀、张耳遂有郤。【旁批】又指出关键。

【眉批】第十一段耳王常山，馀封南皮，因楚封大小，为二人有郤后，重开衅端。赵王歇复居信都。张耳从项羽诸侯入关。汉元年二月，项羽立诸侯王，张耳雅游，【夹注】雅，素也，亦故也。雅游，言惯游从，故多为人所称誉。人多为之言，项羽亦素数闻张耳贤，乃分赵立张耳为常山王，治信都。信都更名襄国。

陈馀客多说项羽曰："陈馀、张耳一体有功于赵。"项羽以陈馀不从入关，闻其在南皮，【夹注】故城在沧州南皮县北四里。即以南皮旁三县以封之，而徙赵王歇王代。

【眉批】第十二段陈馀反兵袭赵，自取曲势。张耳败走归汉，旋得胜着，两人相攻，为凶终正文。张耳之国，陈馀愈益怒，【旁批】一怒便低看来，前截曲在张耳，后截曲在陈馀。曰："张耳与馀功等也，今张耳王，馀独侯，此项羽不平。"及齐王田荣畔楚，陈馀乃使夏说说田荣曰："项羽为天下宰不平，【旁批】口说项，心憾张。尽王诸将善地，徙故王王恶地，今赵王乃居代！愿王假臣兵，请以南皮为扞蔽。"田荣欲树党于赵以反楚，乃遣兵从陈馀。陈馀因悉三县兵袭常山王张耳。【旁批】曲甚恶甚。张耳败走，念诸侯无可归者，曰："汉王与我有旧故，【夹注】汉王，为布衣时，从张耳游。【旁批】应前与游。而项羽又强，立我，我欲之楚。"甘公曰："汉王之入关，五星聚东井。东井者，秦分也。先至必霸。楚虽强，后必属汉。"故耳走汉。【夹注】二年十月也。【旁批】走汉便胜。汉王亦还定三秦，方围章邯废丘。张耳谒汉王，汉王厚遇之。

【眉批】第十三段陈馀背汉，而被斩泜水。张耳击赵而复王当山，两人事完，为凶终结案。陈馀已败张耳，皆复收赵地，迎赵王于代，复为赵王。赵王德陈馀，立以为代王。陈馀为赵王弱，国初定，不之国，留傅赵王，而使夏说以相国守代。

汉二年，东击楚，使使告赵，欲与俱。陈馀曰："汉杀张耳乃从。"【旁批】谬矣。于是汉王求人类张耳者斩之，持其头遗陈馀。陈馀乃遣兵助汉。汉之败于彭城西，陈馀亦复觉张耳不死，即背汉。【旁批】又谬。

汉三年，韩信已定魏地，遣张耳与韩信击破赵井陉，【夹注】三年十月。斩陈馀泜水上，【夹注】在赵州赞皇县界。【旁批】直刎颈交矣，可叹。追杀赵王歇襄国。汉立张耳为赵王。【夹注】四年十一月，汉书四年夏。【旁批】两人结果虽高下不同，总属凶终刎颈交一案，如此了局概然。汉五年，张耳薨，谥为景王。【眉批】正传毕。子敖嗣立为赵王。【旁批】就前传论，则附张敖为主。就本传论，则附贯高为主。高祖长女鲁元公主为赵王敖后。

【眉批】以下附子敖传。非传敖，传贯高也，事败身坐一语，百折不挫，此真不侵然诺者，张陈为刎颈交，不当如是耶。借来反形，非旁涉也。汉七年，高祖从平城过赵，赵王朝夕祖鞲蔽，【夹注】鞲者，臂捍也。自上食，礼甚卑，有子婿礼。高祖箕踞詈，甚慢易之。赵相贯高、赵午等年六十余，故张耳客也。生平为气，【夹注】犹俗云，抱不平。乃怒曰："吾王孱王也！”说王曰：“夫天下豪杰并起，【旁批】贯高初亦妄甚。能者先立。今王事高祖甚恭，【夹注】不合称高祖。而高祖无礼，请为王杀之！”张敖啮其指出血，曰：“君何言之误！【旁批】只此是表张敖之文。【眉批】此段为王实不反。独吾属为之，二句立案。且先人亡国，赖高祖得复国，德流子孙，秋豪皆高祖力也。原君无复出口。”【旁批】王实不反之案。贯高、赵午等十余人皆相谓曰：“乃吾等非也。吾王长者，不倍德。且吾等义不辱，今。怨高祖辱我王，故欲杀之，何乃污王为乎？【旁批】独王属为之之案，比语到底不渝。令事成归王，事败独身坐耳。”

　　【眉批】此段叙逆谋事发。汉八年，上从东垣还，过赵，贯高等乃壁人柏人，【夹注】壁中著人，欲为变也。柏人故城，在荆州柏人县西北十二里。【旁批】叙逆节。要之置厕。【夹注】置人于厕壁中，以伺高祖。上过欲宿，心动问曰：“县名为何？”【旁批】问得诞甚警甚。曰：“柏人。”“柏人者，迫于人也！”【旁批】戏得无谓而妙。不宿而去。

　　汉九年，贯高怨家知其谋，【旁批】叙败露，【眉批】以下俱重写贯高。乃上变告之。于是上皆并逮捕赵王、贯高等。十余人皆争自到，贯高独怒骂曰：“谁令公为之？【旁批】说出所以不可死之故，高识深见，不独忠也。前后都映射得到。今王实无谋，而并捕王；公等皆死，谁白王不反者！”乃辎车胶致，【夹注】谓其车上著板，四周如槛形，胶密不得开，送致京师也。【眉批】此段叙对狱，未致前先写出定见，便自生色，及对狱只用二语，以省笔叙过，留后畅言之。与王诣长安。治张敖之罪。上乃诏赵群臣宾客有敢从王皆族。贯高与客孟舒等十余人，【旁批】以上未胶致前事。皆自髡钳，为王家奴，从来。贯高至，对狱，曰：“独吾属为之，王实不知。”【旁批】只此二语到底不变。吏治榜笞数千，刺剟，身无可击者，终不复言。吕后数言张王以鲁元公主故，不宜有此。上怒曰：“使张敖据天下，岂少而女乎！”【旁批】二语情势亦透。不听。廷尉以贯高事辞闻，上曰：“壮士！谁知者，以私问之。”【旁批】二字赞。中大夫泄公曰："臣之邑子，素知之。此固赵国立名义不侵为然诺者也。"【旁批】生色语，为贯高传主笔。

【眉批】此段叙狱解，有自白语，有白王语，宁字亲切动人。上使泄公持节问之箯舆前。仰视曰："泄公邪？"【旁批】惨形活画。泄公劳苦如生平欢，与语，问张王果有计谋不。高曰："人情宁不各爱其父母妻子乎？【旁批】先后人情易见处，说入便自悱恻动人。后以王实不及二句括事状，笔笔神活。今吾三族皆以论死，岂以王易吾亲哉！顾为王实不反，独吾等为之。"具道本指所以为者王不知状。于是泄公入，具以报，上乃赦赵王。

【眉批】此段叙释高。若竟因赦而脱，便没精采，得此一死，又得此一段议论，人之品格奇，文之波澜亦奇。上贤贯高为人能立然诺，【旁批】提一句有眉目。使泄公具告之，曰："张王已出。"因赦贯高。贯高喜曰："吾王审出乎？"【旁批】五字传神。泄公曰："然。"泄公曰："上多足下，【旁批】复泄公曰：'有理致。'故赦足下。"贯高曰："所以不死一身无余者，白张王不反也。今王已出，吾责已塞，【旁批】此前不死之故，即今所以死之故也。心如铁，气如云。死不恨矣。且人臣有篡杀之名，【旁批】数语勒到名义，引决。何面目复事上哉！纵上不杀我，我不愧于心乎？"乃仰绝亢，遂死。当此之时，名闻天下。【旁批】八字结极响。

【眉批】末着笔王之客，及客之子孙，皆贯高余波也。张敖已出，以尚鲁元公主故，封为宣平侯。于是上贤张王诸客，以钳奴从张王入关，无不为诸侯相、郡守者。及孝惠、高后、文帝、孝景时，张王客子孙皆得为二千石。【夹注】节。

【眉批】连用四相字。昌黎仿之，为河东墓志，交道世道，唱叹慨然。太史公曰："张耳、陈馀，世传所称贤者；其宾客厮役，【旁批】先泛称之。莫非天下俊杰，所居国无不取卿相者。然张耳、陈馀始居约时，相然信以死，岂顾问哉。【旁批】一顿。及据国争权，【旁批】一折。卒相灭

亡，何乡者相慕用之诚，【旁批】不堪回首。后相倍之戾也！岂非以势
利哉？【旁批】一断。名誉虽高，宾客虽盛，【旁批】末用唱叹作致。所由
殆与太伯、延陵季子异矣。"【旁批】耳、馀以争引，古之让者形之。

【总评】浦二田曰：交之漓也，始结终凶，何至此极。通用并
写以伤之，合传又一法。文之生色，又在连载大篇，助发精采，贯
高传复后勃。

五十七　淮阴侯列传

【眉批】第一段叙始穷时，零叙三事，三等人亦高下相间，后文一一相照。
淮阴侯韩信者，淮阴人也。始为布衣时，贫无行，不得推择为吏，又
不能治生商贾，【旁批】写英雄落魄光景，委曲详尽。常从人寄食饮，人多
厌之者，【旁批】先作虚竽。常数从其下乡南昌亭长寄食，【旁批】一事。
数月，亭长妻患之，乃晨炊蓐食。【夹注】未起而床蓐中食。食时信往，
不为具食。信亦知其意，怒，竟绝去。

信钓于城下，【旁批】二事。诸母漂，有一母见信饥，饭信，竟
漂数十日。【夹注】倒句，直至漂完判十日，皆饭信也。信喜，谓漂母曰：
"吾必有以重报母。"母怒曰："大丈夫不能自食，【旁批】奇人奇语。吾
哀王孙而进食，岂望报乎！"

淮阴屠中少年有侮信者，【旁批】三事。曰："若虽长大，好带刀剑，
中情怯耳。"众辱之曰："信能死，刺我；不能死，出我袴【夹注】《汉
书》作跨。下。"于是信孰视之，俛出袴下，【旁批】与留侯纳履同一见识。
蒲伏。一市人皆笑信，以为怯。

【眉批】第二段叙始遇时，一路波纻，且逼到登坛拜将，帝与萧、韩三人，
与齐桓、鲍、管三人，眼界器识相同。及项梁渡淮，【旁批】初出从项梁一挫。
信杖剑从之，居戏【夹注】作麾。下，无所知名。项梁败，又属项羽，
羽以为郎中。数以策干项羽，羽不用。【旁批】从项羽又一挫。汉王之入
蜀，信亡楚归汉，未得知名，【旁批】初入汉又一挫。为连敖。【夹注】官
名。坐法当斩，其辈十三人皆已斩，次至信，信乃仰视，适见滕公，
曰："上不欲就天下乎？何为斩壮士！"【旁批】是无双发口。滕公奇其
言，壮其貌，【旁批】鄹侯前先有此知己。释而不斩。与语，大说之。言
于上，上拜以为治粟都尉，上未之奇也。【旁批】又一顿。

信数与萧何语，何奇之。【旁批】遇相国出色之始。至南郑，【夹注】汉中所都，今南郑县。诸将行道亡者数十人，信度何等已数言上，上不我用，即亡。何闻信亡，不及以闻，自追之。【旁批】急贤如此，安得不为第一功。人有言上曰："丞相何亡。"上大怒，如失左右手。居一二日，何来谒上，上且怒且喜，骂何曰："若亡，何也？"【旁批】一路问答如画。何曰："臣不敢亡也，臣追亡者。"上曰："若所追者谁何？"曰："韩信也。"上复骂曰："诸将亡者以十数，公无所追；追信，诈也。"何曰："诸将易得耳。至如信者，国士无双。【旁批】四字品题，全传标眼。王必欲长王汉中，无所事信；【夹注】无所用信。【旁批】反跌一句妙。必欲争天下，非信无所与计事者。顾王策安所决耳。"王曰："吾亦欲东耳，安能郁郁久居此乎？"【旁批】句情甚如闻其声。何曰："王计必欲东，能用信，信即留；不能用，【旁批】要之。信终亡耳。"王曰："吾为公以为将。"【夹注】为公，是面情之词，正见汉王尚未之信。【旁批】为字妙，竟似作人情者。何曰："虽为将，信必不留。"【旁批】再要之。王曰："以为大将。"【旁批】豁达大度。何曰："幸甚。"于是王欲召信拜之。何曰："王素慢无礼，今拜大将如呼小儿耳，此乃信所以去也。【旁批】三要之。王必欲拜之，择良日，斋戒，设坛场，具礼，乃可耳。"【旁批】封英主用奇人，项如此铺张牢笼。王许之。诸将皆喜，人人各自以为得大将。至拜大将，乃韩信也，一军皆惊。【旁批】止二十四字，而一军情描写略尽，非太史公不能。

【眉批】第三段叙淮阴登坛之封，揣时度势，知彼知己，字字中肯，与诸葛隆中之对皆足称绝千古。信拜礼毕，上坐。王曰："丞相数言将军，将军何以教寡人计策？"【旁批】第一句便是擒贼擒王眼力。信谢，因问王曰："今东乡争权天下，岂非项王邪？"汉王曰："然。"曰："大王自料勇悍仁强孰与项王？"【旁批】淮阴登坛之封大有国策风味。汉王默然良久，曰："不如也。"信再拜贺曰："惟信亦为大王不如也。然臣尝事之，请言项王之为人也。【旁批】先摘项王为人之偏，句句定评。项王暗噁叱咤，千人皆废，然不能任属贤将，<u>此特匹夫之勇耳</u>。【旁批】撇勇字。项王见人恭敬慈爱，言语呕呕，人有疾病，涕泣分食饮，至使人有功当封爵者，印刓敝，忍不能予，<u>此所谓妇人之仁也</u>。【旁批】撇仁字。项王虽霸天下而臣诸侯，【旁批】再摘项王举事之悖，言言要害。不居关中而居彭城。【旁批】一失。有背义帝之约，而以亲爱王，诸侯不平。【旁批】二失。诸侯之见项王迁逐义帝置江南，【旁批】三失。亦皆归逐其主而自王善地。项王所过无不残灭者，【旁批】四失。天下多怨，百姓不亲附，特劫于威强耳。名虽为霸，实失天下心。<u>故曰其强易弱</u>。今大王诚能反其道：【旁批】打转汉王。<u>任天下武勇，何所不诛！</u>【旁批】数语是定天下大措，其笔有排山倒海之势。<u>以天下城邑封功臣，何所不服！以义兵从思东归之士，何所不散！</u>【夹注】用东归之兵，击东方之敌，故无不散败。<u>且三秦王为秦将，将秦子弟数岁矣</u>，【旁批】定三秦又是定天下根本。所杀亡不可胜计，又欺其众降诸侯，至新安，项王诈坑秦降卒二十余万，唯独邯、欣、翳得脱，秦父兄怨此三人，痛入骨髓。<u>今楚强以威王此三人，秦民莫爱也</u>。【旁批】三秦王一撇。大王之入武关，秋豪无所害，除秦苛法，与秦民约，法三章耳，秦民无不欲得大王王秦者。于诸侯之约，大王当王关中，关中民咸知之。大王失职入汉中，秦民无不恨者。【眉批】摘出定三秦，为出关根脚，是出手第一功。<u>今大王举而东，三秦可传檄而定也</u>。"【旁批】一语点破。于是汉王大喜，<u>自以为得信晚</u>。【旁批】与未之奇应。遂听信计，部署诸将所击。

　　【眉批】第四段叙定魏地，为第二功，他战只作带叙。八月，汉王举兵东出陈仓，定三秦。汉二年，出关，收魏、河南，韩、殷王皆降。合齐、赵共击楚。四月，至彭城，汉兵败散而还。<u>信复收兵与汉王会荥阳</u>，【旁批】叙淮阴功案，只作带叙夹叙。复击破楚京、索之间，<u>以故楚兵卒不能西</u>。

汉之败却彭城，【旁批】总掣。塞王欣、翟王翳亡汉降楚，齐、赵亦反汉与楚和。【旁批】汉大恤后方见大功。六月，魏王豹谒归视亲疾，至国，【旁批】以下叙收魏豹。即绝河关反汉，与楚约和。汉王使郦生说豹，不下。其八月，以信为左丞相，击魏。魏王盛兵蒲坂，塞临晋，信乃益为疑兵，【旁批】兵法。陈船欲度临晋，而伏兵从夏阳以木罂缻【夹注】缶。渡军，【夹注】以木押缚罂缻以渡。袭安邑。魏王豹惊，引兵迎信，信遂虏豹，定魏为河东郡。【旁批】定魏。汉王遣张耳与信俱，引兵东，北击赵、【夹注】赵歇。代。【夹注】本陈馀国使夏说守。后九月，破代兵，【旁批】破代。禽夏说阏与。【夹注】地名。信之下魏破代，汉辄使人收其精兵，诣荥阳以距楚。【旁批】总上作一束，见汉距楚亦藉信兵力，又见信藉兵，无几所至，无敌以表其能。

【眉批】第五段破赵，为第三功，破代只作轻叙。信与张耳以兵数万，欲东下井陉击赵。赵王、成安君陈馀闻汉且袭之也，【旁批】以下叙破赵。聚兵井陉口，号称二十万。【旁批】数万二十万相照。广武君李左车说成安君曰："闻汉将韩信涉西河，虏魏王，禽夏说，新喋血【夹注】言杀人而血流滂沱。阏与，今乃辅以张耳，议欲下赵，此乘胜而去国远斗，其锋不可当。臣闻千里馈粮，士有饥色，樵【夹注】取薪。苏后爨，师不宿饱。今井陉之道，车不得方轨，骑不得成列，行数百里，其势粮食必在其后。愿足下假臣奇兵三万人，【旁批】此着果是绝着，要对定聚兵井陉，只句看方见其妙。从间道绝其辎重；足下深沟高垒，坚营勿与战。彼前不得斗，退不得还，吾奇兵绝其后，使野无所掠，不至十日，而两将之头可致于戏下。愿君留意臣之计。否，必为二子所禽矣。"成安君，儒者也，常称义兵不用诈谋奇计，【旁批】腐绝又一宋襄。曰："吾闻兵法十则围之，倍则战。今韩信兵号数万，其实不过数千。能千里而袭我，亦已罢极。今如此避而不击，后有大者，何以加之！则诸侯谓吾怯，而轻来伐我。"不听广武君策，广武君策不用。

【眉批】巨鹿之战，羽以勇胜，井陉之战，信以谋胜，前传令布置，分作二队，处处埋伏，接入正战，田分而合三处夹击，淮阴阵法，史公叙法，皆千古无两。韩信使人间视，知其不用，还报，则大喜，【旁批】细甚可见广武策，即用亦未必堕其术中。乃敢引兵遂下。未至井陉口三十里，止舍。夜半传发，选轻骑二千人，人持一赤帜，【旁批】前队持帜，以奇兵绝归路。从间道萆山【夹注】萆，依也，隐藏自蔽，勿令赵毕知。而望赵军，诫曰："赵见我走，【旁批】此段写战纯是兵法，苦汝也。必空壁逐我，若疾入赵壁，拔赵帜，立汉赤帜。"令其裨将传飧，曰："今日破赵会食！"诸将皆莫信，详应曰："诺。"【旁批】传神。谓军吏曰："赵已先据便地为壁，且彼未见吾大将旗鼓，未肯击前行，恐吾至阻险而还。"信乃使万人先行，【旁批】中队背水，以前行立坐营。出，背水陈。赵军望见而大笑。平旦，信建大将之旗鼓，鼓行出井陉口，【旁批】末队建旗鼓，以正军为诱军。赵开壁击之，大战良久。于是信、张耳佯弃鼓旗，走水上军。水上军开入之，【旁批】末队诱军并入中队。复疾战。赵果空壁争汉鼓旗，【旁批】不出所料。逐韩信、张耳。韩信、张耳已入水上军，【旁批】中队与末队背水合并，得力在此。军皆殊死战，不可败。信所出奇兵二千骑，【旁批】遥拉入前队，绝归路。共候赵空壁逐利，则驰入赵壁，皆拔赵帜，立汉赤帜二千。赵军已不胜，【旁批】接上不可败。不能得信等，欲还归壁，壁皆汉赤帜，而大惊，以为汉皆已得赵王将矣，兵遂乱，遁走，赵将虽斩之，不能禁也。于是汉兵夹击，【夹注】一面水上军，一面赤帜军。【旁批】三队合攻。大破虏赵军，斩成安君泜水上，禽赵王歇。【旁批】禽赵。

【眉批】第六段得广武军，明背水阵，结前起后。信乃令军中毋杀广武君，有能生得者购千金。于是有缚广武君而致戏下者，信乃解其缚，【旁批】大将气度。东乡坐，西乡对，师事之。【旁批】未了。

诸将效首虏休，【旁批】接大破赵军。毕贺，因问信曰："兵法右倍山陵，前左水泽，今者将军令臣等反背水陈，曰破赵会食，臣等不服。然竟以胜，此何术也？"信曰："此在兵法，顾诸君不察耳。兵法不曰：'陷之死地而后生，置之亡地而后存？'且信非得素拊循士大夫也，【旁批】一经解说，妙用中实有至情至理。此所谓'驱市人而战之'，其势非置之死地，使人人自为战；今予之生地，皆走，宁尚可得而用之乎！"诸将皆服曰："善。非臣所及也。"【旁批】接前师事之。

【眉批】第七段归到收燕为第四功，却从广武君一番议论说入，论燕即带齐，作侧卸埋伏势。前用锐，此用缓，前自出计，此问计他人，叙法变。于是信问广武君曰："仆欲北攻燕，【旁批】燕齐双提。东伐齐，何若而有功？"广武君辞谢曰："臣闻败军之将，不可以言勇，亡国之大夫，不可以图存。今臣败亡之虏，何足以权大事乎！"信曰："仆闻之，百里奚居虞而虞亡，在秦而秦霸，非愚于虞而智于秦也，用与不用，听与不听也。【旁批】问语亦善为地步。诚令成安君听足下计，若信者亦已为禽矣。以不用足下，故信得侍耳。"因固问曰："仆委心归计，愿足下勿辞。"广武君曰："臣闻智者千虑，必有一失；愚者千虑，必有一得。故'狂夫之言，圣人择焉'。顾恐臣计未必足用，愿效愚忠。夫成安君有百战百胜之计，一旦而失之，军败鄗下，身死泜上。今将军涉西河，虏魏王，禽夏说阏与，一举而下井陉，不终朝破赵二十万众，诛成安君。名闻海内，威震天下，农夫莫不辍耕释耒，褕衣甘食，倾耳以待命者。若此，将军之所长也。【旁批】先予之一扬。然而众劳卒罢，其实难用。【旁批】随即拨转。今将军欲举倦弊之兵，顿之燕坚城之下，欲战恐久力不能拔，情见势屈，旷日粮竭，而弱燕不服，齐必距境以自强也。燕齐相持而不下，则刘项之权未有所分也。若此者，将军所短也。【旁批】后夺之一抑。臣愚，窃以为亦过矣。故善用兵者不以短击长，而以长击短。"韩信曰："然则何由？"广武君对曰："方今为将军计，莫如案甲休兵，镇赵抚其孤，百里之内，牛酒日至，以飨士大夫醉兵，<u>北首</u>【夹注】作出势，而不行。<u>燕路</u>，而后遣辩士奉咫尺之书，<u>暴其所长于燕，燕必不敢不听从</u>。燕已从，<u>使喧言者东告齐</u>，【旁批】此段以燕为主，齐只带说伏后，以事本相因也。<u>齐必从风而服</u>，虽有智者，亦不知为齐计矣。如是，则天下事皆可图也。<u>兵固有先声而后实者，此之谓也</u>。"韩信曰："<u>善</u>。"<u>从其策，发使使燕</u>，【旁批】降燕。燕从风而靡。乃遣使报汉，<u>因请立张耳为赵王</u>，【旁批】即为自请王张本。以镇抚其国。汉王许之，乃立张耳为赵王。

【眉批】第八段插入汉王入赵壁，调放张耳留赵，单令韩信击齐。分宾主，兆疑忌，清过脉，三法备焉。楚数使奇兵渡河击赵，赵王耳、韩信往来救赵，因行定赵城邑，发兵诣汉。楚方急围汉王于荥阳，汉王南出，之宛、叶间，得黥布，走入成皋，楚又复急围之。六月，汉王出成皋，东渡河，独与滕公俱，从张耳军修武。<u>至，宿传舍。晨自称汉使，驰入赵壁</u>。张耳、韩信未起，即其卧内上夺其印符，【旁批】一书夺。以麾召诸将，易置之。信、耳起，乃知汉王来，大惊。<u>汉王夺两人军</u>，【旁批】再书夺俱写汉王疑忌之根。即令张耳备守赵地。拜韩信为相国，<u>收赵兵未发者击齐</u>。【夹注】未尝见发者。【旁批】起下段。

【眉批】第九段叙平齐，为第五功，所使谊言者，先出自汉王。所言休兵者，又从而加兵也，以事之变，成文之变，叙法真不测。信引兵东，【旁批】既遣信兵，复遣辩士，亦写忌功驾驭意。未渡平原，闻汉王使郦食其已说下齐，韩信欲止。范阳辩士蒯通说信曰："【夹注】后云'齐人'，高祖亦曰'齐辩士'，此范阳恐误，或曰：'后另是一人，名同。'将军受诏击齐，而汉独发间使下齐，<u>宁有诏止将军乎</u>？何以得毋行也！且郦生一士，伏轼掉三寸之舌，下齐七十余城，将军将数万众，岁余乃下赵五十余，为将数岁，反不如一竖儒之功乎？"于是信然之，从其计，遂渡河。齐已听郦生，即留纵酒，罢备汉守御信因袭齐历下军，【旁批】军齐之役亲受命于汉王即从郦生计不为过，至定齐而请王则隙从此开矣。遂至临菑。齐王田广以郦生卖己，乃亨之，而走高密，使使之楚请救。韩信已定临菑，遂东追广至高密西。楚亦使龙且将，号称二十万，救齐。

【眉批】第十段叙破楚为后击楚作引，事本在齐，而势已逼楚，本已平齐，而即以威楚，渐入底局矣。齐王广、龙且并军与信战，未合。人或说龙且曰："汉兵远斗穷战，其锋不可当。齐、楚自居其地战，【旁批】与广武君所见略同。兵易败散。【夹注】近其室家，怀顾望也。不如深壁，令齐王使其信臣招所亡城，亡城闻其王在，楚来救，必反汉。汉兵二千里客居，齐城皆反之，其势无所得食，可无战而降也。"龙且曰："吾平生知韩信为人，【旁批】又一陈馀。易与耳。且夫救齐不战而降之，吾何功？今战而胜之，齐之半可得，何为止！"遂战，与信夹潍水陈。韩信乃夜令人为万余囊，【旁批】淮阴兵法独绝，千古鹿门谓之兵仙，不虚也。满盛沙，壅水上流，引军半渡，击龙且，详不胜，还走。龙且果喜曰："固知信怯也。"遂追信渡水。信使人决壅囊，水大至。龙且军大半不得渡，即急击，杀龙且。龙且水东军散走，齐王广亡去。信遂追北至城阳，皆虏楚卒。

【眉批】第十一段于平齐后击楚前，斗接之间，夹入信之一请，为召衅生根，为积忌起端，乃上下转关。汉四年，遂皆降平齐。【旁批】破楚平齐总攻。使人言汉王曰："齐伪诈多变，反复之国也，南边楚，不为假王以镇之，其势不定。原为假王便。"当是时，【旁批】插句妙。楚方急围汉王于荥阳，韩信使者至，发书，汉王大怒，骂曰："吾困于此，且暮望若来佐我，乃欲自立为王！"张良、陈平蹑汉王足，因附耳语曰【旁批】信死于此矣。"汉方不利，宁能禁信之王乎？【旁批】全是猜防。不如因而立，善遇之，使自为守。不然，变生。"汉王亦悟，因复骂曰："大丈夫定诸侯，即为真王耳，何以假为！"【旁批】机警。乃遣张良往立信为齐王，征其兵击楚。【旁批】伏后文。

【眉批】第十二段夹叙武涉说词。而韩信不纳，为后之凶终反挑。〇此与后复蒯通同旨，此略复详，储云史公于急围荥阳，征兵击楚下，系入武涉蒯通两说，似有深意，汉方危急时，信不反汉，天下已集，乃谋叛逆，有是理哉。楚已亡龙且，项王恐，使盱眙人武涉往说齐王信曰："天下共苦秦久矣，相与戮力击秦。秦已破，计功割地，分土而王之，以休士卒。今汉王复兴兵而东，侵人之分，夺人之地，已破三秦，引兵出关，收诸侯之兵以东击楚，其意非尽吞天下者不休，其不知厌足如是甚也。且汉王不可必，【旁批】委曲入情。身居项王掌握中数矣，项王怜而活之，然得脱，辄倍约，复击项王，其不可亲信如此。今足下虽自以与汉王为厚交，为之尽力用兵，终为之所禽矣。足下所以得须臾至今者，以项王尚存也。当今二王之事，权在足下。足下右投则汉王胜，左投则项王胜。【旁批】写得生色。项王今日亡，则次取足下。【旁批】二句更悚切。足下与项王有故，何不反汉与楚连和，三分天下王之？【旁批】此句是说旨。今释此时，而自必于汉以击楚，且为智者固若此乎！"韩信谢曰："臣事项王，官不过郎中，位不过执戟，言不听，画不用，故倍楚而归汉。汉王授我上将军印，予我数万众，解衣衣我，推食食我，言听计用，故吾得以至于此。夫人深亲信我，我倍之不祥，虽死不易。幸为信谢项王！"【旁批】信所以死心尽力于汉老为此甚矣。汉高祖善将将也。然亦足明信之无反心矣，表之所以惜之。何等决绝。

【眉批】第十三段接续蒯通说辞，分三节看。前武涉句句为项王，此则句句为韩信，说旨同，说意不同。武涉已去，齐人蒯通知天下权在韩信，【旁批】前曰"范阳辩士"，此曰"齐人"，恐非一人。欲为奇策而感动之，以相人说韩信曰："仆尝受相人之术。"韩信曰："先生相人何如？"对曰："贵贱在于骨法，【旁批】借相法提大旨。忧喜在于容色，成败在于决断，【旁批】此句主。以此参之，万不失一。"韩信曰："善。先生相寡人何如？"对曰："愿少间。"信曰："左右去矣。"通曰："相君之面，不过封侯，又危不安。相君之背，贵乃不可言。"韩信曰："何谓也？"
蒯通曰："天下初发难也，俊雄豪杰建号壹呼，天下之士云合雾集，
鱼鳞杂遝，熛至风起。当此之时，忧在亡秦而已。【旁批】揭开秦一层。

　　【眉批】第一节揣度时势，欲其三分天下以自王，乃进说本旨，○以后接连
进说，共作三节，绝大一篇《战国策》文字也。今楚汉分争，【旁批】提出楚
汉。使天下无罪之人肝胆涂地，父子暴骸骨于中野，不可胜数。楚人
起彭城，转斗逐北，至于荥阳，乘利席卷，威震天下。然兵困于京、
索之间，【旁批】楚困二层。迫西山而不能进者，三年于此矣。汉王将数
十万之众，距巩、雒，阻山河之险，一日数战，无尺寸之功，折北不
救，败荥阳，伤成皋，遂走宛、叶之间，此所谓智勇俱困者也。夫锐
气挫于险塞，而粮食竭于内府，百姓罢极怨望，容容无所倚。以臣料
之，其势非天下之贤圣固不能息天下之祸。当今两主之命县于足下。
【旁批】方折到信身上。足下为汉则汉胜，与楚则楚胜。臣愿披腹心，输
肝胆，效愚计，恐足下不能用也。诚能听臣之计，莫若两利而俱存
之，【旁批】与武涉同旨。参分天下，鼎足而居，其势莫敢先动。夫以足
下之贤圣，有甲兵之众，据强齐，从燕、赵，出空虚之地而制其后，
因民之欲，西乡为百姓请命，【夹注】强齐在东，故西乡。则天下风走而
响应矣，孰敢不听！割大弱强，以立诸侯，诸侯已立，天下服听而归
德于齐。案齐之故，有胶、泗之地，怀诸侯以德，深拱揖让，则天下
之君王相率而朝于齐矣。盖闻天与弗取，【旁批】拖到自断意。反受其
咎；时至不行，反受其殃。愿足下孰虑之。"

　　【眉批】第二节跟"遇我甚厚"句破之，以见汉王之不可叛。韩信曰：
"汉王遇我甚厚，【旁批】此句为本节生根。载我以其车，衣我以其衣，
食我以其食。吾闻之，乘人之车者载人之患，衣人之衣者怀人之忧，
食人之食者死人之事，吾岂可以乡利倍义乎！"蒯生曰："足下自以
为善汉王，欲建万世之业，臣窃以为误矣。始常山王、【夹注】张耳。

【旁批】近证。成安君【夹注】陈馀。为布衣时，相与为刎颈之交，后争张黡、陈泽之事，二人相怨。常山王背项王，奉项婴头而窜，逃归于汉王。汉王借兵而东下，杀成安君泜水之南，头足异处，卒为天下笑。此二人相与，天下至欢也。然而卒相禽者，何也？患生于多欲而人心难测也。今足下欲行忠信以交于汉王，必不能固于二君之相与也，而事多大于张黡、陈泽。故臣以为足下必汉王之不危己，【旁批】先作一缴。亦误矣。大夫种、范蠡存亡越，【旁批】远证。霸句践，立功成名而身死亡。野兽已尽而猎狗亨。【旁批】又作一束双收上两层，古文错综笔势顿宕。夫以交友言之，则不如张耳之与成安君者也；以忠信言之，则不过大夫种、范蠡之于句践也。此二人者，足以观矣。愿足下深虑之。且臣闻勇略震主者身危，【旁批】转进一步愈见善遇之难恃。而功盖天下者不赏。臣请言大王功略：足下涉西河，虏魏王，禽夏说，引兵下井陉，诛成安君，徇赵，胁燕，定齐，南摧楚人之兵二十万，东杀龙且，西乡以报，此所谓功无二于天下，而略不世出者也。今足下戴震主之威，挟不赏之功，归楚，楚人不信；【旁批】以楚陪。归汉，汉人震恐：足下欲持是安归乎？【旁批】更妙。夫势在人臣之位而有震主之威，名高天下，窃为足下危之。”韩信谢曰：“先生且休矣，吾将念之。”【旁批】有迟回意，此句后节之根。

　　【眉批】第三节跟吾将念之句破之，以见时势之不可。后数日，蒯通复说曰：“夫听者事之候也，计者事之机也，听过计失而能久安者，鲜矣。听不失一二者，不可乱以言；计不失本末者，不可纷以辞。夫随厮养之役者，【旁批】反复唱叹以醒之。失万乘之权；守（凌按：以下文字属于影印缺一页，通过中华书局版，只录了正文，没有评语）儋【夹注】同檐。石之禄者，阙卿相之位。故知者决之断也，疑者事之害也，审毫厘之小计，遗天下之大数，智诚知之，决弗敢行者，百事之祸也。故曰：‘猛虎之犹豫，不若蜂虿之致螫；【旁批】开头毕警以喻之。骐骥之局蹜，不如驽马之安步；孟贲之狐疑，不如庸夫之必至也；虽有舜禹之智，吟而不言，不如喑聋之指麾也。'此言贵能行之。夫功者难成而易败，时者难得而易失也。时乎时，不再来。【旁批】危词复句激之以失时。愿足下详察之。"韩信犹豫不忍倍汉，又自以为功多，汉终不夺我齐，【旁批】曲写心乎，反激后文。遂谢蒯通。蒯通说不听，已详狂为巫。

　　【眉批】第十四段垓下之会，乃本后一大功邸，用简笔适混，齐军徙楚。猜忌见矣。即紧接至楚报旧三事，以信之厚德，亦足形汉之少恩也。汉王之困固陵，用张良计，召齐王信，遂将兵会垓下。【旁批】此处略人所详。项羽已破，高祖袭夺齐王军。汉五年正月，徙齐王信为楚王，【旁批】二书夺此，史公诛心之法。都下邳。

　　信至国，召所从食漂母，赐千金。【旁批】此处详人所略。及下乡南昌亭长，赐百钱，曰："公，小人也，为德不卒。"召辱己之少年令出胯下者以为楚中尉。告诸将相曰："此壮士也。方辱我时，我宁不能杀之邪？杀之无名，故忍而就于此。"【旁批】可知前热祝之故。

　　【眉批】第十五段为见杀发端，擒之而又赦之，降封淮阴，亦文章停蓄处。项王亡将钟离眛家在伊庐，素与信善。项王死后，亡归信。汉王怨眛，闻其在楚，诏楚捕眛。信初之国，行县邑，陈兵出入。汉六年，人有上书告楚王信反。高帝以陈平计，天子巡狩会诸侯，南方有云梦，发使告诸侯会陈："吾将游云梦。"实欲袭信，信弗知。高祖且至楚，信欲发兵反，自度无罪，【旁批】莫须有事，想当然语。欲谒上，恐见禽。人或说信曰："斩眛谒上，上必喜，无患。"信见眛计事。眛曰："汉所以不击取楚，以眛在公所。若欲捕我以自媚于汉，吾今日死，公亦随手亡矣。"乃骂信曰："公非长者！"卒自刭。信持其首，谒高祖于陈。上令武士缚信，载后车。信曰："果若人言，'狡兔死，良狗亨；高鸟尽，良弓藏；敌国破，谋臣亡。'天下已定，我固当亨！"上曰："人告公反。"遂械系信。至雒阳，赦信罪，以为淮阴侯。【旁批】

点淮阴侯三字。

【眉批】第十四段于降淮阴侯后，缀叙零碎事言，亦见信伐己矜能，不善处危疑之际，所以被祸。宜赞中以学到谦让贵之。信知汉王畏恶其能，常称病不朝从。信由此日夜怨望，【旁批】夫免看猜然识量学养浅矣。居常鞅鞅，羞与绛、灌等列。信尝过樊将军哙，哙跪拜送迎，言称臣，曰："大王乃肯临臣！"信出门，笑曰："生乃与哙等为伍！"【旁批】即是羞于绛、灌等列意。上常从容与信言诸将能不，各有差。上问曰："如我能将几何？"信曰："陛下不过能将十万。"上曰："于君何如？"曰："臣多多而益善耳。"【旁批】亦实话。上笑曰："多多益善，何为为我禽？"信曰："陛下不能将兵，而善将将，【旁批】亦实话。此乃信之所以为陛下禽也。且陛下所谓天授，非人力也。"

【眉批】第十五段南归到收信正文，以微词缀疑狱储云，不反于攘土称王之时，而反于废罢之后，虽下愚不为，况知兵如信者乎，步庭仰天云云，皆萧何吕后，罢识微词，恐非实录也。陈豨拜为巨鹿守，辞于淮阴侯。淮阴侯挈其手，辟左右与之步于庭，【旁批】辟左右矣，此举谁见之。仰天叹曰："子可与言乎？欲与子有言也。"豨曰："唯将军令之。"淮阴侯曰："公之所居，天下精兵处也；而公，陛下之信幸臣也。人言公之畔，陛下必不信；【旁批】其言吞吐屈曲又谁悉之。再至，陛下乃疑矣；三至，必怒而自将。吾为公从中起，天下可图也。"陈豨素知其能也，信之，曰："谨奉教！"汉十年，陈豨果反。【旁批】果字归狱。上自将而往，信病不从。阴使人至豨所，曰："弟举兵，吾从此助公。"信乃谋与家臣夜诈诏赦诸官徒奴，欲发以袭吕后、太子。部署已定，待豨报。【旁批】赦官后袭吕后，信必不孟浪至此，然藉此以定收信之策。其舍人得罪于信，信囚，欲杀之。舍人弟上变，【旁批】焉知非人使之者。告信欲反状于吕后。吕后欲召，恐其党不就，乃与萧相国谋，【旁批】板萧相亦插词。诈令人从上所来，言豨已得死，列侯群臣皆贺。相国绐信曰："虽疾，强入贺。"信入，吕后使武士缚信，斩之长乐钟室。【夹注】长乐宫，悬之室。信方斩，曰："吾悔不用蒯通之计，乃为儿女子所诈，【旁批】观此益见狱词之妄。岂非天哉！"遂夷信三族。

【眉批】第十六段以蒯通事作余波，然即借其语以作信传，全篇收缴。高祖已从豨军来，至，见信死，且喜且怜之，【旁批】四字全神通显。问："信死亦何言？"吕后曰："信言恨不用蒯通计。"高祖曰："是齐辩士也。"乃诏齐捕蒯通。蒯通至，上曰："若教淮阴侯反乎？"对曰："然，臣固教之。【旁批】直认妙。竖子不用臣之策，故令自夷于此。如彼竖子用臣之计，【旁批】亦是确话，陛下安得而夷之乎！"上怒曰："亨之。"通曰："嗟乎，冤哉亨也！"上曰："若教韩信反，何冤？"对曰："秦之纲绝而维弛，山东大扰，异姓并起，英俊乌集。秦失其鹿，天下共逐之，于是高材疾足者先得焉。跖之狗吠尧，尧非不仁，狗因吠非其主。当是时，臣唯独知韩信，非知陛下也。且天下锐精持锋欲为陛下所为者甚众，【旁批】说得阔大，猜心顿化，况大度之主耶。顾力不能耳。又可尽亨之邪？"高帝曰："置之。"乃释通之罪。

【眉批】前借轶事补缀，何等气概。后从反面感慨，无限惋惜。太史公曰：吾如淮阴，淮阴人为余言，韩信虽为布衣时，其志与众异。其母死，贫无以葬，然乃行营高敞地，令其旁可置万家。【旁批】补传中所未有，闲淡独绝。余视其母冢，良然。假令韩信学道谦让，不伐己功，不矜其能，则庶几哉，于汉家勋可以比周、召、太公之徒，后世血食矣。【旁批】比萧何于闲散，而此直云周召太公，轩轾可见。不务出此，而天下已集，乃谋畔逆，夷灭宗族，不亦宜乎！

【总评】储同人曰：《项羽纪》《淮阴传》皆史公悉心营构之文，故其叙事处，真如黄河怒涛，龙门峭壁，曲尽九垓八埏间奇致，班、范诸公，安能入其室哉？

　　淮阴畔逆，其为吕后、萧何罗织锻炼而成之，十可八九也。识如子长，而责以谋畔，岂明有不逮欤？抑为本朝成案，不敢轻易昭雪欤，又何其责之甚深也？然以不矜不伐，学道谦让为淮阴画居成功之策，则善矣至矣！

　　浦二田曰：大势只是两截，前半历陈盖世之功，后半深寄积疑之憾。笔笔为无双国士写生。助豨一案疑以传疑君子悲之。酂侯械系留侯道引可以参观矣。

五十八　郦生陆贾列传 录陆贾

【眉批】有口辩三句，作总提虚掌。陆贾者，楚人也。以客从高祖定天下，名为有口辩士，居左右，常使诸侯。【旁批】总提。

及高祖时，中国初定，尉他平南越，因王之。【夹注】亦作佗，姓赵氏，真定人，秦时用为南海龙川令，至二世陈胜等起兵时，佗自立为南越武王，今广东地。高祖使陆贾赐尉他印为南越王。【眉批】使南越一事，杀活互用，是口辩生色。陆生至，尉他魋结箕倨见陆生。陆生因进说他曰："足下中国人，【旁批】屈佗在此五字。亲戚昆弟坟在真定。今足下反天性，弃冠带，欲以区区之越与天子抗衡为敌国，祸且及身矣。且夫秦失其政，诸侯豪杰并起，唯汉王先入关，据咸阳。项羽倍约，自立为西楚霸王，诸侯皆属，可谓至强。然汉王起巴蜀，鞭笞天下，劫略诸侯，遂诛项羽灭之。五年之间，海内平定，此非人力，天之所建也。天子闻君王王南越，不助天下诛暴逆，将相欲移兵而诛王，天子怜百姓新劳苦，故且休之，遣臣授君王印，剖符通使。君王宜郊迎，北面称臣，乃欲以新造未集之越，屈强于此。汉诚闻之，掘烧王先人冢，夷灭宗族，【旁批】理论情感自无不从，非直以威胁之而已。使一偏将将十万众临越，则越杀王降汉，如反复手耳。"

于是尉他乃蹶然起坐，谢陆生曰："居蛮夷中久，殊失礼义。"因问陆生曰："我孰与萧何、曹参、韩信贤？"陆生曰："王似贤。"复曰："我孰与皇帝贤？"陆生曰："皇帝起丰沛，讨暴秦，诛强楚，为天下兴利除害，继五帝三王之业，统理中国。中国之人以亿计，地方万里，居天下之膏腴，人众车舆，万物殷富，政由一家，自天地剖泮，未始有也。今王众不过数十万，皆蛮夷，崎岖山海间，譬若汉一郡，王何乃比于汉！"尉他大笑曰："吾不起中国，故王此。使我居

中国，何渠不若汉？"【旁批】辞虽不足而心已愉服。乃大说陆生，留与
饮数月。曰："越中无足与语，至生来，令我日闻所不闻。"【旁批】回
映有口妙生趣。赐陆生橐中装直千金，【夹注】珠玉之宝，谓以宝物装裹，以
入橐囊也。他送亦千金。【夹注】非橐中物，故曰他送。陆生卒拜尉他为南
越王，令称臣奉汉约。归报，高祖大悦，拜贾为太中大夫。

　　【眉批】称《诗》《书》一事，经典正论，非游口所入。陆生时时前说称
《诗》《书》。高帝骂之曰："乃公居马上而得之，安事《诗》《书》！"
陆生曰："居马上得之，宁可以马上治之乎？【旁批】一语破的。且汤武逆
取而以顺守之，文武并用，长久之术也。【旁批】正论。昔者吴王夫差、
智伯极武而亡；秦任刑法不变，卒灭赵氏。乡使秦已并天下，行仁义，
法先圣，陛下安得而有之？"【旁批】灭于赵高也。高帝不怿而有惭色，
乃谓陆生曰："试为我着秦所以失天下，吾所以得之者何，及古成败
之国。"陆生乃粗述存亡之征，凡著十二篇。每奏一篇，高帝未尝不
称善，【旁批】口回合称《诗》《书》。左右呼万岁，号其书曰《新语》。

　　【眉批】家居事一段，介于中幅。诸吕埋亡后脉，橐装映带前情，于相藏之
中，有挥洒之致。陆生以口辩藏用，其人识度甚超，用世而不用于世，乃能受用
一世。孝惠帝时，吕太后用事，欲王诸吕，畏大臣有口者，陆生自度
不能争之，乃病免家居。【旁批】介此一段，于中有文趣有文明。以好畤田
地善，可以家焉。有五男，乃出所使越得橐中装卖千金，分其子，子
二百金，令为生产。陆生常安车驷马，从歌舞鼓琴瑟侍者十人，宝
剑直百金，【旁批】写陆生机缘妙用，笔意极至飞舞。谓其子曰："与汝约：
过汝，汝给吾人马酒食，极欲，十日而更。所死家，得宝剑车骑侍从
者。一岁中往来过他客，率不过再三过，数见不鲜，【夹注】原注数见，
谓时时来见汝也。不鲜，言必令鲜美作食，莫令见不鲜之物也。与今常用语意不
同。【旁批】妙语。无久斁公为也。"【夹注】斁，厌也。公，贾自谓也。言汝
诸子无久厌斁公也。

吕太后时，王诸吕，诸吕擅权，欲劫少主，危刘氏。右丞相陈平患之，力不能争，恐祸及己，常燕居深念。陆生往请，直入坐，而陈丞相方深念，不时见陆生。陆生曰："何念之深也？"陈平曰："生揣我何念？"【眉批】约平勃平诸吕又一事，其识透，其用深，卒安刘氏，功不在朱虚侯下，岂寻常士所能哉？陆生曰："足下位为上相，食三万户侯，可谓极富贵无欲矣。然有忧念，不过患诸吕、少主耳。"陈平曰："然。为之奈何？"陆生曰："天下安，注意相；天下危，注意将。将相和调，则士务附；士务附，天下虽有变，即权不分。为社稷计，在两君掌握耳。【旁批】发明论于结约之前，尤为不度。臣常欲谓太尉绛侯，绛侯与我戏，易吾言。君何不交欢太尉，深相结？"【旁批】点作用。为陈平画吕氏数事。陈平用其计，乃以五百金为绛侯寿，厚具乐饮；太尉亦报如之。此两人深相结，则吕氏谋益衰。陈平乃以奴婢百人，车马五十乘，钱五百万，遗陆生为饮食费。【旁批】与橐中装相耀。陆生以此游汉廷公卿间，名声藉甚。

【眉批】余笔映合篇，恰好收结。及诛诸吕，【旁批】大收束。立孝文帝，陆生颇有力焉。孝文帝即位，欲使人之南越。陈丞相等乃言陆生为太中大夫，往使尉他，令尉他去黄屋称制，令比诸侯，皆如意旨。【夹注】语在南越语中。陆生竟以寿终。【旁批】福人。

【总评】浦二田曰：逐事叙下，不相连络，而深藏之旨，妙语逸出，自无杂色，竟陵以其人晦于辩者也，然则庶几邺侯前身者耶？

五十九　刘敬叔孙通列传赞

太史公曰：语曰"千金之裘，非一狐之腋也；台榭之榱，非一木之枝也；三代之际，非一士之智也"。信哉！夫高祖起微细，定海内，谋计用兵，可谓尽之矣。然而刘敬脱挽辂一说，【夹注】本传刘敬脱挽辂，衣羊裘见高帝，言便宜事。挽，牵也。辂，鹿车前横木，二人前挽，后一人推之。建万世之安，智岂可专邪！【旁批】妙。叔孙通希世度务，【旁批】四字切。制礼进退，与时变化，卒为汉家儒宗。"大直若诎，道固委蛇"，盖谓是乎？【旁批】吞吐有神。

　　【总评】刘敬建都关中议，自具卓识，留侯赞之，高帝纳之，遂定汉家四百年之基。叔孙通朝议一节，原来古礼与秦仪杂就之。议者以为适俗，不合典礼。然此仪一定，后代大抵因之，似未可尽非，特其历仕委蛇，周旋人情，纯是轴熟圆通一派作用，岂即所谓知时变，识时务者耶？太史公赞语，若美若讽，余味曲包。

六十　季布栾布列传

【眉批】前幅先叙其出身之始，用旁人烘托，写周氏朱家滕公三人，心心相焰，皆从"为气任侠"四字生出，就中间笼辖两头，尤以朱家为主，前为气任侠，后摧刚为众，八字已统括全身。季布者，楚人也。【旁批】四字纲。<u>为气任侠</u>，有名于楚。项籍使将兵，【旁批】事略。<u>数窘汉王</u>。及项羽灭，高祖购求布千金，敢有舍匿，罪及三族。【旁批】从周氏引起朱家。<u>季布匿濮阳周氏</u>。周氏曰："汉购将军急，迹且至臣家，将军能听臣，<u>臣敢献计</u>；【旁批】献计二字区括。<u>即不能，愿先自刭</u>。"【旁批】下乃叙明。季布许之。乃髡钳季布，衣褐衣，<u>置广柳车中</u>，【夹注】大车，任载运者。并与其家僮数十人，之鲁朱家所卖之。<u>朱家心知是季布</u>，【旁批】心知二字妙。乃买而置之田。【旁批】位置亦妙。诫其子曰："田事听此奴，<u>必与同食</u>。"【旁批】跟心知来。朱家乃乘轺车之洛阳，【旁批】应广柳车。见汝阴侯滕公。【旁批】从朱家串入滕公。滕公留朱家饮数日。【旁批】数日二字匆匆过，待话言疑，洽后无心语及若绝不为季布也者。因谓滕公曰："<u>季布何大罪，而上求之急也？</u>"滕公曰："布数为项羽窘上，上怨之，故必欲得之。"朱家曰："<u>君视季布何如人也？</u>"【旁批】又跌一句妙。曰："贤者也。"朱家曰：【旁批】此就布论。"<u>臣各为其主用，季布为项籍用，职耳</u>。项氏臣可尽诛邪？【旁批】此就汉论。<u>今上始得天下，独以己之私怨求一人，何示天下之不广也！</u>【旁批】说理。<u>且以季布之贤而汉求之急如此，此不北走胡即南走越耳</u>。【旁批】说利害。<u>夫忌壮士以资敌国，此伍子胥所以鞭荆平王之墓也。君何不从容为上言邪？</u>"汝阴侯滕公<u>心知朱家大侠</u>，【旁批】心知二字又妙，前后相映。意季布匿其所，乃许曰："<u>诺。</u>"待间，果言如朱家指。上乃赦季布。当是时，【旁批】一笔勒清宾主，两宾家单勒，朱家轻重不爽。诸公皆多季布能摧刚为柔，<u>朱家亦以此</u>

名闻当世。季布召见，【夹注】句。谢，【夹注】句。上拜为郎中。

【眉批】以下入正传，分此前并见关系。【眉批】一节遏肇起边衅，面欺而谀，两层微中情事。孝惠时，为中郎将。单于尝为书嫚吕后，不逊，吕后大怒，召诸将议之。上将军樊哙曰："臣愿得十万众，横行匈奴中。"诸将皆阿吕后意，曰："然。"季布曰："樊哙可斩也！【旁批】奇而实。夫高帝将兵四十余万众，困于平城，今哙奈何以十万众横行匈奴中，面欺！【旁批】大臣之识即摧刚为学问。且秦以事于胡，陈胜等起。于今创痍未瘳，哙又面谀，欲摇动天下。"【旁批】旁面一衬。是时殿上皆恐，太后罢朝，遂不复议击匈奴事。【旁批】结。

【眉批】一节讽近习怂枉，一人誉一人毁两层，通达治。季布为河东守，孝文时，人有言其贤者，孝文召，欲以为御史大夫。复有言其勇，使酒【夹注】因酒缓性。难近。至，【夹注】句。留邸一月，见罢。季布因进曰："臣无功窃宠，待罪河东。陛下无故召臣，此人必有以臣欺陛下者；今臣至，无所受事，罢去，此人必有以毁臣者。夫陛下以一人之誉而召臣，【旁批】语关政治大体，不为一身起见。一人之毁而去臣，臣恐天下有识闻之有以窥陛下也。"上默然【夹注】句。惭，【夹注】句。良久曰："河东吾股肱郡，【旁批】亦得体。故特召君耳。"布辞之官。【旁批】结。

【眉批】此段缀叙曹丘一事，又用旁人烘托，举篇首配，亦从为气任侠生来，与本传蹊径相合。楚人曹丘生，【旁批】缀叙。辩士，数招权顾金钱。【夹注】依，倚贵人，用权势属请，数求他人，顾赏也。事贵人赵同等，【夹注】《汉书》作赵谈，司马迁以其父名谈，改之。与窦长君【夹注】窦后弟。善。季布闻之，寄书谏窦长君曰："吾闻曹丘生非长者，勿与通。"及曹丘生归，欲得书请季布。【夹注】欲使窦长君为介，请见布。窦长君曰："季将军不说足下，足下无往。"固请书，遂行。使人先发书，季布果大怒，待曹丘。曹丘至，即揖季布曰："楚人谚曰'得黄金百，不如得季布一诺'，【旁批】证以乡评。足下何以得此声于梁楚间哉？【旁批】何以得此勾动心苗，见之得力。且仆楚人，足下亦楚人也。仆游扬足下之名于天下，顾不重邪？何足下距仆之深也！"季布乃大说，【旁批】季将军乃大堕生术中亦好名之过。引入，留数月，为上客，厚送之。季布名所以益闻者，【旁批】凭笔拍醒作束。曹丘扬之也。

【眉批】以后牵连亲属，史家附传体也。都妙于本传对切，季布作正照，不用实写，只从旁人衬出，所谓不知其人，视其友也。又一种叙法。丁公作反照，忠奸祸福不可料如此，所谓君子落得为君子，小人枉了作小人也，发人深省。季布弟季心，【夹注】一作子。【旁批】牵入。气盖关中，遇人恭谨，为任侠，【旁批】映合。方数千里，士皆争为之死。尝杀人，亡之吴，从袁丝匿。【夹注】袁盎，字丝。长事袁丝，弟畜灌夫、籍福之属。尝为中司马，中尉郅都不敢不加礼。少年多时时窃籍其名以行。当是时，季心以勇，布以诺，著闻关中。【旁批】布心同气同声，相为助贴，缴完本传。季布母弟丁公，【夹注】薛人，名周。【旁批】牵入。为楚将。丁公为项羽逐窘高祖彭城西，短兵接，高祖急，顾丁公曰："两贤岂相厄哉！"于是丁公引兵而还，【旁批】与数窘汉王反。汉王遂解去。及项王灭，丁公谒见高祖。【旁批】与购布千金匿身反。高祖以丁公徇军中，曰："丁公为项王臣不忠，使项王失天下者，乃丁公也。"【旁批】附此所以深表季布。遂斩丁公，【旁批】与赦拜郎中反。曰："使后世为人臣者无效丁公！"【旁批】作反托陡住高绝。

【眉批】首段叙前载事，季布为奴，栾布亦为奴，两两对照。栾布者，梁人也。始梁王彭越为家人时，尝与布游。穷困，赁佣于齐，为酒人保。【夹注】酒家作保佣。数岁，彭越去之巨野中为盗，而布为人所略卖，为奴于燕。为其家主报仇，燕将臧荼举以为都尉。臧荼后为燕王，以布为将。及臧荼反，汉击燕，虏布。梁王彭越闻之，乃言上，请赎布以为梁大夫。

【眉批】中段叙辩彭王一事，此传中主笔悲壮慷慨，理势明彻，卒因此言而释罪拜官，所谓明主可以理夺也。使于齐，未还，【旁批】先择一句，顿住。汉召彭越，责以谋反，夷三族。已而枭彭越头于雒阳，下诏曰："有敢收视者，辄捕之。"布从齐还，【旁批】间接。奏事彭越头下，祠而哭之。【旁批】义烈。吏捕布以闻。上召布，骂曰："若与彭越反邪？吾禁人勿收，若独祠而哭之，与越反明矣。趣【夹注】促。亨之。"方提趣【夹注】娶。汤，【旁批】故作危语一激。布顾曰："愿一言而死。"上曰："何言？"布曰："方上之困于彭城，【旁批】追前事。败荥阳、成皋间，项王所以遂不能西，徒以彭王居梁地，与汉合从苦楚也。当是之时，彭王一顾，【旁批】提振起，有精神。与楚则汉破，与汉而楚破。且垓下之会，微彭王，项氏不亡。天下已定，彭王剖符受封，亦欲传之万世。今陛下一征兵于梁，【旁批】入今事。彭王病不行，而陛下疑以为反，【旁批】从实直叙已令高祖气夺。反形未见，以苛小案诛灭之，臣恐功臣人人自危也。【旁批】旁击妙笔。今彭王已死，臣生不如死，【旁批】悲壮。请就亨。"【旁批】一句缴完。于是上乃释布罪，拜为都尉。

【眉批】末段叙后载事，以自言及立社两层虚写，却自本色。孝文时，为燕相，至将军。布乃称曰："穷困不能辱身下志，【旁批】回映前载。非人也；富贵不能快意，非贤也。"于是尝有德者厚报之，有怨者必以法灭之。吴反时，以军功封俞侯，复为燕相。燕齐之间皆为栾布立社，【旁批】生色。号曰栾公社。

景帝中五年薨。子贲嗣，为太常，牺牲不如令，国除。

【眉批】重死，不重死，两人相形，恰是两扇文字，长短参差入妙。孙轶升曰："二布何以合传？重其死，诚非贪生，不重其死，更非浪死，或重泰山，或轻鸿毛，外其身而身存。有可以死者，乃可以无死，有不容死者，乃可以死乎？二布有为史公不入《游侠传》，自另具只眼。"太史公曰：以项羽之气，而季布以勇显于楚，身屡典军搴旗者数矣，可谓壮士。【旁批】一折。然至被刑戮，为人奴而不死，何其下也！【旁批】二折。彼必自负其材，故受辱而不羞，欲有所用其未足也，故终为汉名将。【旁批】三折。贤者诚重其死。【旁批】主句。夫婢妾贱人感慨而自杀者，【旁批】从后衬出一层。非能勇也，其计画无复之耳。栾布哭彭越，趣汤如归者，彼诚知所处，不自重其死。【旁批】主句相形妙。虽往古烈士，何以加哉！

【总评】季布传正写处，只折樊哙封文帝二段，余则借周氏、鲁朱家、滕公、曹丘生、季布、丁公。四面衬托，栾布正写，只辩彭王一事。前后俱用虚写，而两人节概无不现出，真是善于写生。

六十一 张释之冯唐列传

【眉批】首二段一例看，逶迤而来，乃述期近君之始，虚案无实事。俱以拜官作束。工为拜廷尉起例。张廷尉释之者，堵阳人也，【夹注】当在今河南邓州。【旁批】二字史笔能比官也。字季。有兄仲同居。以訾为骑郎，【夹注】此积财也。事孝文帝，十岁不得调，无所知名。【旁批】照后案拜，照后天下称之。释之曰："久宦减仲之产，不遂。"欲自免归。中郎将袁盎知其贤，惜其去，乃请徙释之补谒者。【夹注】掌宾赞。释之既朝毕，因前言便宜事。文帝曰："卑之，毋甚高论，令今可施行也。"于是释之言秦汉之间事，秦所以失而汉所以兴者久之。文帝称善，乃拜释之为谒者仆射。

【眉批】中三段一例看，皆因事进言。亦俱以拜官束。前两层俱只作起例，直至拜为廷尉一勒，乃入正局。释之从行，登虎圈。上问上林尉诸禽兽簿，十余问，尉左右视，尽不能对。【旁批】形容。虎圈啬夫【夹注】掌虎圈，百官表，有乡啬夫，此其类也。从旁代尉对上所问禽兽簿甚悉，欲以观其能【夹注】帝更以他事试。口对响应无穷者。文帝曰："吏不当若是邪？尉无赖！"乃诏释之拜啬夫为上林令。释之久之前曰："陛下以绛侯周勃何如人也？"【旁批】两问似远而有味。上曰："长者也。"又复问："东阳侯张相如何如人也？"上复曰："长者。"释之曰："夫绛侯、东阳侯称为长者，此两人言事曾不能出口，岂敩此啬夫谍谍【夹注】谍谍，多言也。利口捷给哉！且秦以任刀笔之吏，【旁批】深识至论。吏争以亟疾苛察相高，然其敝徒文具耳，无恻隐之实。以故不闻其过，【旁批】苛察文具正对前所言，皆簿册细事也。陵迟而至于二世，天下土崩。今陛下以啬夫口辩而超迁之，【旁批】说到正西，雄至于流。极有关风会之言。臣恐天下随风靡靡，争为口辩而无其实。且下之化上疾于景响，举错不可不审也。"文帝曰："善。"乃止不拜啬夫。

上就车，召释之参乘，徐行，问释之秦之敝。具以质言。【夹注】质，诚也。至宫，上拜释之为公车令。

顷之，太子与梁王共车入朝，不下司马门，【夹注】宫卫令：诸出入殿门，公车司马门，乘轺传者皆下，不如令，罚金四两。于是释之追止太子、梁王无得入殿门。【旁批】此节写其风力，亦正是公车令本职。遂劾不下公门不敬，奏之。薄太后闻之，文帝免冠谢曰："教儿子不谨。"薄太后乃使使承诏赦太子、梁王，然后得入。文帝由是奇释之，拜为中大夫。顷之，至中郎将。【旁批】由是奇之，遂拜要职，渐近引到廷尉。

从行至霸陵居，【夹注】离宫也。北临厕。【夹注】昔侧高岸临水，霸陵北头厕近灞水，帝登其上以远望也。【旁批】此节因帝霸陵临眺之感得蓄君止、过之意。是时慎夫人从，上指示慎夫人新丰道，曰："此走邯郸道也。"【夹注】慎夫人、邯郸夫人。【旁批】情景宛然。使慎夫人鼓瑟，上自倚瑟而歌，意惨凄悲怀，顾谓群臣曰："嗟乎！以北山石为椁，【夹注】美石，出京师北山。用纻絮斫陈，【夹注】一作错。絮【夹注】音如黏也。漆其间，岂可动哉！"左右皆曰："善。"释之前进曰："使其中有可欲者，虽锢南山犹有郄；【夹注】释之答言，但使薄葬，冢无可贪，虽无石椁，有何爱焉。若使厚葬，冢中有物，虽并锢南山，犹为人所发掘也。言南山者，取其高厚之意。【旁批】妙于立言，亦实在理势如此。使其中无可欲者，虽无石椁，又何戚焉！"文帝称善。其后拜释之为廷尉。【旁批】逐层引来，到此入局。

【眉批】后二段一例看，乃传中主笔，所言两事，尤见其持平不阿，皆廷尉当职，篇首书官以此。释之兵五节，议论本无重轻，而篇首既以廷尉作提，因以节次拜官作勒，引到廷尉作主笔，妙成结构也。其称廷尉，与魏公子、李将军书法同例，后用当是时以下数句作一束，录两事为廷尉正文，特加一层时贤推崇之词，结出张廷尉所由名，揭清眼目，与篇首书张廷尉三字相遥应。顷之，上行出中渭桥，有一人从桥下走出，【旁批】廷尉一

事。乘舆马惊。于是使骑捕，属之廷尉。释之治问。曰：【夹注】犯
人曰。"县人来，【夹注】长安县人。闻跸，匿桥下。久之，以为行已
过，即出，见乘舆车骑，即走耳。【夹注】皆其人供。"廷尉奏当，一
人犯跸，当罚金。【夹注】此是律文。文帝怒曰："此人亲惊吾马，吾
马赖柔和，令他马，固不败伤我乎？而廷尉乃当之罚金！"释之
曰："法者天子所与天下公共也。今法如此【旁批】法，立不可移，一层
国宪关系重大。而更重之，是法不信于民也。且方其时，上使立诛之则
已。今既下廷尉，廷尉，天下之平也，【旁批】一平字定之。一倾而天
下用法皆为轻重，民安所措其手足？【旁批】用法不可倾，一层民生关系重
大。唯陛下察之。"良久，上曰："廷尉当是也。"

　　其后有人盗高庙坐前玉环，【旁批】廷尉又一事。捕得，文帝怒，下廷
尉，廷尉治。释之案律，盗宗庙服御物者为奏，奏当弃市。【夹注】亦
是律文。上大怒曰："人之无道，乃盗先帝庙器，吾属廷尉者，欲致之
族，而君以法奏之，【夹注】以法者，谓依律以断也。非吾所以共承宗庙
意也。"释之免冠顿首谢曰："法如是足也。【旁批】一足字定之。且罪
等，然以逆顺【夹注】罪等者，所犯相似，需彼此比量，如盗环者利其便，非
为逆也，掘陵则逆矣。为差。今盗宗庙器而族之，有如万分之一，假令
愚民【旁批】透论。取长陵一抔土，【夹注】本谓掘陵侵柩，不欲指言，故以
取土譬也。陛下何以加其法乎？"【旁批】法无可加，加字亦确。久之，文
帝与太后言之，【旁批】郑重有体。乃许廷尉。当是时，【旁批】顿挫。中
尉条侯周亚夫，与梁相山都侯王恬开，见释之持议平，【旁批】三字评。
乃结为亲友。张廷尉由此天下称之。【旁批】篇首所以特书。

　　后文帝崩，景帝立，释之恐，【夹注】景帝为太子时，与梁王入朝，不下
司马门，释之曾劾奏故。【旁批】映带前事。称病。欲免去，惧大诛至；欲见
谢，则未知何如。用王生计，【旁批】突挈。卒见谢，景帝不过也。

　　【眉批】末段萦拂劾太子事作结局，带出王生事作余波。王生者，善为

黄老言，处士也。【旁批】以下王生附传。尝召居廷中，三公九卿尽会立，王生老人曰："吾袜解。"顾谓张廷尉："为我结袜！"释之跪而结之。【旁批】此与圯老之于子房，侯生之于魏公子，二事相似，晋六人能屈处。既已，人或谓王生曰："独奈何廷辱张廷尉，使跪结袜？"王生曰："吾老且贱，自度终无益于张廷尉。张廷尉方今天下名臣，吾故聊辱廷尉，使跪结袜，欲以重之。"诸公闻之，贤王生而重张廷尉。【旁批】仍归本传。

张廷尉事景帝岁余，为淮南王相，犹尚以前过也。久之，释之卒。其子曰张挚，字长公，官至大夫，免。以不能取容当世，【旁批】其子亦象贤。故终身不仕。

【眉批】前半从赵代二字，蹴起文情，问答层卸而下。帝志在崇颇牧，唐意在表魏尚，心事机锋，俱在隐跃之间，虚虚顿住。冯唐者，其大父赵人。父徙代。【旁批】赵代二字成笔。汉兴，徙安陵。唐以孝著，为中郎署长，事文帝。文帝辇过，【夹注】乘辇过郎署。问唐曰："父【夹注】句。老【夹注】句。何自为郎？【夹注】年老矣，何乃自为郎怪之也？家安在？"【旁批】一齐问到而家安在三字恰好蹴起赵代。唐具以实对。文帝曰："吾居代时，吾尚食监高祛，数为我言赵将李齐之贤，战于巨鹿下。今吾每饭，意未尝不在巨鹿也。【夹注】每食念监所说李齐在巨鹿时。【旁批】言在巨鹿，意在匈奴。父知之乎？"唐对曰："尚不如廉颇、李牧之为将也。"【旁批】词称颇、牧袖法魏尚。上曰："何以？"唐曰："臣大父在赵时，为官将，善李牧。【夹注】颇、牧连称，李牧为主。臣父故为代相，善赵将李齐，知其为人也。【夹注】自言因此知牧、齐两人高下也。"上既闻廉颇、李牧为人，良说，而搏髀曰："嗟乎！吾独不得廉颇、李牧时为吾将，吾岂忧匈奴哉！"【旁批】因此增慨，触起心事。唐曰："主臣！【夹注】人臣进，对前称主臣，犹上书前云昧死，又主臣，是惊怖也。陛下虽得廉颇、李牧，弗能用也。"【旁批】出言唐突，暗藏机锋。上怒，起入禁中。【旁批】虚住。良久，召唐让曰："公奈何众辱我，独无间处乎？"唐谢曰："鄙人不知忌讳。"

　　【眉批】后半大畅前半之言。先详述李牧，所言都作魏尚事叙功案底。次接入魏尚，所言皆与李牧时情事相反，几合虽得弗能用句，文法前迷后豁，点阵绝奇。当是之时，匈奴新大入朝那【夹注】属河西安定。杀北地【夹注】今宁州。都尉印。【夹注】孙昂。上以胡寇为意，【旁批】夹提文帝心事，为搏髀之叹立注脚。乃卒复问唐曰："公何以知吾不能用廉颇、李牧也？"唐对曰："臣闻上古王者之遣将也，【旁批】开局宽敞。跪而推毂，曰阃以内者，寡人制之；阃以外者，将军制之。军功爵赏皆决于外，归而奏之。此非虚言也。臣大父言，【旁批】先详李牧。李牧为赵将居边，军市之租皆自用飨士，【旁批】居遣二字是眼目。赏赐决于外，不从中扰也。委任而责成功，故李牧乃得尽其智能，【旁批】悟主在此三句与后文吏以法绳相对。遣选车千三百乘，彀骑万三千，百金之士十万，【夹注】良士值百金也。是以北逐单于，破东胡，灭澹林，西抑强秦，南支韩、魏。当是之时，赵几霸。其后会赵王迁立，其母倡也。【夹注】赵幽王母乐家之女。王迁立，乃用郭开谗，卒诛李牧，【夹注】开是越王罪臣，《战国策》云：'秦多与开金，使为反间。'【旁批】与魏尚下吏对照。令颜聚代之。是以兵破士北，为秦所禽灭。今臣窃闻魏尚【夹注】槐里人。【旁批】后言魏尚。为云中守，【夹注】云中郡在胜州榆林县东北。其军市租尽以飨士卒，【旁批】居然似李牧。私养钱，【夹注】私廪假钱。五日一椎牛，飨宾客军吏舍人，是以匈奴远避，不近云中之塞。虏曾一入，尚率车骑击之，所杀甚众。夫士卒尽家人子，起田中从军，安知尺籍伍符。【夹注】尺籍者，谓书其斩首之功，于一尺之板，五符者命军入伍，伍相保，不容奸诈也。【旁批】不先为魏尚，下吏申诉，乃怜悯军官，愤法吏感悟主心，议论滕王空，语意与述李牧相对。终日力战，斩首捕虏，上功莫府，一言不相应，文吏以法绳之。其赏不行而吏奉法必用。臣愚，以为陛下法太明，赏太轻，罚太重。且云中守魏尚，坐上功首虏差六级，【旁批】至此方接出下吏。陛下下之吏，削其爵，罚作之。由此言之，陛下虽得廉颇、李牧，【旁批】缴明牧合。弗能用也。【夹注】班固称杨子曰："孝文帝亲诎帝尊，以信亚夫之军，曷为不能用颇、牧？彼将有激。"臣诚愚，触忌讳，死罪死罪！"文帝说。是日令冯唐持节赦魏尚，复以为云中守，而拜唐为车骑都尉，主中尉及郡国车士。

七年，景帝立，以唐为楚相，免。武帝立，求贤良，举冯唐。唐时年九十余，不能复为官，【旁批】应还老字。乃以唐子冯遂为郎。遂字王孙，亦奇士，与余善。

【眉批】守法论将，是赞眼。太史公曰：张季之言长者，守法不阿意；冯公之论将率，有味哉！有味哉！语曰："不知其人，视其友。"【夹注】亚夫恬开之结张季，冯公之诵魏尚皆是。二君之所称诵，可着廊庙。书曰："不偏不党，王道荡荡；不党不偏，【旁批】平先公志知两人何偏党之有。王道便便。"张季、冯公近之矣。

【总评】浦二田曰：当公之时，任酷吏矣，竟开边矣。若两人当官持论，不阿旨得大体，其风已不可追。赞引王道荡平，有先民在昔之思焉。张季冯公所为合传也。

储欣涣曰：汉室廷尉，于张并称，于位至三公，而释之以司马门一劾，易世后几不免罪，冯唐白首为节，一言悟主，及贤良之举，亦以老病不行，遇合之际，岂非其命也，悲夫。

六十二　万石君列传 节万石君

【眉批】首段父子总挈，为撮叙提纲。万石君名奋，其父赵人也，姓石氏。赵亡，徙居温。高祖东击项籍，过河内，时奋年十五，为小吏，侍高祖。高祖与语，爱其恭敬，问曰："若何有？"【旁批】恭敬二字。一篇之骨。对曰："奋独有母，不幸失明。家贫。有姊，能鼓琴。"高祖曰："若能从我乎？"曰："愿尽力。"于是高祖召其姊为美人，【旁批】叙起家之由。以奋为中涓，受书谒，徙其家长安中戚里，以姊为美人故也。其官至孝文时，积功劳至大中大夫。【旁批】叙本身积官。无文学，恭谨无与比。【旁批】又提。

文帝时，东阳侯张相如为太子太傅，免。选可为傅者，皆推奋，奋为太子太傅。及孝景即位，以为九卿；迫近，惮之，徙奋为诸侯相。奋长子建，次子甲，次子乙，【夹注】二子失名。次子庆，皆以驯行孝谨，【旁批】又提。官皆至二千石。【旁批】叙嗣世历官。于是景帝曰："石君及四子皆二千石，人臣尊宠乃集其门。"号奋为万石君。【旁批】注请万石君。

【眉批】此后著事实。此段详万石君本身，国之旧老，家之严君，笔笔得体，而以恭谨家法，仪型子孙，为主笔。孝景帝季年，万石君以上大夫禄归老于家，以岁时为朝臣。过宫门阙，万石君必下车趋，见路马必式焉。【旁批】细写恭谨精神在数必字。子孙为小吏，来归谒，万石君必朝服见之，不名。子孙有过失，不谯让，为便坐，对案不食。然后诸子相责，因长老肉袒固谢罪，改之，乃许。子孙胜冠者在侧，虽燕居必冠，申申如也。僮仆䜣䜣如也，唯谨。上时赐食于家，必稽首俯伏而食之，如在上前。其执丧，哀戚甚悼。子孙遵教，亦如之。【旁批】联合子孙自成家风，即束即渡，万石君家以孝谨闻乎郡国，虽齐鲁诸儒质行，皆自以为不及也。

【眉批】此层递落二子，又作提纲总挈。建元二年，郎中令王臧以文学获罪。皇太后以为儒者文多质少，今万石君家不言而躬行，【旁批】又提。乃以长子建为郎中令，少子庆为内史。

【眉批】此段长子建事，叙其尽孝，后所谓建最著者也。建老白首，万石君尚无恙。建为郎中令，【旁批】叙建。每五日洗沐归谒亲，入子舍，窃问侍者，取亲中裙厕牏，身自浣涤，复与侍者，不敢令万石君知，以为常。【旁批】带叙公事。建为郎中令，事有可言，屏人恣言，极切；至廷见，如不能言者。是以上乃亲尊礼之。

【眉批】此段少子庆事，叙其过谴，后所谓庆简易犹如此也。万石君徙居陵里。内史庆醉归，入外门不下车。【旁批】叙庆事仍我足万石家教。君闻之，不食。庆恐，肉袒请罪，不许。举宗及兄建肉袒，万石君让曰："内史贵人，入闾里，里中长老皆走匿，而内史坐车中自如，固当！"乃谢罢庆。庆及诸子弟入里门，趋至家。

【眉批】此层就万石君卒，统表子孙皆孝，牧完家门世行。万石君以元朔五年中卒。长子郎中令建哭泣哀思，扶杖乃能行。岁余，建亦死。诸子孙咸孝，然建最甚，【旁批】单表建。甚于万石君。

【眉批】末缀二子轶事作余波，书马释马，事既相类，又最谨慎者反误，最简易者犹谨，又此二事皆慎而蒽，为可发笑，故以余文缀之。建为郎中令，【旁批】又挈。书奏事，事下，建读之，曰："误书！'马'者与尾当五，今乃四，不足一。上谴死矣！"【旁批】与下以策数马，兼传恭谨之神。甚惶恐。其为谨慎，虽他皆如是。

万石君少子庆为太仆，【旁批】又叙庆。御出，上问车中几马，庆以策数马毕，举手曰："六马。"庆于诸子中最为简易矣，然犹如此。为齐相，举齐国皆慕其家行，不言而齐国大治，为立石相祠。【夹注】以下节。

【总评】浦二田曰：《史记》中别出风调，独此传可作家传体式也。驯谨保世，世家子犹当熟复。

六十三　樊郦滕灌列传赞

【夹注】舞阳侯樊哙、曲周侯郦商，汝阴侯夏侯婴，封滕公，颍阴侯灌婴，皆随高祖起沛者也。

太史公曰：吾适丰沛，问其遗老，观故萧、曹、樊哙、滕公之家，及其素，异哉所闻！方其鼓刀屠狗【夹注】樊哙。卖缯【夹注】灌婴。之时，岂自知附骥之尾，垂名汉庭，德流子孙哉？余与他广通，为言高祖功臣之兴时若此云。

【总评】笔意高岸，言外寄慨无穷。

六十四　扁鹊仓公列传赞

【夹注】扁鹊神于医，秦太医李醯忌其伎，使人刺杀之，仓公齐人，亦善医。

太史公曰："女无美恶，居宫见妒；士无贤不肖，入朝见疑。故扁鹊以其伎见殃，仓公乃匿迹自隐，而当刑。缇萦通尺牍，父得以后宁。【夹注】事详《汉书》除肉刑诏注。故老子曰：'美好者不祥之器'，岂谓扁鹊等邪？若仓公者，可谓近之矣。"

【总评】不赞其方伎之奇，而另寻一种议论，感慨之，寄意遥深。

六十五　吴王濞列传赞

【夹注】高帝兄刘仲之子也，平英布后，封于吴，已拜受印，高祖召濞相之，谓曰："若辈有反相，心独悔，业已拜。"因拊其背告曰："汉后五十年，东南有乱者，岂若耶？然天下同姓为一家也，慎无反。"濞顿首曰："不敢。"至景帝即位，因诸侯骄奢，用晁错计，削诸侯封地。吴王联合七国，起兵反。袁盎素与错不相能，密奏文帝斩晁错，可以谢诸侯。遂诛晁错，遣袁盎告吴，而兵不罢，盎夜遁逃，后梁王因嗣事怨盎，使刺客杀之。

太史公曰："吴王之王，由父省也。能薄赋敛，使其众，以擅山海利。逆乱之萌，自其子兴。争技发难，卒亡其本；亲越谋宗，竟以夷陨。晁错为国远虑，祸反近身。"袁盎权说，初宠后辱。故古者诸侯地不过百里，【旁批】此自始封之失。山海不以封。【夹注】吴王煮海铜山。"毋亲夷狄，以疏其属，"【夹注】连兵匈奴。盖谓吴邪？"毋为权首，反受其咎"，岂盎、错邪？

【总评】因吴王传，带及盎错，并追究始封之失，四面俱到，顿跌如意。

六十六　李将军列传

【眉批】第一段引端，即作提挈，善骑射，不遇时。负其能力战为名，其才高，其数奇，俱后于此。李将军广者，【旁批】书法与魏公子同。陇西成纪人也。【夹注】今甘肃秦州县。其先曰李信，秦时为将，【旁批】提名世将。逐得燕太子丹者也。故槐里，徙成纪。广家世世受射。【夹注】世受射法。【旁批】本传全篇皆以射显一句提出。孝文帝十四年，匈奴大入萧关，而广以良家子从军击胡，用善骑射，杀首虏多，为汉中郎。广从弟李蔡亦为郎，【旁批】伏。皆为武骑常侍，秩八百石。尝从行，【夹注】广从行。有所冲陷折关及格猛兽，而文帝曰："惜乎，子不遇时！如令子当高帝时，万户侯岂足道哉！"【旁批】本传归宿到数奇二字，文帝一叹，吸动全神。

及孝景初立，广为陇西都尉，徙为骑郎将。吴楚军时，广为骁骑都尉，从太尉亚夫击吴楚军，取旗，显功名昌邑下。以梁王授广将军印，还，赏不行。【夹注】广为汉将，私受梁印，故不以赏。【旁批】起初便一蹉跌。徙为上谷太守，匈奴日以合战。典属国公孙昆邪【夹注】典属国官名，公孙姓，昆邪名，中国人也。为上泣曰："李广才气，天下无双，自负其能，数与虏敌战，恐亡之。"【旁批】负能轻敌，是其神勇处，即其受困处借公孙语提出。于是乃徙为上郡太守。后广转为边郡太守，徙上郡。尝为陇西、北地、雁门、代郡、云中太守，皆以力战为名。【旁批】力战二字又提。

【眉批】以下俱击言匈奴。一实叙、一空写，分层相间，章法绝奇。【眉批】第二段叙上郡击匈奴，是实叙，真能具瞻俱绝人。匈奴大入上郡，【旁批】叙上郡。天子使中贵人【夹注】内宫之幸贵者。从广勒习兵击匈奴。中贵人将骑数十纵，【夹注】放纵驰骋。见匈奴三人，与战。三人还射，【夹注】还，谓转也。伤中贵人，杀其骑且尽。中贵人走广。广曰："是必射雕者也。"【旁批】以射雕者形广之擅射。广乃遂从百骑往驰三人。三人亡马步行，行数十里。广令其骑张左右翼，而广身自射彼三人者，杀其二人，生得一人，果匈奴射雕者也。已缚之上马，望匈奴有数千骑，见广，以为诱骑，皆惊，上山陈。广之百骑皆大恐，欲驰还走。广曰："吾去大军数十里，今如此以百骑走，匈奴追射我立尽。今我留，匈奴必以我为大军诱，必不敢击我。"广令诸骑曰："前！"前未到匈奴陈二里所，止，令曰："皆下马解鞍！"【旁批】胆略独绝。其骑曰："虏多且近，即有急，奈何？"广曰："彼虏以我为走，今皆解鞍以示不走，用坚其意。"于是胡骑遂不敢击。有白马将【夹注】有将乘白马而将监护。出护其兵，李广上马与十余骑犇射杀胡白马将，而复还至其骑中，解鞍，令士皆纵马卧。是时会暮，胡兵终怪之，不敢击。夜半时，胡兵亦以为汉有伏军于旁欲夜取之，胡皆引兵而去。平旦，李广乃归其大军。大军不知广所之，故弗从。【旁批】缴大军不从即合。无功意。

【眉批】第三段就典禁军时，闲一番空写，附入程不识传，盖以表广之易简得士心也，乃文家借宾形主，趁笔著空窾■。居久之，孝景崩，武帝立，左右以为广名将也，于是广以上郡太守为未央卫尉，而程不识亦为长乐卫尉。【旁批】摄入借宾形主。程不识故与李广俱以边太守将军屯。及出击胡，而广行无部伍行陈，就善水草屯，舍止，人人自便，不击刀斗以自卫，【夹注】以铜作铁器，受一斗，画炊饭食，夜击持行，名曰刁斗，刁斗，小铃如宫中传夜铃也。莫府省约文书籍事，然亦远斥候，未尝遇害。程不识正部曲行伍营陈，击刀斗，士吏治军簿至明，军不得休息，然亦未尝遇害。不识曰："李广军极简易，然虏卒犯之，无以禁也；而其士卒亦佚乐，咸乐为之死。我军虽烦扰，然虏亦不得犯我。"是时汉边郡李广、程不识皆为名将，然匈奴畏李广之略，士卒亦多乐从李广而苦程不识。【旁批】抑宾扬主作勾勒。程不识孝景时以数直谏为太中大夫。为人廉，谨于文法。【旁批】了程案。

【眉批】第四段连述马邑雁门事，是实叙获而得脱，险绝奇绝。后汉以马邑城诱单于，【夹注】使马邑人聂翁邑奸，出物诱之。使大军伏马邑旁谷，而广为骁骑将军，领属护军将军。【夹注】韩安国。是时单于觉之，去，汉军皆无功。【旁批】马邑无功。其后四岁，广以卫尉为将军，【旁批】接叙雁门事。出雁门击匈奴。匈奴兵多，破败广军，【夹注】以兵多出广。生得广。单于素闻广贤，令曰："得李广必生致之。"胡骑得广，广时伤病，【旁批】以病出广。置广两马间，络而盛卧广。行十余里，广详死，睨其旁有一胡儿骑善马，【旁批】于败事中写出智勇。广暂腾而上胡儿马，因推堕儿，取其弓，鞭马南驰数十里，复得其余军，因引而入塞。匈奴捕者骑数百追之，广行取胡儿弓，【旁批】醒射。射杀追骑，以故得脱。于是至汉，汉下广吏。吏当广所失亡多，为虏所生得，当斩，赎为庶人。【旁批】无功且失官。

【眉批】第五段又就其家居，及起复时，■撮叙生平事，又是空写，北平虽为边守，无行军事，故又算空写。顷之，家居数岁。广家与故颍阴侯孙【夹注】灌婴孙，名强。屏野居蓝田南山中射猎。尝夜从一骑出，从人田间饮。还至霸陵亭，霸陵尉醉，呵止广。广骑曰："故李将军。"尉曰："今将军尚不得夜行，何乃故也！"【旁批】涉笔成趣。止广宿亭下。居无何，匈奴入杀辽西太守，败韩将军，后韩将军徙右北平。于是天子乃召拜广为右北平太守。广即请霸陵尉与俱，至军而斩之。

广居右北平，【旁批】叙右北平。匈奴闻之，号曰："汉之飞将军"，【旁批】标眼。避之数岁，不敢入右北平。

广出猎，见草中石，以为虎而射之，中石没镞，【夹注】一作没羽。【旁批】射奇。视之石也。因复更射之，终不能复入石矣。广所居郡闻有虎，尝自射之。及居右北平射虎，虎腾伤广，【旁批】真能转身。广亦竟射杀之。

广廉，得赏赐辄分其麾下，饮食与士共之。【旁批】此下无及其生平，文法错综奇构。终广之身，为二千石四十余年，家无馀财，终不言家产事。广为人长，【旁批】并写状貌。猿臂，【夹注】臂如猿通肩。其善射亦天性也，【旁批】又醒射。虽其子孙他人学者，莫能及广。广讷口少言，与人居则画地为军陈，射阔狭以饮。【夹注】射戏求疏密寄持酒，以饮不胜者。专以射为戏，竟死。【夹注】喜射，至死不衰。【旁批】醒射。广之将兵，乏绝之处，见水，士卒不尽饮，【旁批】爱士卒又一层。广不近水，士卒不尽食，广不尝食。宽缓不苛，士以此爱乐为用。其射，见敌急，非在数十步之内，度不中不发，发即应弦而倒。用此，其将兵数困辱，其射猛兽亦为所伤云。【旁批】归结到被射数困一层，通身照耀。

【眉批】第六段详定襄右、北平两事，又是实叙。居顷之，石建卒，于是上召广代建为郎中令。元朔六年，广复为后将军，从大将军【夹注】卫青。军出定襄，击匈奴。诸将多中首虏率，【夹注】赏功科则。以功为侯者，而广军无功。【旁批】定襄无功。后二岁，广以郎中令将四千骑出右北平，【旁批】接右北军。博望侯张骞将万骑与广俱，异道。行可数百里，匈奴左贤王将四万骑围广，广军士皆恐，广乃使其子敢往驰之。敢独与数十骑驰，【旁批】其子生色。直贯胡骑，出其左右而还，【夹注】还入围中。告广曰："胡虏易与耳。"军士乃安。广为圜陈外乡，胡急击之，矢下如雨。【旁批】在围中围骑向外如螺出芒。汉兵死者过半，汉矢且尽。广乃令士持满毋发，而广身自以大黄【夹注】良弓。射其裨将，【旁批】又写射。杀数人，胡虏益解。会日暮，吏士皆无人色，而广意气自如，益治军。军中自是服其勇也。明日，复力战，而博望侯军亦至，匈奴军乃解去。汉军罢，弗能追。是时广军几没，罢归。汉法，博望侯留迟后期，当死，赎为庶人。广军功自如，无赏。【旁批】无功无赏。

【眉批】第七段以弟蔡相形，多用衬笔作感慨语，为牧局引脉，又是空写。

初，广之从弟李蔡与广俱事孝文帝。【旁批】遥应。景帝时，蔡积功劳至二千石。孝武帝时，至代相。以元朔五年为轻车将车，从大将军击右贤王，有功中率，封为乐安侯。【旁批】蔡反封侯。元狩二年中，代公孙弘为丞相。蔡为人在下中，【夹注】案以九品而论。在下之中，当第八。名声出广下甚远，然广不得爵邑，【旁批】以蔡形广曲为数奇二字洗发。官不过九卿，而蔡为列侯，位至三公。诸广之军吏及士卒或取封侯。广尝与望气王朔燕语，曰："自汉击匈奴而广未尝不在其中，而诸部校尉以下，【旁批】历述生平，字字凄婉，与牧结一段相激射。才能不及中人，然以击胡军功取侯者数十人，而广不为后人，【夹注】不在人后。然无尺寸之功以得封邑者，何也？岂吾相不当侯邪？【旁批】■眼。且固命也？"朔曰："将军自念，岂尝有所恨乎？"广曰："吾尝为陇西守，【旁批】补叙。羌尝反，吾诱而降，降者八百馀人，吾诈而同日杀之。至今大恨独此耳。"朔曰："祸莫大于杀已降，此乃将军所以不得侯者也。"【旁批】牧勒。

【眉批】第八段又用实叙，终李将军之篇。数奇二字，通篇结入武帝一诚，文帝一叹，遥相掩映。后二岁，大将军、【夹注】卫。骠骑将军【夹注】霍。大出击匈奴，广数自请行。天子以为老，弗许良久乃许之，以为前将军。是岁，元狩四年也。

广既从大将军青击匈奴，既出塞，青捕虏知单于所居，【夹注】问虏获而知之。乃自以精兵走之，而令广并于右将军军，出东道。东道少回远，【旁批】以道远出广。而大军行水草少，其势不屯行。【夹注】以水草■不可群辈。【旁批】难屯兵。广自请曰："臣部为前将军，今大将军乃徙令臣出东道，且臣结发而与匈奴战，今乃一得当单于，臣原居前，先死单于。"大将军青亦阴受上诚，以为李广老，数奇，毋令当单于，【旁批】全文归宿在此二字。恐不得所欲。而是时公孙敖新失侯，为中将军<u>从大将军，</u>大将军亦欲使敖与俱当单于，【旁批】上既有诚，青复有私，遂不可回。故徙前将军广。广时知之，<u>固自辞于大将军。</u>大将军不听，令长史封书与广之莫府，【旁批】直以将令厌之。曰："急诣部，【夹注】右将军部。如书。"【夹注】令广如其文牒，急引兵徙东道。广不谢大将军而起行，<u>意甚愠怒而就部，</u>引兵与右将军食其合军出东道。军亡导，或失道，【夹注】无人导引，军故失道。后大将军。大将军与单于接战，单于遁走，弗能得而还。南绝幕，遇前将军、右将军。广已见大将军，还入军。大将军使长史持糒醪遗广，<u>因问广、食其失道状，</u>青欲上书报天子军曲折。【夹注】言委曲而行回折，使军侯大将军。【旁批】此时青固无杀广意，仍无功止耳，而广则忿极。广未对，大将军使长史急责广之幕府对簿。广曰："诸校尉无罪，乃我自失道。吾今自上簿。"

至莫府，广谓其麾下曰："<u>广结发与匈奴大小七十余战，今幸从大将军出接单于兵，</u>【旁批】愤慨激昂，与首语王朔一段如■征之，声相激发。<u>而大将军又徙广部行回远，而又迷失道，岂非天哉！</u>【旁批】天字然足数奇。<u>且广年六十余矣，</u>终不能复对刀笔之吏。"遂引刀自到。广军士大夫一军皆哭。百姓闻之，<u>知与不知，无老壮皆为垂涕。</u>而右将军独下吏，【旁批】带了右将军。当死，赎为庶人。【夹注】广有三子，李陵，其长子当户遗腹子也，随李广利击匈奴被围，降单于，汉族陵母妻子，今从节。

太史公曰："传曰'其身正，不令而行；其身不正，虽令不从'。其李将军之谓也？余睹李将军悛悛如鄙人，口不能道辞。及死之日，天下知与不知，皆为尽哀。<u>彼其忠实心诚信于士大夫也？</u>谚曰'桃李不言，下自成蹊'。此言虽小，可以谕大也。"

【总评】储同人曰：以如此名将，值用武之时，不获封侯，又不幸遇妒贤嫉能之臣，陷之死地。"数奇"二字，<u>一篇之骨也。</u>写名将，须眉毕现；写数奇，双泪欲倾。史笔传神，至斯而极，班史李陵传末一段，庶几得其仿佛云。

　　浦二田曰：主将何得身出当敌，广独喜自负，数濒于危不悔，其射之显，由此其数之奇，由此史公从倾倒中写出神勇，写出涕零都由此。叙事虚实间置，截然不差，又一创格。

六十七　司马相如列传赞

【眉批】赞语是太史公笔力，扬雄一段，或班氏所笔或后人所撰，存疑可也。太史公曰：《春秋》推见至隐，《易》本隐之以显，<u>《大雅》言王公大人而德逮黎庶</u>，<u>《小雅》讥小己之得失</u>，【旁批】相如赋家之流，故推本于诗，以深予之。其流及上。【夹注】小己者，谓卑劣之人，以对上言大人耳。所以言虽外殊，其合德一也。相如虽多虚辞滥说，<u>然其要归引之节俭</u>，<u>此与诗之风谏何异</u>。<u>扬雄以为靡丽之赋</u>，<u>劝百风一</u>，<u>犹驰骋郑卫之声</u>，【旁批】自属后人添入，然得此，倍有波致。<u>曲终而奏雅，不已亏乎</u>？【夹注】"亏"《汉书》作"戏"。余采其语可论者著于篇。

【总评】长卿传，《史记》《汉书》所载俱同。今将文归入《汉书》，独采此赞。至文君事，储同人谓惯王孙俗人，始终异态，与《国策》叙苏季子妻嫂同，孟坚亦得此意以序卖臣是矣。然义不关要，不录。

六十八　淮南衡山王列传赞

太史公曰：《诗》之所谓"戎狄是膺，荆舒是惩"，信哉是言也。淮南、衡山【夹注】淮南厉王长，高帝少子也。谋反事发，徙蜀，死于道。后子安为淮南王，又反；衡山王赐，亦淮南厉王子，谋反事发，皆自杀。亲为骨肉，疆土千里，列为诸侯，不务遵蕃臣职以承辅天子，而专挟邪僻之计，谋为畔逆，仍父子再亡国，各不终其身，为天下笑。<u>此非独王过也，亦其俗薄，臣下渐靡使然也。夫荆楚僄勇轻悍，好作乱，乃自古记之矣。</u>

【总评】借引诗词，出脱二王，以淮南衡山地方立论，亦极有理致。

六十九　汲黯列传 录汲黯

【眉批】以庄见惮，一句括全旨。首段列东越河南两事，主意存祸大略安民生，标举规时大旨。汲黯字长孺，濮阳人也。其先有宠于古之卫君。至黯七世，世为卿大夫。黯以父任，孝景时为太子洗马，以庄见惮。【旁批】主句。孝景帝崩，太子【夹注】武帝。即位，黯为谒者。东越相攻，上使黯往视之。不至，至吴而还，报曰："越人相攻，固其俗然，不足以辱天子之使。"【旁批】二事见其知大体。河内失火，延烧千余家，上使黯往视之。还报曰："家人失火，屋比延烧，不足忧也。臣过河南，河南贫人伤水旱万余家，或父子相食，臣谨以便宜，持节发河南仓粟以赈贫民。臣请归节，伏矫制之罪。"上贤而释之，【旁批】矫制发粟，而上贤之，君臣俱不可及。迁为荥阳令。黯耻为令，病归田里。上闻，乃召拜为中大夫。

【眉批】第二段节举守东海一事。亦主安民生之意与张汤法吏反对。以数切谏，不得久留内，【旁批】一生略迹，具此两言。迁为东海太守。黯学黄老之言，治官理民，好清静，择丞史而任之。其治，责大指而已，不苛小。黯多病，卧闺合内不出。岁余，东海大治。称之。上闻，召以为主爵都尉，列于九卿。治务在无为而已，弘大体，不拘文法。

【眉批】第三段总括梗概。前萦见惮，后射汤■等以上所叙大致悉举后文，都在甲里。黯为人性倨，少礼，【旁批】带表性格。面折，不能容人之过。合己者善待之，不合己者不能忍见，士亦以此不附焉。然好学，游侠，任气节，内行修絜，好直谏，数犯主之颜色，【旁批】传中主句。常慕傅柏、袁盎之为人也。善灌夫、郑当时及宗正刘弃。亦以数直谏，不得久居位。

【眉批】第四段专表直谏。是正传标揭处，帝以为戆，以为社稷臣，不冠不见，<u>亦可谓知人矣</u>。当是时，太后弟武安侯蚡为丞相，【旁批】又指实一事见其性倨。中二千石来拜谒，蚡不为礼。然黯见蚡未尝拜，常揖之。天子方招文学儒者，上曰吾欲云云，【夹注】所言欲施仁义也。黯对曰："陛下内多欲而外施仁义，<u>奈何欲效唐虞之治乎</u>！"【旁批】切中武帝病根，真可谓直。上默然，怒，变色而罢朝。公卿皆为黯惧。上退，谓左右曰："<u>甚矣，汲黯之戆也</u>！"群臣或数黯，黯曰："<u>天子置公卿辅弼之臣</u>，【旁批】一字定评上重之，以此其不亲任亦以此。<u>宁令从谀承意，陷主于不义乎</u>？【旁批】数语是一生立脚处。且已在其位，纵爱身，奈辱朝廷何！"

黯多病，病且满三月，上常赐告者数，终不愈。最后病，庄助为请告。上曰："汲黯何如人哉？"助曰："使黯任职居官，无以逾人。<u>然至其辅少主，守城深坚，招之不来，麾之不去</u>，虽自谓贲育亦不能夺之矣。"【旁批】又即人言见直臣之关系。上曰："然。<u>古有社稷之臣，至如黯，近之矣</u>。"【旁批】社稷臣全传标额。

大将军青侍中，上踞厕而视之。【旁批】拖出一层相形，正实写以庄见惮。丞相弘燕见，上或时不冠。至如黯见，<u>上不冠不见也</u>。上尝坐武帐中，黯前奏事，上不冠，望见黯，避帐中，使人可其奏。<u>其见敬礼如此</u>。

【眉批】以下俱条叙规汤时政等事，皆知直谏相关映，五段面折法吏张汤。张汤方以更定律令为廷尉，<u>黯数质责汤于上前</u>，曰："公为正卿，上不能褒先帝之功业，下不能抑天下之邪心，安国富民，使囹圄空虚，二者无一焉。非苦就行，放析就功，<u>何乃取高皇帝约束纷更之为</u>？<u>公以此无种矣</u>。"黯时与汤论议，汤辩常在文深小苛，黯伉厉守高不能屈，忿发骂曰："<u>天下谓刀笔吏不可以为公卿，果然。必汤也，令天下重足而立，侧目而视矣</u>！"【旁批】骂的是。

【眉批】第六段插谏阻开■又及弘与汤合斥之，其大旨总不出息事宁民，面折人过甲里。是时，汉方征匈奴，招怀四夷。【旁批】插叙此事，伏后文。黯务少事，乘上间，常言与胡和亲，无起兵。上方向儒术，尊公孙弘。及事益多，【旁批】以下又叙斥■汤之言。吏民巧弄。上分别文法，汤等数奏决谳以幸。而黯常毁儒，面触弘等徒怀诈饰智以阿人主取容，而刀笔吏专深文巧诋，陷人于罪，使不得反其真，以胜为功。上愈益贵弘、汤，弘、汤深心疾黯，唯天子亦不说也，欲诛之以事。弘为丞相，乃言上曰："右内史界部中多贵人宗室，难治，非素重臣不能任，请徙黯为右内史。"为右内史数岁，官事不废。

【眉批】第七段缀以大将军淮南王两层，显其忠直为中外倚重，是扬之。大将军青既益尊，姊为皇后，然黯与亢礼。【旁批】性倨。人或说黯曰："自天子欲群臣下大将军，大将军尊重益贵，君不可以不拜。"黯曰："夫以大将军有揖客，反不重邪？"大将军闻，愈贤黯，数请问国家朝廷所疑，遇黯过于平生。【旁批】观此青贤于张汤远矣，亦封耀法。

淮南王谋反，惮黯，曰："好直谏，守节死义，难惑以非。【旁批】又借淮南王中定黯与张之优劣。至如说丞相弘，如发蒙振落耳。"

天子既数征匈奴有功，黯之言益不用。

【眉批】第八段缀边军有功，与阻谏相忤，而彼惮骤贵，志其直道见绌，是惜之。此合上段作低昂钤来。始黯列为九卿，而公孙弘、张汤为小吏。及弘、汤稍益贵，与黯同位，黯又非毁弘、汤等。已而弘至丞相，封为侯；汤至御史大夫；故黯时丞相史皆与黯同列，或尊用过之。黯褊心，不能无少望，见上，前言曰："陛下用群臣如积薪耳，后来者居上。"上默然。有间黯罢，上曰："人果不可以无学，观黯之言也日益甚。"

【眉批】第九段浑邪王降。接谏二事，力持大体，亦篇首通远略，安民生之旨，按酷吏传，浑邪等降大兴兵伐匈奴，县官坚处，汤承上旨，舞文巧诋，济国用黯正，值其时，故言之痛激乃尔，语虽不及汤，而意在汤也。居无何，匈奴浑邪王率众来降，汉发车二万乘。县官无钱，从民贳马。民或匿马，马不具。上怒，欲斩长安令。黯曰："长安令无罪，独斩黯，民乃肯出马。且匈奴畔其主而降汉，汉徐以县次传之，<u>何至令天下骚动，罢弊中国而以事夷狄之人乎！</u>"上默然。及浑邪至，贾人与市者，坐当死者五百余人。黯请间，见高门，【夹注】汉殿名。曰："夫匈奴攻当路塞，绝和亲，中国兴兵诛之，死伤者不可胜计，而费以巨万百数。臣愚以为陛下得胡人，皆以为奴婢以赐从军死事者家；所卤获，因予之，以谢天下之苦，塞百姓之心。<u>今纵不能，浑邪率数万之众来降，</u>【旁批】二论并侃侃不愧社稷臣。<u>虚府库赏赐，发良民侍养，譬若奉骄子。</u>愚民安知市买长安中物而文吏绳以为阑出财物于边关乎？【夹注】阑，妄也，又出入为阑。言市人卖于边外器物，应抵罪也。<u>陛下纵不能得匈奴之资以谢天下，又以微文杀无知者五百余人，是所谓'庇其叶而伤其枝'者也，</u>臣窃为陛下不取也。"上默然，不许，曰："吾久不闻汲黯之言，今又复妄发矣。"后数月，黯坐小法，会赦免官。于是黯隐于田园。

【眉批】第十段以不久居内作收局，为上泣数语，于长谢开迁，说出心事，仍挽缴直谏本■。居数年，会更五铢钱，民多盗铸钱，楚地尤甚。上以为淮阳，楚地之郊，乃召拜黯为淮阳太守。黯伏谢不受印，诏数强予，然后奉诏。诏召见黯，黯为上泣曰："臣自以为填沟壑，不复见陛下，不意陛下复收用之。臣常有狗马病，力不能任郡事，臣原为中郎，<u>出入禁闼，补过拾遗，臣之原也。</u>"【旁批】本意在直谏。上曰："君薄淮阳邪？吾今召君矣。顾淮阳吏民不相得，吾徒得君之重，<u>卧而治之。</u>"【旁批】趣甚。黯既辞行，过大行李息，曰："黯弃居郡，不得与朝廷议也。<u>然御史大夫张汤智足以拒谏，诈足以饰非，务巧佞之语，辩数之辞，</u>非肯正为天下言，专阿主意。主意所不欲，因而毁之；主意所欲，因而誉之。<u>好兴事，舞文法，内怀诈以御主心，外挟</u>

贼吏以为威重。公列九卿，<u>不早言之，公与之俱受其僇矣。</u>"息畏汤，终不敢言。黯居郡如故治，淮阳政清。后张汤果败，上闻黯与息言，抵息罪。令黯以诸侯相秩居淮阳。【旁批】卒官外郡结。七岁而卒。【夹注】略节，郑当时传不录。

郑庄、汲黯始列为九卿，廉，内行修絜。此两人中废，家贫，宾客益落。及居郡，卒后家无余赀财。【夹注】节三句，录此数语，赞语方有着落。

太史公曰："夫以汲郑之贤，有势则宾客十倍，无势则否，况众人乎。"下邽翟公有言："始翟公为廷尉，宾客满门，及废，门外可设雀罗。翟公复为廷尉，宾客欲往，翟公乃大署其门曰'一死一生，乃知交情。一贫一富，乃知交态。一贵一贱，交情乃见'。<u>汲郑亦云悲夫。</u>"

【总评】蔡闻之曰：三代而下，直臣推汲魏，汲之学术经济，或不如魏，然正性劲气过之。录此以见直臣之风。且知纪传正体。凡纪传直叙到底者，正局也；间以议论者，变体也，伯夷、屈原传是也。墓志表状亦然，韩欧志表，多以议论行文，仿屈原等传也。

以数直谏标梗概，以不久居内见踪迹，阻开边宁百姓。恶法吏，其规时大旨也，治东海，徒内史，守睢阳，其略见一斑也。帝之敬礼，大将军之善遇，淮南王之见惮，其望重矣。曰戆曰社稷臣。其品定矣，局似零星，法有节制。汲黯之贤，详见传中，郑固非汲匹也，以宾客一事，牵连同传，故赞专及之。

七十　儒林列传序

【眉批】第一段总序五经，推重孔子，为万古儒林祖。太史公曰：余读功令，【夹注】谓学者课功，著之于令。即今之于学令是也。至于广厉学官之路，未尝不废书而叹也。【旁批】开端先作一叹提起文情而广属学官之诏，倒提先伏于此千钧之力。曰：嗟乎！夫周室衰而《关雎》作，【旁批】此儒术所由衰。幽厉微而礼乐坏，诸侯恣行，政由强国。故孔子闵王路废而邪道兴，【旁批】此儒术所由盛。于是论次《诗》《书》，修起礼乐。适齐闻《韶》，三月不知肉味。自卫返鲁，然后乐正，《雅》《颂》各得其所。世以混浊莫能用，是以仲尼干七十余君无所遇，曰："苟有用我者，期月而已矣。"西狩获麟，曰："吾道穷矣。"故因史记作《春秋》，以当王法，其辞微而指博，后世学者多录焉。

【眉批】第二段叙孔子，后边衰边盛，儒术之所不废，当赖于齐鲁间叙事中夹入议论，笔意顿宕，感慨无穷。自孔子卒后，七十子之徒散游诸侯，【旁批】由孔子而及弟子水源木本。大者为师傅卿相，【夹注】子夏为魏文侯师，子贡为齐鲁聘吴越，盖亦卿也，而宰子亦仕齐为卿。小者友教士大夫，或隐而不见。故子路居卫，子张居陈，澹台子羽居楚，子夏居西河，子贡终于齐。【旁批】子路死卫时，孔子尚存孟坚所谓多疏略也。如田子方、段干木、吴起、禽滑厘之属，皆受业于子夏之伦，为王者师。是时独魏文侯好学。【旁批】由弟子转入孟荀，忽用顿跌之笔。后陵迟以至于始皇，天下并争于战国，儒术既绌焉，【旁批】儒术再衰。然齐鲁之间，【旁批】即折转。学者独不废也。于威、宣【夹注】齐威王、宣王。之际，孟子、荀卿之列，【旁批】儒术再盛。咸遵夫子之业而润色之，以学显于当世。

及至秦之季世，【旁批】儒术三衰。焚诗书，坑术士，六艺从此缺焉。陈涉之王也，而鲁诸儒持孔氏之礼器往归陈王。于是孔甲【夹注】

孔子八世孙，名鲋字甲。为陈涉博士，卒与涉俱死。陈涉起匹夫，驱瓦合适戍，旬月以王楚，不满半岁竟灭亡，其事至微浅，然而缙绅先生之徒负孔子礼器往委质为臣者，何也？以秦焚其业，【旁批】著秦之罪。积怨而发愤于陈王也。

及高皇帝诛项籍，举兵围鲁，鲁中诸儒尚讲诵习礼乐，弦歌之音不绝，岂非圣人之遗化，好礼乐之国哉？故孔子在陈，曰："归与归与！吾党之小子狂简，斐然成章，不知所以裁之。"夫齐鲁之间于文学，自古以来，其天性也。【旁批】束住。

【眉批】第三段叙到本朝。见儒术虽兴于汉，然前尚未甚昭明也。递至今上，揭出五经，统举姓名，即下传内总目也。然约齐鲁间文学。回应线。故汉兴，然后诸儒始得修其经教艺，【旁批】儒术三盛。讲习大射乡饮之礼。叔孙通作汉礼仪，因为太常，诸生弟子共定者，咸为选首，于是喟然叹兴于学。然尚有干戈，【旁批】又作一掉。平定四海，【夹注】时陈豨、卢绾、韩信、黥布之徒，相次反叛征讨也。亦未暇遑庠序之事也。【旁批】顿挫风神。孝惠、吕后时，公卿皆武力有功之臣。孝文时颇征用，【夹注】言孝文稍用文学之士居位。然孝文帝本好刑名之言。及至孝景，不任儒者，而窦太后又好黄老之术，【旁批】儒术四衰。故诸博士具官待问，未有进者。

及今上即位，【旁批】至此始入传旨。赵绾、王臧之属明儒学，而上亦乡之，【旁批】儒术四盛。于是招方正贤良文学之士。自是之后，言诗于鲁则申培公，于齐则辕固生，【夹注】申辕姓，培固名，公生其处号也。于燕则韩太傅。【夹注】韩婴也，为常山王太傅。言尚书自济南伏生。【夹注】名胜，字子贱。言礼自鲁高堂生。【夹注】谢承云，秦氏季代有鲁人高堂伯，则伯是其字。云生者，自汉以来，儒者皆号生，亦先生者省字呼之耳。言易自菑川田生。【旁批】名何。言春秋于齐鲁自胡毋生，【夹注】毋音无，胡毋，姓也。字子都。于赵自董仲舒。及窦太后崩，【旁批】间接完窦太后事。武安侯田蚡为丞相，绌黄老、刑名百家之言，延文学儒者数百人，而公孙弘以春秋白衣为天子三公，【旁批】先插入。封以平津侯。天下之学士靡然乡风矣。【旁批】又来住。

【眉批】第四段正叙儒术所由盛，即所谓广历学官之诏也。分两半叙，前半是举博士弟子也。后半是举小吏通经者，迁其留滞也。公孙弘为学官，悼道之郁滞，乃请曰："丞相御史言：【夹注】自此已下，皆宏奏请之辞。制曰'盖闻导民以礼，风之以乐。婚姻者，居屋之大伦也。今礼废乐崩，朕甚愍焉。故详延天下方正博闻之士，咸登诸朝。其令礼官劝学，讲议洽闻兴礼，以为天下先。太常议，与博士弟子，崇乡里之化，以广贤材焉'。谨与太常臧、【夹注】孔臧也。博士平等议曰：闻三代之道，乡里有教，夏曰校，殷曰序，周曰庠。其劝善也，显之朝廷；其惩恶也，加之刑罚。故教化之行也，建首善自京师始，由内及外。今陛下昭至德，开大明，配天地，本人伦，劝学修礼，崇化厉贤，以风四方，太平之原也。古者政教未洽，不备其礼，请因旧官而兴焉。【旁批】又反两句，见学官之当兴也。为博士官置弟子五十人，复其身。太常择民年十八已上，【旁批】太常所举一。仪状端正者，补博士弟子。郡国县道邑有好文学，敬长上，【旁批】郡国所举二。肃政教，顺乡里，出入不悖所闻者，令【夹注】县令。相【夹注】侯相。长丞【夹注】县长丞。上属所二千石，【夹注】二千石，谓于所部之郡守相也。二千石谨察可者，当与计偕，【夹注】计，计吏也。偕，俱也。谓令与计吏，俱诣太常也。诣太常，得受业如弟子。【夹注】如今之附学生。【旁批】以上慎择弟子。一岁皆辄试，【旁批】从顶二项。能通一艺以上，补文学掌故【夹注】此考用之等第，从下等起，通一艺，则补文学掌故也。缺；其高弟可以为郎中者，太常籍奏。【夹注】稍高则类奏。即有秀才异等，辄以名闻。【夹注】其最高者则特奏。其不事学若下材及不能通一艺，【旁批】以上严加考课。辄罢之，而请诸不称者罚。【夹注】举非其人，并坐举主。【旁批】奏疏上半篇完。臣谨案诏书律令下者，明天人分际，通古今之义，文章尔雅，训辞深厚，恩施甚美。小吏浅闻，不能究宣，无以明布谕下。治礼次治掌故，以文学礼义为官，迁留滞。【旁批】文学出身不能即得官，今补京外吏。请选择其秩比二百石以上，【旁批】补吏一。及吏百石通一艺以上，补左右内史、【夹注】补左右内史，后改为左冯翊，右扶风。大行卒史；比百石已下，【旁批】补吏二。补郡太守卒史：皆各二人，【旁批】总顶二项。边郡一人。【旁批】单顶郡卒史。先用诵多者，若不足，乃择掌故补中二千石属，文学掌故补郡属，【夹注】汉仪弟子射策，甲科百人。补郎中，乙科二百人。补太子舍人，皆秩比二百石，次郡国文学，秩百石也。【旁批】后半篇完。备员。请著功令。【旁批】总收通奏。佗如律令。"制曰："可。"自此以来，【旁批】总束。则公卿大夫士吏斌斌多文学之士矣。

【总评】蔡闻之曰："读此颇知周汉间学术兴废之迹，序次顿挫，风神隽绝，逸气遄千飞。"

储同人曰：千百年文学废兴，悉备于此，至其叙述六经，推崇孔孟，亦复不遗余力。读此而犹谓太史公专尚黄老，岂非眊耶？

七十一　酷吏列传序赞

【眉批】首层引孔老言作起，见尚刑适以长奸，揭出立仲不古。孔子曰："导之以政，齐之以刑，民免而无耻。导之以德，齐之以礼，有耻且格。"老氏称：【旁批】以下六语俱出老子。上德不德，是以有德；下德不失德，是以无德。法令滋章，盗贼多有。"太史公曰：信哉是言也！法令者治之具，而非制治清浊之源也。【旁批】二语提清大旨。

【眉批】二层提昔天下最妙。不明指当时，反借秦作影照，立言有体，寓意无穷。昔天下之网尝密矣，【旁批】指秦之苛法。然奸伪萌起，其极也，【旁批】民为避法律，官巧避责成，上下相遁，至于不振。当是之时，吏治若救火扬沸，非武健严酷，恶能胜其任而愉快乎！言道德者，溺其职矣。故曰："听讼，吾犹人也，【旁批】仍引孔子语应。必也使无讼乎。""下士闻道大笑之。"【旁批】仍引老子语应。非虚言也。

【眉批】三层折落汉兴。暗用初法三章而归效于吏治民安，含蓄可思。汉兴，破觚而为圜，【夹注】高祖反秦之政，除其严法，约三章耳。【旁批】对网密。斲雕而为朴，【夹注】断理雕弊之俗，使反质朴也。网漏于吞舟之鱼，而吏治烝烝，【旁批】对奸伪萌起上下相遁。不至于奸，黎民艾安。由是观之，在彼不在此。【夹注】在道德不在严酷。【旁批】束住有力。

太史公曰：自郅都、杜周十人者，【夹注】传内，郅都、宁成、周阳由、赵禹、张汤、义纵、王温舒、尹齐、杨仆、咸宣、杜周共十一人，言十人，举成数也。此皆以酷烈为声。【旁批】总断一句。然郅都伉直，引是非，争天下大体。【旁批】内抽出四人，于恶中不掩其美，平述之论。张汤以知阴阳，人主与俱上下，时数辩当否，国家赖其便。赵禹时据法守正。杜周从谀，以少言为重。自张汤死后，网密，多诋严，官事寖以秏废。【旁批】就后事放低一层寄慨深远。九卿碌碌奉其官，救过不赡，何暇论绳墨之外乎！然此十人中，其廉者足以为仪表，【旁批】又总论一番。抑扬兼到。法旨昭然。其污者足以为戒，方略教导，禁奸止邪，一切亦皆彬彬质有其文武焉。虽惨酷，斯称其位矣。至若蜀守冯当暴挫，广汉李贞擅磔人，东郡弥仆锯项，【旁批】将酷而不入传者借来作撇况而愈下矣。天水骆璧推咸，【夹注】咸作成，谓推击之以成狱也。河东褚广妄杀，京兆无忌、冯翊殷周蝮鸷，【夹注】言苛酷比之蝮鸷。水衡阎奉朴击卖请，何足数哉！【旁批】正恐数不尽。何足数哉！

【总评】茅鹿门曰：酷吏传凡十余人。太史公特以刺武帝时任用，及其盗贼滋多之弊。钟伯敬曰：汉用酷吏，务得其力，数用上以为能一语。张酷吏之气，而唯恐不竟其用。至问汉之所得于酷吏者，则曰奸伪萌起，上下相遁也。事益多，民巧法也。奸吏侵渔也。取为小治，奸益不胜也。吏民轻犯法，盗贼滋起也。上下相匿，以文辞避法也，官事侵以耗废也。问酷吏之所自得者，则曰侯封之禽也，晁错之戮也。【夹注】二人作引，不列于传目。郅都之斩也。周扬由之弃市也。张汤之自杀也。义纵之弃市也。王温舒之五族也。灭宣之自杀也，读未终而为酷吏与用酷吏者，效应在目，为之悚然矣。

储同人曰：法密则奸伪愈多，而法愈不得不重人。知法之足以胜奸伪而不知奸伪之起，盖法密使然也。篇首揭出制治清浊之源，归注尚德不任刑意，自是绝顶议论。

七十二　大宛列传赞

太史公曰：禹本纪【夹注】当时有其书。言："河出昆仑。【旁批】但就传中间处落笔而含意悠然。昆仑其高二千五百余里，日月所相避隐为光明也。其上有醴泉、瑶池。"今自张骞使大夏之后也，穷河源，【旁批】言不见所谓二千五百里云云也。恶睹本纪所谓昆仑者乎？故言九州山川，《尚书》近之矣。至《禹本纪》《山海经》所有怪物，余不敢言之也。

【总评】西域之开，始自张骞之通使，成于李广利之用兵，而其事皆在大宛。大宛适当西域诸国四面之中，又善马所从出，故太史公取以名篇。

大宛传以见武帝之侈远略也。浦二田曰：太史公武帝本纪有篇名而无文字，于书则著《封禅》《平准》二篇，于传则著《酷吏》《大宛》二篇备矣。不烦别作矣。兹酷吏传只录序赞，大宛传只录赞，读者仍当参阅全传，方可会通其义也。

七十三　游侠列传

【眉批】首段借儒来作陪，夹翻出游侠好处，作一总冒。韩子曰："儒以文乱法，而侠以武犯禁。"【旁批】引韩子语主客双提，一篇议论张本。二者皆讥，而学士多称于世云。至如以术取宰相卿大夫，【旁批】撇去远而在上者一种。辅翼其世主，功名俱著于春秋，【夹注】谓国史。固无可言者。及若季次【夹注】公皙哀字，季次，孔子弟子。原宪，闾巷人也，【旁批】即借儒来相形事指，专指穷而在下者一种。读书怀独行君子之德，【旁批】与侠对照处。义不苟合当世，当世亦笑之。故季次、原宪终身空室蓬户，褐衣疏食不厌。死而已四百余年，而弟子志之不倦。【旁批】儒之可贵如此。今游侠，【旁批】入题。其行虽不轨于正义，【旁批】摘其短处一抑。然其言必信，其行必果，【旁批】揭其长处一扬。已诺必诚，不爱其躯，赴士之厄困，既已存亡死生矣，而不矜其能，羞伐其德，盖亦有足多者焉。【旁批】使意不可少。且缓急，人之所时有也。【旁批】渐落处见主意有丰神。太史公曰：昔者虞舜窘于井廪，伊尹负于鼎俎，傅说匿于傅险，【旁批】上下千古唏嘘感慨，亦史公自遁悲愤之意。吕尚困于棘津，夷吾桎梏，百里饭牛，仲尼畏匡，菜色陈、蔡。此皆学士所谓有道仁人也，【旁批】顿宕曲折。犹然遭此灾，况以中材而涉乱世之末流乎？其遇害何可胜道哉！

【眉批】第二段提缓急时有，乃从望游侠救援者，对面着笔，以见游侠之不可少。寓意有在，寄慨无穷。鄙人有言曰："何知仁义，已飨其利者为有德。"【旁批】只代望援者，唱叹中有寓意。故伯夷丑周，饿死首阳山，而文武不以其故贬王；跖、蹻暴戾，其徒诵义无穷。由此观之，"窃钩者诛，窃国者侯，侯之门仁义存"，【旁批】度何知仁义二句。非虚言也。

【眉批】第三段又提起，以取荣名见意，借儒相形，抑扬尽致。今拘学或抱咫尺之义，【旁批】又提起。久孤于世，岂若卑论侪俗，【旁批】抑儒。

与世沈浮而取荣名哉！【旁批】主意。而布衣之徒，【旁批】伸侠。设取予然诺，千里诵义，为死不顾世，【旁批】对上向其利者一层。此亦有所长，非苟而已也。故士穷窘而得委命，【旁批】对上缓急时有一层。此岂非人之所谓贤豪间者邪？【旁批】是荣名。诚使乡曲之侠，【旁批】转折夭矫。予季次、原宪比权量力，效功于当世，不同日而论矣。【旁批】又伸儒。要以功见言信，【旁批】伸侠。侠客之义又曷可少哉！【旁批】与亦足多相应。

　　【眉批】第四段说出所以可传之故，以布衣间巷匹夫见主意，一有凭藉，便不足重也。古布衣之侠，靡得而闻已。近世延陵、【夹注】即吴季扎。孟尝、春申、平原、信陵之徒，【旁批】侠有二，撇去达而在上者。皆因王者亲属，藉于有土卿相之富厚，招天下贤者，显名诸侯，不可谓不贤者矣。比如顺风而呼，声非加疾，其势激也。至如闾巷之侠，【旁批】折出穷而在下者所以可传之故。修行砥名，声施于天下，莫不称贤，是为难耳。然儒、墨皆排摈不载。【旁批】又顿儒作一折。自秦以前，匹夫之侠，湮灭不见，余甚恨之。以余所闻，汉兴有朱家、田仲、王公、剧孟、郭解之徒，【旁批】点出传目是作序体。虽时扞当世之文罔，【夹注】谓犯法禁。然其私义廉洁退让，有足称者。名不虚立，【旁批】收束荣名意。士不虚附。至如朋党宗强比周，【旁批】又以下一层作。设财役贫，豪暴侵凌孤弱，恣欲自快，游侠亦丑之。余悲世俗不察其意，【旁批】就时见时论中分出之是作传之意。而猥以朱家、郭解等令与暴豪之徒同类而共笑之也。

　　【眉批】以上传序，以予为夺，以低为昂，抑扬进退，惨淡经营。【眉批】朱家一叙较详。鲁朱家者，与高祖同时。鲁人皆以儒教，【旁批】仍用儒侠夹机。而朱家用侠闻。所藏活豪士以百数，【旁批】照捍当世文罔。其余庸人不可胜言。然终不伐其能，【旁批】照不矜能伐德。歆其德，诸所尝施，唯恐见之。振人不赡，先从贫贱始。家无余财，衣不完采，食不重味，乘不过軥牛。【夹注】小牛。专趋人之急，【旁批】照不爱躯赴急。
甚己之私。【旁批】所谓藏活豪。既阴脱季布将军之厄，及布尊贵，终
身不见也。自关以东，莫不延颈愿交焉。

　　【眉批】田仲二叙略。【眉批】剧孟三叙较详。【眉批】王孟四叙略。楚田
仲以侠闻，喜剑，父事朱家，【旁批】聊络。自以为行弗及。田仲已死，
【旁批】聊络。而雒阳有剧孟。周人以商贾为资，而剧孟以任侠显诸侯。
吴楚反时，条侯【夹注】周亚夫。为太尉，乘传车将至河南，得剧孟，
喜曰："吴楚举大事而不求孟，吾知其无能为已矣。"天下骚动，【旁
批】议论。宰相得之若得一敌国云。剧孟行大类朱家，【旁批】联络。而
好博，【夹注】六博之戏。多少年之戏。然剧孟母死，自远方送丧盖千
乘。及剧孟死，家无余十金之财。而符离人王孟亦以侠称江淮之间。

　　是时济南瞷【夹注】闲。氏、陈周庸亦以豪闻，景帝闻之，使使
尽诛此属。【旁批】忽于传外，添出许多人以为照应，波澜然大抵所云，曷足
道者也。其后代诸白、梁韩无辟、阳翟薛兄、陕韩孺纷纷复出焉。【夹
注】徐广曰："侠疑当作郏字，颍川有郏县。"《索隐》曰："代，代郡人，有白氏
豪侠非一，故言诸。梁，梁国人，姓韩，无郡名。"

　　【眉批】郭解五叙特详。先用总写作虚挚，以下逐渐实叙。郭解，轵人
也，字翁伯，善相人者许负外孙也。解父以任侠，孝文时诛死。解
为人短小精悍，【旁批】详叙。不饮酒。少时阴贼，慨不快意，身所杀
甚众。以躯借交报仇，藏命作奸【夹注】谓亡命。剽攻，休铸钱掘冢，
固不可胜数。适有天幸，窘急常得脱，若遇赦。及解年长，更折节
为俭，【旁批】此却难得。以德报怨，厚施而薄望。然其自喜为侠益甚。
既已振人之命，不矜其功，其阴贼着于心，卒发于睚眦如故云。而少
年慕其行，亦辄为报仇，不使知也。解姊子负【夹注】恃也。解之势，
【旁批】一事。与人饮，使之嚼。【夹注】使人尽酒。非其任，强必灌之。
人怒，拔刀刺杀解姊子，亡去。解姊怒曰："以翁伯之义，人杀吾子，

贼不得。"弃其尸于道，弗葬，欲以辱解。解使人微知贼处。贼窘自归，具以实告解。解曰："公杀之固当，吾儿不直。"遂去其贼，罪其姊子，乃收而葬之。诸公闻之，皆多解之义，益附焉。【旁批】束。

解出入，人皆避之。有一人独箕倨视之，【旁批】二事。解遣人问其名姓。客欲杀之。解曰："居邑屋至不见敬，是吾德不修也，彼何罪！"乃阴属尉史曰："是人，吾所急也，【旁批】应以德报怨，急明情切意，力役。至践更时脱之。"每至践更，数过，吏弗求。怪之，问其故，乃解使脱之。箕踞者乃肉袒谢罪。少年闻之，愈益慕解之行。【旁批】束。

雒阳人有相仇者，【旁批】三事。邑中贤豪居间者以十数，终不听。客乃见郭解。解夜见仇家，仇家曲听解。解乃谓仇家曰："吾闻雒阳诸公在此间，多不听者。今子幸而听解，解奈何乃从他县夺人邑中贤大夫权乎！"【旁批】此使而不伐劳。乃夜去，不使人知，【旁批】应不矜其劝。曰："且无用，待我去，令雒阳豪居其间，乃听之。"【旁批】束。

【眉批】又用总写虚说，贯通前后，此役，落疏密之妙。解执恭敬，【旁批】应折节，不敢乘车入其县廷。之旁郡国，为人请求事，事可出，出之；不可者，各厌其意，【旁批】应厚施薄望。然后乃敢尝酒食。诸公以故严重之，争为用。邑中少年及旁近县贤豪，夜半过门常十馀车，请得解客舍养之。【旁批】爱人及乌。

及徙豪富茂陵也，【旁批】又一事。解家贫，不中訾，吏恐，不敢不徙。卫将军为言："郭解家贫不中徙。"上曰："布衣权至使将军为言，【旁批】点醒。此其家不贫。"解家遂徙。诸公送者出千余万。【旁批】束。轵人杨季主子为县掾，举徙解。解兄子断杨掾头。由此杨氏与郭氏为仇。

【眉批】此后叙入关后事。解入关，关中贤豪知与不知，闻其声，争交欢解。解为人短小，不饮酒，出未尝有骑。【旁批】应为俭。已又杀杨季主。【旁批】接上。杨季主家上书，人又杀之阙下。上闻，乃下吏捕解。解亡，置其母家室夏阳，身至临晋。临晋籍少公素不知解，解冒，因求出关。籍少公已出解，解转入太原，所过辄告主人家。吏逐之，迹至籍少公。<u>少公自杀，口绝。</u>久之，乃得解。穷治所犯，为解所杀，皆在赦前。<u>轵有儒生侍使者坐，</u>【旁批】不接而接。客誉郭解，生曰：“郭解专以奸犯公法，何谓贤！”解客闻，杀此生，断其舌。【旁批】应少年轩为报仇不使知。吏以此责解，解实不知杀者。<u>杀者亦竟绝，莫知为谁。</u>吏奏解无罪。御史大夫公孙弘议曰：“解布衣为任侠行权，【旁批】犯禁乱法而种并作一处，定布衣之侠。以睚眦杀人，<u>解虽弗知，此罪甚于解杀之。当大逆无道。</u>”遂族郭解翁伯。【旁批】了郭解。

【眉批】此段作总收。自是之后，为侠者极众，【旁批】倨也。敖而无足数者。然关中长安樊仲子，【旁批】又于传外列许多人藉作照应波澜。槐里赵王孙，长陵高公子，西河郭公仲，太原卤公孺，临淮儿长卿，东阳田君孺，<u>虽为侠而逡逡有退让君子之风。</u>【旁批】所云有足称者也。<u>至若北道姚氏，西道诸杜，南道仇景，东道赵他、羽公子，南阳赵调之徒，此盗跖居民间者耳，</u>【旁批】所云游侠亦丑之者也。<u>曷足道哉！此乃乡者朱家之羞也。</u>【旁批】掉合传中第一人作结。

【眉批】传中独详郭解。赞语亦专论郭解，想为史公心重。太史公曰：吾视郭解，状貌不及中人，言语不足采者。【旁批】一抑。然天下无贤与不肖，知与不知，【旁批】一揭。皆慕其声，言侠者皆引以为名。【旁批】声名是一篇主意。谚曰：“<u>人貌荣名，岂有既乎！</u>”于戏，惜哉！【眉批】借儒形侠，然未尝不重儒也，似兴非兴，似排非排，奇态匈姿。须玩其反复抑扬处。

【总评】储同人曰：家贫，货赂不足以自赎，交游莫救，此游侠货殖二传，所为发愤而作也。序中急难所时有句，明露本旨。急难不能无，拯人急难者安可少，故于郭解等多恕辞。看结尾翻去豪暴一流，则讥以退处士，进奸雄，亦史公所不受。

七十四　佞幸列传序赞

谚曰"力田不如逢年，善仕不如遇合"，【旁批】借谚引起。固无虚言。非独女以色媚，而士宦亦有之。【旁批】从女色折入可耻。

昔以色幸者多矣。【旁批】一句开下。至汉兴，高祖至暴抗也，【夹注】暴猛抗直。然籍孺以佞幸；孝惠时有闳孺。【夹注】籍闳，皆名也，孺幼小也。此两人非有材能，徒以婉佞贵幸，与上卧起，公卿皆因关说。故孝惠时郎侍中皆冠鵔鸃，贝带，【夹注】鵔鸃，鸟名，以毛羽饰冠，以贝饰带。傅脂粉，化闳、籍之属也。两人徙家安陵。【夹注】惠帝陵邑。

孝文时中宠臣，士人则邓通，宦者则赵同，【夹注】按《汉书》作赵谈，此云同者，避太史公父名也。北宫伯子。【夹注】姓北宫，名伯子。北宫伯子以爱人长者；而赵同以星气幸，常为文帝参乘；邓通无伎能。

太史公曰：甚哉爱憎之时！【旁批】色衰爱弛上下猛省。弥子瑕之行，足以观后人佞幸矣。虽百世可知也。【旁批】拓得妙。

【总评】女以色媚，而士宦亦有之，言之可丑矣。恩幸时公卿远迎，希为关说，或转兮而祸不旋踵，古今如此类者甚众，无他，爱憎之情变也，赞语中特指出弥子瑕，警省无穷。

七十五　滑稽列传

【眉批】以庄摄谐，即是太史公滑稽。孔子曰："六艺于治一也。【夹注】言六艺之文虽异，礼节乐和，导民立政，天下平定，其归一揆，至于谈言微中，亦以解纷乱，故治一也。礼以节人，乐以发和，书以道事，诗以达意，易以神化，春秋以义。"太史公曰：天道恢恢，岂不大哉！谈言微中，亦可以解纷。

【眉批】数语全挈，以讽饮为主。此段从委政荒乱进隐语。淳于髡者，齐之赘婿也。长不满七尺，滑稽多辩，数使诸侯，未尝屈辱。齐威王之时喜隐，【夹注】隐语。好为淫乐长夜之饮，沈湎不治，【旁批】先远项提明，为进隐语之根。委政卿大夫。百官荒乱，诸侯并侵，国且危亡，在于旦暮，左右莫敢谏。淳于髡说之以隐曰："国中有大鸟，止王之庭，三年不蜚又不鸣，不知此鸟何也？"王曰："此鸟不飞则已，一飞冲天；不鸣则已，一鸣惊人。"【旁批】四语英姿勃勃，田齐自威王始大篇机便发。于是乃朝诸县令长七十二人，赏一人，诛一人，奋兵而出。诸侯震惊，皆还齐侵地。威行三十六年。语在田完世家中。

【眉批】此段从诸侯并侵进隐语。威王八年，楚大发兵加齐。齐王使淳于髡之赵请救兵，赍金百斤，车马十驷。淳于髡仰天大笑，冠缨索绝。【旁批】大笑奇。王曰："先生少之乎？"髡曰："何敢！"王曰："笑岂有说乎？"髡曰："今者臣从东方来，见道傍有禳田者，【夹注】禳同穰，为田求福穰。操一豚蹄，酒一盂，祝曰：'瓯窭满篝，【夹注】瓯窭，小畦垄也，篝笼也，言收穫可满篝笼。污邪满车，【夹注】污邪，下地田也，中有薪，可满车。五谷蕃熟，穰穰满家。'【旁批】诂出祝词俚语饶古趣。臣见其所持者狭而所欲者奢，故笑之。"于是齐威王乃益赍黄金千溢，白璧十双，车马百驷。髡辞而行，至赵。赵王与之精兵十万，革车千乘。楚闻之，夜引兵而去。

【眉批】此段归讽饮正文，语不隐而意隐。先总说二语，以后申出逐层节次，由正入荒，剧情妙致。威王大说，【旁批】聊络。置酒后宫，召髡赐之酒。问曰："先生能饮几何而醉？"对曰："臣饮一斗亦醉，一石亦醉。"【旁批】先总答二语，极突极奇。威王曰："先生饮一斗而醉，恶能饮一石哉！其说可得闻乎？"髡曰："赐酒大王之前，执法在傍，御史在后，髡恐惧俯伏而饮，不过一斗径醉矣。【旁批】应。若亲有严客，髡帣【夹注】券。韝【夹注】沟。鞠䞖，【夹注】卷，收衣裹也。裹，矜也鞴，臂捍也，鞠曲也。䞖，音其，与跽同，谓小跪也。侍酒于前，时赐余沥，奉觞上寿，数起，饮不过二斗径醉矣。【旁批】中间还出一层。若朋友交游，久不相见，卒然相睹，欢然道故，私情相语，饮可五六斗径醉矣。【旁批】又应出一层。若乃州闾之会，男女杂坐，【旁批】至此进入正论。行酒稽留，六博投壶，相引为曹，握手无罚，目眙【夹注】同瞪，直视也。不禁，前有堕珥，后有遗簪，髡窃乐此，饮可八斗而醉二参。【夹注】十有二参醉也。【旁批】又添出一层。日暮酒阑，合尊促坐，男女同席，【旁批】由日而夜与淫乐，长夜对针。履舄交错，杯盘狼藉，堂上烛灭，主人留髡而送客，罗襦襟解，微闻芗泽，当此之时，髡心最欢，能饮一石。【旁批】应竟住妙。故曰酒极则乱，乐极则悲；万事尽然，【旁批】六语乃史公择入，作序解。言不可极，极之而衰。"以讽谏焉。齐王曰："善。"乃罢长夜之饮，【旁批】收应。以髡为诸侯主客。宗室置酒，髡尝在侧。【旁批】酒字余波。

其后百余年，楚有优孟。【夹注】优孟在前，史传。

【眉批】两事两段，前段谏马，尚是弄臣寻常语态，后段竟是登场演剧，先于优字出色，淳于大笑，优孟大哭，写滑稽入神。优孟，故楚之乐人也。【旁批】揭眼。长八尺，多辩，常以谈笑讽谏。楚庄王之时，有所爱马，衣以文绣，置之华屋之下，席以露床，啖以枣脯。马病肥死，使群臣丧之，欲以棺椁大夫礼葬之。左右争之，以为不可。王下令曰："有敢以马谏者，罪至死。"优孟闻之，入殿门。仰天大哭。【旁批】大哭奇。王惊而问其故。优孟曰："马者王之所爱也，以楚国堂堂之大，何求不得，而以大夫礼葬之，【旁批】先作一论。薄，请以人君礼葬之。"王曰："何如？"对曰："臣请以雕玉为棺，文梓为椁，【旁批】极意铺张。楩枫豫章为题凑，【夹注】以木累棺外，木头皆内向。发甲卒为穿圹，老弱负土，齐赵陪位于前，韩魏翼卫其后，【夹注】楚庄王时，未有赵韩魏三国。庙食太牢，奉以万户之邑。诸侯闻之，皆知大王贱人而贵马也。"王曰："寡人之过一至此乎！为之奈何？"优孟曰："请为大王六畜葬之。【旁批】此处收转。以垅灶为椁，【夹注】以陇宠为磐窗。【旁批】此亦隐语。铜历为棺，【夹注】历，即釜鬲。赍以姜枣，【旁批】古者食肉用姜枣，礼内则云，腹中，屑桂与姜以洒诸上，而益之齐和之也。荐以木兰，祭以粮稻，衣以火光，葬之于人腹肠。"【夹注】《索隐》曰"火送之著端，葬之肠中"。于是王乃使以马属太官，无令天下久闻也。

【眉批】此后妙用优者本色，为登场扮演之状，读者换眼，诨出妇计妇言，便是插科宾白之祖，此处是演戏矣。史公赞云，摇头而歌，负薪者以封，读此段忘却摇头二字，便减色，歌词当叶韵读。楚相孙叔敖知其贤人也，【旁批】若断若续。善待之。病且死，属其子曰："我死，汝必贫困。若往见优孟，言我孙叔敖之子也。"【旁批】只一句妙。居数年，其子穷困负薪，逢优孟，与言曰："我，孙叔敖子也。【旁批】妙于不换。父且死时，属我贫困往见优孟。"优孟曰："若无远有所之。"即为孙叔敖衣冠，【旁批】从优字想出妙用。抵掌谈语。岁余，像孙叔敖，楚王及左右不能别也。庄王置酒，优孟前为寿。庄王大惊，以为孙叔敖复生也，欲以为相。【旁批】亦与为戏耳。优孟曰："请归与妇计之，【旁批】生出一波。三日而为相。"庄王许之。三日后，优孟复来。王曰："妇言谓何？"孟曰："妇言慎无为，楚相不足为也。如孙叔敖之为楚相，尽忠为廉以治楚，楚王得以霸。今死，其子无立锥之地，贫困负薪以自饮食。必如孙叔敖，不如自杀。"因歌曰："山居耕田苦，难以得食。【旁批】介白毕便接唱，农不可为一层。起而为吏，身贪鄙者余财，不顾耻辱。身死家室富，又恐受赇枉法，为奸触大罪，身死而家灭。贪吏安可为也！【旁批】贪吏不可为二层。念为廉吏，奉法守职，竟死不敢为非。廉吏安可为也！【旁批】贪吏不可为三层。楚相孙叔敖持廉至死，【旁批】入孙叔敖四层。方今妻子穷困负薪而食，不足为也！"【旁批】■敢摇曳。于是庄王谢优孟，乃召孙叔敖子，封之寝丘【夹注】今河南固始县。四百户，以奉其祀。后十世不绝。此知可以言时矣。

其后二百余年，秦有优旃。

优旃者，秦倡侏儒也。善为笑言，然合于大道，秦始皇时，置酒而天雨，陛楯者皆沾寒。优旃见而哀之，谓之曰："汝欲休乎？"陛楯者皆曰："幸甚。"优旃曰："我即呼汝，汝疾应曰诺。"居有顷，殿上上寿呼万岁。优旃临槛大呼曰："陛楯郎！"郎曰："诺。"优旃曰："汝虽长，何益，幸雨立。我虽短也，幸休居。"于是始皇使陛楯者得半相代。

【眉批】后二事有功不小，所谓谈言微中，可以解纷也。始皇尝议欲大苑囿，东至函谷关，西至雍、陈仓。优旃曰："善。多纵禽兽于其中，寇从东方来，令麋鹿触之足矣。"【旁批】言之解颐。始皇以故辍止。

二世立，又欲漆其城。优旃曰："善。主上虽无言，臣固将请之。漆城虽于百姓愁费，然佳哉！漆城荡荡，寇来不能上。【旁批】微辞妙绝。即欲就之，易为漆耳，顾难为荫室。"于是二世笑之，以其故止。

【眉批】赞语亦用韵，史公之滑稽也。居无何，二世杀死，优旃归汉，数年而卒。太史公曰：淳于髡仰天大笑，齐威王横行。优孟摇头而歌，负薪者以封。优旃临槛疾呼，陛楯得以半更。岂不亦伟哉！

【总评】此太史公游戏之笔，如造物赋形，无所不有，不而不尽其奇。

七十六　货殖列传

【眉批】首段从上一层说起，随引随撇。老子曰："至治之极，邻国相望。【夹注】音亡。鸡狗之声相闻，民各甘其食，美其服，【夹注】各自以为甘食。安其俗，乐其业，至老死不相往来。"【夹注】至治之世，不知有货殖。<u>必用此为务，</u>【旁批】言太上何可与比量，此话只好揭开。挽【夹注】同晚。<u>近世涂民耳目，则几无行矣。</u>【夹注】言必用老子所说，以为务而晚近之世，止知涂余民之耳目，不可行矣。

【眉批】次段原货殖之由，皆根于情。善者因之五句广大精深，绝顶议论。太史公曰：<u>夫神农以前，吾不知已。</u>【旁批】顶至治来摄一笔。至若诗书所述，虞夏以来，<u>耳目欲极声色之好，</u>【旁批】晚近世民多嗜欲是病根也，即货殖之由。<u>使欲穷刍豢之味，身安逸乐，而心夸矜势能之荣。</u>【夹注】谓势所能至之荣也。【旁批】晚近世民多嗜欲是病根也，即货殖之由。<u>使俗之渐民久矣，虽户说以眇</u>【夹注】同妙。论【夹注】微妙之论。<u>终不能化。</u>【旁批】指老子所称，不能行于令。<u>故善者因之</u>【夹注】是神农以前人。【旁批】任天。<u>其次利导之，</u>【夹注】是太公一洗。<u>其次教诲之，其次整齐之，</u>【夹注】是管仲一流。<u>最下者与之争。</u>【夹注】武帝之盐铁平准是也。【旁批】人事与，令具法嘴，法令不足施。

【眉批】第三段论人趋货殖之势，不待于教。合上段皆在货殖前一层。<u>夫山西饶材、竹、穀、纼，</u>【夹注】卢。<u>旄、玉石；</u>【夹注】穀，木名，皮可为纸；纼，纻属可以为布；旄，牛尾也。【旁批】■■四方物产此货殖之地，为后关中三河三■伏根。<u>山东多鱼、盐、漆、丝、声色；江南出柟、</u>【夹注】南。<u>梓、姜、桂、金、锡、</u>【夹注】铅未纯者。<u>连、丹沙、犀、玳</u>【夹注】代。<u>瑁、</u>【夹注】妹。<u>珠玑、</u>【夹注】珠不圆者。<u>齿革；龙门、碣</u>【夹注】杰。<u>石北，多马、牛、羊、旃裘、筋角；</u>【夹注】龙门山名，在冯翊夏阳县。碣石，近海山名，在冀北。铜、铁则千里往往山出棋置。【夹注】棋置，如围棋之置，言处处皆有也。此其大较也。皆中国人民所喜好，谣俗被服饮食奉生送死之具也。【旁批】后地产所具，说到人情所趋。故待农而食之，虞而出之，工而成之，商而通之。此宁有政教发征期会哉？【旁批】撮举农虞工商，此货殖之人。顶跌一笔，宕起下文。人各任其能，竭其力，以得所欲。故物贱之征贵，贵之征贱【夹注】物贱极必贵，贵极必贱；故贱者，贵之征、贵者贱之征。【旁批】透宗之论。各劝其业，乐其事，若水之趋下，日夜无休，时不召而自来，不求而民出之。岂非道之所符，而自然之验邪？【旁批】束住。畅发不待教之旨。

【眉批】第四段上下过接，前言情势，后言术业。《周书》曰："农不出则乏其食，工不出则乏其事，【旁批】跟上农虞，工商。商不出则三宝【夹注】珠玉金。绝，虞不出则财匮少。"财匮少而山泽不辟【夹注】同闢。矣。此四者，民所衣食之原也。原大则饶，原小则鲜。上则富国，下则富家。【旁批】富国，富家，提前半篇。贫富之道，莫之夺予，【夹注】言贫富有道，存乎其人，非关夺予也。而巧者有余，拙者不足。【旁批】引起货殖之人。

【眉批】第五段落到货殖正面，首推太公管仲，乃溯所缘始。为议论发端与后范蠡等不一例，故不列于传目。故太公望封于营丘，地潟卤，【夹注】卤地也。人民寡，【旁批】此货殖鼻祖，为后范蠡等作引。于是太公劝其女功，极技巧，通鱼盐，则人物归之，繦【夹注】同襁。至而辐凑。故齐冠带衣履天下，【夹注】言丰厚被于他邦。【旁批】富国。海岱之间，敛袂而往朝焉。【夹注】言趋利之多。其后齐中衰，管子修之，设轻重九府，【夹注】轻重，谓钱也。九府，掌财币之官。则桓公以霸，九合诸侯，一匡天下；而管氏亦有三归，位在陪臣，富于列国之君。【旁批】富国，富家，一举两得。是以齐富强至于威、宣也。【旁批】束住。

【眉批】第六段推到货殖后层，可以知礼节，可以附仁义，可以得势，可以免死，皆财利之功用，益见货殖之益极也。故曰："仓廪实而知礼节，衣食足而知荣辱。"【旁批】恒心出于恒产，论尤正。礼生于有而废于无。故君子富，好行其德；【旁批】富之时义大矣哉。小人富，以适其力。渊深而鱼生之，山深而兽往之，人富而仁义附焉。富者得势益彰，失势则客无所之，以【夹注】同已。而不乐。【夹注】客无所附而不乐。谚曰："千金之子，不死于市。"此非空言也。故曰："天下熙熙，皆为利来；天下攘攘，皆为利往。"夫千乘之王，万家之侯，百室之君，尚犹患贫，而况匹夫编户之民乎！【旁批】天子虽货列侯酬金。语带讽刺，笔极跌宕。

　　此为第一截，乃从货殖原本言之也，作总冒领局，亦谓之前序。先言人耳口体，皆怀所欲，情不能已。次言人任能竭力，各劝其业，势不能已。后言凡事皆赖于富，利来利往，益不能已矣。从挽近世极力揣摹，总以见货殖之不能已也。至因字本领出于孔。富而好行其德，意本于孟。礼生于有而废于无，即恒产恒心之说也。从此领入不独情势透彻，亦且义利正当。太公以周道治齐，管子修之。女工山海，大约不离虞衡全府周礼所载者。史公引来，从富国大处说起，借作论头，非货殖本色也。其位置品题，当在因与利导教诲之间与。

　　【眉批】计然一，范蠡二，串合叙用详。昔者越王句践困于会稽之上，乃用范蠡、计然【夹注】计然，范蠡之师也。吴越春秋谓之计倪。计然曰："知斗则修备，时用则知物，【夹注】知时有用之物。二者形，则万货之情，可得而观已。故岁在金，穰；水，毁；木，饥；火，旱，【夹注】八字作八句读，《索隐》曰：五行不说土者，土穰也。【旁批】道物理，包孕汇评。旱则资舟，水则资车，【夹注】旱极则水，水极则旱，于旱时预蓄舟，于水时预蓄车。物之理也。六岁穰，六岁旱，十二岁一大饥。夫粜二十病农，九十病末。【夹注】言米贱则农人病也。若米斗直九古则商贾病。【旁批】极贱，极贵。末病则财不出，农病则草不辟矣。上不过八十，下不减三十，则农末俱利，平粜齐物，【旁批】不极贵，不极贱。即平粜平籴之法所㠯始。关市不乏，治国之道也。积著之理，务完物，【夹注】好积必好物。<u>无息币</u>。【夹注】久停息货物，则无利。以物相贸易，腐败而食之，货勿留，无敢居贵。论其有余不足，则知贵贱。<u>贵上极则反贱，贱下极则反贵。</u><u>贵出如粪土，贱取如珠玉。</u>【夹注】贵出如粪土者，既极贵后恐其必贱，故乘时出之，如粪土。贱取如珠玉者，既极贱，后恐其必贵，故乘时取之如珠玉。【旁批】即征贵征贱意，至理妙用，概括其中。<u>财币欲其行如流水。</u>"修之十年，国富，厚赂战士，士赴矢石，如渴得饮，遂报强吴，观兵中国，称号"五霸"。

范蠡既雪会稽之耻，【旁批】家国至蠡而分。乃喟然而叹曰："计然之策七，越用其五而得意。<u>既已施于国，吾欲用之家。</u>"乃乘扁舟浮于江湖，变名易姓，适齐为鸱夷子皮，【夹注】自号鸱夷者，言若盛酒之鸱夷，用之多所容纳，不用则可卷怀，与时张弛，鸱夷皮之所为，故曰"子皮"。之陶【夹注】西定陶。为朱公。朱公以为陶天下之中，诸侯四通，货物所交易也。乃治产积居。与时逐【夹注】随时逐利。而不责于人。【夹注】择人而与，人不负之。【旁批】有识时识人本领。故善治生者，<u>能择人而任时。</u>十九年之中三致千金，再分散与贫交疏昆弟。【夹注】三致再散，留一以与子孙。<u>此所谓富好行其德者也。</u>【旁批】随手应前，后年衰老而听子孙，子孙修业而息之，遂至巨万。故言富者皆称陶朱公。

【眉批】子贡三，单叙，详略之间。子贡既学于仲尼，退而仕于卫，废著鬻财于曹、鲁之间，【夹注】废，即斥卖著，即居积也。七十子之徒，赐最为饶益。原宪不厌糟，匿于穷巷。子贡结驷连骑，束帛之币，以聘享诸侯，所至国君，无不分庭与之抗礼。夫使孔子名布扬于天下者，子贡先后之也。<u>此所谓得势而益彰者乎？</u>【旁批】随手应前。

【眉批】白圭四，单叙，又用详。白圭，周人也。当魏文侯时，<u>李克务尽地力，</u>【夹注】《索隐》曰："案《汉书·食货志》：李悝为魏文侯作尽地力之教，国以富强，今此及《汉书》，言克皆误也。"【旁批】宾句。<u>而白圭乐观时变，故人弃我取，人取我与。</u>【旁批】有况几之识。夫岁熟取谷，予之丝漆；茧出，取帛絮，与之食。【夹注】食，谓谷也。子曰"此即平准之所支出也"。太阴在卯，穰；【夹注】岁后二辰为太阴。明岁衰恶。至午，旱；明岁美。至酉，穰；明岁衰恶。至子，大旱；明岁美，有水。至卯，【夹注】所云观时变也，至卯者至子之后，复循环至卯也。积著【夹注】贮。率岁倍。欲长钱，取下谷；长石斗，取上种。能薄饮食，忍嗜欲，【旁批】有创廉之功。节衣服，与用事僮仆同苦乐，趋时若猛兽挚鸟之发。故曰："吾治生产，犹伊尹、吕尚之谋，孙吴用兵，商鞅行法是也。是故其智不足与权变，【旁批】观此一段议论货殖非鄙事货殖之人不尽庸人。勇不足以决断，仁不能以取予，强不能有所守，虽欲学吾术，终不告之矣。"盖天下言治生祖白圭。白圭其有所试矣，能试有所长，非苟而已也。【旁批】即借赞作结。

【眉批】倚顿五，郭纵六，合叙用略。倚顿用鹽【夹注】古。盐起。【夹注】顿鲁之穷士也。盐，盐池，以盐造盐，即今河东盐也，以兴富于倚氏，故曰倚顿。而邯郸郭纵以铁冶成业，与王者埒富。

【眉批】乌氏倮七，寡妇清八，先分后合，详略之间。乌氏倮【夹注】乌氏，县名，倮，名也。畜牧，及众，斥卖，求奇缯物，间献遗戎王。【夹注】谓畜牧及至众多之时，斥而卖之，以求奇物也，间献，犹私献也。戎王什倍其偿，与之畜，【夹注】谓戎王馈之牛羊十倍也。畜至用谷量马牛。【夹注】言其众多，不可计数，故以山谷多少言之。秦始皇帝令倮比封君，【旁批】秦皇是汉武影子。以时与列臣朝请。而巴寡妇清，【夹注】以其行洁，故号曰清。其先得丹穴，而擅其利数世，家亦不訾。【夹注】资财众多，不可訾量。清寡妇也，能守其业，用财自卫，不见侵犯。秦皇帝以为贞妇而客之，为筑女怀清台。夫倮鄙人牧长，【旁批】即借感慨作结，致宕逸。清穷乡寡妇，礼抗万乘，名显天下，岂非以富邪？

此为第二截，乃列叙货殖之人，为本传正局。其次置八人，分合详略，参错变化。读计然一段，可悟盈虚消长之理。读白圭一段，可知精专诚一之功，计然乃强国报仇之策，范蠡亦功成身退之举，子贡乃圣门高第，虽有货殖，亦偶出绪余耳，均非本色。至白圭乃正当家数，其论货殖作用，此段尤切，故曰"言治生祖白圭"云。

汉兴海内为一，开关梁，弛山泽之禁，是以富商大贾，周流天下，交易之物，莫不通得其所欲，而徙豪杰诸侯强族于京师。

【眉批】关中三段。关中【夹注】汉京师今陕西。自汧、雍【夹注】今凤翔县。以东至河、华，【夹注】今华州。膏壤沃野千里，【旁批】首关中，犹《禹贡》之先冀州也。自虞夏之贡，以为上田，而公刘适邠，【夹注】邠州。大王、王季在岐，【夹注】今岐山县。文王作丰，【夹注】今鄠县。武王治镐，【夹注】鄠县东。故其民犹有先王之遗风，好稼穑，殖五谷，地重，【夹注】以耕稼为重。重为邪。【夹注】不轻为奸邪。及秦文、孝缪居雍隙，【夹注】地居陇蜀之间要路，故曰隙。陇蜀之货物而多贾。献公徙栎邑，【夹注】在冯翊，今同州府。栎邑北却戎翟，东通三晋，亦多大贾。昭治咸阳，【夹注】西安。因以汉都长安，诸陵四方，辐凑并至而会，地小人众，【旁批】说到汉时为京师地，故民玩巧事末来也。故其民益玩巧而事末也。南则巴蜀。【夹注】今四川。【旁批】西南一支。巴蜀亦沃野，地饶卮、姜、丹沙、石、铜、铁、竹、木之器。南御滇僰，僰僮。【夹注】云南。西近邛【夹注】今邛州。笮，【夹注】今黎州安抚司。笮马、旄牛。然四塞栈道千里，无所不通，唯褒斜绾毂其口，【夹注】言褒斜道狭，绾其道口，有若车毂之凑，故云绾毂也。以所多易所鲜。天水、【夹注】今巩昌府。陇西、【夹注】今兰州府。北地、【夹注】今庆阳府。上郡【夹注】今延安府。与关中同俗，【旁批】西北一支。然西有羌中之利，北有戎翟之畜，畜牧为天下饶。然地亦穷险，唯京师要【夹注】腰。其道。【夹注】言要束其路也。故关中之地，于天下三分之一，【旁批】关中作一总述。而人众不过什三；然量其富，什居其六。【旁批】言陇蜀之货，皆凑关中，故其富饶如此。

【眉批】三河三段。昔唐人都河东，【夹注】今平阳府尧都。殷人都河内，【夹注】盘庚都殷墟，地属河内。周人都河南。【夹注】周自平王巳下都洛阳。【旁批】三河作一总叙。夫三河在天下之中，若鼎足，土者所更居也，建国各数千百岁，土地小狭，民人众，都国诸侯所聚会，故其俗纤俭习事。杨、平阳陈【夹注】《索隐》曰"杨平阳，二邑名，在赵之西，陈盖衍字，以下有杨平阳陈县，因此衍也，言二邑之人。皆西贾于秦翟，此贾于种代也"。西贾秦、【夹注】关内。翟，【夹注】阳石等州部落稽也，延绥银三州，白翟所居。北贾种、【夹注】蔚州。代。【夹注】今代州。【旁批】河东一段，结一句。种、代，石北也，【夹注】在石县之北。地边戎，数被寇。【旁批】单论种氏。人民矜懻【夹注】慨。忮好气，任侠为奸，不事农商。然迫近北夷，师旅亟往，中国委输，时有奇羡。【夹注】谓时有余羡也，孙子曰用兵之地，资财所聚，民得以贸易获利。其民羯【夹注】揭。羠【夹注】以。不均，【夹注】羯羠，皆从羊名，言其方人性若羊，捷捍而不均。吴曰"言戎翟杂处也"。自全晋之时固已患其剽悍，而武灵王益厉之，其谣俗犹有赵之风也。故杨、平阳陈掾其间得所欲。【夹注】《索隐》曰："陈掾犹经营驰逐也。"温、【夹注】今温县。轵【夹注】今济源县。西贾上党，【夹注】今路安府。北贾赵、中山。【旁批】河内一段。中山【夹注】今正定府。地薄人众，【旁批】兼及中山。犹有沙丘纣淫地余民，民俗懁【夹注】作儇。急，仰机利而食。丈夫相聚游戏，悲歌慷慨，起则相随椎剽，【夹注】椎，即椎煞人，而剽掠之。休则掘冢作巧奸冶，【夹注】一作盅。多美物，【夹注】美，一作羹，一作椎。为倡优。女子则鼓鸣瑟，跕【夹注】惦。屣，【夹注】蹑跟为惦也。游媚贵富，入后宫，遍诸侯。

然邯郸【夹注】今广平府。亦漳、河之间一都会也。【旁批】兼及赵。北通燕、【夹注】京师。涿，【夹注】涿州。南有郑、卫。郑、卫俗与赵相类，【旁批】兼及郑卫。然近梁、鲁，微重而矜节。【夹注】矜一作务。濮上【夹注】濮州。之邑徙野王，【夹注】秦拔卫濮阳，徙其君于怀州，即野王，今河内县。野王好气任侠，卫之风也。

夫燕亦勃、【夹注】渤海。碣【夹注】碣石。之间一都会也。【旁批】兼及燕。南通齐、赵，东北边胡。上谷【夹注】宣府。至辽东，地踔【夹注】卓。远，人民希，数被寇，大与赵、代俗相类，而民雕捍少虑，【夹注】言如雕性之捷捍也。有鱼盐枣栗之饶。北邻乌桓、夫馀，【夹注】高麓地。东绾【旁批】统其要津。秽貉、朝鲜、真番【夹注】俱高丽地。之利。

洛阳【夹注】河南府。东贾齐、鲁，南贾梁、楚。故泰山【夹注】在泰安州。之阳则鲁，【夹注】兖州府。其阴则齐。【夹注】齐州府。【旁批】河南一段。

齐带山海，【旁批】兼及齐。膏壤千里，宜桑麻，人民多文采布帛鱼盐。临菑亦海岱之间一都会也。其俗宽缓阔达，而足智，好议论，地重，难动摇，怯于众斗，勇于持刺，故多劫人者，大国之风也。其中具五民。【夹注】服虔曰"士农工商贾也"，如淳曰"游子乐其俗不复归，故有五方之民"。

而邹、【夹注】邹县。鲁【夹注】兖州。滨洙、泗，【旁批】义及邹鲁。犹有周公遗风，俗好儒，备于礼，故其民龊龊。颇有桑麻之业，无林泽之饶。地小人众，俭啬，畏罪远邪。及衰，好贾趋利，甚于周人。

夫自鸿沟以东，【夹注】在荥阳。芒、砀以北，【夹注】徐州府。【旁批】兼及梁宋。属巨野，【夹注】曹州巨野县。此梁、宋也。【夹注】归德。陶【夹注】定陶、睢阳【夹注】扬州。亦一都会也。昔尧作【夹注】起也。成阳，【夹注】在定陶。舜渔于雷泽，汤止于亳。其俗犹有先王遗风，重厚多君子，好稼穑，虽无山川之饶，能恶衣食，致其蓄藏。

【眉批】三楚三段。越、楚则有三俗。【夹注】越灭吴，则有江淮以北，楚灭越，兼有吴越之地，故言越楚也。夫自淮北沛、【夹注】沛县。陈、【夹注】陈州。汝南、【夹注】汝宁。南郡，【夹注】南阳。此西楚也。【旁批】西楚一段。其俗剽轻，易发怒，地薄，寡于积聚。江陵故郢都，【夹注】荆州江陵县，故为郢楚之都。【旁批】兼及荆州。西通巫、巴，东有云梦之饶。陈【夹注】今陈州府。在楚夏之交，通鱼盐之货，其民多贾。徐、【夹注】徐州。僮、取【夹注】秋。虑，【夹注】关，僮取关二县，并在下邳，今泗州。则清刻，矜已诺。

彭城【夹注】徐州。以东，【旁批】东楚一段。东海、【夹注】海州。吴、【夹注】苏州。广陵，【夹注】扬州。此东楚也。

其俗类徐、僮。朐、【夹注】海州。缯【夹注】沂州。以北，俗则齐。【夹注】言朐、缯二县之北，风俗同于齐。浙江南则越。【夹注】绍兴。夫吴自阖庐、春申、王濞三人招致天下之喜游子弟，东有海盐之饶，章山之铜，三江、五湖之利，亦江东一都会也。

衡山、【夹注】衡州。九江、【夹注】九江。江南、【夹注】大江之南，今宣城地。豫章、【夹注】南昌。长沙，【夹注】今湖南省会。是南楚也，其俗大类西楚。【旁批】南楚一段。郢之后徙寿春，【夹注】凤阳。亦一都会也。而合肥【夹注】庐州。受南北潮，【夹注】言江淮之潮，南北俱至庐州也。皮革、鲍、木输会也。与闽中、【夹注】福建。于越【夹注】浙东。杂俗，【旁批】兼及福建浙江。故南楚好辞，巧说少信。江南卑湿，丈夫早夭。多竹木。豫章出黄金，长沙出连、锡，然堇【夹注】谨。堇物之所有，取之不足以更费。【夹注】堇，少也。更价也，言堇堇有之。取之不足偿费。九疑、苍梧【夹注】广西。以南至儋耳者，【夹注】今儋州在海中。【旁批】兼及广西。与江南大同俗，而杨越多焉。【夹注】杨越之俗为多。番禺【夹注】广东。亦其一都会也，【旁批】兼及广东。珠玑、犀、玳瑁、果、布之凑。【夹注】果，谓龙眼离支之属，布，葛布。

【眉批】颍川南阳一段。颍川、【夹注】今许州。南阳，【夹注】今南阳府。夏人之居也。【夹注】禹，居阳城，颍川南阳皆夏地。【旁批】另叙重夏先王也，此从河南补出，盖前三河言唐殷周此，又言夏重王者所居之地也。夏人政尚忠朴，犹有先王之遗风。颍川敦愿，秦末世迁不轨之民于南阳，南阳西通武关、郧【夹注】云。关，【夹注】武关在商州。郧关，盖郧当为洵，洵水上有关，今洵阳县，或云在今郧阳府。东南受汉、江、淮。宛亦一都会也。俗杂好事，业多贾。其任侠，交通颍川，故至今谓之"夏人"。

【眉批】总束。夫天下物所鲜所多，人民谣俗，山东食海盐，山西食盐卤，领南、沙北【夹注】沙漠之北。固往往出盐，【旁批】总补出盐，以及居万货之重也。大体如此矣。

总之楚越之地，【旁批】重说一番如户籍之总数，奏本之贴切也。地广人稀，饭稻羹鱼，或火耕而水耨，【夹注】言风草下种，苗生大而草生小，以水灌之，则草死而苗无损也。耨，除草也。果隋【夹注】当作蓏。蠃蛤，不待贾【夹注】古。而足，地势饶食，无饥馑之患，以故呰【夹注】紫。窳【夹注】宇。呰窳，苟且堕嬾之谓也。偷生，无积聚而多贫。是故江淮以南，无冻饿之人，亦无千金之家。【旁批】今则不然。沂、泗水以北，宜五谷桑麻六畜，地小人众，数被水旱之害，民好畜藏，故秦、夏、梁、鲁好农而重民。三河、宛、陈亦然，加以商贾。齐、赵设智巧，仰机利。燕、代田畜而事蚕。

此为第三截，乃铺叙货殖之地，为本传衍局。统天下土田之沃瘠，物产之盈缩，俗尚之奢俭，风气之厚薄，以及形势险夷户口多寡无不该括其中，可作一部地理总志读。

【眉批】此是不由货殖而求富者，乃从货殖推到下一层也。此段除庙廊岩穴下，诸色人共九排，从俗情争逐中，一一摹绘，嬉笑怒骂，痛哭流涕，无所不有，千古绝调也。由此观之，贤人深谋于廊庙，论议朝廷，【旁批】庙廊岩穴两项不与下诸色人平排。守信死节隐居岩穴之士设为名高者安归乎？归于富厚也。是以廉吏久，久更富，廉贾归富。【夹注】归者，取利而不停货也。富者，人之情性，所不学而俱欲者也。【旁批】一段主句。故壮士在军，攻城先登，陷阵却敌，【旁批】不顾生命者首举之。斩将搴旗，前蒙矢石，不避汤火之难者，为重赏使也。其在闾巷少年，攻剽椎埋，【旁批】千犯禁令者次及之。劫人作奸，掘冢铸币，任侠并兼，借交报仇，篡逐幽隐，不避法禁，走死地如鹜者，<u>其实皆为财用耳</u>。今夫赵女郑姬，设形容，揳鸣琴，【旁批】说到妇女几不可言。揄长袂，蹑利屣，目挑心招，出不远千里，不择老少者，<u>奔富厚也</u>。游闲公子，饰冠剑，【旁批】统袴习气类及之。连车骑，<u>亦为富贵容也</u>。弋射渔猎，犯晨夜，冒霜雪，驰坑谷，【旁批】以下三项有技艺术业错举之。不避猛兽之害，<u>为得味也</u>。博戏驰逐，斗鸡走狗，作色相矜，必争胜者，<u>重失负也</u>。医方诸食技术之人，焦神极能，<u>为重糈也</u>。吏士舞文弄法，刻章伪书，【旁批】公门舞文者牵及之。不避刀锯之诛者，<u>没于赂遗也</u>。农工商贾畜长，<u>固求富益货也</u>。【旁批】本分求财者居末以甚为先也。<u>此有知尽能索耳</u>，<u>终不余力而让财矣</u>。【旁批】总束透快刺骨。

【眉批】此是不必货殖而享富者，乃从货殖上一层也。上段言隶富者，不惜其势如彼。此段言既富者，坐享其逸如此，说到家贫亲老不足自赡，则治生取给，虽贤人亦不得不免也。本富句结此段，末富奸富起后文。谚曰"百里不贩樵，千里不贩籴。"居之一岁，种之以谷；十岁，树之以木；百岁，来之以德。德者，人物之谓也。【旁批】言人宜厚是物。<u>今有无秩禄之奉</u>，<u>爵邑之入</u>，<u>而乐与之比者</u>。【旁批】提坐享厚实之人，开出下文。<u>命曰"素封"</u>。【夹注】言不仕之人，自有园田收养之给，其利抵于封君，故曰"素封"也。<u>封者食租税</u>，【旁批】封者之收如是。<u>岁率</u>【夹注】律。户二百。千户之君则二十万，朝觐聘享出其中。<u>庶民农工商贾</u>，【旁批】素封者之收等是。率亦岁万息二千，百万之家则二十万，而更徭租赋出其中。<u>衣食之欲</u>，<u>恣所好美矣</u>。【旁批】缴句色动。故曰陆地牧马二百蹄，【夹注】马有四足，二百蹄有五十匹也。【旁批】高下燥湿一类。牛蹄角千，【夹注】百六十七头也，按百六十七头，应蹄脚千有二，此举成数。千足羊，<u>泽中千足彘</u>，【夹注】二百五十头。<u>水居千石鱼陂</u>，【夹注】鱼以斛两为记，言陂泽养鱼，一岁收得一千石卖鱼也。<u>山居千章之材</u>。【夹注】《汉书》作获。安邑千树枣；【旁批】郡国土宜一类。燕、秦千树栗；蜀、汉、江陵千树橘；淮北、常山已【夹注】通以。南，河济之间千树萩；【夹注】同楸。陈、夏千亩漆；齐、鲁千亩桑麻；渭川千亩竹；及名国万家之城，【旁批】以下田畴种植一类。带郭千亩亩钟之田，【夹注】六斛四斗也。若千亩卮【夹注】支。茜，【夹注】倩。卮，鲜支也。茜，一名红蓝，其花染缯，赤黄也。千畦姜韭：【夹注】千畦，二十五亩。此其人皆与千户侯等。【夹注】岁可息二十万也。【旁批】一句束上。然是富给之资也，【旁批】所谓本富健，美津津。不窥市井，【夹注】不为工贾。不行异邑，【夹注】不为商。坐而待收，身有处士之义而取给焉。若至家贫亲老，妻子软弱，岁时无以祭祀进醵，【旁批】反托一层，如泣如诉，此贤者所以不免北门之叹也。饮食【夹注】会聚食。被服不足以自通，如此不惭耻，则无所比矣。是以无财作力，少有斗智，【旁批】三语精透乃治生之经。既饶争时，此其大经也。今治生不待危身取给，则贤人勉焉。【旁批】撷去上段间巷少年等项。是故本富为上，末富次之，奸富最下。【旁批】本富末富奸富提后半篇。无岩处奇士之行，而长贫贱，好语仁义，亦足羞也。

【眉批】此段提末业致富者就都邑中约计一岁所需一数，即市肆中一岁所出之数，乃末业之资也。凡编户之民，富相什则卑下之，伯则畏惮之，千则役，万则仆，物之理也。夫用贫求富，农不如工，工不如商，刺绣文不如倚市门，此言末业，贫者之资也。通邑大都，酤一岁千酿，【夹注】师古曰：千瓮以酿酒。【旁批】一岁二字贯下。醯酱千瓨，【夹注】音闲，长颈罂。浆千儋，【夹注】丹。大罂缶，《汉书》作儋。屠牛羊彘千皮，贩谷粜千钟，薪稿千车，船长千丈，【夹注】总积数，长千丈。木千章，竹竿万个，【夹注】竹曰个，木曰枚。其轺车百乘，【夹注】马车也。牛车千两，木器髤【夹注】休。者千枚，【夹注】以漆漆之物谓之髤。铜器千钧，【夹注】三千斛。素木铁器若卮茜千石，【夹注】素木，素器也。若，及也，百二十斤为石。马蹄躈【夹注】窍。千，【夹注】躈，马八髎也。《索隐》

曰：尻骨谓八髎；一曰夜蹄，小颜云：噭，口也，蹄与口共千，则为二百匹。牛千足，羊彘千双，僮手指千，【夹注】僮，奴婢也，古者无空手游。日皆有作，务须手指，故曰手指，以别马牛蹄角也。筋角丹沙千斤，其帛絮细布千钧，文采千匹，榻布皮革千石，【夹注】榻布，粗厚之布，其价贱，故与皮革同。漆千斗，糵麹盐豉千答，【夹注】通合，徐广曰：或作合，器名，有瓵。鲐鮆千斤，【夹注】鲐，海鱼，鮆，刀鱼。鲰【夹注】族。千石，鲍千钧，【夹注】鲰，谓杂小鱼也。鲍，白鱼。然鲐鮆以斤论，鲍鲰以千钧论，乃其九倍多，故知鲐鮆是大好者，鲰鲍是杂者也。枣栗千石者三之，【夹注】谓三千石也。狐䜶【夹注】貂。裘千皮，羔羊裘千石，旃席千具，佗果菜千钟，【夹注】钟，六斛四斗。果菜，谓杂果菜，于山野采取之。子贷金钱千贯，节驵【夹注】租。会，【夹注】同侩。驵侩，会算之人也。节取一岁之数，而为之积著，为之斥卖也。贪贾三之，廉贾五之，【夹注】贪卖贵不肯卖，反致失时，故三之，廉贾贵出如粪土，故五之。【旁批】精迷语。此亦比千乘之家，其大率【夹注】律。也。佗杂业不中什二，则非吾财也。【夹注】言杂恶业，不能三五而至于二，则财不赢矣。

　　请略道当世千里之中，【旁批】提起。贤人所以富者，令后世得以观择焉。

　　此为第四截，乃从货殖推广言之也。足前文，起后文。亦谓之后序。前段排列诸色逐利之人，智尽能索，不留余力，财为之驱也。次段特指素封坐享之家，不窥市井，不行异邑，富给之资也。是以天下无不趋利之人，无不欲富之人，而其中有本富有末富，有奸富，即藉此作后半提掇。编户之民一段从本富说到末富，引起卓氏以下诸人。

　　【眉批】蜀之卓氏一，叙详。蜀卓氏之先，赵人也，【旁批】以地次序。用铁冶富。秦破赵，迁卓氏。【旁批】此下前整后碎都以意驾驭。卓氏见虏略，独夫妻推辇，行诣迁处。诸迁虏少有余财，争与吏，求近处，处葭萌。【夹注】今保宁府。唯卓氏曰："此地狭薄。吾闻汶山之下，沃野，下有蹲鸱，【夹注】蹲鸱，芋也，言水乡肥沃，有大芋如蹲鸱也，芋大叶，实根骇人。项羽本纪士卒食芋菽。至死不饥。民工于市，【夹注】《汉书》什布。易贾。”乃求远迁。致之临邛，大喜，即铁山鼓铸，运筹策，倾滇蜀之民，富至僮千人。田池射猎之乐，拟于人君。

【眉批】临邛之程郑二，叙略。程郑，山东迁虏也，亦冶铸，贾椎髻之民，富埒卓氏，俱居临邛。

【眉批】宛之孔氏三，叙详。宛孔氏之先，梁人也，用铁冶为业。秦伐魏，迁孔氏南阳。大鼓铸，规陂池，连车骑，游诸侯，因通商贾之利，有游闲公子之赐与名。然其赢得过当，愈于纤啬，【夹注】胜于悭吝也。家致富数千金，故南阳行贾尽法孔氏之雍容。

【眉批】鲁之曹邴氏四，叙详。鲁人俗俭啬，而曹邴氏尤甚，以铁冶起，富至巨万。然家自父兄子孙约，俯有拾，仰有取，贳贷行贾遍郡国。【旁批】可慨即前甚于周人之语。邹、鲁以其故多去文学而趋利者，以曹邴氏也。

【眉批】齐之刁间五，叙详。齐俗贱奴虏，而刁间【夹注】人姓名。独爱贵之。【旁批】即人弃我取之意。桀黠奴，人之所患也，唯刁间收取，使之逐渔盐商贾之利，或连车骑，交守相，然愈益任之。终得其力，起富数千万。故曰“宁爵毋刁”，【夹注】奴自相谓曰“宁欲免去作民有爵邪，将止为刁民作奴乎，毋发声语劝”，吴曰“不明，诸解俱与下文不合”。言其能使豪奴自饶而尽其力。

【眉批】周之师史六，叙详。周人既纤，而师史【夹注】人姓名。尤甚，转毂以百数，贾郡国，无所不至。洛阳街居在齐秦楚赵之中，贫人学事富家，相矜以久贾，数过邑不入门，设任此等，故师史能致七千万。

【眉批】宣曲之任氏七，叙详。宣曲任氏之先，为督道【夹注】秦边县名。仓吏。秦之败也，豪杰皆争取金玉，而任氏独窖【夹注】校。仓粟。【夹注】窖穿地，以藏也。【旁批】卓氏舍近处求远处，任民舍金玉窖食粟其去取权略正相同皆识见远出常情处，故叙诸人多用独字唯字最宜着眼。楚汉相距荥阳也，民不得耕种，米石至万，而豪杰金玉尽归任氏，任氏以此起富。富人争奢侈，而任氏折节为俭，力田畜。田畜人争取贱贾，任氏独取贵善。【夹注】谓贾物必取贵而善者，不争贱贾也。富者数世。然任公家约，非田畜所出弗衣食，公事不毕则身不得饮酒食肉。以此为闾里率，故富而主上重之。

【眉批】塞之桥姚八，叙略。长安之无盐氏九，叙详。塞之斥也，唯桥姚已致马千匹，牛倍之，羊万头，粟以万钟计。【夹注】斥，开也，言国斥开边，吏令宽广，故桥姚得恣其畜牧也，桥姓姚名。吴楚七国兵起时，长安中列侯封君行从军旅，赍贷子钱，【夹注】与人物曰贷。子钱家以为侯邑国在关东，关东成败未决，莫肯与。唯无盐氏出捐千金贷，其息什之。三月，吴楚平，一岁之中，则无盐氏之息什倍，用此富埒关中。

【眉批】关中之田啬等下，叙略一统说，变化。关中富商大贾，大抵尽诸田，田啬、田兰。韦家栗氏，安陵、杜杜氏，【夹注】安陵及杜，二县名，各有杜姓也。亦巨万。

【眉批】总束以上诸人，应前末富。此其章章尤异者也。皆非有爵邑奉禄弄法犯奸而富，【旁批】作一总束。尽椎埋去就，【夹注】亭林曰"椎埋，当是推移二字之误"。与时俯仰，获其赢利，以末致财，用本守之，以武一切，用文持之，变化有概，故足术也。若至力农畜，【旁批】应前农工虞商作一总括，以起下文。工虞商贾，为权利以成富，大者倾郡，中者倾县，下者倾乡里者，不可胜数。【旁批】二句转。

【眉批】此段正是奸富，蒋同庵曰：此传外余波，曲中别调，非并奉为典要也。窃谓此段与前壮士在军一段，文势相应，或作余波看，亦无不可。夫纤啬筋力，治生之正道也，而富者必用奇胜。田农，掘业，而秦扬以盖一州。【旁批】以下奸富储云零零碎碎如散珠杂线满穿盈筐，文趣至此殆尽。掘冢，奸事也，而田叔以起。博戏，恶业也，而桓发用富。行贾，丈夫贱行也，而雍乐成以饶。贩脂，【夹注】载角者脂，无角者膏。辱处也，而雍伯千金。卖浆，小业也，而张氏千万。洒【夹注】洗。削，薄技也，【夹注】削，刀者名。洗消，磨刀以水洒之。而郅氏鼎食。胃脯，简微耳，浊氏连骑。【夹注】晋灼曰"大官常以十月作沸汤，浮羊胃，以木菆姜粉之干爆使燥，则谓之脯，故易售而致富也"。马医，浅方，张里击钟。此皆诚壹之所致。【旁批】秉心塞渊东北三千。

【眉批】总结通传。由是观之，富无经业，【旁批】应前巧者有余，拙者不足。则货无常主，能者辐凑，不肖者瓦解。千金之家比一都之君，巨万者乃与王者同乐。岂所谓"素封"者邪？非也？【旁批】应前封君起势，一掉唱叹不尽。

【眉批】储同人曰："货殖传太史公发愤之所为作也。"平准书专讥主上，货殖则讥一世矣。班缘讥其崇势力而羞贫贱。毋乃见其表而不见其里乎？昔人谓太史公执笔记酒肉账簿，必有可观，读此文益信。

此为第五截，又列叙货殖之人，亦本传正文。前计然范蠡以下，皆汉以前人。此蜀卓氏以下皆汉以后人也。由是观之下，总结通篇。

【总评】孙执升曰："统天下计之，可以知户口风俗。统古今观之，可以知运会乘除。归之诚一，可以进德，可以养生。彼作锥刀市井观者，固未始梦见在。或作感慨自伤，亦隔数层。"

吴齐贤曰："《史记》叙事之文，间以议论副之，此则纯以诸公事实佐我议论。不过借为文中照应引证，而文之奇妙，业已独绝千古矣。此文分两半篇，前半是富国富家，后半是本富末富奸富，前半序汉以前事，后半则序汉以后事。"

七十七　太史公自序 照浦选本节

【眉批】首段历叙世谱，原司马得氏缘。述世家掌国史来历，表父谈官职学术，下有论六家要旨一段，孟坚讥其先黄老而后六经谓此然谈也，非迁也。昔在颛顼，【旁批】发源甚远。命南正重以司天，北正黎以司地。唐虞之际，绍重黎之后，使复典之，至于夏商，故重黎氏世序天地。其在周，程伯【夹注】封为程国伯。休甫【夹注】字也。其后也。当周宣王时，失其守而为司马氏。【旁批】得氏。司马氏世典周史。【夹注】此下衍叙世系分支，节之。【旁批】世职。谈【夹注】迁之父。为太史公。【旁批】表出父官，太史一篇根蒂。

太史公学天官于唐都，【旁批】学术。受《易》于杨何，习道论于黄子。太史公仕于建元元封之间，【旁批】此下衍叙父谈著书，节之。

【眉批】次段自述生平，耕牧读书，涉远探胜，胸罗千古，眼穷八荒，磊落奇遇，想见其为人。史公既掌天官，不治民。有子曰迁。【旁批】承父出己。迁生龙门，【夹注】按原文误为：山西河津，改为今陕西韩城。耕牧河山之阳。年十岁则诵古文。【旁批】幼学根抵深固。二十而南游江、淮，上会稽，探禹穴，窥九疑，浮于沅、湘；【旁批】游涉历雄远。北涉汶、泗，讲业齐、鲁之都，观孔子之遗风，乡射邹、峄；【旁批】就所到独尊一孔子，早透作史元神。厄【夹注】厄。困鄱、薛、彭城，过梁、楚以归。于是迁仕为郎中，奉使西征巴、蜀以南，南略邛、笮、昆明，还报命。

【眉批】第三段述承父命，天子建封，父志莫遂，前提作史起因，周公歌宣，孔子修作，后示作史准则，前虚引后实谕。是岁天子始建汉家之封，【夹注】武帝获一角兽，曰麟也，封泰山。【旁批】纪天子登封印合春秋获麟。而太史公留滞周南，不得与从事，故发愤且卒。而子迁适使反，见父于河洛之间。太史公执迁手而泣曰："余先周室之太史也。【旁批】执手泣言，付托郑重。自上世尝显功名于虞夏，典天官事。后世中衰，绝于予乎？汝复为太史，则续吾祖矣。今天子接千岁之统，封泰山，而余不得从行，是命也夫，命也夫！余死，汝必为太史；为太史，无忘吾所欲论著矣。且夫孝始于事亲，中于事君，终于立身。【旁批】作史传尤三言涵盖。扬名于后世，以显父母，此孝之大者。夫天下称诵周公，言其能论歌文武之德，【旁批】先引周公伏后盛朝论撰之脉。宣周邵之风，达太王王季之思虑，爰及公刘，以尊后稷也。幽厉之后，王道缺，礼乐衰，孔子修旧起废，论《诗》《书》，作《春秋》，则学者至今则之。【旁批】引孔子述作为通篇嫡脉。自获麟以来四百有余岁，而诸侯相兼，史记放绝。今汉兴，海内一统，【旁批】迁到兴朝制作。明主贤君忠臣死义之士，余为太史而弗论载，废天下之史文，余甚惧焉，【旁批】与前执手而泣对承受郑重。汝其念哉！"迁俯首流涕曰："小子不敏，请悉论先人所次旧闻，弗敢阙。"

【眉批】第四段全归自己，引起后文，以上述父命，以下序己志。卒三岁而迁为太史令，绅史记石室金匮之书。五年而当太初元年，【夹注】太史五年，适当武帝太初元年，此时述史记，时年四十二岁。【旁批】纪始作年岁。十一月甲子朔旦冬至，天历始改，建于明堂，诸神受纪。【旁批】纪改朔，应前建封。

【眉批】首段提明仰宗圣学之旨，意自专著《春秋》，语却浑举六经。太史公曰："先人【夹注】谓谈父。有言：'自周公卒五百岁而有孔子。孔子卒后至于今五百岁，有能绍明世，正《易传》，继《春秋》，本《诗》《书》《礼》《乐》之际？'【旁批】分明以作史上继《春秋》，自附于窃比之义。意在斯乎！意在斯乎！小子何敢让焉。"

【眉批】次段述董子论《春秋》之文，借以抬高《史记》，为全序之主论，分两层看。前层统论《春秋》之关重，先以王事王道概括之，次以易诗书礼乐衬托之。后层实发《春秋》之功用，即拨乱反正，深切著明之旨。上大夫壶遂曰："昔孔子何为而作《春秋》哉？"【旁批】借壶遂语，独扼春秋老法辣手。太史公曰："余闻董生曰：'周道衰废，孔子为鲁司寇，诸侯害之，大夫壅之。孔子知言之不用，道之不行也，是非二百四十二年之中，以为天下仪表，贬天子，退诸侯，讨大夫，以达王事而已矣。'【旁批】扼要。子曰：'我欲载之空言，【旁批】指诸经。不如见之于行事之深切著明也。'【旁批】指《春秋》。夫《春秋》，上明三王之道，下辨人事之纪，别嫌疑，明是非，定犹豫，【旁批】是不可不知春秋之案。善善恶恶，贤贤贱不肖，存亡国，继绝世，补敝起废，王道之大者也。【旁批】扼要。《易》著天地阴阳四时五行，故长于变；《礼》经纪人伦，故长于行；【旁批】扼要。论六经之长，议本经解而笔阵高下参差，倍觉雄古。《书》记先王之事，故长于政；《诗》记山川溪谷禽兽草木牝牡雌雄，故长于风；《乐》乐所以立，故长于和；春秋辩是非，故长于治人。是故《礼》以节人，《乐》以发和，《书》以道事，《诗》以达意，《易》以道化，《春秋》以道义。拨乱世反之正，莫近于《春秋》。【旁批】一笔归主，屹立如山。《春秋》文成数万，其指数千。万物之散聚皆在春秋。春秋之中，弑君三十六，亡国五十二，诸侯奔走不得保其社稷者不可胜数。察其所以，皆失其本已。故《易》曰'失之毫厘，差以千里'。故曰'臣弑君，子弑父，非一旦一夕之故也，其渐久矣'。故有国者不可以不知《春秋》，前有谗而弗见，后有贼而不知。【旁批】统言观人处事之要，并照明嫌疑、别是非数句。为人臣者不可以不知《春秋》，守经事而不知其宜，遭变事而不知其权。为人君父而不通于《春秋》之义者，【旁批】抽言君臣父子，犹举甚大者。必蒙首恶之名。为人臣子而不通于《春秋》之义者，必陷篡弑之诛，死罪之名。其实皆以为善，为之不知其义，被之空言而不敢辞。夫不通礼义之旨，至于君不君，【旁批】礼义二字括《春秋》功用。臣不臣，父不父，子不子。

夫君不君则犯，臣不臣则诛，父不父则无道，子不子则不孝。此四行者，天下之大过也。以天下之大过予之，则受而弗敢辞。故《春秋》者，礼义之大宗也。【旁批】董论终作《春秋》结穴。夫礼禁未然之前，法施已然之后；【旁批】又引贾生语，足上起下。法之所为用者易见，而礼之所为禁者难知。"

壶遂曰："孔子之时，上无明君，下不得任用，故作《春秋》，垂空文以断礼义，当一王之法。【旁批】董论《春秋》主于拨乱，今当盛代何为效颦，藉此一难蹴起后文议论，修全语病，乃所谓定哀之间多微词者耶。今夫子上遇明天子，下得守职，万事既具，咸各序其宜，夫子所论，欲以何明？"

【眉批】第三段乃正明作史之故，见盛朝皆有论著，春秋不尽刺讥即今有作，正是比隆三代，恰好回应周公歌德，又与麟瑞应合，为一篇归宿。太史公曰："唯唯，否否，不然。余闻之先人曰：'伏羲至纯厚，作易八卦。【旁批】仍述先人语，仍用六经结前传相应相配为章法。尧舜之盛，《尚书》载之，礼乐作焉。汤武之隆，诗人歌之。《春秋》采善贬恶，推三代之德，襃周室，非独刺讥而已。'汉兴以来，至明天子，获符瑞，封禅，改正朔，易服色，受命于穆清，泽流罔极，海外殊俗，重译款塞，请来献见者，不可胜道。臣下百官力诵圣德，犹不能宣尽其意。且士贤能而不用，有国者之耻；主上明圣而德不布闻，有司之过也。且余尝掌其官，废明圣盛德不载，灭功臣世家贤大夫之业不述，堕先人所言，罪莫大焉。【旁批】拍合自己见官职不可失，国典不可缺，父命不可堕，一齐收拦。余所谓述故事，整齐其世传，非所谓作也，而君比之于《春秋》，谬矣。"【旁批】凭合《春秋》以让为任。

【眉批】末段拖出遭刑辱一事，为文后波澜，历引古人困厄著书相形，仍是孔子厄穷而作《春秋》之旨。于是论次其文。七年而太史公遭李陵之祸，幽于缧绁。乃喟然而叹曰："是余之罪也夫！是余之罪也夫！身毁不用矣。"退而深惟曰："夫《诗》《书》隐约者，欲遂其志之思也。昔西伯拘羑里，演《周易》；<u>孔子厄陈蔡，作《春秋》</u>；屈原放逐，著《离骚》；左丘失明，厥有《国语》；孙子膑脚，而论兵法；不韦迁蜀，世传《吕览》；韩非囚秦，《说难》《孤愤》；《诗》三百篇，<u>大抵贤圣发愤之所为作也</u>。【旁批】穷愁著书千古同慨。<u>此人皆意有所郁结，不得通其道也，故述往事，思来者。</u>"于是卒述陶唐以来，【旁批】以作史正文收。至于<u>麟止</u>，【夹注】引武帝获白麟事，以附于绝笔获麟之例。【旁批】到底印合春秋。自黄帝始。【夹注】此后排序一百三十篇名目，节之。

　　【总评】浦二田曰：承父命，纂世职，孝也；尊朝廷，崇论著，忠也；宗孔子，依《春秋》，学识也。命意放眼，皆距顶峰。